新编农林经济管理专业本科精品教材

农业经济学

张忠根 编著

科学出版社
北京

内 容 简 介

本书充分吸收现代经济学理论和农业经济学的最新研究成果，紧密结合新时期中国农业经济发展的现实背景，从农业的地位与作用、农业组织制度、农业可持续发展、农业生产要素利用、农产品市场与贸易五个维度系统地阐述了农业经济学的基本理论及其在中国的具体应用，对中国农业的发展现状和趋势以及相关的制度与政策进行了系统的介绍。

本书突出基础性、理论性、时代性，可作为高等院校农林经济管理专业、农学类专业本科生以及农业工商管理硕士和公共管理硕士的教材，也可作为农业管理干部和农业企业管理人员的培训教材。

图书在版编目（CIP）数据

农业经济学 / 张忠根编著. —北京：科学出版社，2019.12
新编农林经济管理专业本科精品教材
ISBN 978-7-03-063080-3

Ⅰ. ①农… Ⅱ. ①张… Ⅲ. ①农业经济学－高等学校－教材
Ⅳ. ①F30

中国版本图书馆 CIP 数据核字（2019）第 242139 号

责任编辑：王京苏 / 责任校对：贾娜娜
责任印制：赵 博 / 封面设计：蓝正设计

科学出版社出版
北京东黄城根北街 16 号
邮政编码：100717
http://www.sciencep.com
北京凌奇印刷有限责任公司印刷
科学出版社发行 各地新华书店经销
*
2019 年 12 月第 一 版 开本：787×1092 1/16
2024 年 9 月第三次印刷 印张：17 1/2
字数：412 000

定价：52.00 元

（如有印装质量问题，我社负责调换）

新编农林经济管理专业本科精品教材

编审委员会

总 主 编 钱文荣

执行主编 金少胜 阮建青

委　　员（按姓氏拼音排序）

丁关良 郭红东 韩洪云 茅 锐

张忠根 周洁红

总　　序

改革开放 40 多年以来，我国农业农村的发展取得了举世瞩目的成就。农村基本生产生活条件明显改善，农民收入稳步增长，生活质量显著提高，为农业农村现代化的最终实现奠定了坚实基础。尤其是党的十八大以来，伴随着新型城镇化进程的加快和经济发展步入新常态，我国“三农”（农业、农村和农民）发展呈现出了一系列新特点：家庭农场、农民专业合作社、农业企业等新型农业经营主体应运而生，各种“新农人”快速成长；农村集体土地产权制度改革、农村土地制度综合改革等扎实推进，农民财产被有效赋权和保护；绿色农业、农产品加工业、观光农业、休闲农业、体验农业、农家乐、民宿等产业快速发展，农村一二三产业融合态势明显；政府购买服务、担保贴息、民办公助、风险补偿、社会捐资等投融资模式在农村多点开花，政府引导、多方参与的“三农”投入新机制渐见雏形。然而，当前农业农村发展还是相对落后，“三农”问题依然是影响我国全面建成小康社会的短板，农业不够强、农民不够富、农村不够美的问题依然存在，加快农村综合改革、推进城乡平衡发展是我国未来相当一段时间内面临的重大任务。我国农业农村改革发展中面临的新问题、新变化，对我国农林经济管理人才培养提出了新要求，也呼唤与之相适应的系列教材建设。

浙江大学农林经济管理专业有着悠久的历史，在多年的教学改革发展中已经形成了自己鲜明的特色。该专业最早起源于 1927 年国立第三中山大学（浙江大学前身）的“农村社会学系”，1936 年更名为“农业经济学系”后开始招收研究生。1981 年，该专业经国务院学位委员会批准，获得硕士学位授予权；1990 年获得博士学位授予权；1991 年获批设立博士后工作站。近年来，浙江大学农林经济管理专业的改革发展取得了明显成效。2007 年，该专业被列为教育部首批特色建设专业；2015 年，以学习成果导向理念设计的学习质量保证体系（assurance of learning，AOL）正式运行，得到了同行们的广泛认可。“新编农林经济管理专业本科精品教材”系列正是为了更好地适应农林经济管理专业改革发展和新时代人才培养需要而编写的。

“新编农林经济管理专业本科精品教材”涵盖了农林经济管理专业的主要核心课程,在内容上力求既体现中国改革开放 40 多年来的改革发展成果尤其是农业农村发展的中国故事、中国道路和中国经验，又能够与国际前沿接轨并形成完整的专业知识体系，努力做到系统性与创新性、理论性与实践性的有机结合。但由于我们水平有限，其中一定还存在诸多需要进一步完善的地方，希望广大同仁和读者不吝指教！

本次教材的编写与出版，得到了浙江大学国家“双一流”学科建设经费的大力支持，科学出版社的编辑付出了卓有成效的努力，在此表示衷心的感谢！

钱文荣

2019年12月

前　言

“世界上绝大多数人口是贫苦的，因而懂得了穷国的经济学就大体懂得了真正重要的经济学。世界上绝大多数穷人靠农业维系生存，因而懂得了农业经济学，也大体懂得了穷国的经济学。”[①]农业经济学在经济学领域乃至在人文社会科学体系中占有重要地位。

农业是人类社会出现的第一个生产部门，农业经济思想是人类最早产生的经济思想，农业经济理论在古典经济学中占有十分重要的地位。现代农业经济学是从经济学中分离出来的应用（部门）经济学，是经济科学体系中相对独立的分支学科，是运用理论经济学的一般原理研究国民经济中农业经济问题的学科。在现代经济科学体系中，由于理论经济学不断地向广度和深度发展，农业经济学在整个经济科学体系中的地位有所变化，但理论经济学的发展和各种应用经济学的交错渗透为农业经济问题的研究提供了更为扎实与多样的理论基础和方法论，农业经济学因此而得到了更大的发展。

自1770年英国经济学家阿瑟·扬（Arthur Young）出版《农业经济论》算起，农业经济学已有近250年的发展历史。中国作为古老的农业大国，农业经济问题向来为人们所重视，先哲们对农业经济问题的研究源远流长，为农业经济学的产生和发展做出了贡献。但由于我国长期处于封建社会，农业中的商品经济不发达，先哲们的农业经济思想不可能形成系统的理论，更不可能形成完整的农业经济学理论体系。直到中华人民共和国成立以后，我国经济理论界才开始对农业经济问题进行系统的研究，我国的农业经济学理论体系才得以逐步建立和完善。

20世纪50年代初，我国农业院校和财经院校纷纷设立农业经济管理系，引进苏联的农业经济学教材，开设农业经济学课程，并结合我国的实践加以发展和中国化。但由于“左”倾思想的影响，我国农业经济的教学和研究遭受了几次大的挫折，农业经济学的发展也因此走了不少弯路。改革开放以前，我国农业经济学的教学和研究主要是对当时党和国家的有关政策进行诠释，农业经济的理论研究并没有取得实质性的进展，也缺少科学的分析范式和分析工具。

1978年党的十一届三中全会的召开，标志着我国进入改革开放的新时期。随着改革开放的不断深入，我国的农业经济体制、农业生产方式、农产品供求关系以及工农关系、城乡关系等发生了一系列重大变化。这种变化一方面向农业经济理论工作者提出了前所未有的新问题，另一方面也为农业经济学科的发展提供了肥沃的土壤。学术界对新时期我国的农业经济问题开展了全面和深入的研究，并在研究方法上逐步与西方农业经济学

① 舒尔茨在1979年获得诺贝尔经济学奖时的演讲。

科接轨，经济学的一般理论和定量分析方法在农业经济问题的研究中日益普遍，农业经济学的学科体系也日臻完善。

“农业经济学”是农林经济管理专业的核心课程，也是许多人文社科类专业学生的选修课程。本教材在编写中充分吸收了现代经济学理论和农业经济学的最新研究成果，并紧密结合新时期我国农业经济发展的现实背景。总体上，本教材具有以下特色：第一，基础性。教材根据农林经济管理本科专业的教学要求编写，在内容体系的构建上力求系统和完整，并注重基本概念、基本理论、基本方法的阐述，而不对相关问题进行深入的学术探讨。第二，理论性。教材力求从理论高度来阐述农业经济问题，即使是对现实问题的探讨，也是从概念入手，用经济学原理进行诠释，对问题解决途径的讨论，也着重站在方法论角度从逻辑上演绎，从思路上引导。第三，时代性。教材紧密结合我国农业从计划经济体制向市场经济体制转变、传统农业向现代农业转变、城乡二元结构向城乡融合发展转变以及实施乡村振兴战略的历史背景，力求把基本原理的阐述同新时期中国农业发展的现实有机地结合起来。

本教材除“导论”外，分“地位篇”“组织篇”“发展篇”“要素篇”“市场篇”五篇。“地位篇”单独成章，即第一章“农业的地位与作用”；“组织篇”包括第二章“农业经济制度”、第三章“农业家庭经营”、第四章“农业合作经济”、第五章“农业产业化经营”；“发展篇”包括第六章“农业现代化与信息化”、第七章“农业产业结构与布局”、第八章“农业支持与保护”；“要素篇”包括第九章“农业土地与水资源”、第十章“农业劳动力资源”、第十一章“农业中的资金”、第十二章“农业科技进步”；“市场篇”包括第十三章“农产品需求与供给”、第十四章“农产品流通与市场”、第十五章“农业开放与国际化”。

与国内现有的农业经济学教材大多由多所院校的教师合作编写不同，本教材由编者一人独立完成。与合作编写相比，独立编写有利有弊。有利的方面是：可以自始至终地贯彻编者的编写理念，在写作上做到体例统一、内容深浅程度一致，同时可以避免同一内容在不同章节重复阐述、相关内容前后表述不一甚至相互矛盾等现象。不利的方面是：不能集思广益，编者无法对广泛的农业经济理论问题和现实问题进行深入研究，难免出现对研究前沿不够了解或对现实情况把握不准的情况。好在浙江大学农业经济管理系的同仁们对本教材非常关心，曾举行多次专题研讨，就教材的体系和内容提出了不少建议，一定程度上弥补了个人编写的不足。

本教材在编写过程中参考了国内现有的农业经济学教材，如钟甫宁主编的《农业经济学》、李秉龙和薛兴利主编的《农业经济学》、孔祥智主编的《农业经济学》、傅新红主编的《农业经济学》、尚杰主编的《农业经济学》、王雅鹏主编的《现代农业经济学》、胡霞主编的《现代农业经济学》等，同时也参考了许多学者的相关研究成果。由于教材中引用的资料大多是编者在多年的教学和研究过程中逐年积累的，有些资料已无法找到确切的出处，因而无法一一加以标注。在此，编者除了向有关学者表示感谢外，也向有关学者表示歉意。

张忠根

2019年11月于杭州紫金港

目　　录

地　位　篇

组　织　篇

发　展　篇

要　素　篇

市　场　篇

导　论

【本章学习目标】

1. 了解西方农业经济学学科产生和发展的历史；
2. 了解中国农业经济学学科产生和发展的历史；
3. 认识农业经济学的研究对象，了解农业经济学的内容框架。

第一节　农业经济学的产生与发展

一、西方农业经济学学科的产生和发展

1. 起源：古希腊和罗马时代

农业是最古老的产业，农业经济思想是经济思想的起源，因为人类社会是从农业社会起源和分化的。

西方的农业经济思想可追溯到古希腊和罗马时代。随着奴隶制生产关系的产生和发展，当时不少思想家在他们的论著中都曾对农业进行过论述。古希腊思想家色诺芬（Xenophon）在公元前400年前后撰著的《经济论》（又译作《家政论》），是古希腊流传至今的第一部经济学专著。书中最早使用了“经济”一词。在古希腊文中，“经济”的原意就是家庭管理。因为奴隶社会的生产管理是以家庭为单位的，因此有关组织和管理奴隶生产的活动用“经济”一词来表述。色诺芬认为，农业是一切技艺的母亲，农业繁荣则百业兴旺，农业衰落则百业凋敝；主人应了解并有效地组织农业生产，要选择合适的监工来监督奴隶们的劳动。

公元前2世纪至4世纪的600年中，罗马先后有4部书名相似的著作讨论了农业问题，包括：加图（Marcus Porcius Cato）的《农业志》，成书于公元前160年；瓦罗（Marcus Terentius Varro）的《论农业》，成书于约公元前36年；科卢梅拉（Lucius Junius Moderatus

Columella）的《论农业》，成书于公元60年前后；帕拉狄乌斯（R. T. A. Palladius）的《农业论》，成书于公元4世纪。

古希腊和罗马时代的农业经济思想并没有形成完整的体系，有关农业的经济思想，或是夹杂在论述哲学、政治、经济问题的著作中（如色诺芬），或者同农业生产技术知识结合在一起（如加图、瓦罗、科卢梅拉、帕拉狄乌斯等），但从这些著作中可以了解到古希腊和罗马时代思想家对农业地位与作用的认识，对奴隶制农业经营管理的分析。这些思想正是农业经济思想和理论的发展源头。

2. 萌芽：近代资本主义初期

近代资本主义初期（17世纪至18世纪）的农业经济思想主要产生于英国、法国和德国，包含在古典政治经济学之中。古典政治经济学[①]研究的几乎所有经济范畴如价格、工资、地租、利息等都与农业紧密相关，如在威廉·配第（William Petty）、费朗斯瓦·魁奈（Francois Quesnay）、亚当·斯密（Adam Smith）、大卫·李嘉图（David Ricardo）等经济学先驱的著作中，就大量采用涉及农业的例子来阐述经济理论。

在古典政治经济学发展的基础上，相对独立的农业经济理论体系逐渐萌芽。18世纪后期，英国农业经济学家和英国农业革命的重要宣传者阿瑟·扬，亲身从事农业经营实践，并先后考察了英国和法国各地的农村，1770年出版了《农业经济论》。他在书中比较具体地论述了农业生产要素的配合比例、生产费用与经营收益的关系，并提出大农场胜于小经营的规模经营理论。阿瑟·扬被认为是农业经济学的创始人。

3. 独立：19世纪初到20世纪初

英国的阿瑟·扬虽然创立了农业经济学，但农业经济学在德国获得更大发展，而且形成了农业经营学派。农业经营学派的创始人是阿尔布雷希特·泰厄（Arbrecht Thaer），他在1809～1821年出版了四卷本的《合理的农业原理》。《合理的农业原理》分关于基础、经济学、农学、农业、植物性物质生产、畜产等六章，其中前两章讨论有关经营、统计等组织生产的知识。书中，泰厄明确提出了农业的经营目标是追求最大利润。

泰厄的学生约翰·海因里希·冯·杜能（Johann Heinrich von Thünen）继承和发展了他的思想，于1826年出版了《孤立国》[②]。书中，他用抽象的方法假设了一个孤立国，孤立国只有一个位于中央的城市和四周的农村。借此，他阐述了农业生产的布局原理。杜能对农业经济学的贡献是：使用边际分析方法，建立了农业经济学的两个基本理论，即农业集约度理论和农业区位理论。杜能被视为农业布局理论的创始人，也是德国农业经营学派的奠基者。

杜能以后，德国出现了许多著名的农业经济学家。其中较为突出的是特奥多·冯·戈尔兹（Theoder Freiherr von der Goltz），他于1886年出版了《农业经营学》，使德国农业

---

① 古典政治经济学是指17世纪中叶到19世纪70年代的政治经济学。威廉·配第（1662年发表《赋税论》）被马克思称为"政治经济学之父"。亚当·斯密（1776年发表《国民财富的性质和原因的研究》）是古典经济学理论体系的建立者。

②《孤立国》是《孤立国与农业和国民经济的关系》的简称。1826年出版第一部，1850年出版第二部上册，1863年其传记作者熊马赫·查其林（Schumacher Zarchlin）整理出版其遗作第二部下册和第三部。

经营学由技术偏向（受李比希的影响）转回到经济学的轨道。此后，他的学生弗里德里希·艾瑞保（Friedrich Aereboe）和特奥多·布林克曼（Theoder Brinkmann）把农业经营学发展成为一个完整的理论体系。1905年，艾瑞保出版了《农业经济学说论文集》，1912年出版了《农场与农地评价学》，1917年出版了《农业经营学概论》。《农业经营学概论》一出版就成为农业经营学中影响最大的著作，至1922年发行了6版。布林克曼集德国农业经营学之大成，共发表论著93部，其中最为著名的是1914年出版的《农业经营经济学》。该书围绕农业集约度和农业经营制度两大主题，论述了边际收益递减规律、投资收益界限、最小限度法则、部门配合理论以及生产规模等问题，并把它们整合成一个较为完整的体系，为后来的农业生产经济学奠定了理论基础。

4. 发展：20世纪美国的农业经济学学科

20世纪以前，美国的农业经济学没有多少建树，但进入20世纪以后，美国的农业经济学学科得到了快速发展，并形成了特色鲜明的农场生产经济学派（农场管理学派）。在美国农业经济学发展中的重要贡献者当数亨利·查尔斯·泰勒（Henry Charles Taylor）、托马斯·尼克松·卡弗（Thomas Nixon Carver）、理查德·西奥多·伊利（Richard Theodor Ely）、约翰·唐纳德·布莱克（John Donald Black）和厄尔·奥廖尔·黑迪（Earl Orel Heady）等。

泰勒先后出版了《农业经济研究入门》（1903）、《农业经济学》（1919）、《农业经济学大纲》（1925）、《世界农产品贸易》（1943），其研究领域超越了同时代农场管理学的范围。

卡弗于1904年在哈佛大学第一次开设农业经济学课程，先后出版了《财富分配》（1904）和《农村经济学原理》（1911）。《财富分配》一书详细探讨了资源集约利用的报酬递减规律问题。卡弗的工作大大拓展了农业经济学的研究范围。

伊利和莫尔豪斯（E. W. Morehouse）于1924年出版了《土地经济学原理》，论述了土地经济学的各种问题，是最早和影响广泛的土地经济学著作之一。

布莱克于1926年出版了《农业生产经济学导论》，这是一部依据新古典经济学理论[①]、运用农场生产数据进行分析的著作，开创了农业经济定量分析和实证分析的先河，也是世界上第一部以农业生产经济学命名的著作。

黑迪继承和发展了泰勒等的农业生产经济学理论，并结合20世纪40年代微观经济学、统计学、计量经济学的最新成果，建立了现代农业生产经济学理论体系。他在1952年出版了被誉为“农业经济学圣经”的《农业生产经济学与资源利用》一书，该书系统引入了生产函数、线性规划等方法，大大提高了农业生产经济学研究方法的规范性，使得农业生产经济学变得更为成熟和完善。

二、现代农业经济学学科的发展趋势

第二次世界大战以后，现代农业经济学学科发展加速，并出现了一系列新趋势。

---

① 19世纪70年代，古典经济学经历了所谓的“边际革命”（边际效用价值论和边际分析方法的广泛运用），古典经济学进入新古典经济学时期。

（1）农业经济学不断分化和细化，分支学科迅速成长，农业经济学学科体系日臻完善。自1770年阿瑟·扬出版《农业经济论》一书创立农业经济学学科起到第一次世界大战结束，农业经济学基本上是作为一个单一的学科而发展的。进入20世纪20年代，农业经济学开始出现分化，一些分支学科陆续从农业经济学中分离出来，出现了土地经济学等学科。第二次世界大战以后，农产品运销学、农产品贸易、农业金融学、农业政策学等分支学科迅速发展起来。20世纪70年代以后，又出现了农业资源经济学、农业生态经济学等分支学科。这些学科的出现一方面是农业经济学分化的结果，另一方面也是农业经济学与其他学科相互交叉和渗透的综合化产物。

（2）农业经济学的研究范围不断拓宽，越来越注重多层面、多视角的研究。在第二次世界大战以前，农业经济的概念基本上指的是农业生产经济（更准确地说是农场生产经济）。第二次世界大战以后，随着农业社会化和国际化程度的提高，农业经济学研究日益关注宏观层面的问题，如农业经营体制和农业组织、农产品贸易和农业竞争力、农业与非农产业之间的关系、农业与资源环境之间的关系、农业中的私人决策和公共决策、农民收入与消费等问题的讨论渐趋活跃，各种与“三农”有关的经济活动和经济现象都被纳入农业经济学的研究范围。同时，农业经济学中的各种比较研究越来越受到重视，如农业与非农产业的增长机制比较、传统农业与现代农业的比较、各国农业发展模式的比较、经济体制和农业政策的比较研究等，日益成为学者们研究的课题。这种研究使得农业经济学不只限于微观层面的分析，而是具有宏观层面的视野，同时也丰富了经济学特别是发展经济学的理论。

（3）研究方法上越来越注重以一般经济理论为指导，采用规范与实证相结合、定性与定量相结合的方法。自1952年美国学者黑迪出版的《农业生产经济学与资源利用》大量应用数量分析方法以来，农业经济学日益采用一般经济学的理论和分析范式，采用定量的实证分析方法。特别是20世纪70年代以来，计量经济模型①在农产品市场均衡分析、农业资源最优利用分析、农民生产经营决策分析、农业生产函数分析以及农业政策模拟等方面得到广泛应用，而且开始从局部均衡分析发展到一般均衡分析，农业经济学的实证研究和规范研究得到了很好的结合。

三、中国农业经济学学科的产生和发展

1. 中国农业经济思想源远流长

中国是一个古老的农业大国，农业经济问题一向为人们所重视，先哲们对农业经济问题的研究源远流长。在中国历代的经济思想中，农业经济思想占有十分重要的地位，内容极为丰富，突出地表现在以下几个方面。

① 在研究中将经济理论、数学和统计学等结合起来，首先依据一定的经济理论确定经济变量的相互关系，并用方程表示出来，即建立经济数学模型；然后运用数理统计方法，使用实际观察得到的数据资料来估算模型中的各种参数值；再用统计检验、经济检验等方法，验证估算出参数值的模型是否可靠，是否符合经济学原理和客观实际；最后运用经过验证的模型来预测未来和规划政策。

（1）对农业重要性的认识。中国古代社会就有“以农立国”的农本思想，认为农业是立国之本。早在西周末年，卿士虢文公就认为国家大事最重要的是农业生产，农业是一切社会活动的基础。他说：“夫民之大事在农，上帝之粢盛于是乎出，民之蕃庶于是乎生，事之供给于是乎在。”春秋时期的管仲提出：“民事农则田垦，田垦则粟多，粟多则国富。国富者兵强，兵强者战胜，战胜者地广。”战国时期的李悝认为，农业是人们的衣食之源，是国家繁荣富强的基础。商鞅认为，国家的贫富不在于金银财宝的多少，而在于农业生产的好坏，只有农业发展才能确保国力强盛。有学者认为，古典政治经济学的法国重农学派[①]具有中国农本思想的渊源。

（2）对土地占有关系的认识。土地是农业最基本的生产资料，中国历代对土地占有关系十分重视，并进行了各种探索和实践。例如，西周时期盛行“井田制”，以调动奴隶的劳动积极性；春秋时期管仲提出“均地分力”，主张让平民拥有一定的农田，使他们安心生产，以稳定社会；西汉时期董仲舒提出“限田”主张，“使富者足以示贵而不至于骄，贫者足以养生而不至于忧”；北魏时期实行“均田制”，由政府向农民分配一定数量的土地，受田农民每年缴纳一定数量的农产品作为租金；明代邱浚提出“配丁田法”[②]，以解决“民多田少”的矛盾；清代王源提出“惟农有田”论，主张“有田者必自耕”，消灭地主和佃农。

（3）对粮价波动的认识。春秋末年的计然最早关注到农业丰歉的周期性变化和粮食价格的波动，提出了“谷贱伤农”的观点；北宋的李觏进一步发展了“谷贱伤农”的观点，认为“谷贱伤农，谷贵亦伤农”。为应对粮食生产和价格波动，西汉的耿寿昌发明了“常平仓”制度[③]，“常平仓”自此成为中国历代的一项重要经济政策。有人认为经宋代王安石进一步完善后的“常平仓”制度是美国的“无追索权贷款”的前身。

上述情况说明，中国古代社会就出现了许多重要的农业经济思想，只是由于我国长期处于封建社会，商品经济很不发达，这些农业经济思想不能形成系统的理论。

2. 20世纪初开始的农业经济研究

农业经济研究往往在学科形成之前就已经出现。我国近代农业经济文献零星出现于20世纪初。1897年创刊的《农学报》自1900年开始刊载有关中国农业经济的文章。1931年中国已经有了农业经济学会和会刊。1931年《农业经济学会会刊》第1期上发表了董时进[④]撰写的《农业经济学研究什么？学了农业经济学可以干什么？》一文。至20世纪

① 该学派是18世纪50～70年代的法国古典经济学学派。该学派视农业为财富的唯一来源和社会一切收入的基础，认为保障财产权利和个人经济自由是社会繁荣的必要因素，主要代表人物有魁奈、杜尔哥。

② 其基本内容有：每丁可占田一顷，取得田地的途径是购买。对已占田一顷以上的，即使“多至百顷，官府亦不之问”；唯限制其将来，不许再行购买田地。

③ “常平”即政府于丰年购进粮食储存，以免谷贱伤农，歉年卖出所储粮食以稳定粮价。“常平仓”就是政府为储备粮备而设置的粮仓。美国于20世纪30年代把“常平仓”政策引入罗斯福新政。

④ 董时进（1900—1984），四川省垫江县（现属重庆市）人。1917年考入北平京师大学农学院，1920年考入清华大学公费留学美国之专科，旋赴美国康奈尔大学专攻农业经济学，1924年获美国康奈尔大学农业经济学博士。1925年回国，担任北平大学、四川大学等校农学院教授及院长，主编《现代农民》月刊，创办重庆大新农场，发起成立中国民主同盟，创建中国农民党。1950年到香港，1957年到美国，1984年在美国去世。

30 年代，我国农业经济的研究范围已经涵盖农业经济学的学科问题、土地问题、产销经营、农业建设、农村金融、农业合作、农业部门经济、农业经济地理、农业经济史等广泛的主题。

20 世纪 30 年代，有两项农业经济研究工作格外引人注目。

一项是关于“中国农村社会性质”的大争论，这场争论的焦点是中国农村是半殖民地半封建社会还是资本主义社会，中国社会的出路是解决“愚穷弱私”的问题还是反帝反封建，挽救中国农村经济破产的办法是发展生产力还是改革农村社会关系。这场论战吸引了各色人物的参与，提出了形形色色的观点，出现了一批有分量的论著，大大推动了我国的农业经济研究。

另一项是由金陵大学农学院（今南京农业大学）农业经济教授约翰·洛辛·卜凯（John Lossing Buck）主持的中国土地利用调查研究，1929～1933 年共调查了 22 个省 168 个样本点的 16 786 个农场和 38 256 户农家，1934～1936 年进行调查资料的整理分析，1936 年和 1937 年出版了调研成果——《中国农家经济》和《中国土地利用》。这是中国历史上第一次大规模科学系统的农村调查和分析。

3. 20 世纪初开始的农业经济教育

我国高等院校中的农业经济教学始于 20 世纪初。1904 年京师大学堂农科大学（今中国农业大学）开设了从日本引进的“农业经济学”课程（当时取名“农业理财学”）。1913 年教育部第一号部令《大学规程》第 2 章第 12 条在大学农科的科目设置上明确规定农学门的第 26 号课程、农艺化学门的第 24 号课程为“农业经济学”。

20 世纪 20 年代，我国开始设置农业经济学学科的教学机构。1921 年，金陵大学设立了农业经济组，1925 年金陵大学农学院设立了农业经济系，开创并推动了我国近代农业经济学的教学和研究，1936 年开始招收两年制研究生。1927 年，国立第三中山大学（今浙江大学）设立了农村社会学系，1936 年更名为农业经济学系，1942 年设立农业经济研究所，并开始招收研究生。

4. 中华人民共和国成立至改革开放前的农业经济学学科

中华人民共和国成立初期，我国的高等教育移植苏联模式。1952 年，全国进行了高校院系大调整，组建了一批专业性高等院校。我国的农业经济教育也随之转入各地的农业大学。1953 年教育部颁布了主要参考苏联的农业经济学教育计划。

1951～1955 年，一批苏联农业经济专家来华讲学，其中杜宾诺夫的讲稿在 1956 年翻译出版，定名为《社会主义农业经济学》。1957 年中国人民大学农业经济教研室编写了《农业经济学讲义（初稿）》，1959 年定名为《社会主义农业经济学》，由农业出版社出版。1961 年全国高等农业院校集体编写了《中国社会主义农业经济学》。

20 世纪 60 年代和 70 年代，我国农业经济学学科的教育和研究是在计划经济与“人民公社”的背景下进行的，主要是对当时的政策进行诠释，没能留下多少有价值的研究成果和研究范式。文化大革命期间，全国停止了农业经济学专业招生。

5. 改革开放以来我国农业经济学学科的发展

1977年，我国恢复高考制度，部分农业大学在1977年和1978年相继恢复农业经济管理专业招生，农业经济学学科与其他社会科学学科一样进入恢复建设、繁荣发展的阶段。

由于我国农业经济学学科经历了相当长一段时间的消没，研究水平已远远落后于国际水平。改革开放后，国内学者一方面组织编写了一些农业经济学教材，如1980年农业出版社出版了由赵天福教授主编的全国高等农业院校和高等财经院校统编教材《社会主义农业经济学》，1981年辽宁人民出版社出版了全国12所综合性大学合作编写的《农业经济学概论》；另一方面翻译引进了一批国外的农业经济学教材。

随着改革开放的推进，我国的农业经济学学科逐步融入国际学术交流的舞台。我国改革开放中出现的农业经营体制、农业生产方式、农产品市场体系以及工农关系、城乡关系等方面的重大变化，一方面向农业经济理论工作者提出了前所未有的新问题，另一方面也为农业经济学学科的发展提供了肥沃的土壤。学术界对新时期我国的农业经济问题进行了全面、系统、深入的研究，并且在研究范式上逐步与西方农业经济学学科接轨，经济学的一般理论和定量分析方法在农业经济问题的研究中日益普遍，农业经济学的学科体系也日臻完善。

第二节　农业经济学的研究对象、内容与方法

一、农业经济学的研究对象

农业经济学是经济学的一个分支，是一门专门研究农业领域中各类经济问题的部门经济学。然而，在不同的年代和不同的国家，人们对农业经济学研究对象的认识存在很大的区别。

美国学者约翰·W. 戈德温根据经济学和农业的定义，在其所著的《农业经济学》中将农业经济学定义为“关于各种有限资源在农牧业产品的生产、加工及消费等用途方面进行分配的社会科学”。

英国的C. 里特森在其所著的《农业经济学：原理和政策》中虽然没有对农业经济学进行定义，但他认为，农业经济学的主题有两个：一是经济理论在农业中的应用，或对农业经济问题进行理论探讨；二是政府制定农业政策时的经济学原理和方法，特别是农产品贸易政策和农业支持政策。

我国学者朱道华教授在其所主编的《农业经济学（第四版）》中认为，农业经济学的研究客体是农业，所以它不仅是经济学中的一门独立科学，也是农业科学中的一门独立科学。研究农业的科学很多，而农业经济学是从经济的角度研究农业的科学。农业经济是农业中的经济活动和经济关系的总和。农业经济的基本规律是农业生产方式的运动规律。因此，农业经济学的研究对象，是农业生产方式的运动规律，包括农业生产力的运动规律、农业生产关系的运动规律，以及两者间相互作用的运动规律。从广义上看，

农业经济学的研究对象，包括农业生产方式的更迭和各个历史时期的农业生产方式。但通常的农业经济学是狭义的，以研究现阶段的农业生产方式为主。同时，农业经济学是一门实践性很强的应用经济学，因此，农业经济学除了要阐述一般的农业经济理论外，更要结合本国的实际，研究本国农业生产方式的运动规律和特点。这样，农业经济学往往形成各国特色，如美国农业经济学主要结合美国实际、日本农业经济学主要结合日本实际、中国农业经济学主要结合中国实际。

上述三位学者对农业经济学研究对象的归纳是有区别的。其中两位国外学者的观点基本上代表了西方农业经济学者关于农业经济学的观点，他们认为，农业经济学就是经济学原理在农业经济中的应用，因此农业经济学的核心问题是稀缺资源在农业中的配置，以及政府如何在农业领域解决市场失灵的问题，而这些问题的解决是以既定的生产关系为前提的。朱道华教授的观点代表了大多数中国农业经济学者的观点，即农业经济学不仅要解决稀缺资源在农业中的配置问题和农业领域中的市场失灵问题，而且要研究农业中的生产关系问题，以及生产力与生产关系的相互作用问题。

我们认同朱道华教授的观点，中国的农业经济学必须研究农业中的生产关系，以及生产力与生产关系的相互作用。因此，农业经济学的研究对象是农业生产方式的运动规律，包括农业生产力的运动规律、农业生产关系的运动规律，以及两者相互之间的运动规律。

二、农业经济学的研究内容

要完整地说明农业经济学的研究内容是困难的。原因是，一方面，随着农业和农村经济的发展，农业经济领域要研究的问题越来越广泛和复杂；另一方面，随着研究的深化以及与其他学科的交错渗透，农业经济学也在不断分化，一些内容从农业经济学中独立出来，形成新的学科或课程。目前，国内各种农业经济学教材所包括的内容和体系并不一致。根据农业经济学学科的发展现状和趋势以及内容的相关性，我们把农业经济学的研究内容概括为以下五个方面。

1. 农业的地位与作用

农业是国民经济中的一个特殊产业，与国民经济其他部门相比具有自身的特点，农业在国民经济中处于基础地位，对一国的经济发展和社会稳定等具有重要作用。正确认识农业的特殊性，认识农业的地位和作用，认识经济发展过程中农业产值份额下降规律的客观性，对于政府指导农业的发展具有重要意义。因此，关于农业的概念、特点、地位、作用的研究，是农业经济学的首要任务。本书对这方面的内容专辟一章，即第一章“农业的地位与作用”。

2. 农业组织制度

农业生产是在一定的经济组织下进行的。由于农业的特殊性，农业的经济组织与工商业有很大的不同。在工商业中，家庭经营已逐渐消亡，各种类型的公司制企业成为主要的经济组织形式。而在农业中，农业的产业特点和家庭的社会经济特性决定，家庭是最基本的经济组织，是农业经济组织的基础。然而，农业家庭经营也有局限性。在现代农业的发展中，家庭经营还需要通过合作社等形式联合起来。农业经济学要研究各类农业经济组织的特点、功能、组织原则等。本书对这方面的内容分四章阐述，即第二章“农业经济制度”，第三章“农业家庭经营”，第四章“农业合作经济”，第五章“农业产业化经营”。

3. 农业发展与保护

农业是国民经济的基础，农业的发展始终是各国政府的头等大事。农业的发展需要将传统农业改造成为现代农业，实现农业可持续发展，还要优化农业产业结构与布局，提高农业的综合生产能力。同时，由于农业自身特点所决定的弱质性，以及存在外部经济和社会效益，比较效益偏低，市场机制在配置农业资源时往往会出现失灵的现象，政府需要对农业进行必要的支持和保护。因此，农业经济学要研究农业现代化、农业产业结构与布局、农业支持与保护等方面的问题。本书对这方面的内容分三章阐述，即第六章“农业现代化与信息化”，第七章“农业产业结构与布局”，第八章“农业支持与保护”。

4. 农业生产要素利用

从经济学上说，生产就是把投入转变成产出的过程。农业的发展离不开生产要素，因此，生产要素的利用是农业经济学所要研究的重要内容。需要注意的是，农业经济学研究生产要素问题，不是研究生产要素在农户或合作社等微观组织内部的具体配置问题，而是从宏观上研究农业生产要素的利用问题。由于土地、劳动力、资金、技术等生产要素的特性和禀赋不同，它们的利用原则也有所不同，因此需要分别对它们进行研究。本书对这方面的内容分四章阐述，即第九章“农业土地与水资源”，第十章“农业劳动力资源”，第十一章“农业中的资金”，第十二章“农业科技进步”。

5. 农产品供求与市场

在市场经济条件下，农产品的生产者与消费者通过市场连接起来。通过市场，生产者的利润最大化目标得以实现，消费者的多样化需求得到满足。同时，农业的国民经济基础地位通过市场得以体现。因此，农产品的供给与需求、农产品流通与市场体系、农业贸易与国际化等就成了农业经济学研究的重要问题。本书对这方面的内容分三章阐述，即第十三章“农产品需求与供给”，第十四章“农产品流通与市场”，第十五章“农业开放与国际化”。

三、农业经济学的研究方法

任何学科都有自己的研究方法。农业经济学作为一门实践性很强的应用经济学和部门经济学，也有其自身独特的方法。在学习和研究过程中，要注意综合运用以下研究方法。

（1）辩证的方法。农业经济学的研究对象是农业生产方式的运动规律，研究农业经济问题时往往从现象入手，但各种现象之间是相互联系的，且每一个现象受很多因素的制约。因此，研究农业经济问题时，要善于运用辩证唯物主义和历史唯物主义的观点，对农业经济中的各种现象进行全面和深入的分析，发现它们之间的相互联系，对其发展变化规律及趋势进行正确的认识和把握。

（2）比较与借鉴的方法。虽然农业经济学的理论具有普适性，但农业发展的客观发展规律在不同的国家和地区的作用条件不同，因而其作用形式会有差别。因此，我们在运用一般的农业经济理论指导本国、本地区的发展实践时，在借鉴别国和其他地区的农业发展经验时，需要分析不同国家和地区的特殊条件，从本国、本地区的历史和现实出发，因地制宜地指导农业发展的实践。

（3）调查研究的方法。研究农业经济问题要重视调查研究，不仅要通过调查研究解决实际问题，还要在调查中发现实际和理论问题。既要善于运用典型调查，又要善于运用统计调查。前者可以使我们对问题有深入和具体的了解，后者可以使我们把握问题的总体情况和趋势。两者结合，既可以避免以点代面的片面性，又可以增加对问题认识的深度，使认识更符合实际。研究农业经济问题要坚持理论联系实际，既要用理论指导实践，又要从实践中总结规律，形成指导实践的理论，不断丰富和发展农业经济理论。

（4）定性分析与定量分析相结合的方法。长期以来，农业经济问题的研究多采用定性研究的方法。定性研究虽然也可以揭示现象与各种影响因素之间的关系，但它不能准确地揭示现象与各种影响因素之间的具体数量关系。而定量研究采用经济计量模型对统计资料和样本调查资料进行分析，可以提供准确的定量分析结果。当然，定量分析必须建立在定性分析的基础之上，否则定量分析有可能根本说明不了什么问题，甚至得出错误的结论。

本章小结

农业经济思想是经济思想的起源。西方的农业经济思想可追溯到古希腊和罗马时代。近代资本主义初期的农业经济思想产生于英国、法国和德国，包含在古典政治经济学之中。18 世纪后期英国农业经济学家阿瑟·扬创立了农业经济学，19 世纪初到 20 世纪初德国形成了农业经营学派，20 世纪后美国农业经济学科发展迅速，并形成了农业经济学科体系。第二次世界大战后，农业经济学科出现了一些新趋势：学科不断分化和细化，分支学科迅速成长，学科体系日臻完善；研究范围不断拓宽，越来越注重多层面、多视角的研究；研究方法越来越以一般经济理论为指导，规范与实证相结合、定性与定量相结合。

中国农业经济思想极为丰富。先哲们很早就有“以农立国”的农本思想，认为农业是立国之本；对土地占有关系十分重视，历朝历代对土地制度进行了各种探索；对粮价波动的危害和应对策略也有较早地认识。但由于长期处于封建社会，农业经济思想没有形成为系统的理论。20 世纪初我国开始对农业经济问题进行比较系统的研究，并开始进行农业经济学的高等教育。中华人民共和国成立初期，我国高等农业经济教育移植苏联模式。文化大革命期间农业经济学研究和教育基本停止。改革开放后，农业经济教育和研究逐步恢复，目前已基本融入国际舞台。

农业经济学的研究对象是农业生产方式的运动规律，包括农业生产力的运动规律、农业生产关系的运动规律，以及两者相互之间的运动规律。其主要内容涉及农业的地位与作用、农业组织制度、农业发展与保护、农业生产要素利用、农产品供求与市场五个方面。

学习思考

1. 西方农业经济学学科是怎么产生和发展的？当前的发展趋势又如何？
2. 中国农业经济学学科的产生历史和发展过程如何？
3. 农业经济学的研究对象是什么？包括哪些研究内容？

地 位 篇

第一章

农业的地位与作用

【本章学习目标】

1. 掌握农业的概念、本质特点和具体特点；
2. 认识农业在国民经济中的地位，了解农业在国民经济发展中的作用；
3. 了解农业的多功能性及其对国家和民族发展的作用；
4. 认识农业份额下降规律及其内在机理。

第一节　农业的概念与特点

一、农业的概念

农业作为国民经济的一个部门，是人类社会最基本的物质生产部门，在现代社会中称为第一产业。从本质上看，农业是人类利用生物的生长机能和自然环境条件，通过自身的劳动强化和控制生物的生命过程，以取得人类所需要的物质产品的经济活动。

农业包含的具体内容在不同的国家、在一个国家的不同时期有所不同。但一般来说，农业是指那些与动植物生命活动直接相关的生产活动，包括植物栽培（种植业和林业）和动物饲养（畜牧业和渔业）。由于种植业是最基本的农业生产部门，因此，通常狭义的农业专指种植业。而与此相对应的广义的农业则包括农、林、牧、渔四个部门。随着现代社会分工与协作的发展和深化，农业同与之相关的工商业之间的联系日益密切，为便于管理，有的国家把为农业提供生产资料的部门称为"农业前部门"，把从事农产品加工、储运、销售等活动的部门称为"农业后部门"，由农业部门实行统一管理。这样，农业就形成了一个由产前部门、产中部门和产后部门组成的产业系统。但即便如此，农业的核心仍然是动植物产品的生产。

二、农业的特点

农业与工业等其他物质生产部门相比，具有自己的特点。在用经济学的基本理论解释和分析农业经济活动时，常常需要根据农业的特点对经济学理论的基本假设或边界条件进行适当的修改。

农业的特点可以从两个层次上看：一是本质特点，二是具体特点。

农业的本质特点是自然再生产与经济再生产相交织。

所谓自然再生产，是指生物的自然生长发育过程，即生物有机体同自然环境之间不断进行物质、能量交换和转化的过程。植物吸收土壤中的水、养分和空气中的二氧化碳，利用太阳能进行光合作用，合成碳水化合物、蛋白质、脂肪等有机物供自身生长和繁殖。动物利用植物性（或动物性）产品，通过消化作用合成新的有机物供自身生长和繁殖。显然，动植物的自然再生产过程严格遵循自然界生命运动的客观规律。

单纯的自然再生产过程是生物有机体同自然环境之间的物质、能量交换和转化过程，它是自然界自身的生态循环而不是农业生产。农业生产作为人类的经济活动，它必定又是经济再生产。所谓经济再生产，是指人类在一定的生产方式中，利用劳动资料对劳动对象进行加工而获得人类需要的物质产品的活动。作为经济再生产，农业就是人类有意识地干预动植物的自然再生产过程，通过劳动改变动植物的生长发育条件或干预动植物的生长发育过程，以获得自己需要的动植物产品的活动。它是人类在遵循自然规律的前提下，通过劳动对自然再生产进行控制和调节的过程。

由上述本质特点决定，农业在生产条件、生产过程和产品等方面都表现出与其他物质生产部门所不同的一系列具体特点。

（1）动植物有机体是有生命的“活机器”。在工业生产中，机器是重要的劳动资料，机器性能的好坏对工业生产效率和产品质量具有重大影响。在农业中，动植物既是劳动对象，也是劳动资料。作为劳动资料，这种“活机器”的性能好坏，对农业生产效率和农产品质量也产生决定性影响。因此，优良的品种对农业生产极为重要。

（2）土地是最基本的农业生产资料。对于其他物质生产部门而言，土地仅仅是生产的场所。而在农业中，土地不仅仅是生产的场所，更是动植物生长发育所必需的养分和水分的储存器、供给者，是动植物生长发育的重要环境条件。离开了土地，农业生产就无法进行。因此，土地的数量、质量和地理位置一起构成农业生产的重要制约因素，一个国家或地区的土地资源状况对其农业的发展规模和水平有很大影响。

（3）农业生产受自然条件制约。自然条件包括气候条件、水利条件、土地自然肥力以及生物资源等。农业生产首先是自然再生产过程，自然条件对农业生产影响很大。自然条件有两个显著特点：一是地域性，不同地区的自然条件很不相同。这一特点决定了农业生产特别强调要因地制宜，各地的农业生产应发挥区域资源优势，形成区域特色。二是人类无法完全控制或改变。虽然人类可以通过工程技术措施在一定程度上改变或控制自然条件，但在目前的生产力水平下，人类尚无法完全改变或控制自然条件，特别是气候条件。由于气候条件的影响，农业生产经常会出现年度间的剧烈波动，进而影响农产品市场供给和农民收入，所以农业生产具有较大的不确定性和自然风险。

（4）农业生产具有季节性。农业生产以动植物的自然再生产为基础，动植物有自身的生长发育规律。不同的植物有特定的播种、生长发育、开花结果、成熟收获时间，不同的动物产品也有特定的生产季节。每种农产品的生产基本上同时开始、同时结束，表现出以年为周期的季节性。农业生产的这个特点，一方面要求“不误农时”，在特定的时间安排生产要素进行生产；另一方面造成农产品收获上市时间的集中性，并产生与农产品消费常年性的矛盾。

（5）生产时间与劳动时间不一致。生产时间是劳动对象处于生产领域的时间，即动植物生长发育、开花结果、成熟繁殖的全过程所需要的时间；劳动时间是劳动作用于劳动对象的时间，也就是农民进行农事操作的时间。通常，农产品的生产时间长达数月，而农民需要投入的劳动时间相对较少，劳动时间仅占生产时间的一小部分，并且分布在农产品生产过程的某些特定时点。因此，劳动力和农业生产资料的利用既表现出很强的季节性，也表现出生产周期内的不均衡性和间断性。农业的这一特点决定了合理安排农业生产对充分利用农业资源具有重要意义，是传统农户经营多样化的重要原因。农户通过多样化经营，可以在不同的时间里比较均匀地利用劳动力和其他生产要素，提高生产要素的利用率。

（6）农业生产在空间上具有分散性。农业特别是种植业直接依赖土地，农业生产必须在广袤的田野上进行，这就使得农业劳动过程的管理和监督比较困难，农业生产特别依赖劳动者的自觉性和主动性。同时，农业劳动往往没有中间产品，劳动成果不能在劳动过程结束时立即得到反映，这也增加了对农业劳动的阶段性成果进行考核的困难。农业的这一特点决定了农业生产的组织形式与工业生产有很大的不同，以家庭为单位组织农业生产在世界上具有普遍性。

（7）农产品是人们最基本的生活资料。食物是人们最基本的生活资料，而食物是由农业生产出来的。农产品的这一特点，一方面决定了农业是人类最重要的物质生产部门，在国民经济中具有不可替代的地位；另一方面决定了随着经济的发展和人们生活水平的提高，农产品在人们的消费结构中的比重会不断降低。这后一方面的变化趋势就是所谓的“恩格尔定律”①。因此，任何国家在经济发展过程中都必须处理好国民经济其他部门与农业的协调发展关系，从国家安全的高度重视农业的发展。

（8）农产品的供求弹性比较小。从供给方面看，农业生产具有季节性，农产品的收获时间具有周期性，绝大多数农作物通常每年在固定的时间收获一到两次；同时，农产品的生产决策是广大农民分散进行的，在决策时间上往往又表现出高度的统一性，面对同样的市场信号，他们往往同时决定增加或减少产量，且一旦做出决策就不

① 恩格尔定律是 19 世纪德国统计学家恩格尔得出的一个规律：一个家庭收入越少，家庭收入中用来购买食物的支出所占的比例就越大，随着收入的增加，家庭收入中用来购买食物的支出比例会下降。推而广之，一个国家越穷，国民收入中用于购买食物的支出所占比例就越大，随着国家的富裕，这个比例呈下降趋势。根据恩格尔系数，联合国对世界各国的生活水平有一个划分标准：恩格尔系数在 60%以上为贫穷；50%～60%为温饱；40%～50%为小康；30%～40%为相对富裕；30%以下为富足。2019 年中国的恩格尔系数为 28.2%。

能改变。因此，各种农产品的供给总量在一个生产周期内是确定的，不会因为市场价格的变动而变化。从需求方面来看，由于许多农产品是基本生活资料，其需求量也不易随着市场价格的升降而发生大幅度的变化。因此，农产品产量和价格极易发生“蛛网型波动”，农业生产具有较大的市场风险。当然，某些农产品特别是粮食和工业原料是可以储存的，这类农产品在短期内的市场供给数量可以根据市场价格的变化做出相应调整。

第二节　农业的地位与贡献

一、农业在国民经济中的地位

国民经济是一个庞大的体系，由农、林、牧、渔业，制造业，建筑业，交通运输、仓储和邮政业，批发零售业，金融业，信息传输、软件和信息技术服务业，教育等[①]部门构成。国民经济各个部门彼此独立不可替代，但又相互联系、相互促进。其中，农业在国民经济中具有特别重要的地位，是整个国民经济的基础。

农业之所以是国民经济的基础，可从以下两方面来认识。

第一，从农产品对人的重要性来看，农业是人类的衣食之源、生存之本。

任何社会，人类要生存，都必须有生活资料。生活资料中最重要的是食物，而食物是由农业生产出来的。人类社会发展到今天，人们仍然离不开动植物去建立食物生产体系，而只能利用动植物的生物机能和自然环境条件来生产所需的各种食品。虽然食品工业是工业的一个部门，但食品工业只是对农产品进行“加工”，它本身并不能生产出人类生存所必需的碳水化合物、蛋白质、脂肪等营养物质。

当然，农业为人类提供的生活资料不只是食物。除食物以外，不少穿的和用的生活资料也是以农产品为主要原料加工而成的。不过随着科学技术的发展，除食物之外的其他生活资料相对容易由工业生产出来。但也可以预见，农业提供的生活资料不可能完全被工业所取代。

第二，从人类社会的发展历史来看，农业是国民经济其他部门独立和进一步发展的基础。

在人类社会，农业是第一个出现的社会生产部门。由于人类赖以生存的生活资料中最必需的食物要靠农业生产出来，因此，在人类历史上，劳动必然首先表现为农业劳动。在原始社会前期，人们谋取生活资料的主要方式是采集和渔猎，那时没有农业，更没有其他产业。进入新石器时代[②]以后，人类开始懂得栽培植物和驯养动物，有了原始的农业和畜牧业，但由于劳动生产率十分低下，全体劳动者只能都从事农业劳动，农业是社会唯一的生产部门。到了原始社会后期，由于农业劳动生产率的提高，农业劳动者生产

① 2017 年版《国民经济行业分类》把国民经济分成 20 个大的行业。

② 在史前时代，由于当时人们以石器作为主要生产工具，所以叫石器时代。整个石器时代以使用打制石器的时间为最长，历史学家把使用打制石器的时代称为旧石器时代，使用磨制石器的时代称新石器时代。

的食物除了供自己消费之外还有剩余，这时才有一部分劳动者脱离农业，专门从事手工业，从而出现了农业与手工业的分工。以后，随着农业劳动生产率的进一步提高，专门从事商品流通的商业逐渐发展起来，最后成为独立的商业部门。可见，没有农业劳动生产率的提高，没有农业的发展，国民经济其他部门就不能独立出来。正如马克思所说，“超过劳动者个人需要的农业劳动生产率，是一切社会的基础。”①

不仅如此，工业、商业等国民经济其他部门从农业中独立出来以后，它们的发展规模和速度仍然要受到农业生产水平的制约，因为这些部门进一步发展所需要的最基本的生产要素劳动力仍然依赖农业劳动生产力的提高。马克思曾经说过：“如果我们把外国贸易撇开不说……那么很明白，能够投于工商业上面而无须从事农业的劳动者人数……取决于农业劳动者在他们自身的消费以外，能够生产多少农产品。”②这就是说，只有农业劳动生产力提高了，社会才有可能用更多的劳动力来发展工业和商业，国民经济的非农部门才可能有更快的发展。

农业是国民经济的基础，指明了农业在社会经济中的地位，这是不以人的意志为转移的适合一切社会形态的客观规律。这一规律并不因为农业在国民经济中的比重降低而改变。

二、农业对国民经济的贡献

农业在国民经济中的基础地位，具体地由农业在经济发展中的贡献表现出来。根据美国经济学家西蒙·库兹涅茨（Simon Kuznets）的经典分析，农业对经济发展的贡献主要表现在四个方面。

1. 产品贡献

产品贡献具体包括两个方面：一是提供非农产业部门人员所需要的粮食。粮食是人们生活的基本必需品，非农产业部门人员所需要的粮食来自农业。从理论上说，国内粮食不足可以通过进口来解决，但在实际上，大量进口粮食会受到政治、经济和社会等多种因素的制约。特别是像中国这样的人口大国，如果把粮食的供应建立在进口之上，将会引起世界粮食市场的动荡和国际社会的不安③。二是提供轻工业原料。大多数国家在工业化的早期阶段，工业往往以农产品加工业为主，所以工业的发展状况与农业密切相关。虽然随着工业化的推进，农产品加工业的比重会逐渐下降，但就工业化水平不高的国家来说，农产品加工业仍然是重要的工业部门。目前，我国经济发展已处于工业化向后工业化过渡的阶段，但农产品加工业仍然比较落后，农产品加工业的比重不高。随着我国农产品加工业的进一步发展，农业的这一贡献还会继续加大。

---

① 马克思. 资本论. 第3卷[M]. 北京：人民出版社，1975：885.

② 马克思. 剩余价值学说史. 第1卷[M]. 北京：三联书店，1957：41-42.

③ 1994年，美国世界观察所所长莱斯特·R. 布朗在《世界观察》杂志上发表了《谁来养活中国》的文章，引起了全世界的关注。

2. 市场贡献

农业的市场贡献来源于农业与其他部门的交换，包括农民购买生活用工业品和农业生产资料两大方面。农民作为消费者，在日常生活中需要购买日用工业品、耐用消费品等。农民对这些工业品的消费扩大了工业品的市场，工业品市场的扩大会刺激工业和其他非农产业的扩张。在经济发展的初期阶段，农业部门是国民经济中的主要部门，这时即使新兴产业部门中就业人员的人均收入比较高，但由于农业人口的绝对规模和相对规模都比较大，农民必然是国内工业品的主要消费者。随着经济的发展，农业劳动力不断转移到非农产业部门就业，农业人口份额下降，但农民收入水平和消费水平的提高会推动农村消费市场的扩大。农民作为生产者，在农业生产过程中需要投入机械、设备、电力、化肥、农药、农膜及其他农业投入品。农民对这些农用工业品的投入，会刺激农用生产资料工业和其他相关产业的扩张。随着农业现代化的推进，农业对机械、设备、电力等农用工业品的需求大幅增加，农业对农资工业和相关产业的市场贡献将会更大。

3. 要素贡献

农业对国民经济发展的要素贡献，是指农业部门的生产要素转移到非农产业部门，为非农产业部门的发展提供条件。农业部门所提供的生产要素有劳动力、土地和资本。

首先，农业为非农产业部门的发展提供劳动力。人是所有生产要素中唯一具有能动性的要素。在人类社会发展的最初阶段，由于农业劳动生产力低下，农业是唯一的生产部门。随着农业劳动生产力的提高，农产品出现了剩余，使得农业部门能够向非农产业部门转移劳动力，从而为非农产业的发展提供了最基本的生产要素。可见，没有农业部门的劳动贡献，就不可能有其他产业部门的形成和发展。在现代经济发展初期，农业中存在较多的剩余劳动力，非农产业部门的急剧扩张所需要的劳动力，可以源源不断地从农业部门得到补充，这使非农产业的发展得以顺利进行。所以，农业部门的劳动贡献，是非农产业发展的重要条件。我国改革开放以来，农业劳动力大量转移到非农产业部门就业，成为推动我国经济增长和结构变革的重要力量。

其次，农业为非农产业部门的发展提供土地。国民经济其他部门的发展必然需要更多的土地作为生产和活动的场所，如城镇规模的扩大、工业园区的建设、交通道路网络的建设、大学科技城的建设等都无不需要土地。但是，农业向非农产业部门提供土地，是以农业土地生产率的提高为前提的。如果没有农业生产力的发展，没有土地生产率的提高，那么，有限的土地首先必须满足农业的需要，非农产业的发展就会受到空间的制约。

最后，农业为非农产业部门的发展提供资本。在经济发展的初期阶段，农业作为国民经济的主要部门，实际上是国内储蓄与投资的唯一来源，因为在这一时期，非农产业部门还处于成长期，自身的积累能力很弱，而外来投资和外国援助对大多数国家来说只是补充性的资金来源。在这一阶段，农业部门向非农部门提供资金往往借助行政力量，进行强制性的资金转移。转移的基本途径有两个：一是显性的方式，即通过赋税[①]；二是隐蔽的方式，即通过工农业产品价格“剪刀差”[②]，实行工农业产品的不等价交换。在我国，还有一种特殊的方式，就是政府通过低价征用农业用地，一方面高价向房地产业拍卖，以取得巨额的土地差价收入；另一方面低价向工商企业提供土地来支持工商企业的发展（各地政府为招商引资低价向企业供应土地）。随着经济的发展，非农产业部门自身的积累能力增强，非农部门对农业的资金依赖减少，但农业部门仍源源不断地向非农产业部门提供资金。其原因在于农业的比较效益低，流动性很大的资金总是有流向高收益的非农产业部门的倾向。在这一阶段，农业部门向非农部门提供资金依靠市场机制。基本途径也有两个：一是储蓄，通过农村中的储蓄网点把农民的一部分货币资金以存款的形式存入金融部门，金融部门再把这些资金转移到非农产业部门；二是农民直接投资于非农产业。我国农村的大量乡镇企业就是农民直接投资于非农产业的例证。

4. 外汇贡献

所谓外汇贡献，是指通过出口农产品及其加工品，农业为国家经济建设赚取外汇。在经济发展的初期阶段，农业的外汇贡献尤为重要。因为在这一时期，科学技术落后，工业基础薄弱，工业品不具国际竞争力，难以出口创汇，而工业发展又需要用外汇从国外引进先进技术、进口机器设备和一些原材料。因此，具有比较优势的农业部门在出口创汇方面必然扮演重要角色。发展中国家经济发展的实践充分说明了这一点。在这些国家，出口农副产品及其加工品赚取了外汇，用农业赚取的外汇购买先进的技术和机器设备来武装本国工业，从而促进了本国民族工业的快速发展。所以，如果没有农业的外汇贡献，大多数发展中国家工业的快速发展是难以想象的。随着经济的发展和工业技术水平的提高，工业品的出口创汇能力会逐渐增强，工业逐渐成为出口创汇的主要力量，农业的外汇贡献份额一般会下降。然而，农业外汇贡献份额的下降，并不意味着农业的外汇贡献消失，农业出口创汇的绝对量还可能增加。

三、农业的多功能性

农业的多功能性是指农业在向人类提供食物和工业原料的同时，还承担着生态环保、社会稳定、国家安全、文化传承和教育等方面的非商品性产出功能。这些功能所产生的价值一般无法通过市场交易来体现[③]。

---

① 我国自 1958 年规定 15.5%的农业税税率以后，由于收购政策、价格和产量的变化，税率一直在下降，到 1978 年已不足 3%。2006 年开始我国取消了农业税。从表面上看，我国农业税在国家财政收入中所占的比重不大，农业的资金贡献十分有限。但实际上，我国财政收入直接和间接来自农业的占 40%。

② 工农业产品价格“剪刀差”是指在进行工农业产品交换时，工业品价格高于其价值、农产品价格低于其价值的不等价交换。将一定时期内的工业品和农产品的价格与其价值的背离关系用统计图表示出来，呈现出工业品价格走高的趋势和农产品价格走低的趋势，二者的组合恰如剪刀状。

③ 农业的多功能性概念可以追溯到 20 世纪 80 年代末日本提出的“稻米文化”。当时，日本为保护国内的稻米生产，提出了“日本文化与水稻种植密切相关，保持日本水稻生产就是保护日本文化”的观点。1992 年联合国环境与发展大会通过的《21 世纪议程》将第 14 章（促进可持续的农业和农村发展）的第 4 条“方案领域”（a）定义为“参照农业的多功能方面，特别是粮食安全和可持续发展，进行政策审查、规划和综合方案拟订”，表明农业的多功能性已为世界各国所接受。

一般认为，农业所具有的非商品性产出功能包括以下几个方面。

1. 生态环保功能

农业的生态环保功能主要体现在对国土和生态环境的保护上。一方面，作物的生长活动是吸收二氧化碳呼出氧气的新陈代谢过程，所以作物的生长过程也是净化空气的过程；植物的根系具有涵养水源和保护水土的作用，地上部的枝叶能减少地表的水分蒸发，减缓风、沙和太阳能辐射对地表土壤的破坏。另一方面，动物消化人类生活中产生的许多废物，不仅净化了环境，还使这些废物转变为人类需要的生物物质；微生物则能分解动植物的残体和排泄物，将其转化为植物生长的营养来源，促进生物链的良性循环。可见，动植物和微生物的生命活动对维护与保持生态平衡具有重要作用。而动植物和微生物的生命活动要么是农业生产本身的内容，要么与农业生产有关。因此，农业在保护自然生态环境方面发挥着重要作用。

2. 社会稳定功能

农业的社会稳定功能主要表现在以下几方面：①保障人们安居乐业。农业稳定发展，才能为社会提供充足的农产品，满足城乡居民对基本生活资料的需要，使人民安居乐业，这是社会稳定的基本前提。②保障农村劳动力就业。农业为广大农村居民提供了谋生的手段，特别是在发展中国家，由于城乡二元经济结构的存在，这些国家的农业容纳了大量剩余劳动力，缓解了社会失业矛盾，避免或减少了农村人口盲目向城市流动。③替代社会保障。在发展中国家，贫困人口集中于农村，缺乏必要的社会保障，而农民拥有的土地就起到了社会保障的作用。由于发展中国家的经济社会发展水平比较低，农业的社会保障功能在发展中国家比发达国家更为重要，具有更大的价值。④缓冲经济波动。经济的周期性波动是市场经济无法避免的客观现象。随着宏观经济的波动，城市二三产业会快速地和大规模地吸纳与释放劳动力，农业起到了城市二三产业劳动力的“蓄水池”作用，能随着经济的波动适时地吸纳和释放劳动力，从而减缓经济危机和加速经济复苏。

3. 国家安全功能

农业的国家安全功能表现在以下两方面：①维护国家领土安全。由于农业以土地为最基本的生产资料，一般说，只要是适合发展农业的地区，总会有人从事农业活动，相应地会有一定规模的人口集聚和二三产业的发展，因此，农业有利于国土空间的平衡发展。特别是对于边疆地区，农业的发展对维护国家领土安全具有重要作用。②保障国家自立自强。从理论上说，开放贸易有利于发挥各国的比较优势，有利于增加世界的农产品供给。但在现实中，如果一个国家的主要农产品（特别是粮食）不能实现基本自给而过多地依赖进口，不仅会给世界农产品市场带来压力，而且也很难立足于世界强国之林。一旦国际形势发生动荡，就会在政治上和军事上处于被动地位。从某种意义上说，一个国家能否自立，在很大程度上取决于本国农业的发展状况。

4. 文化传承和教育功能

由于农业生产活动与农民生活紧密结合，农业对形成和保持独特传统文化、维护传统文化的多样性具有重要作用。世界上任何国家都是从农业国转变而来，许多国家的传统文化与农业密不可分，多源自农业生产活动和农民生活，因此形成了许多富有地方特色的传统文化。另外，东方社会普遍认为，农业生产活动具有教育和养成个体优良品德的作用。在中国，过去一直有农忙时节中小学生参加农业劳动的做法。现在，这种传统由于升学导向而逐渐丢失，但人们仍普遍认可农业的教育功能。另外，城市居民通过参观或参加农业活动，能加深对农民的了解和感情，农业因此具有促进城乡居民平等相处、互相尊重，建设和谐社会的作用。

随着人们生活水平的提高和技术进步，农业的生态环保功能、文化传承和教育功能正在被开发为乡村旅游产品，从而使之变成具有市场价值的经济功能。

四、农业份额下降规律

农业是国民经济的基础，在经济和社会的发展中起着十分重要和不可替代的作用。但随着经济的发展，非农产业在国民经济中的比重会逐步上升，而农业的比重则逐步下降，这是经济发展过程中产业结构变动的必然趋势。许多经济学家从不同的角度进行过研究，并得到了一致的结论。

1. 配第-克拉克定律

最早对产业结构演变规律及其动因进行研究的是英国古典经济学家威廉·配第。早在1690年，他在《政治算术》一书中就描述了不同产业之间的收入差异，并将这种收入差异与就业结构联系起来。他说：工业的收益比农业多，而商业的收益又比工业多。这种产业之间的收益差异会推动劳动力由低收入产业向高收入产业流动。这就是所谓的“配第定律”。

配第的这个发现一直没被重视。1940年，英国经济学家科林·克拉克（Colin Clark）在《经济进步的条件》一书中，通过对40多个国家不同时期三次产业的劳动投入和产出资料的统计分析，得出结论：随着人均国民收入水平的提高，劳动力首先由第一产业向第二产业转移；当人均国民收入水平进一步提高后，劳动力便由第二产业向第三产业转移。这就是“克拉克定律”。

由于克拉克定律是对配第定律的印证，因此，经济学说史上将配第定律和克拉克定律综合在一起称为“配第-克拉克定律”。配第-克拉克定律不仅可以从一个国家经济发展的时间序列中得到印证，也可以从同一时点上处于不同发展水平的国家的比较中得到印证。即人均国民收入水平越低的国家或地区，农业劳动力在全部劳动力中所占的比重越大，而第二、第三产业劳动力所占比重越小；人均国民收入水平越高的国家或地区，农业劳动力的比重越小，而第二、第三产业的劳动力比重越大。

2. 库兹涅茨法则

配第-克拉克定律说明了随着经济的发展，劳动力在三大产业中的就业结构的变化规律。1941 年，美国经济学家西蒙 • 库兹涅茨在他的《国民收入及其构成》一书中通过对欧美主要国家的长期统计数据的分析，得出了经济增长过程中劳动力结构和国民收入结构演变的规律：随着经济的增长，即随着人均国民收入的提高，国民经济中农业部门的产值份额和劳动力份额都趋于下降，而工业部门与服务业部门的产值份额和劳动力份额都趋于上升。同时，这三大部门各自内部也会发生结构性变动：在工业中，制造业上升幅度最大，大约占工业部门上升份额的 2/3；在制造业内部，与现代技术密切联系的新兴部门增长得最快，相对份额上升，而一些传统生产部门的相对份额下降；在服务部门内部，教育、科研和政府部门的相对份额趋于上升。

3. 钱纳里标准结构

库兹涅茨的研究是以发达国家为对象的，为验证库兹涅茨法则对所有国家的适用性，20 世纪 60 年代以来，一些经济学家对经济增长与经济结构演变的关系进行了更为深入的研究。其中，美国经济学家霍利斯 • 钱纳里（Hollis Chenery）和以色列学者莫塞 • 赛尔昆（Moises Syrquin）在 1975 年出版的《发展的形式：1950—1970》一书中提出的“标准结构”最具影响。

钱纳里和赛尔昆首先采用了由 27 个变量定义的 10 个基本过程来描述经济发展中结构转换的一般过程，构造了一个“世界发展模型”。然后运用回归方程，对 101 个国家 1950～1970 年的统计数据进行分析，得出每一结构变量随人均国内生产总值提高而变化的逻辑曲线，即“标准结构”（不同经济发展阶段所具有的经济结构的标准值）。钱纳里的“标准结构”表明，随着经济发展和人均国内生产总值的提高，第一产业的比重持续下降，第二产业的比重迅速上升，第三产业的比重缓慢提高。当第一产业的比重降低到 20%以下、第二产业的比重上升到高于第三产业而在 GDP（gross domestic product，国内生产总值）结构中占最大比重时，工业化进入中期阶段；当第一产业的比重再降低到 10%左右、第二产业的比重上升到最高水平时，工业化就到了结束阶段（此后第二产业的比重转为相对稳定或有所下降）。产业结构变动的一般趋势，反映了工业化演进的阶段性。钱纳里的“标准结构”为分析和评价不同国家或地区在经济发展过程中产业结构是否“正常”提供了参照，同时也为不同国家或地区根据经济发展目标制定产业结构转换政策提供了依据。

产业结构之所以具有上述演进规律，其原因主要是：①需求收入弹性差异。不同消费品的需求收入弹性不同，生活必需品的需求收入弹性往往比较小。第一产业产出的农产品，大都是人们的生活必需品，在总体上需求收入弹性较小；第二产业产出的是工业品，其需求收入弹性一般大于农产品；而第三产业提供的是服务，其需求收入弹性通常又大于工业品。因此，随着经济发展和人们收入水平的提高，需求收入弹性较大的产品在人们消费中的比重越来越大，社会对工业产品和服务的需求比例不断提高，从而使从事这部分产品和服务供给的产业在整个产业结构中所占的比例也越来越大。②投资报酬差异。不同产业部门利用规模经济的可能性不同，技术进步的速度和要素生产率提高的速度不同。农业的特点决定了农业的经营单位不能很大，农业中的规模经济不如工业部门明显；农业部门的技术进步和要素生产率的提高要比非农产业部门缓慢。因此，农业部门的投资报酬较低，农业对投资的吸引力较弱，农业的发展速度低于非农产业，由此造成农业的比重下降。

一个国家或地区的产业结构反映了经济发展的不同阶段。反过来，在经济发展过程中，必须根据经济发展所处的阶段保持各产业之间的适当比例，使各产业协调发展。如果违背客观规律，无视经济的发展水平，人为地拔高产业结构，其结果必然是产业结构失调，阻碍整个经济的发展。农业是国民经济的基础，在工业化的过程中，没有农业的稳定发展，没有扎实的农业基础，工业化就会成为无本之木和无源之水。从已经实现工业化的国家看，农业比重的下降并没有削弱农业在整个国民经济中的基础地位。在工业化进入一定阶段以后，第二产业在整个国民经济中的比重也将逐步下降，而以服务业为主的第三产业的比重将逐步提高，即开始进入经济服务化阶段。然而，经济服务化是建立在农业现代化和工业现代化基础之上的。没有强大的农业和工业基础，没有包括农业在内的物质产品生产部门的发展，第三产业不可能有很大的发展。所以，只有三大产业协调发展，才能顺利地推进产业结构的高度化和合理化。

本章小结

农业是人类利用生物的生长机能和自然环境条件，通过自身的劳动强化和控制生物的生命过程，以取得人类所需要的物质产品的经济活动。农业的本质特点是自然再生产与经济再生产相交织，由此决定农业与其他物质生产部门不同的一系列具体特点：动植物有机体是有生命的“活机器”，土地是最基本的农业生产资料，农业生产受自然条件制约，农业生产具有季节性，生产时间与劳动时间不一致，农业生产在空间上具有分散性，农产品是人们最基本的生活资料，农产品的供求弹性比较小。

国民经济的各个部门彼此独立不可替代，同时又相互联系、相互促进。农业在国民经济中具有特别重要的地位，是国民经济的基础。随着经济发展，农业在国民经济中的比重会逐步下降，但农业份额的下降并不会改变农业的国民经济基础地位。

农业对经济发展的贡献主要表现在产品贡献（包括粮食和轻工业原料）、市场贡献（包括农民生活资料和农业生产资料）、要素贡献（包括劳动力、土地和资本）和外汇贡献四个方面。农业除了为人类提供食物和工业原料外，还承担着生态环保、社会稳定、国家安全、文化传承和教育等方面的功能，这些功能对国家和民族的发展都十分重要。

概念与术语

农业　自然再生产　经济再生产　生产时间　劳动时间　恩格尔定律

农业的多功能性　配第-克拉克定律　库兹涅茨法则　钱纳里标准结构

学习思考

1. 农业的本质特点是什么？具体特点主要有哪些？

2. 如何理解农业是国民经济的基础？

3. 农业对国民经济的贡献主要表现在哪些方面？

4. 农业的多功能性主要表现在哪些方面？

5. 农业份额下降规律的内在机理是什么？农业份额下降是否意味着农业在国民经济中的地位会下降？

组　织　篇

第二章 农业经济制度

【本章学习目标】

1. 理解制度的含义、类型和功能，了解产权制度理论的基本内容；
2. 了解中国土地制度的基本规定，掌握中国农地所有制度和使用制度的基本规定；
3. 了解中华人民共和国成立以来我国农业经营制度的演变历程及其历史背景。

第一节 制度理论概述

一、制度的含义

1. 马克思主义经济学对制度的认识

在马克思的理论体系中，社会制度由经济基础和上层建筑这两个相互联系的层次构成。经济基础是生产关系的总和，主要包括生产资料所有制、生产过程中人与人之间的关系和生产成果的分配关系，其中生产资料所有制处于基础地位。上层建筑是指建立在一定经济基础上的社会意识形态以及与之相适应的政治法律制度和设施等的总和。经济基础和上层建筑既有原生和派生的关系，又有互动的关系，即经济基础决定上层建筑，上层建筑反作用于经济基础。

马克思认为，制度的本质是在社会分工协作体中不同集团、阶层和阶级之间的利益关系。对制度的研究，首先要分析作为整个社会制度基础的生产力以及与之相适应的生产关系，然后才能对建立在这个基础之上的道德和法律等上层建筑做出说明。在解释制度的起源时，马克思从人类与自然界的矛盾出发，从生产力发展中导出了第一个层次的制度的起源，即社会生产关系的形成过程；进而又从社会生产关系中不同集团和阶级的利益矛盾出发，从社会生产关系中导出第二个层次的制度的起源，即包括政治、法律、道德规范等在内的上层建筑。马克思从生产这一人类最基本的实践活动出发，将一定制度的形成，归结为一定生产关系以及与这种生产关系相适应并维护这种生产关系的社会机构和规则的确立过程。

2. 新制度经济学对制度的认识

新制度经济学的创始人索尔斯坦 • B. 凡勃伦（Thorstein B. Veblen）对制度的定义比较宽泛，他认为，"制度实质上就是个人或社群在某些关系或某些作用方面的流行思想习惯……人们是生活在制度——也就是思想习惯——指导下的，而这些制度是早期遗留下来的……今天的制度，也就是当前公认的生活方式"①。

约翰 • R. 康芒斯（John R. Commons）从经济活动中人与人之间的关系来理解制度，他把人与人之间的关系用"交易"这个范畴进行概括，并把交易分为买卖的交易、管理的交易和配额的交易三种基本类型，分别对应于市场、企业和政府三种制度安排。据此，他认为制度就是遵循着同一规则的交易活动的集合②。

道格拉斯 • C. 诺思（Dauglass C. North）提出的制度定义被普遍接受。他认为，"制度是一个社会的游戏规则，更规范地说，是为决定人们的相互关系而人为设定的一些制约"③。他把制度看成一种由正式规则（政治规则、经济规则、契约等）和非正式规则（道德规范、宗教信仰、惯例、习俗等）构成的社会规则。制度的作用是"提供人类在其中相互影响的框架，使协作和竞争的关系得以确定，从而构成了一个社会秩序特别是构成了一种经济秩序"④。

上述学者对制度的定义虽然并不完全一致，但基本内涵是相同的。制度的基本含义是：制度是关于人们（个人和组织）行为的规则，是关于人们的权利、义务和禁忌的规定。权利规定人们可以采取什么行为，义务规定人们必须采取什么行为，禁忌规定人们不准采取什么行为。任何一项制度，从国家宪法到乡规民约，都是为人们的行为划定的一个可行和不可行的界限，都是为人们的行为确定的一些规则。

二、制度的类型

一个社会的制度多种多样，根据不同的标准，可以对制度进行不同的分类。

1. 正式制度与非正式制度

按制度的形式和实施机制，制度可分为正式制度与非正式制度。

如果制度以成文形式存在，且由权威机构付诸实施，这类制度就是正式制度。正式制度的典型形式是由国家政府和有关组织制定与实施的法律、政策、规章等。在现代社

---

① 索尔斯坦 • B. 凡勃伦. 有闲阶级论——关于制度的经济研究[M]. 蔡受百，译. 北京：商务印书馆，1964：86-92.
② 约翰 • R. 康芒斯. 制度经济学（上册）[M]. 于树生，译. 北京：商务印书馆，1962：86-89.
③ 道格拉斯 • C. 诺思. 制度、制度变迁与经济绩效[M]. 杭行，译. 上海：上海三联书店，1994：3.
④ 道格拉斯 • C. 诺思. 经济史中的结构与变迁[M]. 陈郁，罗华平，等译. 上海：上海三联书店，1991：225.

会，正式制度具有重要作用。当然，观察一个社会的制度是否完备，既要看是否制定了正式制度，还要看到正式制度在多大程度上被付诸实施。

如果制度是以非成文的形式存在的，或虽有成文形式，但没有权威机构付诸实施，这类制度就是非正式制度。非正式制度包括社会中存在的宗教信仰、道德规范、惯例习俗等。非正式制度是正式制度的实施基础和补充，对社会的存续极其重要。一个社会可能没有正式制度，但不能没有非正式制度。

2. 内在制度与外在制度

按制度的产生方式或起源，制度可分为内在制度与外在制度。

如果一种制度是以演化的方式产生的，这种制度被称为内在制度。制度演化的过程是人类经验的积累过程。在这一过程中，人们逐渐发现某些能使他们避免冲突和更好地开展合作的行为规则，这些规则被越来越多的人所采用；当采用这些规则的人数超过临界点，这些规则就会成为社会传统而被长期保持下去。非正式制度往往是内在制度。

如果一种制度是理性设计的，这种制度叫外在制度。外在制度被清晰地制定在法规和条例之中，并由诸如政府、组织等机构来执行。正式制度都是理性设计的。在分析外在制度时，应着重看是谁或哪个集团设计了这套制度，这套制度要达到的目标是什么，依靠何种手段来实施这套制度。

3. 基本制度与具体制度

按制度所处的地位和所起的作用，制度可分为基本制度与具体制度。

一个社会的制度是一个整合的体系，制度体系中的各个制度所处的地位和所起的作用有所不同。有一类制度在制度体系中处于核心和基础地位，属于基本制度；另一类制度是基本制度的具体化和操作化，这类制度是具体制度。

就经济制度来说，生产资料或生产要素的所有制是最基本的制度，它是区分不同社会经济制度的根本标志。生产要素的配置制度属于中间层次的制度，它是与经济运行、决策机制等相关的规则。经济组织制度属于具体的制度，它决定生产要素由什么样的组织投入生产过程。当然，上述制度的层次划分是相对的，与现实中的各种更具体的制度相比，生产要素所有制、要素配置制度、经济组织制度等都是基本制度。

三、经济制度的功能

不同层次的制度具有不同的具体功能。总体来说，经济制度具有以下功能。

1. 降低交易成本

“交易成本”的思想最早由罗纳德·科斯（Ronald Coase）于1937年在《企业的性质》一文中提出，1969年阿罗（Arrow）首次使用“交易成本”这个术语，奥利弗·威廉姆森（Oliver E. Williamson）系统地研究了交易成本。所谓交易成本，是指交易各方在达成协议和遵守协议过程中所发生的成本，包括信息搜寻成本、协商与决策成本、契约成本、监督成本、执行成本等。威廉姆森认为，交易成本的主要决定因素是“交易因素”和“人的因素”。“交易因素”强调市场的环境特点，是指市场的不确定性和潜在交易对手的数量，以及交易的技术结构（包括资产专用性程度、交易频率等）。“人的因素”强调谈判双方的个性特点，主要是有限理性和机会主义。有效的制度能降低市场交易中的不确定性，抑制个人的机会主义行为倾向，从而降低交易成本。

2. 创造合作条件

传统经济学强调经济当事人之间的竞争，而忽视了他们之间的合作。从这一角度看，制度就是人们在社会分工与协作过程中经过多次博弈而达成的一系列的契约。制度为人们在广泛的社会分工中的合作提供了基本框架，制度通过规范人们之间的相互关系，减少信息成本和不确定性，从而促进合作的顺利进行。

3. 提供激励机制

所谓激励，就是要使经济活动当事人达到一种状态，使其具有从事某种活动的内在动力。通俗地说，激励就是调动人的积极性。一个有效的制度，明确界定了行为主体获取与其努力程度相一致的收益的权利。因此，制度具有激发行为主体从事某种经济活动的作用。

4. 使外部性内部化

外部性是指经济主体在从事经济活动时对社会上其他成员造成了影响（包括负面影响和正面影响），而又没有为此付出代价或得到补偿的现象。外部性的存在使得私人收益与社会收益、私人成本与社会成本不一致，从而导致社会资源配置不当。而明晰的产权制度可以实现外部利益和外部成本内部化，实现资源的有效配置。

四、制度变迁

制度变迁是制度的替代与转换过程。它既可理解为一种效率更高的制度对另一种制度的替代过程，也可理解为一种更有效率的制度的产生过程，还可理解为制度结构的改善过程。

制度变迁理论的内容十分丰富。其主要内容如下。

1. 制度变迁的源泉

制度变迁的根本原因是人们（个人和组织）可以从制度变化中获得利益，具体原因包括要素的相对价格发生变化，或交易各方的谈判力量发生变化，或者个人或组织的偏好发生变化。当人们发现可以从制度变化中获取利益，他们就会从利益最大化目标出发采取行动，改变旧制度，建立新制度，或者对旧制度进行完善。

2. 制度变迁的方式

所谓制度变迁方式，是指制度创新主体为实现一定的目标所采取的制度变迁形式、速度、路径、范围等。制度变迁方式可以从不同的角度进行划分。

（1）诱致性变迁与强制性变迁。这是从制度变迁的主体来划分的。诱致性变迁是由一个（群）人在响应由制度不均衡引致的获利机会时，自发倡导和实行的制度变迁。强制性变迁是由政府法令而实现的制度变迁。强制性制度变迁的主体是政府。政府之所以采取强制方式变革制度，一是因为它是垄断者，它通过权力垄断和其他资源的垄断，可以比竞争性组织以更低的成本提供制度；二是有些制度是公共物品，而公共物品一般是由政府提供的，并且具有规模经济的优势。

（2）渐进式变迁与突进式变迁。这是从制度变迁的速度来划分的。渐进式变迁就是变迁过程相对平稳、新旧制度之间平滑过渡的方式。这种方式从启动到完成需要较长的时间，一般不会引起大的社会震荡。突进式变迁也可称为激进式变迁或革命式变迁，它是迅速地废除或破坏旧制度、建立和实施新制度的方式。这种方式从启动到完成需要的时间较短，但往往会引起社会震荡。

（3）主动式变迁与被动式变迁。这是从制度变迁主体的态度来划分的。主动式变迁是一些主体从自身利益出发对现存制度进行的主动变革或创新。制度是多个利益集团力量对比的结果。当一个（些）利益集团发现通过制度创新能获得更多利益时，它们会主动发起制度创新。制度创新引起了利益格局的变化。那些原来缺乏变革动力的利益集团因受到变革的影响或冲击，若不适应这种变革，其利益会蒙受损害，不得不被别的主体牵动着进行制度变革。这种变迁就是被动式变迁。

（4）局部变迁与整体变迁。这是从制度变迁的范围来划分的。局部变迁是指某个方面或某个层次的制度独立于其他制度而变革，一个国家的某些地区的制度独立于其他地区的制度而变革。整体变迁是指特定社会范围内的各种制度相互配合、协调一致的变迁。

五、产权制度

产权制度是划分、确认、界定、保护和行使财产权利的一系列规则，是制度化的财产权利关系。

对财产的任何权利都由权能和利益两个部分构成。所谓权能就是产权主体对财产的权力或职能，即“产权主体能干什么”；所谓利益是指产权主体对财产行使权力或职能时的效用或好处，即“产权主体能够得到什么”。权能和利益相互依存，产权是两者的内在统一：一方面，利益是权能的目的，即产权主体的行为动机，有权是为了有利；另一方面，权能则是获得利益的手段或充分条件，有权才能有利。

对特定的财产来说，完整的产权不是单项的权利，而是一组权利或一个“权利束”。理论上，其中的每一项权利都可以分割和独立出来。一般来说，特定财产的权利都可以分为所有权、占有权、使用权和处置权。

（1）所有权。所有权表明的是财产归属关系，是财产归谁所有、由谁支配的权利。所有权是财产所有者在法律规定的范围内对财产的最高支配权，它是产权的基础。财产所有者的权利决定其他各种派生权利的性质和状况。

（2）占有权。占有权是依法对财产进行实际控制、支配的权利。财产占有权可以由财产所有权人行使，也可以依据法律或财产所有权人的意志由他人行使。因此，财产所有权与占有权既可以结合也可以分离。占有权从所有权中分离出来，所有权人并不会丧失所有权。

（3）使用权。使用权是依法对财产加以利用的权利。财产使用权有狭义和广义之分。狭义的财产使用权是依法对财产的实际使用，与财产占有权和财产处置权是并列关系；广义的财产使用权是独立在财产所有权之外的财产占有权、狭义的财产使用权和不完全处置权的集合。

（4）处置权。处置权是指当事人依法处置财产的权利，包括财产的买卖、出租、抵押、入股、馈赠等，通常由财产所有权人行使财产处置权，在某些情况下，也可由财产所有权人授权财产占有者或使用者行使部分处置权。

在上述“四权”中，所有权是最根本的权利，是产权的核心和基础。这是因为，一方面，所有权的主体状况决定了产权关系的性质（私人产权、公有产权还是国有产权）；另一方面，所有权在某种程度上决定了其他三项权利的状况（各项产权的分布或分离状况）。但所有权不能取代或包含其他三项权利，因为在所有权一定的情况下，其他三项权利可以有不同的运行方式。

需要注意，一些文献中常出现“收益权”概念。实际上，“收益权”不是独立的产权，而是任何一项产权中应有的内容。从理论上分析，“四权”及其具体形式都有各自的权能和利益。也就是说每一项产权的拥有者都需要和可能在产权客体上对象化自己的意志，并将这种意志转化为一种特定的行为，依靠这种意志化行为获取相应的利益。收益权是拥有产权的最基本目的。

另外还需注意两点：其一，产权权利的划分对于任何财产来说在理论上都是可行的，但只有当产权由完整变成分离时才具有现实意义。当产权作为一个整体合于一个主体时，虽然理论上也可以析分开来，但一方面很难操作，另一方面也没有必要。其二，对产权做“四权”划分及更具体的析分，其理论意义和现实意义主要体现在经营性财产即生产要素的产权上。当社会的发展导致生产要素的产权分离时，这种划分的意义就显得更加重要。由于生产要素是需要经营的财产，因而理论上常把生产要素的占有权、使用权、部分处置权统称为“经营权”。

第二节　中国的农地制度

一、土地制度的概念和特点

1. 土地制度的概念

由于土地是农业中最基本的生产资料，因此，土地制度是农业中最基本的制度。土地制度有广义和狭义之分。广义的土地制度是指人们在一定社会经济条件下，因土地的归属和利用问题而产生的全部土地关系的总称。广义的土地制度包括土地所有制度、土地使用制度、土地管理制度、土地征用制度、土地金融制度、土地税收制度等。狭义的土地制度仅包括土地所有制度和土地使用制度。土地制度既是一种经济制度，又是一种法权制度，是土地经济关系在法律上的体现，是上层建筑的有机组成部分。

2. 土地制度的特点

土地作为一种财产，与其他财产相比具有明显的特点，因而土地制度与其他财产制度相比也具有明显的特点。

（1）地位的基础性。在社会处于农业阶段的时候，土地是最基本的生产要素，因而也是最主要的财富形式。在这一时期，土地的占有形式基本上决定了社会财富的占有和分配形式，因而土地制度是最为基础的社会经济制度。在农业社会发展到工业社会后，由于物质财富被大量创造出来，土地不再是最主要的社会财富。但是，在许多国家，由于人口膨胀和城市化进程加快，城市土地日渐稀缺和昂贵，土地仍然是十分重要的财富。而在农村，由于土地是农业的基本生产资料，土地依然是农民最重要的财富。因此，土地制度在国家财富的占有和分配中仍居于十分重要的地位。

（2）构成的复杂性。相对于一般财产来说，土地财产关系要复杂得多。土地作为一种财产，其所有、占有、使用、处置及管理等权利的配置方式不同，会构成一系列复杂的财产关系和产权体系。

（3）各国（或地区）的差异性。就一般财产而言，西方各国的占有形式比较单一，而唯独土地的占有形式在各个国家（或地区）之间存在差异。这是因为土地制度除了受一个国家（或地区）社会基本制度的决定性影响外，同时还受土地资源的状况、民族、经济、文化等多种因素的影响。

二、土地所有制度

1. 我国的土地所有制度

土地所有制度是关于土地所有的经济法律关系的总和。土地所有制度是土地制度的核心，最终由社会生产力状况决定，但土地所有制度的具体形式还受到社会经济条件和历史发展特点的影响，即使社会制度相同的国家，其土地所有制度的具体形式也有所不同。

我国现行的土地所有制度为社会主义土地公有制，具体有全民所有制和劳动群众集体所有制两种形式。《中华人民共和国宪法》(以下简称《宪法》)第10条规定："城市的土地属于国家所有。农村和城市郊区的土地，除由法律规定属于国家所有的以外，属于集体所有；宅基地和自留地、自留山，也属于集体所有。"第9条规定："矿藏、水流、森林、山岭、草原、荒地、滩涂等自然资源，都属于国家所有，即全民所有；由法律规定属于集体所有的森林和山岭、草原、荒地、滩涂除外。"

2. 土地国家所有制

土地国家所有制表现在法律上就是国家土地所有权。国家土地所有权是指国家依法对国有土地享有占有、使用、处置和取得相应收益的权利。国有土地属全民所有，其所有权由国务院代表国家行使。土地国家所有制具有如下特点。

（1）国家土地所有权主体具有唯一性和统一性。所谓唯一性，是指国家以外任何单位和个人，在任何情况下都不能成为国有土地的所有者。所谓统一性，是指只有国务院才能代表国家行使国有土地的所有权，其他任何组织或单位非经国务院授权或者批准，不能作为国家土地所有权的代表行使权利。

（2）国家土地所有权客体具有广泛性。下列土地属于国家所有：城市市区的土地；农村和城市郊区中已经依法没收、征收、征购为国有的土地；国家依法征收的土地；依法不属于集体所有的林地、草地、荒地、滩涂及其他土地；农村集体经济组织全部成员转为城镇居民的，原属于其成员集体所有的土地；因国家组织移民、自然灾害等原因，农民成建制地集体迁移后不再使用的原属于迁移农民集体所有的土地①。

（3）国家土地所有权通过法律规定将其中的占有权、使用权和收益权固定给使用者，而国家仅保留土地的处置权。国有土地可依法确定给单位或个人使用。由于国家本身不直接使用土地，因此，除了未利用的土地以外，占有和使用国有土地的权利一般由具体的单位与个人取得。国有土地的收益权一部分由土地使用者实现，另一部分由国家通过收取土地有偿使用费来实现。我国法律禁止土地买卖，因而国家对国有土地的处置权主要是对土地的使用权而言的，即划拨、出让或者确认、收回土地使用权的权利。单位或个人有偿取得的国有土地使用权，可以依法转让，说明国有土地的处置权有一部分也可以由土地使用者行使。

3. 土地集体所有制

土地集体所有制表现在法律上就是农民集体土地所有权。集体土地所有权指农民集体对其所有的土地依法享有的占有、使用、处置和取得相应收益的权利。所谓农民集体应具备三个条件：一是必须有一定的组织形式、组织机构，如村经济合作社（村股份经济合作社）等；二是应当具有民事主体资格，即被法律承认的、能够依法享有权利和承担义务的组织；三是集体成员按照相关规定和一定程序确认。

集体土地所有权的各项权能可以结合，也可以独立。集体土地所有者可以直接使用自己拥有的土地，也可以依法将土地承包或划拨给本集体内部成员使用，还可以以土地使用权与国有、其他集体或民营企业联营，使土地所有权与使用权分离。

农民集体所有的土地，分别属于村农民集体、村内农村集体经济组织的农民集体和乡（镇）农民集体所有。他们之间在土地所有权上是平等的，没有隶属关系，都是可以单独承担义务和享受权利的民事主体。

（1）乡（镇）农民集体所有。《中华人民共和国土地管理法》（以下简称《土地管理法》）规定，农民集体所有的土地，“已经属于乡（镇）农民集体所有的，由乡（镇）农村集体经济组织经营、管理”。现实中，人民公社体制解体以后，乡（镇）集体经济组

① 来源：《中华人民共和国土地管理法实施条例》（2014 年 7 月 29 日修正版）。

织在全国没有统一的模式，许多地方没有建立相应的组织机构，包括土地在内的乡（镇）农民集体所有的财产，一般由乡（镇）人民政府代管并代行所有权及其他财产权。

（2）村农民集体所有。《土地管理法》规定："农民集体所有的土地依法属于村农民集体所有的，由村集体经济组织或者村民委员会经营、管理。"村的概念在法律上是指自治村（俗称行政村），即设立村民委员会机构的农民集体。村集体经济组织是指村经济合作社或村股份经济合作社。

（3）村民小组农民集体所有。《土地管理法》规定，农民集体所有的土地，"已经分别属于村内两个以上农村集体经济组织的农民集体所有的，由村内各该农村集体经济组织或者村民小组经营、管理"。行政村内各自独立的农村集体经济组织，一般对应于人民公社时期的生产队。这种村内的社区性组织是否具有集体土地所有权的主体特征，可从两个方面考察：一是各个组织之间是否仍然明确保持着过去生产队时期的土地权属界线；二是这些组织在自己认定的土地界线内有无法律规定的占有、使用、处置和收益的权利。

4. 土地所有权的行使

土地所有权的行使，是指国家或农民集体依法实现对国有土地或集体土地占有、使用、处置权能的行为。

国家和集体作为土地所有权人，有权依法占有、使用、处置自己所有的土地。但土地所有权主体在行使土地所有权时还要受到以下限制：一是禁止买卖或以其他形式非法转让土地。国有土地使用权可以出让、转让、出租、抵押，但国有土地的所有权不得买卖，也不得以赠予、破产还债等形式非法转让。农民集体土地所有权除国家征收外，其他任何组织和个人不得买卖或以其他形式转让集体土地。二是禁止滥用土地。滥用土地是指土地所有权人或土地使用权人超出法律规定的权限范围使用土地，从而损害社会公共利益和他人合法权益的行为。如擅自改变土地用途，未经合法手续允许他人使用国有或农民集体土地，任意收回或剥夺土地合法使用权等行为。

三、土地使用制度

1. 我国的土地使用制度

土地使用制度是关于土地使用的经济法律关系的总和。它主要解决土地由谁使用和如何使用的问题，是土地制度的另一个重要组成部分。在整个土地制度中，土地所有制度决定着土地使用制度。每一种社会形态都存在与土地所有制度相适应的土地使用制度及其具体形式。如在封建土地所有制下，地主阶级占有大量土地，必然产生大量无地、少地的贫苦农民，他们被迫向地主阶级租种土地，从而产生封建的土地租佃使用制度。这种租佃制度，既是封建土地所有制的反映，同时又是实现和巩固封建土地所有制的形式与手段。当然，土地使用制度也有其相对独立性。同一种土地所有制度也可以有多种不同的使用制度及其具体形式，如现阶段中国农村的土地既可以由集体经济组织自己经营，也可以承包给集体经济组织成员经营，但不同的土地使用制度对土地所有制度的实现和巩固，对土地资源的利用也会产生不同的作用和影响。

按土地所有制度与土地使用制度相互关系的不同，土地使用制度可以分为两种类型：一类是"两权"合一型，即土地所有权与土地使用权都由一个产权主体行使，如中国土地改革前的自耕农、经营地主，土地改革后的个体农民，人民公社时期的农村集体经济组织等。另一类是"两权"分离型，即土地所有权与土地使用权分别由不同的产权主体行使，如封建社会的地主与佃农、资本主义社会里的土地所有者与租地农业资本家、中国目前的农村集体经济组织与土地承包农户等。从各国实际情况看，"两权"分离的土地有偿使用制度比较普遍。"两权"分离不论其具体形式如何，实质上都是土地租赁关系。中国农村目前实行的家庭承包制，把集体土地承包给农户耕种，虽然称为承包关系，但就土地关系的实质而言，也是一种租赁关系。在封建社会和资本主义社会的土地私有制下，土地所有者与土地使用者之间往往会围绕土地租赁期的长短、土地租金的高低而进行争斗。在社会主义土地公有制条件下，土地所有者与使用者虽然不存在根本的利害冲突，但因属不同的利益主体，也会产生一定的矛盾。在实行土地租赁制度的情况下，土地所有者与土地使用者双方要签订土地租赁契约，明确双方的权利和义务。

2. 我国的农地使用制度

我国农村土地使用的基本制度是农户家庭承包经营制度。这一制度以土地所有权与使用权（经营权）的分离为基础，集体经济组织将土地的使用权承包到户，具体生产经营由承包农户自主决策和实施。农户家庭承包经营从耕地承包开始，随后国家对林地、草地等农地资源的承包经营也做出了法律规定。家庭承包经营，解决了农业劳动成果难以准确计量的问题，使平时的劳动投入与最终的劳动成果挂起钩来；适应了农业生产需要灵活决策的特点，使农民的积极性和主动性得到了充分的发挥；同时，由于家庭经营劳动激励多样，不仅劳动的监督成本可以忽略不计，而且家庭劳动力都可以得到充分利用。因此，家庭承包经营成为我国农村土地使用的基本制度。

农村集体经济组织成员，以户为单位通过承包经营的形式获得集体土地的使用权。有关农民以承包形式获得土地使用权的权利内容，随着农村产权制度改革的深化而不断丰富和明晰。随着工业化和城市化的推进，部分农户实际上已不再从事农业生产经营；同时，为了发展现代农业，农地需要适当集中进行规模化经营，因此，我国把土地承包经营权又进一步拆分为承包权和经营权，集体经济组织成员在保留土地承包权的前提下，可以把土地经营权（实际使用权）通过出租、转包、入股或其他方式流转给实际的土地经营者，从而形成了土地所有权、承包权、经营权的"三权分置"，即土地所有权归农民集体，土地承包权归集体经济组织成员，土地经营权归实际从事农业生产的各种经营主体。土地经营权包括土地的占有权、使用权、收益权及部分处置权，具体表现在经营者占有土地，可以在限定的用途内享有生产经营决策权和土地收益权，并可将土地的经营权进行入股、抵押、担保等。

第三节　中国农业经营制度的演革

当前，我国农业的基本经营制度是农户家庭承包经营制度，农户家庭为农业生产经营的基本单位。但这一制度是经过中华人民共和国成立后30年的探索才确定下来的。中华人民共和国的农业经营制度经历了农户个体经营、农业合作社、人民公社和农户家庭承包经营四个阶段。

一、农户个体经营

中华人民共和国成立以前，中国农村土地的占有率极不平衡。占农村人口不到10%的地主和富农占有70%～80%的耕地，而占农村人口90%的贫农、雇农和下中农却只有20%～30%的耕地。地主和富农把土地租给无地与少地的农民耕种，收取高额地租，使占农村人口最大部分的农民陷于贫困境地，这种土地制度严重阻碍了农村经济和社会的发展。

中华人民共和国成立时，全国在老解放区已有1.34亿农村人口进行过土地改革，实行了农民土地私有制；有3.1亿农村人口还没有进行土地改革，广大农民迫切要求进行土地改革，获得土地。

1950年6月，我国颁布了《中华人民共和国土地改革法》(以下简称《土地改革法》)。《土地改革法》明确土地改革的目的是：废除地主阶级封建剥削的土地所有制，实行农民土地所有制，解放农村生产力，发展农业生产，为我国的工业化开辟道路。《土地改革法》规定的内容主要有：①没收地主的土地、耕畜、农具及其在农村中多余的房屋，但地主的其他财产不予没收；征收祠堂、庙宇、寺院、教堂、学校和团体在农村中的土地及其他公地；富农自耕和雇人耕种的土地不得侵犯，其出租的少量土地也予以保留；保护中农（包括富裕中农）的土地及其他财产，不得侵犯。②所有没收和征收得来的土地与其他生产资料，除按规定收归国家所有外，均由乡农民协会接收，统一地、公平合理地分配给无地少地及缺乏其他生产资料的贫苦农民。对地主也同样分给一份土地，使地主也能依靠自己的劳动维持生活。③农民分得土地后，由人民政府颁发土地所有证，承认一切土地所有者自由经营、买卖及出租的权利。

1950年冬季开始，土地改革在华东、中南、西南、西北等广大新解放区展开。至1952年底，全国除西藏、新疆等少数地区外，绝大部分地区基本上完成了土地改革。土地改革的直接效果是：3亿多无地或少地的农民无偿分得了约7亿亩（1亩≈666.67平方米）土地以及耕畜、农具等生产资料，免除了每年约700亿斤粮食的地租负担。土地改革的制度性意义是：彻底结束了封建地主土地所有制，实现了“耕者有其田”的农民土地所有制，建立了农民土地私有制基础上的农户个体经营制度。

二、农业合作社

土地改革后，农民的生产积极性空前提高，粮食、棉花等主要农产品以及大牲畜产量大幅增长。但土地改革后形成的这种农民土地所有制有两个新生的共和国无法回避的理论和现实问题：一是土地改革的成果（农民土地所有制）能否巩固。在中国漫长的历史过程中，均田和土地兼并始终互为因果，周而复始。我国土地改革完成后，农村人口中贫下中农的比例仍占一半以上，因缺乏劳力、农具、役畜、资金等难以自己耕作的家庭不在少数，再加上天灾人祸等各种特殊原因，土地改革完成后不久就出现了一些贫困农户不得不出卖刚分到的土地的现象。二是能否支撑国家的工业化赶超战略。国家工业化的推进，需要农业提供日益增多的农产品，保障城镇居民的口粮和工业原料，而当时的农业生产力还不足以承担这个重任。因此，通过兴修水利、采用农业机械和其他新技术来提高农业的生产能力是支撑国家工业化的现实选择。但土地改革后形成的小规模小农经济不利于开展农业基本建设，不利于实现农业机械化，不利于采用先进的农业技术。

在这样的背景下，中央政府决定通过合作化对私有制的小农经济进行社会主义改造，通过互助组、初级社、高级社逐步过渡的形式，把个体农民私有制改造成为社会主义集体所有制。

1951 年春，中央人民政府政务院发布《关于一九五一年农林生产的决定》，农村的互助合作运动开始加快，互助组的数量增加。所谓互助组，就是土地仍然是农户自家所有，生产经营仍由农户各自进行，根据需要和自愿互利原则，在生产过程中采取互换人工或畜力相互帮扶，本质上就是互相帮忙，并不涉及土地所有权变更和劳动成果的分配问题。互助组在中华人民共和国成立前的解放区就有一定的发展基础。到 1953 年底，全国建立了 745 万个互助组，参加的农户占全国农户总数的 43%。

1953 年 10～11 月，全国第三次互助合作会议在北京召开。会议通过了《中国共产党中央委员会关于发展农业生产合作社的决议》，提出要从以发展互助组为中心转向以发展农业合作社为中心。1953 年冬开始，初级社迅速发展。所谓初级社，就是农户所有的土地入股，农户所有的耕畜、大农具等生产资料入社，合作社统一经营；社员参加集体劳动，生产成果的分配实行按劳计酬和按土地等生产资料分红相结合，因此是半社会主义性质的集体经济组织。至 1956 年 2 月，全国加入合作社的农户占全国农户总数的 85%（其中加入高级农业生产合作社的农户占 48%）。

1956 年 1 月，中共中央政治局提出《1956 年到 1967 年全国农业发展纲要（草案）》，要求推动高级农业生产合作社发展。6 月底，第一届全国人民代表大会第三次会议通过了《高级农业生产合作社示范章程》。所谓高级农业生产合作社，就是土地、耕畜、大农具等生产资料全部归合作社所有，合作社统一经营，对农民个人所得全部实行按劳分配，因此是社会主义性质的集体经济组织。

我国农业合作化于 1956 年底基本完成。1956 年底，参加合作社的农户占农户总数的 96.3%，其中参加高级农业生产合作社的农户占 87.8%。到 1957 年末，高级农业生产合作社总数达到 75.3 万个，入社农户近 1.2 亿户，占农户总数的 96%以上。

我国的农业合作化，将独立的、分散的、规模细小的农户家庭组织成农村集体经济组织。这是中国历史上和人类历史上前无古人的规模巨大的制度变革。农业合作化不但避免了土地改革后农民重新走上两极分化、大多数农民破产贫困的历史老路，也促进了当时的农业生产发展，支持了国家工业化战略的推进。

三、人民公社

合作化结束后，本来应该有一个巩固和提高合作社的过程，但在“大跃进”的背景下，1957 年冬季开始，全国农村开展了大规模的农田基本建设。一些地方在开展农田基本建设过程中，出现了打破社界、乡界、县界甚至省界的组织形式，由此产生了通过合并高级社建立更大规模生产组织的设想。

1958 年 3 月，中共中央通过了《关于把小型的农业合作社适当地合并为大社的意见》，提出当前农业正在实现水利化，几年内还将逐步实现耕作机械化。合作社规模过小，不利于生产的组织和发展。在有条件的地方，有必要将小型合作社合并成大型社。1958 年 8 月，中共中央通过了《关于在农村建立人民公社问题的决议》（以下简称《决议》）。《决议》提出："社的组织规模，就目前说，一般以一乡一社、两千户左右较为合适。"《决议》还要求，人民公社建成以后，不要忙于改集体所有制为全民所有制，也不必忙于改变原有的分配制度。《决议》下达后，全国迅速形成了人民公社化运动的热潮，经过几个月时间，到 1958 年 11 月底，全国 74 万个高级农业生产合作社，合并改组成为 2.65 万个人民公社，平均每个公社 4797 户，相当于高级社户数的 30 倍左右。

人民公社制度的基本特征是"一大二公"和"政社合一"。"大"是人民公社土地和人口规模大，一乡一社，几千农户几万人口为一个公社。"公"是生产资料实行单一的公社所有制，原来高级社所有的生产资料无偿归公社所有，农村中独立经营的供销合作社、信用合作社也合并到公社，成为公社的一个部门。"政社合一"是国家基层政权机构与农民集体所有制经济组织合二为一。乡党委就是社党委，乡人民委员会就是社务委员会。

人民公社建立后不久，就暴露出了制度安排上的一些问题，再加上工作中出现的"共产风"和"浮夸风"，使得农村经济出现了混乱。中央及时察觉到了这些问题，1958 年 12 月通过《关于人民公社若干问题的决议》，强调人民公社仍然是集体所有制性质，实行"按劳分配"原则。1959 年我国将人民公社的基本核算单位改为生产大队（相当于原高级社范围），生产队作为向生产大队包产的作业单位。1960 年秋，我国试行把人民公社的基本核算单位进一步下放到生产队（相当于原初级社规模）。1962 年 2 月，中央发布了《关于改变农村人民公社基本核算单位的指示》，正式提出将公社的基本核算单位下放到生产队。同年 9 月，党的八届十中全会通过《农村人民公社工作条例（修正草案）》（简称《六十条》），以生产队集体所有制为基础的"三级所有，队为基础"的人民公社制度得以确立。此后，这个制度一直比较稳定地实行到农村改革前夕。

四、农户家庭承包经营

1978 年 12 月中共中央在北京召开了十一届三中全会。全会重新确立了"解放思想、实事求是"的思想路线，做出了把党的工作重点转移到社会主义现代化建设上来和实行改革开放的决策。从此以后，党和政府制定了一系列改革开放的路线、方针和政策，逐步明确了社会主义市场经济体制的改革目标和有中国特色的社会主义发展道路。

我国的经济体制改革是从农村开始的。农村经济体制改革的突破口是废除人民公社制度，实行农户家庭承包经营体制。这一改革从根本上弥补了从合作化以来我国农业经营制度上的缺陷，大大地激发了广大农民的生产经营积极性。我国农业从此走上了有中国特色的社会主义发展道路。

本章小结

马克思主义认为，社会制度由经济基础和上层建筑构成。现代新制度经济学认为，制度是关于人们（个人和组织）行为的规则，是关于人们的权利、义务和禁忌的规定。制度可分为正式制度与非正式制度、内在制度与外在制度、基本制度与具体制度。经济制度具有降低交易成本、创造合作条件、提供激励机制、使外部性内部化等功能。产权制度是划分、确认、界定、保护和行使财产权利的一系列规则，是制度化的财产权利关系。对财产的任何权利都由权能和利益两个部分构成。特定财产的完整产权是一组权利或一个“权利束”，一般可分为所有权、占有权、使用权和处置权。

生产资料所有制是最基本的经济制度。土地是农业的基本生产资料。广义的土地制度是指人们因土地的归属和利用问题而产生的全部土地关系的总称,包括土地所有制度、土地使用制度、土地管理制度、土地征用制度、土地金融制度、土地税收制度等。狭义的土地制度仅包括土地所有制度和土地使用制度。我国的土地所有制度是公有制，具体有全民所有制和集体所有制两种形式。土地所有权人有权依法占有、使用、处置自己所有的土地，但土地不能买卖。我国农村土地使用的基本制度是农户家庭承包经营制度。目前，我国农村土地已形成了所有权、承包权、经营权“三权分置”的状态。

新中国成立以来，我国的农业经营制度经历了农户个体经营、农业合作社统一经营、“三级所有、队为基础”的人民公社制度和农户家庭承包经营四个阶段。1950～1952 年经过土地改革建立了土地私有制基础上的农户个体经营制度，1953～1957 年经过合作化把土地农民私有制改造成农民集体所有制，1958～1978 年的人民公社时期实行“三级所有、队为基础”制度，1978 年以后全国各地陆续实行农户家庭承包经营，1982 年正式确立集体统一经营和农户分散经营相结合的“双层经营”体制。

概念与术语

制度　正式制度　非正式制度　交易成本　外部性　制度变迁　产权制度
所有权　占有权　使用权　处置权　收益权　土地制度　“三权分置”

学习思考

1. 制度有哪些类别？它们之间的相互关系如何？
2. 经济制度具有什么功能？
3. 制度变迁的方式有哪些？
4. 财产权利一般由哪些权能构成？
5. 土地所有制度与土地使用制度是一种什么样的关系？
6. 我国农地所有制度和农地使用制度的主要内容有哪些？
7. 中华人民共和国成立以来我国农业经营制度经历了哪几种形式？
8. 我国农业合作化的基本过程如何？主要教训是什么？

第三章

农业家庭经营

【本章学习目标】

1. 了解经济学术史上关于农业大生产与小生产优劣的争论；
2. 理解农业普遍实行家庭经营的客观必然性；
3. 了解我国农业家庭承包经营体制的产生和发生过程、我国农户家庭承包经营体制的局限性和完善方向；
4. 了解我国农业规模经营的主要形式和推进农业规模经营的途径。

第一节　有关农业生产组织的理论

一、马克思列宁主义关于大生产小生产的观点

家庭经营是世界上最普遍的农业生产组织形式。农业生产组织与农业经营规模虽然是两个不同的问题，但两者存在密切的关系，因此，关于农业生产组织形式的讨论往往是与农业经营规模及规模经济的讨论结合在一起的。

在马克思列宁主义的有关理论中，关于农业大生产与小生产的优劣以及两者的前途命运，是很重要的问题，并且观点并不一致。

马克思认为，在资本主义制度下，农业中的大生产优于小生产，大生产将排挤和取代小生产。他指出，“我们所具有的科学知识，我们所拥有的进行耕作的技术手段，如机器等，只有在大规模耕种土地时才能有效地加以利用”[①]。而私有制的小农，“既排斥生产资料积聚，也排斥协作，排斥同一生产过程内部的分工，排斥社会对自然的统治和支

① 中共中央马克思 恩格斯 列宁 斯大林著作编译局. 马克思恩格斯选集. 第 2 卷[M]. 北京：人民出版社，1972：452.

配，排斥社会生产力的自由发展”①。他认为，“大工业在农业领域内所起的最革命的作用，是消灭旧社会的堡垒——农民，并代之以雇佣工人”②。“资本主义生产（从而商品生产）只有在直接的农业生产者也是雇佣工人的时候，才充分地表现出来”③。在无产阶级夺取政权以后，必须建立公有制的大规模的集体共耕的生产来代替资本主义的大地产和中小地产，以及私有制的小农家庭生产。

恩格斯也认为，“资本主义的发展必然导致小农土地所有制的消灭”④。“我们的小农，正如任何过了时的生产方式的残余一样，在不可避免地走向灭亡。他是未来的无产者”⑤。

19 世纪后期，西欧大陆各国的资本主义在农业中发展起来，农业问题也受到了德国社会民主党人的关注。在农业大生产与小生产问题上，德国社会民主党的领导者们发生了分歧，一方面是以考茨基为代表的大农论，另一方面是以大卫为代表的小农论。

卡尔·考茨基（Karl Kautsky）在 1899 年出版的《土地问题》一书中系统地论证了农业大生产的优越性和农业小生产的前途。他认为，农村经济越带有资本主义性质，就越是扩大了大生产与小生产在技术上的差异，就越表现出大生产的优越：大面积土地的地界少，土地利用充分；可以节省农具及厩舍、谷仓等建筑，能更有效地使用灌溉排水等大型设施；可以进行分工与协作，实行科学管理；在使用银行贷款上，大生产周转快；尤其在市场上，大生产最有利。而与此相反，小生产浪费时间和农具，为抵抗大经营的排挤而过度地劳动和压低自己的消费；小农以增加劳动时间为手段去竞争，常常阻碍技术的提高；小农的超强勤劳和消费不足表明了小农的落后性，也是经济发展的障碍。考茨基还论述了小农的前途：在资本主义制度下的农民无产阶级化，小农在家庭经济内是土地私有者，而在市场上则是劳动力的出卖者，小农成为无产者家庭经济的一种形式，这种小农数量的增加可以与资本主义大经营并进，只有社会主义的合作才是小农的出路。

爱德华·大卫（Edward David）在 1903 年出版了《社会主义和农业》一书，从农业的特性出发论证了农业小生产优于大生产。他认为，工业是机械性生产，每个工人都是前一道工序的监督者，从而能保证产品质量，所以工业生产适合于大规模经营。而农业是生物有机性生产，农业经营要考虑到不同生物适宜于不同的土地和气候条件；农业受自然条件限制，生产有季节性，不能缩短生产时间，因此不能像工业那样具有连续性，农业劳动者也不能像工业劳动者那样循环地做同一种作业，而是需要做多种作业，因此农业中劳动质量的监督不能像工业那样做。而小农独立经营无须监督，小农个人可以独立判断农业生产对土地、气候等自然条件的适合情形。

大卫的观点遭到了列宁的批判。列宁认为，资本主义大生产优于并排挤小生产，这

① 马克思. 资本论. 第 1 卷[M]. 中共中央马克思 恩格斯 列宁 斯大林著作编译局，译. 北京：人民出版社，1975：830.

② 马克思. 资本论. 第 1 卷[M]. 中共中央马克思 恩格斯 列宁 斯大林著作编译局，译. 北京：人民出版社，1975：551.

③ 马克思. 资本论. 第 2 卷[M]. 中共中央马克思 恩格斯 列宁 斯大林著作编译局，译. 北京：人民出版社，1975：133.

④ 马克思恩格斯选集. 第 4 卷[M]. 中共中央马克思 恩格斯 列宁 斯大林著作编译局，译. 北京：人民出版社，1972：293.

⑤ 马克思恩格斯选集. 第 4 卷[M]. 中共中央马克思 恩格斯 列宁 斯大林著作编译局，译. 北京：人民出版社，1972：299.

一原理对农业同样适用，小生产（小农）是注定要灭亡的。列宁说，在“自然经济制度下靠双手劳动谋生的宗法制农民，是注定要灭亡的”[①]。在“现代资本主义国家的环境中，小农的自然经济只能混一天算一天，慢慢地被折磨死，绝对不会有什么繁荣”[②]。不过列宁认为，大生产优于并排挤小生产是有条件的。“农业大生产只能在一定的限度内具有优越性，这些限度在各种农业部门中以及在各种社会经济条件下都各不相同。”[③]至于在无产阶级夺取政权以后如何对待小农的问题上，列宁在十月革命胜利初期基本上继承了马克思和恩格斯的观点，即用共耕制的大农场来代替小农家庭经营，但结果却不尽如人意。在1920年底以后，列宁主张通过合作化对小农经济进行改造。1923年，列宁口授整理了《论合作制》，并强调农业合作化是一个较长的历史过程。

列宁逝世以后，斯大林继续实施列宁的农业合作社计划。1926年以前，斯大林基本上遵循列宁的《论合作制》的观点。但1927年以后，斯大林却认为苏联社会主义农业的出路在于把分散的小农转变为以共耕制为基础的大农庄，并以强制方式进行集体化，发展大规模的共耕制集体农庄和国营农场。

当时以著名农业经济学家恰亚诺夫（A. V. Chayanov）为代表的一些人不同意斯大林的主张，认为采取横向集中，即将生产同样产品的农户合并是没有效率的，许多农业部门（畜牧业、精耕细作的各种作物）只有在小农经济的范围内才能组织得合理，苏联小农经济改造不应采取集体化方式，而应该在不改变家庭所有和家庭独立生产者地位的条件下，由农民自愿地组成基层小型合作社。

为扫清集体化的障碍，斯大林公开批判大卫和恰亚诺夫等的观点，指责他们宣扬的是“小农经济稳固论”。实践证明，斯大林的农业集体化模式给苏联农业乃至其他社会主义国家带来了严重的后果。

二、西方学者关于大生产小生产的观点

1. 资本主义初期至第二次世界大战前的重要观点

这一阶段，农业处于传统农业向现代农业转变的过程中，生产工具以人畜力为主，良种、化肥、农药没有广泛使用。在这一背景下，西方经济学家在大生产和小生产谁优谁劣的问题上存在不同的观点。

费朗斯瓦·魁奈是法国重农学派的创始人和主要代表。17世纪末到18世纪中期，法国政府实行牺牲农业扶持工商业的重商主义政策，农业遭到破坏，国家财政困难，经济问题严重，重农主义因此兴起，形成了重农学派。魁奈是主张支持和保护富裕租地农场主的大农论者。他认为，根据法国农业的情况，大农经营是使用马耕作，小农经营是使用牛耕作，牛耕作比马耕作生产少而费用大。

阿瑟·扬是英国的农业经济学家，他生活的年代正是英国进行“圈地运动”、建立

① 列宁全集：第6卷[M]. 北京：人民出版社，1963：125.
② 列宁全集：第13卷[M]. 北京：人民出版社，1963：192.
③ 列宁全集：第4卷[M]. 北京：人民出版社，1963：97.

大农场以实行农牧结合的轮作制的时期。他认为，资本主义大农场具有比传统小农经济更大的优越性，主张按追求利润的原则，建立以雇佣工人为主的资本主义农场经济。

德国经营学派的产生背景是德国把原来封建主经营的大庄园资本主义化，这个学派研究的对象是大农场的经营问题，他们极力宣扬英国的大农场制度，因而属于大农派。

亚当・斯密虽然提出了分工理论，论证了分工和规模扩大带来的效益，但对于农业，他则持相反态度，认为农业中不可能像工业那样实行严密的分工。他指出，在所有国家，小土地所有者比大农场主更能改良土壤；小土地所有者对其有限的土地十分熟悉，不但喜欢开发它，而且喜欢改良它；在各种耕作者中小土地所有者是最勤勉、最聪明、最成功的。

西斯蒙第（Sismondi）是法国古典政治经济学的完成者，小资产阶级经济浪漫主义的奠基人。他认为中世纪宗法式的农业和行会手工业是最美好的生产方式。他在批判资本主义造成农民和小生产者破产的同时，主张保持和发展小生产。

约翰・穆勒（John Stuart Mill）生活在资产阶级古典政治经济学的解体时期。他支持斯密的分工学说，认为大生产优于小生产，但在农业方面，他认为分工的作用很小，农业大生产的利益不明显，而农民小土地所有制是最符合农民利益的。

美国农业经济学创始人泰勒认为，大规模经营固然好，但作为基础还是家庭经营好。他赞成罗马诗人的话：大农场是令人惊叹的，但小农场适宜耕作。

2. 第二次世界大战后西方农业经济学界的主要观点

第二次世界大战以后，西方发达国家实现了农业现代化，但农村劳动力普遍短缺，雇工工资上涨；许多发展中国家也在不同程度上对土地制度进行改革，并对传统农业进行改造，向现代农业转变。在这个背景下，大多数西方经济学家持肯定家庭经营的观点，但也有部分学者认为农业具有大规模经营的优势。

美国经济学家舒尔茨（Theodore W. Schultz）在《改造传统农业》一书中，对农业生产组织与农场规模问题进行了探讨。舒尔茨批评了大农场论者的“生产要素不可分性”的看法。他认为，有的生产要素（如拖拉机）的不可分性是似是而非的，使用拖拉机并不一定要求建立很大的农场，不同类型的农场可以有不同型号的拖拉机，有些农场则可以采取联合的方式使用拖拉机；有的生产要素（如劳动者、经理）的不可分性则不等于要求建立大农场。

美国农业经济学家梅勒在他的《农业发展经济学》中关于农场规模的主要观点是：大规模经营的效益源泉在于资本和管理的支出可以分摊在大量的产出上，主要的不经济在于农业中大量劳动力的管理问题；土地、牲畜和流动资金是高度可分的，这些投入随着经营规模的扩大不可能产生经济效益，同时也不会随着规模的缩小产生不经济；无论资本密集程度高低，机器投入的规模都会达到一个或两个劳动力的水平。因此，除了一两个人经营的农场以外，几乎不存在农场的规模经济。

美国农业经济学家黑迪根据美国及其他国家的经验认为，机械化大农场要取得大规模生产效益是有条件的。只有在劳力缺少、工资高的条件下，机械化大农场效益才比小农场效益高；在有大量劳动力可用、工资不高的地方，机械化大农场的成本并不比小农场成本低，一些大农户往往宁愿雇工经营也不用机器。

法国马赛大学名誉教授罗歇·利韦认为，农民生产水果、牧民饲养牲畜不同于工人在流水线上生产工业品。农民或牧民不是面对机器，而是同生物打交道；想要获得最大的效益，只能靠自己密切注视它们的生长发育等情况。生产成果如何，在很大程度上取决于他们的经验是否丰富，管理是否精心，各项作业是否及时有效。卓有成效的农业，一定要以个人负责为基础。只有以家庭为单位的经营方式才能使农民产生必要的责任感，保证他们个人享有相对的独立性，同时也使他们有了生活和劳动所不可缺少的感情支柱①。

日本京都大学教授饭沼二郎认为，农业没有大规模经营的效益。他说，农业劳动与工业有质的不同，农业是生物生产，没有工业那样的大规模生产的利益。农业经营应该考虑各种土地的不同的生物条件，让农民个人去判断。因此，小农经营有其合理性②。

但是，也有学者认为，在实现了农业现代化的条件下，大农场具有规模经营的优势。美国农业经济学家罗得菲尔德（R. D. Rodefeld）认为，农场扩大的主要前提条件有两个：一是大农场以往遇到的障碍得到排除或减少，其中最主要的是农场收入的风险与波动大大减小；二是农场扩大、经营者与劳动者的分化，带来了成本降低、收入增加的好处。他认为，科学技术的进展减少了作物和牲畜生产中的风险与波动。哪里能改变环境、控制病虫害，哪里就有类似工业企业的农业企业。在这种企业中，很多工作简化为日常工作的重复，用不着在完成每一项任务前临时抉择。家禽饲养、大部分蔬菜生产和牲畜饲养已经达到了这些标准，养猪业也基本具备了这种条件③。

世界银行经济学家雷吉（K. N. Reggie）也认为，小规模比大规模单产高是在技术改革以前，但在现代农业技术条件下则情况相反。他认为，在早期农业技术条件下，小规模经营表现出比大规模经营更高的土地生产率。但最近有迹象表明，尽管小规模经营仍然具有廉价家庭劳动力的优势，但现代化农业技术（高产品种，化肥、农药的投入和对水源的控制）有可能大大提高大规模经营的产量，从而使得那些早期的负的规模生产率不再存在④。

第二节　农业家庭经营的必然性

一、农业家庭经营的概念

所谓农业家庭经营，是指以农民家庭为生产经营单位，以家庭劳动力为主独立或相

---

① 罗歇·利韦. 法国农业新貌[M]. 宫正林方，译. 北京：农业出版社，1985：164.

② 刘运梓. 比较农业概论[M]. 北京：中国农业出版社，2006：98.

③ 罗得菲尔德，等. 美国的农业与农村[M]. 安子平，陈淑华，等译. 北京：农业出版社，1983：216-217.

④ 雷吉 K N. 农村经济的动员——亚洲的经验[M]//发展经济学的新格局——进步与展望. 中国社会科学院经济研究所发展经济研究室，译. 北京：经济科学出版社，1987：64.

对独立地从事农业生产经营活动。在现实中，农业家庭经营包括农户经营和家庭农场经营两种形式。农户经营与家庭农场经营的主要区别在于：一是经营规模，农户经营的土地规模相对较小，家庭收入不一定以农业收入为主；家庭农场的经营规模相对较大，家庭收入以农业收入为主。二是劳动力来源，农户经营基本上依靠家庭劳动力，家庭农场主要依靠家庭劳动力但有一定数量的雇工①。

农业家庭经营突出了农业经营主体的组织特征，即农民家庭。农民家庭既是生活消费单位，又是生产经营单位。作为生产经营单位，农民家庭实行家长制管理，不存在公司制企业那种规范的内部治理结构。另外，农业家庭经营强调以使用家庭劳动力为主，而不是像私营企业那样以雇工经营为主。

二、农业家庭经营的历史演变

家庭作为社会经济单位，在漫长的历史中经历了许多变化。农业家庭经营也在各个历史阶段中经历了不同的发展，表现出不同的特点。

在原始社会前期，人们谋取生活资料的主要方式是采集和渔猎，还没有农业，因此也就不存在农业的经营形式问题。进入新石器时代以后，人类开始懂得栽培植物和驯养动物，因此有了原始的农业和畜牧业，社会也进入母系氏族公社时期，氏族公社成为社会的基本经济单位。原始社会后期，手工业从农业中分离出来，成为独立的生产部门，劳动生产率因此得到了进一步的提高，出现了剩余产品的交换，人类社会也随之进入父权制时期。在父权制时期，土地属于父系公社所有，平分给家庭经营，农业中出现了家庭经营。

在奴隶社会里，起初是原始社会后期的家庭经营发展而来的家长奴隶制，家庭经营表现为作为奴隶主的家长支配全部家产，包括奴隶，也包括自己的妻子和儿女，家长自己也参加生产劳动。随后是社会范围内的奴隶制，即奴隶主大规模地使用奴隶进行生产劳动成为一种普遍现象，但奴隶主的经营仍然属于家庭经营。如古希腊的生产管理就是以家庭为单位，古希腊文中“经济”的原义就是家庭管理，即奴隶主如何有效地管理奴隶的生产活动。在我国，西周时期的土地全部属贵族所有，但实行“井田制”的经营模式，即井田的中央是公田，周边是私田；公田由奴隶主经营，奴隶集体劳动；私田由奴隶自己耕种，收获归奴隶自己，但奴隶必须无偿地在公田里为奴隶主劳动。在“井田制”中，不管是公田还是私田，都属于家庭经营。

进入封建社会以后，以家庭为单位进行农业生产成为普遍的形式。封建社会里的劳动者家庭经营有两种情况：一种是自耕农，他们耕种自己的土地，在自己的土地上进行自给自足的生产；另一种是佃农，他们耕种的土地是向地主租用的，因此收获的产品首先要向地主缴纳租金，余下的才能自己消费。另外，大部分地主自己也经营一定数量的

---

① 在我国，家庭农场是指以家庭成员为主要劳动力，从事农业规模化、集约化、商品化生产经营，并以农业收入为家庭主要收入来源的新型农业经营主体。一般需要具备以下条件：第一，土地经营规模达到当地农业部门规定的种植、养殖要求。第二，经营规模相对稳定，土地租期或承包期应在 5 年以上。第三，工商登记注册。可选择的经济组织形式包括个体工商户、个人独资企业、合伙企业、公司等。

土地，而不是把全部土地都出租给佃农。相比奴隶社会，封建社会的劳动者拥有较多的经营自主权，但即使是自耕农，他们仍然是同封建的土地占有制度相联系的，仍然受地主阶级的剥削。至于佃农，他们与地主之间除了单纯的租佃关系以外，还保持着宗法式的主仆关系。

进入资本主义社会以后，出现了农业家庭经营的高级形式——家庭农场。家庭农场是独立自营的农民所经营的农场，农场主既是所有者、经营者，又是劳动者；家庭农场主要依靠家庭劳动力，雇工一般不超过总劳动力的一半。虽然英国也出现了以雇工经营为特征的公司化农场，但这种公司化农场并没有像工商业中的企业那样得到发展。第二次世界大战以后，这种类型的农场不但没有增加，反而出现了逐渐减少的趋势。

社会主义制度在苏联诞生以后，苏联首先在农村建立了集体农庄，中国等其他社会主义国家纷纷效仿，试图以合作化、集体化、国有化来代替农业的家庭经营，结果经济效率普遍低下，不得不进行改革。中国于20世纪70年代末开始实行农户家庭联产承包责任制，在土地集体所有制不变的前提下，把土地承包给农户经营，重新确立了农户的经营主体地位。农民由于有了经营自主权，生产积极性得到了充分发挥，再加上对农业的投入加大，农业科技的进步，农业生产得到了快速发展。中国成为所有经济转型国家中农业改革绩效最好的国家。

历史和现实说明，家庭经营在农业中具有广泛的适应性和旺盛的生命力。农业家庭经营可以与不同的所有制相适应，与不同的生产力水平相适应。

三、发达国家的农业家庭经营

从发达国家的实践看，农业家庭经营表现出了两个变化趋势：一是家庭农场的数量不断减少，平均土地经营规模不断扩大，生产经营现代化水平提高；二是家庭农场仍占大多数，公司化农场比重不大①。

1. 英国

英国是最早进入资本主义时代的国家，也是马克思主义经典作家用以考察资本主义制度发展规律的主要对象。16世纪开始的“圈地运动”消灭了大量自耕农，取而代之的是资本主义的雇工经营农场。但是随着19世纪中叶英国《谷物法》的废除，农业经营组织的演变出现了新的特点，雇工经营的农场逐渐减少，自有自营的农场比重不断增加。以前自有自营农场的比重仅为10%，到1951年已上升到32%，1960年上升到54%，1977年达到62%。1983年，英国农场拥有70.2万农业劳动者，其中42.1万（60%）是农场主、合伙者、农场主的配偶；3/4以上的农场完全依靠家庭成员而没有雇用工人，10%多一点的农场只雇用一个工人，雇用一个以上工人的家庭大农场只有12%。

2. 德国

在联邦德国，农场数由1969年的116万个减少到1995年的52.3万个，农场的平均

---

① 李秉龙，薛兴利. 农业经济学[M]. 第3版. 北京：中国农业大学出版社，2015：203-204.

农地面积从 1949 年的 8.1 公顷增加到 1993 年的 20.7 公顷，但在农场结构上仍是以中小家庭农场为主。联邦德国、民主德国合并之前，民主德国拥有较大规模的农业生产合作社 4700 多个，统一后经过私有化的土地改革，至 1995 年建立了 3 万多个农场，其中约 90%是家庭农场或合伙农场，约 10%是农业合作社和公司制农场。2013 年，德国土地经营面积 100 公顷以上的大型家庭农场 2.93 万个，占 8.3%；30～100 公顷的中型家庭农场 10.4 万个，占 29.4%；2～30 公顷的小型家庭农场 21.85 万个，占 61.9%。

3. 法国

第二次世界大战以后，法国的家庭农场经历了一个数量由多到少、规模由小到大的演变过程。1955 年法国家庭农场总数为 226 万个，1967 年为 168 万个，1975 年为 133 万个，1989 年为 102 万个，1995 年为 74 万个，2003 年为 52.7 万个，近 50 年时间里家庭农场的数量减少了 3/4。法国家庭农场减少的主要是 20 公顷以下的小农场和 100 公顷以上的大农场，增加的是 20～100 公顷的中型农场。因此，家庭农场的平均经营规模是扩大的。1988 年法国平均每个家庭农场的经营面积为 28 公顷，2016 年扩大到 55 公顷。但是，法国农场经营规模的扩大，并没有改变家庭农场的主导地位，公司制农场大约为农场总数的 10%。

4. 美国

19 世纪末，美国工业开始引进大规模的生产组织形式。当时，人们预计农业也会像工业一样走雇工经营的公司化道路。随着大型商品化农场的建立，尤其是加利福尼亚州和中部大平原地区公司农场的发展，人们更加看好公司农场的发展前景，认为公司农场是最有效的农业组织形式。然而，在美国农场演变的半个多世纪里，虽然农场的数目减少了，但大多数农场仍然是家庭经营的，立足于家庭劳动力，大多数不雇工或只在农忙季节少量雇工（不超过 1.5 人/年）。1949～1964 年，美国商品农产品的 2/3 由家庭农场提供。2012 年，美国农场数为 250 万个，其中家庭农场占 86.7%，合伙制农场和公司制农场占 11.6%。

5. 日本

日本由于人多地少和土改后分田到农户，普遍采取一家一户的小规模经营。第二次世界大战后，农户的数量减少，经营规模扩大。1950 年日本有农户 617.6 万户，1965 年为 566.5 万户，1975 年为 495.3 万户，1985 年为 437.6 万户，1999 年为 247.5 万户，2014 年为 141.2 万户。但由于机械化水平的提高，雇工经营反而减少。1985 年，常年雇用劳动力的农户只有 7500 户，占农户总数的 1.7%，临时雇用劳动力的农户只有 53.4 万户，占农户总数的 12.2%。部分上层农户扩大经营规模发展成为专业农户，大多数中下层农户在农外兼业转化成为兼业农户①。但日本的专业农户仍然主要依靠家庭劳动力，没有转化为以雇佣劳动为主的资本主义大农业。

① 2014 年日本的专业农户数为 40.6 万个，兼业农户数为 100.6 万个，兼业农户数占总户数的 71.25%。

四、农业家庭经营的客观必然性

如前所述，目前世界上几乎所有国家的农业都实行家庭经营的组织形式。农业的经营形式与农业的产业特点、家庭的社会经济特性有关。农业中实行家庭经营具有客观必然性。

1. 农业的产业特点与农业家庭经营

（1）农业劳动对象和劳动内容的特点决定了农业不需要实行严密的分工协作。农业的劳动对象是有生命的动植物，它们有自身的生长发育规律，其生长发育过程具有继起性和较长的时间。这就决定了农业生产不能像工业生产那样采取多种作业同步并进的办法，而只能按自然界规定的时间依次进行各种作业。农业生产中同一时期的作业内容比较单一，不同时期的不同作业可以由同一劳动者相继完成，这就决定了农业生产基本不需要分工协作，农业生产组织也不需要实行严密分工协作的企业形式。

（2）农业劳动成果的最后决定性决定了农业生产过程中投入的劳动难以准确计量。撇开自然条件因素，农业生产成果取决于劳动者在整个生产过程中各环节投入的劳动数量和有效性，因此，要取得好的农业生产成果，必须能够准确计量劳动者在生产过程中投入的各项劳动，并按投入的劳动数量和有效性取得相应回报。这是一个高效率的组织必须建立的监督激励机制。但农业生产过程中没有阶段性的中间产品，这就使得劳动者在农业生产中投入的劳动的数量和有效性难以计量。这是一个矛盾。解决这一矛盾的途径是农业生产过程中各个环节的劳动由同一劳动者完成，并把其劳动所得与劳动的最终成果挂钩。由于家庭成员是一个利益共同体，不同家庭成员提供的劳动及其劳动所得可视为同一劳动者付出的劳动和劳动所得，因而家庭经营是解决上述矛盾的现实途径。

（3）农业自然条件的复杂多变性和不可控制性决定了生产管理需要灵活性。农业自然条件复杂多变而且不可控制，要求农业的生产管理活动具有灵活性和及时性。生产管理要因时、因地制宜，见机行事。要做到这一点，只有将农业生产经营管理的决策权赋予直接生产者，即将劳动者与经营管理者结合起来。这一要求只有在家庭经营的条件下容易得到满足。

2. 家庭的社会经济特性与农业家庭经营

（1）家庭成员具有利益目标的认同感，使得农业家庭经营的劳动激励多样，管理成本最小。家庭不是单纯的经济组织，维系家庭的除了经济利益这一纽带外，还有血缘、感情、伦理和文化等一系列超经济的纽带，这就使家庭成员可以从多方面达到对家庭整体目标和利益的认同。同时，由于家庭的婚姻、血缘关系，家庭具有持久的稳定性，使得家庭经营一般具有较长的预期，并使家庭成员能为实现这种预期而长时间地自愿协作。这使得家庭经营表现出其他经济组织不具有的激励规则，家庭成员的劳动无须以精密的劳动计量并同报酬挂钩来激励。因此，农业的家庭经营一般无须监督，管理成本是最小的。

（2）家庭经营可实现家庭成员的分工和劳动力的充分利用。实行家庭经营，家庭成员可以根据性别、年龄、体质、技能上的差别进行适当的分工，使劳动力得到充分利用。传统社会的“男耕女织”式的分工使家庭成为“小而全”的生产单位。在现代社会，家庭成员之间的分工协作仍然可以发挥作用。在劳动安排上，平时一人为主，忙时全家参与，必要时还可雇工；农闲时除照管人员以外，其余均可外出兼业。在劳动时间被分割得很细碎的农业生产活动中，一些闲散和辅助劳动力也能得到充分利用。这在实行严格分工的经济组织中往往难以做到，而家庭的自然分工却能较好地满足这种要求。

第三节　中国的农业家庭经营

一、家庭承包经营体制的产生

实践证明，我国农业在20世纪50年代从合作化到集体化的演变，违背了客观经济规律，不符合农业的产业特点和生产力发展水平。在“一大二公”“政社合一”的人民公社制度和计划经济体制下，农民没有生产经营自主权，市场不能发挥资源配置的基础性作用，结果是农业生产效率低下，不仅不能满足经济社会发展的需要，连农民的自我生存也难以保障。70年代末80年代初，大约有2.5亿农民处于绝对贫困状态。这种情况迫使农民进行了农业组织制度的改革。

1. 家庭承包经营的萌发阶段

1978年11月，安徽省凤阳县的小岗村率先恢复包干到户责任制，揭开了中国农业经济体制改革的序幕[①]。1978年12月召开的党的十一届三中全会和1979年9月召开的党的十一届四中全会，围绕农业生产责任制展开了激烈的争论[②]，但理论的模糊与政策的不明确并没有妨碍各种生产责任制在实践中的推进。到1980年10月，全国实行各种包工责任制的生产队占83.3%，其中包产到户和包干到户的占50.85%[③]。

2. 家庭承包经营的确立阶段

1980年9月，中共中央下发了《关于进一步加强和完善农业生产责任制的几个问题》（1980年中央75号文件）。文件指出：“在那些边远山区和贫困落后地区……群众对集体丧失信心，因而要求包产到户的，应当支持群众的要求，可以包产到户，也可以包干到户……在一般地区……现行的生产责任制群众满意或经过改进可以使群众满意的，就不要搞包产到户……已经实行包产到户的，如果群众不要求改变，就应允许继续实行。”文件为包产到

① 1978年11月24日，安徽省凤阳县小岗村的18户农民，以“托孤”的方式，签下“生死状”，将村内土地分开承包，开创了家庭联产承包责任制的先河，成为中国农村改革的一个重要开始。

② 1978年12月党的十一届三中全会审议的《中共中央关于加快农业发展若干问题的决定（草案）》指出“不许分田单干，不许包产到户”；1979年9月党的十一届四中全会通过的《关于加快农业发展若干问题的决定》指出“不许分田单干……也不要包产到户”。

③ 来源：《人民政协报》2008年7月25日。

户正了名。全国各地多种形式的联产承包责任制迅猛发展。至1981年10月，全国建立各种责任制的生产队占97.7%，其中不联产的占16.5%，联产的占81.3%（专业承包联产计酬5.9%，联产到组10.8%，联产到劳15.8%，包产到户7.1%，包干到户38%）①。

1982年1月中共中央发布了《全国农村工作会议纪要》（1982年中央一号文件）。文件指出，包括包产到户、包干到户在内的各种责任制，都是社会主义集体经济的生产责任制。政策上的肯定，使得包产到户、包干到户在责任制中的比重在1982年底达到78.7%。1983年1月，中共中央在《当前农村经济政策的若干问题》（1983年中央一号文件）中进一步肯定了联产承包制责任制。1984年1月，中共中央在《关于一九八四年农村工作的通知》（1984年中央一号文件）提出，土地承包期应在15年以上，生产周期长的和开发性的项目可以更长一些，化解了农民担心政策变化的顾虑。到1984年底，全国569万个生产队数中，99%以上实行了包产到户或包干到户，其中96%以上是包干到户。

3. 家庭承包经营法制化阶段

1985年以后，家庭承包经营体制的政策和法律不断完善，并将其作为农村基本经营制度加以肯定。1991年11月党的十三届八中全会通过的《中共中央关于进一步加强农业和农村工作的决定》指出，要把以家庭联产承包为主的责任制、统分结合的双层经营体制，作为我国乡村集体经济组织的一项基本制度长期稳定下来。1993年11月《中共中央、国务院关于当前农业和农村经济发展的若干政策措施》指出，在原定的耕地承包期到期之后再延长30年②。1993年3月八届人大一次会议修订了《宪法》，7月八届人大常委会二次会议通过了《中华人民共和国农业法》（以下简称《农业法》），在法律层面上肯定了家庭联产承包经营制度③。1998年8月修订的《土地管理法》规定，土地承包期为30年，农民的土地承包权受法律保护。2002年8月九届全国人大常委会通过了《中华人民共和国农村土地承包法》（以下简称《农村土地承包法》），对土地承包中的相关问题做出了法律规定。2007年3月十届人大五次会议通过《中华人民共和国物权法》将土地承包权界定为用益物权，标志着农地用益物权制度正式确立，从而为农村基本制度的稳定提供了有力的法律保障。

4. 土地承包经营权的明晰和规范化阶段

2008年以后，农村土地承包权的权能内涵不断明确和扩大。2008年10月党的十七届三中全会通过的《中共中央关于推进农村改革发展若干重大问题的决定》指出，完善土地承包权权能，依法保障农民对承包土地的占有、使用、收益等权利。2014年1月，

① 来源：《人民政协报》2008年7月25日。

② 至1999年底，全国有94%左右的村组开展了第二轮土地承包工作，绝大多数地方已将土地承包经营权证书和承包合同签发到户。

③ 1999年《宪法》修正案进一步明确“农村集体经济组织实行家庭承包经营为基础、统分结合的双层经营体制”，从而将家庭承包经营制纳入国家根本大法。2002年和2012年两次修订的《农业法》也进一步明确国家实行农村土地承包经营制度，农村土地承包关系长期稳定。

中共中央、国务院印发《关于全面深化农村改革加快推进农业现代化的若干意见》进一步扩大了土地承包权的权能，指出，在坚持和完善最严格的耕地保护制度前提下，赋予农民对承包土地的占有、使用、收益、流转及承包经营权抵押、担保权能。同年 11 月，中共中央办公厅、国务院办公厅印发的《关于引导农村土地经营权有序流转发展农业适度规模经营的意见》提出：农村土地实现所有权、承包权、经营权三权分置。坚持农村土地集体所有权，稳定农户承包权，放活土地经营权，以家庭承包经营为基础，推进家庭经营、集体经营、合作经营、企业经营等多种经营方式共同发展。

上述关于土地承包经营权权能的政策都体现在 2018 年修订的《农村土地承包法》中。2018 年修订的《农村土地承包法》规定：承包方承包土地后，享有土地承包经营权，既可以自己经营，也可以在保留土地承包权的前提下流转土地经营权由他人经营；承包方可以自主决定采取出租（转包）、入股或其他方式向他人流转土地经营权；土地经营权人有权在合同约定的期限内占有土地，自主开展农业生产经营并取得收益；承包方可以用承包地的土地经营权向金融机构融资担保；受让方通过流转取得的土地经营权，经承包方书面同意并几发包方备案、可以向金融机构融资担保。

二、家庭承包经营的特点

改革开放后我国农业中实行的家庭承包经营是我国社会主义农业发展道路上的一种创新的组织制度。它是家庭经营，具有家庭经营共性。但它又是一种特殊的家庭经营，具有中国特色。我国农业家庭经营主要有以下一些特点。

（1）家庭经营是集体经济组织内部的承包经营，不同于合作化前的农户个体经营。我国农业家庭经营中最重要的生产资料——土地是农民集体所有的，农户只是承包者，只拥有土地的承包权及其他派生的权利。农户在土地承包期内，拥有充分的生产经营自主权，可以根据市场的需求自主做出经营决策。农户承包的土地除了自己经营外，也能以出租（转包）、入股或其他方式向他人流转土地经营权，并取得收益。除土地以外，其他生产资料一般都是农户自己所有、自己使用。

（2）家庭经营是“双层经营”中的一个经营层次。所谓“双层经营”就是集体经济组织的统一经营与农户的分散经营相结合。在我国目前的农业经营体制中，集体经济组织具有统一经营的功能。统一经营层次的基本职能有三个：一是所有者代表职能[①]，即把农民集体所有的土地等生产资料公平合理地分包给集体组织成员，并对其使用过程进行监督和管理。二是服务职能，即向承包经营的农户提供生产经营中所需要的各种服务，以保证农户生产经营活动的正常进行。三是资产经营和管理职能，即把不宜分包到户的集体资产承包租赁给社会企业或农户，或采用股份制或股份合作制等形式与社会企业合作，实现集体资产的保值增值，增加集体经济组织成员的财产性收入，增强其对承

① 2016 年 10 月中共中央办公厅、国务院办公厅印发《关于完善农村土地所有权承包权经营权分置办法的意见》：农民集体是土地集体所有权的权利主体，在完善“三权分置”办法过程中，要充分维护农民集体对承包地发包、调整、监督、收回等各项权能。

包农户的服务能力。

（3）家庭经营所得与农业经营成果紧密结合。从法理上讲，农户家庭经营所得的分配顺序是，首先依法向国家交纳税金，然后按土地承包合同向集体上交承包金，剩余部分归农户所有。由于向国家交纳的税金和向集体交纳的承包金是事先固定的（2006 年我国取消了农业税，土地承包金也已随农业税取消），所以农户的收入直接取决于家庭经营成果的多少。这就克服了人民公社体制下分配上的“大锅饭”弊病，能有效地调动农户在生产经营上的积极性。当然农户家庭经营成果的多少，除了与农户投入的劳动数量和质量有关外，还与农户自己拥有的生产资料数量和质量有关，农户所得并不完全体现“按劳分配”。

总之，我国农业的家庭承包经营制，既保留了家庭经营，又坚持了集体经济方向，成功地解决了社会主义农业发展道路上的难题。

三、家庭承包经营的完善与发展

家庭承包经营已成为我国农业的基本组织形式，并以法律的形式确定下来。但随着农业的市场化、现代化和国际化的推进，我国的农业家庭经营制度也暴露出了一些问题，主要表现在以下两个方面。

（1）经营规模小。由于我国人多地少，而且农村的社会保障体系不健全，因此在土地承包时特别是在第二轮土地承包时各地都按集体经济组织的“成员权”平均承包土地，农户经营的土地规模小。且随着农户子女的成长，农户分家进一步造成土地规模变小和细碎化。据第三次全国农业普查，2016 年我国 2.3 亿农户平均承包耕地 7.8 亩，2.1 亿个农户的土地经营在 10 亩以下。农户经营规模过小产生了一系列问题。一是农业劳动力老龄化和妇女化，缺乏掌握新技术的能力。由于农户经营的土地规模小，家庭劳动力得不到充分利用，高素质劳动力从事非农产业，有文化的“新生代农民”更是不愿意从事农业生产，从而造成农业从业人员的老龄化和妇女化。二是农户经营农业的收入少，缺乏搞好农业生产的动力。小规模的家庭经营只能解决温饱问题，不能解决致富问题，农业对家庭收入来讲成了可有可无的“副业”，农民缺乏技术进步和发展现代农业的动力。三是对发展现代农业造成了障碍。小规模的家庭经营难以发展现代设施农业，农技服务部门服务困难，农业生产不能实现标准化，农产品质量安全得不到保证，农产品形不成品牌，等等。

（2）农民组织化程度低。家庭经营体制虽然使农民获得了市场主体地位，农民拥有了充分的生产经营自主权，但这种“原子化”的小农户在农业生产经营中遇到了许多困难。一是农业生产经营过程中缺乏合作。农业虽然适合家庭经营，但农业生产经营过程中客观上有一家一户办不了、办不好或办了不合算的事情（如农田基本建设、农田灌溉、植物保护、农资采购、农产品销售等），需要相互合作。但目前绝大部分地区农村集体经济的“统一经营”名存实亡；许多地方又没有农民专业合作社，一些农民专业合作社运作不规范或功能弱。“双层经营”事实上成了“单层经营”。二是农户生产盲目性大，交易成本高。分散的农户掌握的市场信息不充分，做不到按市场需求来安排农业生产。

同时，农户直接对接市场，交易批量小，交易成本高。

需要指出的是，这些问题并不是家庭经营体制固有的缺陷，它只是表明我国的农业家庭经营制度需要根据新的经济和社会发展形势不断完善与创新。

我国农业经营体制机制创新的目标是通过土地经营权流转，使土地经营权适当集中，发展农业适度规模经营。创新的内容主要包括以下几个方面。

（1）深化农村土地制度改革，实行农地“三权分置”。我国农村土地制度改革开始时实行的是农地所有权与承包经营权的两权分离。随着工业化城市化的发展，一部分进城务工经商的农民把承包土地的经营权流转出去，出现了土地所有权、承包权、经营权三权分离的现象，并且在事实上促进了农地的规模经营和新型经营主体的成长，但在实践中也出现了土地经营者的权益得不到保障的问题。为保障土地经营者的合法权益，中共中央办公厅、国务院办公厅于2014年出台了《关于引导农村土地经营权有序流转发展农业适度规模经营的意见》，指出农村土地实行所有权、承包权、经营权“三权分置”。2016 年又出台了《关于完善农村土地所有权承包权经营权分置办法的意见》，这两个意见的相关内容纳入2018年修订的《农村土地承包法》。

（2）完善农地经营权流转机制，引导土地经营权有序流转。创新土地流转形式，鼓励承包农户依法采取出租（转包）、互换、托管、入股等方式流转承包地，使土地经营权适当集中。鼓励有条件的地方制定扶持政策，引导农户长期流转承包地并促进其转移就业。同时，加强土地流转管理和服务。依托农村经营管理机构，健全土地流转服务平台（如农村产权交易中心），完善县乡村三级服务和管理网络，为流转双方提供政策咨询、信息发布、交易鉴证等服务。引导承包农户与流入方签订书面流转合同，并使用统一的省级合同示范文本。加强土地承包经营纠纷调解仲裁体系建设，健全纠纷调处机制，妥善化解土地流转纠纷。通过土地经营权流转，扩大专业大户、家庭农场的经营规模，形成经营规模较大的家庭经营。

（3）大力发展农民专业合作社，提高农民组织化程度。随着农业市场化水平的提高，农民参与市场的程度越来越高。从新制度经济学的观点看，当市场经济发展到一定程度，市场主体之间的关系不能单纯依赖市场交易来维持，而需要发展一定的非市场组织。为了解决农业家庭经营的分散性和不经济性，应大力发展农民专业合作社、农业产业化经营等多种组织形式，来提高农户的组织化程度，使农户家庭经营与农业生产力发展相适应，与全球经济一体化的形势相适应。

（4）发展生产性服务业，建立新型农业社会化服务体系。农业社会化服务体系是为农业生产提供社会化服务的组织机构和制度的总称。农业社会化服务体系可以解决农民单家独户在农业生产经营过程中难以解决或解决起来效率不高的问题，因此是农业家庭经营能够在社会化大生产中发展的重要条件。农业社会化服务体系涵盖的范围很广，从服务的内容来看，包括：产前的生产资料采购，产中的新技术采用和农业机械化操作，产后的农产品加工、运输、销售，以及经营过程中的决策咨询、资金融通、保险服务、法律服务等；从提供服务的组织机构看，包括政府农技推广机构、农民专业合作社、农业产业化经营中的龙头企业、家庭农场、农民技术经济协会、农资供应商、金融保险机构、各类咨询服务机构等；从举办者的性质看，既有政府公办的，也有农民合作举办的和企业举办的。当前，我国的农业社会化服务体系还不适应家庭经营体制下的现代化和市场化的农业发展要求。因此，要加快构建以公共服务机构为依托、合作经济组织为基础、龙头企业为骨干、其他社会力量为补充，公益性服务和经营性服务相结合、专项服务和综合服务相协调的新型农业社会化服务体系。鼓励发展各种性质和类型的农业社会化服务组织，采取政府向经营性服务组织购买农业公益性服务的方式，通过政府订购、定向委托、以奖代补、贷款担保、招投标等方式，支持具有一定资质的经营性服务组织从事可量化、易监管、受益广的农业公益性服务。

第四节　农业规模经营

一、农业规模经营的概念

农业规模经营，是指根据规模经济的要求和自然、经济、社会、技术条件的可能，将土地等生产要素适当集中，通过生产规模的扩大以取得更大经济效益的农业经营方式。农业规模经营的目的在于实现规模经济。所谓规模经济，是指由于生产规模的适度扩大，生产要素得到更有效的配置，引起产品平均成本降低，从而获得更大的经济效益。相反，如果因生产规模过小或过大，生产要素不能得到合理配置，造成经济效率损失，则称为规模不经济。

从理论上说，农业规模经营不等同于土地规模经营。但由于在农业中，土地是最基本的生产要素，土地的经营规模在相当程度上决定了农业的经营规模，特别是我国农业以家庭经营为主，农户的土地经营规模普遍偏小，成为影响我国农业现代化的重要制约因素，因此在实践中人们常常把土地规模经营等同于农业规模经营，把扩大土地经营规模作为扩大农业经营规模的主要手段。

当然，规模经营并不意味着规模越大越好。土地规模经营要讲求“适度”。由于各地的农业资源禀赋、农民就业和收入结构等自然和经济条件差别很大，客观上不可能存在适合所有地区的土地经营规模适宜标准。所以，适合当地的适度土地经营规模要从实践中探索。从我国的实践来看，从事土地规模经营的务农收入相当于当地二、三产业务工收入的，土地经营规模相当于当地户均承包土地面积10～15倍的，是一个比较适合多数地区的标准。

二、农业规模经营的实现形式

农业规模经营不是要否定农业家庭经营，我国的农业规模经营是在坚持农户家庭经营体制的前提下实现农业经营规模的扩大。从农业生产的实践来看，目前我国农业规模经营的形式主要有以下几种。

（1）以农民承包土地经营权流转形成的专业大户、家庭农场。这种形式是通过土地经营权流转，把土地集中起来，由具有经营能力的农民经营。这种形式出现最早，也最为常见。它的主要优势是利益直接、操作简单、组织成本低，对经营者的资金和技能要求弹性较大。这种形式的经营规模，依据经营者的经营能力、资金实力和当地的农地资源状况、社会化服务的程度，有大有小，少则几十亩，多则上百亩甚至几百亩。

（2）以农民承包土地经营权入股组建的土地股份合作社。这是农户将承包土地的经营权折价入股组建土地股份合作社而形成的农业规模经营形式。土地股份合作的具体经营形式又有三种：一是合作社自己经营，这种形式往往由合作社中的能人（牵头人）负责具体的生产经营，或者由合作社聘请农业职业经理人负责具体的生产经营。在这种形式下，入股农民享有合作社的决策权、管理权，一般既可获得入股土地的保底收益，又可以获得二次分配的分红收益。二是向社会发包，即合作社把集中后的土地统一向社会发包，向土地承包者收取承包金。三是合作社与社会企业股份经营，即合作社把集中后的土地以经营权入股与社会企业进行股份合作，具体生产经营往往由社会企业负责。

（3）以农户土地托管形式形成的规模化经营。土地托管是农户在保留土地经营权的前提下，把农业生产过程的若干环节或全部环节委托给托管服务组织（通常为专业大户、家庭农场、专业合作社、农机服务社等），由托管服务组织为农户完成相应的生产作业环节，农户向托管服务组织缴纳服务费用。其具体又可分为半托管服务和全托管服务，前者只托管部分生产环节，后者托管全部生产环节。这种模式可以在保留农民土地经营权的前提下提高规模生产所带来的收益，能够消除农地经营权流转的农户“丢地”心理，具有牢固的群众基础和广泛的适用范围。

（4）以联户经营的形式形成的规模化经营。联户经营属于一种互助组性质的合作模式，农户自愿协商建立联户经营组，仍保留承包土地的经营权。联户经营组统一选择种植品种、生产资料采购及田间管理、收获、销售等生产经营活动；生产经营中的费用及产品出售所得，均按土地面积分配。联户经营组的生产经营活动由组中擅长农业生产的农户负责，其他农户可以外出务工经商。联户经营在保留农户承包土地经营权的前提下实现了土地股份合作社的部分功能，一定程度上扩大了土地经营规模。

（5）取得独立法人资格的农业企业。其包括外资企业、国内工商企业、农民投资兴办的农业企业。这些企业通过向土地股份合作社租得土地、向农民租用承包土地或吸纳农民承包土地的经营权参股、向政府批租土地等途径，集中较多的土地，专事现代农业开发。这些企业采用农业高新技术和先进的管理模式，既是农业规模经营的重要力量，也是农业现代化的示范力量。

三、我国农业规模经营的途径

实现农业规模经营需要一定的条件。农业规模经营的途径就是要为实现农业规模经营创造条件。

（1）推进工业化和城镇化，加快农村人口和劳动力转移。要实现农业规模经营，必须扩大农业生产单位的土地经营规模，而这需要以农业劳动力和农村人口的减少为前提。而且，规模经营还会提高农业劳动生产率，这必将导致农业吸纳劳动力的容量减小。

而减少农业劳动力与农村人口的唯一途径是推进工业化和城镇化，使更多的劳动力和人口离开农业与农村。目前，我国的人口就业结构与空间结构远远低于工业化和城镇化水平[①]，因此要在继续推进工业化的同时，加快推进城镇化的进程，加快农业转移人口在城镇的落户。同时，进一步探索进城落户人员的土地承包权（以及宅基地使用权和集体收益分配权）的退出机制，引导进城落户人员自愿退出农村土地的承包权。此外，要推进城乡一体的社会保障制度建设，弱化土地的社会保障功能，使农业剩余劳动力愿意从土地上转移出来。

（2）建立土地流转服务机构，完善土地流转机制。在我国家庭承包经营的制度下，土地承包经营权被分散在各个农户。要实现农业规模经营，除了要把劳动力和人口转移出去外，还必须把这些土地的经营权集中起来，为此必须建立完善的土地经营权流转机制，使土地的经营权能有效地集中。至于如何建立土地流转服务机构，完善土地流转机制，这方面的内容在本章第三节已阐述，这里不再重复。

（3）健全农业社会化服务体系。农业经营规模的扩大，要求农业社会化服务体系能提供必要的产前、产中、产后服务。特别是，农业规模经营要求有比较健全的农业保险体系，为农业生产经营者提供农业自然灾害保险。因为经营规模扩大以后，农业生产经营者的投入相应增大，一旦遇到大的自然灾害，生产经营者将会遭到重大损失，需要有农业保险体系来转移和分散自然风险。至于健全农业社会化服务体系，这方面的内容在本章第三节已阐述，这里不再重复。

（4）因地制宜选择组织形式。我国各地的农业资源条件、经济发展水平以及农民的价值观念不同，农业规模经营的组织形式不宜“一刀切”。可以通过土地经营权的流转发展专业大户、家庭农场，发展土地经营权入股的土地股份合作社，也可以采取不通过土地经营权流转的土地托管或联户经营，或者引进工商企业从事农业规模经营。

（5）加强对农民的培训。农业经营规模的扩大，为农业采用新技术、新设备创造了条件，这就要求农业生产经营者具有相应的技术水平。同时，农业经营规模的扩大，意味着生产经营者要统筹安排更多的生产要素，特别是会雇用一定数量的劳动力，这就要求农业生产经营者有更高的管理水平。只有农业生产经营者掌握了较高的技术和管理水平，经营规模才能有效地扩大。否则，即使扩大了经营规模，也不一定能获得规模经济。为此，要以提高科技素质、职业技能、经营能力为核心，加强对家庭农场、农民专业合作社骨干以及农机员、植保员、防疫员、水利员、信息员等农村技能服务型人才的培训，使他们掌握现代农业生产技术和经营管理知识，以适应农业规模经营的客观要求。

本章小结

在经济学术史上，不同学派对农业大生产与小生产谁优谁劣的认识不一致。无论是

① 2018 年我国三次产业增加值比重为 7.2：40.7：52.2，但城镇化率按常住人口计算为 59.6%。

马克思主义经典作家，还是近代和现代的西方经济学家，既有认为大生产优于小生产的观点，也有认为小生产优于大生产的观点。

农业实行家庭经营的组织形式与农业的产业特点、家庭的社会经济特性有关——农业不需要实行严密的分工协作，农业生产过程中投入的劳动难以准确计量，农业自然条件复杂多变和不可控制，家庭成员具有利益目标的认同感，家庭经营可实现家庭成员的分工和劳动力的充分利用。从发达国家看，家庭农场占大多数，但家庭农场的数量不断减少，平均土地经营规模不断扩大。

改革开放以后，我国农业放弃了集体统一经营的做法，实行了农户家庭承包经营的体制。我国农业家庭经营是集体统一经营和农户分散经营相结合的“双层经营”中的一个层次。目前我国农业家庭经营体制的主要问题是农户经营的土地规模小、农民组织化程度低，因此需要进一步完善和创新：实行农地“三权分置”，完善农地经营权流转机制，发展农民专业合作社，建立新型农业社会化服务体系。

经营规模的扩大是突破小规模家庭经营体制局限的有效途径。我国农业规模经营的主要形式有：以农民承包土地经营权流转形成的专业大户和家庭农场，以农民承包土地经营权入股组建的土地股份合作社，以农户土地托管形式形成的规模化经营，以联户经营的形式形成的规模化经营，取得独立法人资格的农业企业。

概念与术语

农业家庭经营　家庭农场　双层经营体制　农业规模经营　规模经济　农业社会化服务体系

学习思考

1. 如何看待关于农业经营组织形式的争论？
2. 如何理解农业家庭经营的客观必然性？我国农业家庭经营有什么特点？
3. 我国农业家庭经营有什么局限？完善和发展的方向是什么？
4. 我国农业规模经营有哪些形式？
5. 如何推进我国农业规模经营？

第四章

农业合作经济

【本章学习目标】

1. 了解经济学术史上合作思想的主要流派及主要观点；
2. 理解农业合作社的基本原则、组织特点和主要功能；
3. 认识我国农民专业合作社的治理结构、主要类型、存在问题和发展思路；
4. 了解国内外农业合作社的发展趋势。

第一节　合作思想的产生与发展

一、空想社会主义的合作思想

空想社会主义的奠基人，英国的托马斯·莫尔（Thomas More）目睹了英国“圈地运动”[①]给广大劳动人民带来的灾难，认识到资本主义和私有制是造成广大劳动人民贫困的根源。他于1516年出版了《乌托邦》一书，对当时英国的社会和国家制度进行了深刻的揭露，对资本原始积累给劳动人民带来的痛苦表示了深切的同情，并提出了一套改造社会的方案，设想了一个消灭私有制的理想社会——“乌托邦”。1623年，意大利的托马索·康帕内拉（Tommaso Companella）出版了《太阳城》一书，他在书中描述了一个人们过着幸福生活的虚幻的理想社会，阐述了他的空想社会主义思想。合作思想就是在这些设想中孕育而生的，并对后来的合作运动产生了重要影响。早期的空想社会主义

① 在14、15世纪农奴制解体过程中，英国新兴的资产阶级和新贵族通过暴力把农民从土地上赶走，强占农民份地及公有地，剥夺农民的土地使用权和所有权，限制或取消原有的共同耕地权和畜牧权，把强占的土地圈占起来，变成私有的大牧场、大农场。中世纪，在欧洲大陆很多地区都出现过地主圈占土地的现象，如德国、法国、荷兰、丹麦等国。英国的圈地运动最为典型，规模也最大。封建制度时期，英国就已存在大规模圈地运动。

思想是资本主义不发达、资本主义基本矛盾还未充分暴露的情况下产生的，因而不可避免地存在不科学的成分，其中隐含的合作思想也仅仅是萌芽。

19 世纪初叶，空想社会主义学说进入新的发展阶段，出现了三个伟大的空想社会主义者：法国的昂利·圣西门（Henri Saint-Simon）、沙尔·傅立叶（Charles Fourier）和英国的罗伯特·欧文（Robert Owen）。他们继承了空想社会主义前辈对资本主义的批判精神和对未来理想社会的探索努力，在一定程度上接受了法国的唯物主义和黑格尔的辩证思想，从而丰富和完善了空想社会主义的体系与内容，把空想社会主义推进到了最高阶段。如果说圣西门和傅立叶的空想社会主义还处于设想阶段，那么欧文对此却进行了一系列伟大的试验。

欧文继承并发展了空想社会主义的合作社思想萌芽，提出了建立合作公社的设想，并进行了大胆的试验，使空想社会主义的合作社思想系统化并变成了暂时的现实。欧文提出了以“合作村”为单位的理想社会构想。“合作村”实行联合劳动、联合消费、联合保有财产和特权均等。“合作村”既是独立的经济组织，又是基本的社会单元，在公有制的基础上，农工商学相统一。“合作村”的全体成员享有平等的权利和义务，共同管理公社事务。每个成员都各尽所能，共同劳动，共同消费劳动产品。1824 年，欧文去美国买下印第安纳州的“新和谐村”，开始了为期 4 年的社会主义试验。他的实践虽然失败了，但他的思想却直接影响了后来的合作运动。

二、近代合作社思想的演进

在近代合作社思想史上，关于合作社的功能和目的的认识并不一致，甚至引起了争论。这种争论实质上是采取走改良道路还是阶级斗争的方式改造资本主义的争论。主张走改良道路的人，试图把合作社作为改革社会的形式，希望以此联合劳动人民，改善他们的地位，并逐步改造资本主义，因此，他们多主张在流通领域内进行合作。而主张阶级斗争或走社会主义道路的人,有的认为合作社在资本主义条件下不会起什么重要作用,有的虽然主张利用合作社，但只是将其作为消灭资本主义的一种手段，这部分人更注重生产领域的合作。

1. 无政府合作社思想

无政府合作社思想以皮埃尔-约瑟夫·蒲鲁东（Pierre-Joseph Proudhon）为代表。蒲鲁东是一个无政府主义理论家。他虽然不是合作社运动的实践者，但他的理论思想对合作社运动有很大的影响。他认为，作为政治的国家应该取消，国家的任务只是保证经济关系公平合理。他主张废除由特权和垄断造成的不平等，但他坚持小生产者私有制，主张以劳动为依据的公平交换，使个人和家庭获得全部劳动果实。他反对任何形式的政治斗争，主张用和平手段改变现存的财产关系，方法是建立生产合作社和交换银行（用以进行按生产商品的劳动时间进行以物易物的交换）。

2. 国家社会主义合作社思想

国家社会主义合作社思想以路易·勃朗（Louis Blanc）和斐迪南·拉萨尔（Ferdinand Lasselle）为代表。路易·勃朗是生产合作理论的奠基人，著有《劳动组织》一书（1839年）。他认为生产合作组织是从资本家的压迫下解救出劳动者的好办法。但劳动者虽有组织生产合作的能力，却没有与资本家对抗的财力，因此必须请求政府拨专款进行建设。他的思想因此被称为国家社会主义合作派思想。斐迪南·拉萨尔接受了路易·勃朗的主张，认为只有组织生产合作社，使劳动者自身成为办社的企业家，才有助于劳动者的解放。

3. 基督教社会主义合作社思想

基督教社会主义合作社思想以英国的威廉·金（William King）为代表。威廉·金是把基督教义与“社会主义”结合起来的基督教社会主义的先驱。他认为，合作社是推翻资本主义和破除工资制度的有力工具。他把劳动、资本和知识看作合作社的三大要素，主张劳动者阶级组织起来办合作社。他曾亲自组织消费合作社。

4. 尼姆学派的合作社思想

尼姆学派的合作社思想以法国的查理·季特（Charles Gide）为代表。尼姆是法国南部的一个小城，由于这里有一部分人倡导合作运动，其纲领和理论不但影响了法国的其他地区，也影响了其他国家，因而被称作尼姆学派。季特认为，社会的改造，需要合作而无须革命。他认为，消费是目的，生产不过是手段，在组织完善的制度里，生产应该为消费服务。因此，他主张建立消费合作社。季特不主张废除私有财产制度，但他反对资本主义经营方式。在农业方面，他主张耕者有其田；在工业方面，他主张生产工具、生产手段归工人所有，自己出资，自己办生产合作社，自己参加劳动。合作社里没有资本家，生产资料为集体所有，也就是借合作社力量把财产变成集团公有。

三、马列主义的合作社理论

合作社产生于19世纪中叶，这一时期也正是马克思和恩格斯革命理论的形成时期。此前，欧文等空想社会主义者的合作社试验，以及此后在一些资本主义国家逐渐兴起的合作运动，引起了马克思和恩格斯的高度重视，他们对此进行了深入研究，形成了自己的思想。

1. 马克思、恩格斯的一般合作社理论

马克思、恩格斯关于合作社的一般理论观点主要有：第一，合作社是改造资本主义社会的重要力量。他们认为，资本主义制度是建立在以机器大工业为标志的生产力基础之上的，而机器大工业要求联合劳动，因此，由联合劳动代替分散的个人劳动是历史的必然。由于合作社所建立的是与资本主义截然不同的新型联合劳动关系，所以，合作社的价值在于它能证明，现在这种使劳动者附属于资本的制度可以被自由平等的生产者联

合的制度所代替。第二，相对于流通合作，生产合作对于改变劳动者的地位更有意义。他们认为，流通领域的合作几乎不涉及生产者原有的生产方式和生产关系，这种合作不可能直接触及资本主义的根基，从而也不可能改变劳动附属于资本的现实。而在生产合作中，社员依靠自己的投入并使用共有的生产资料进行生产，企业由社员民主治理，劳动积累为社员共同所有，这样就对资本主义制度造成了强烈的冲击。第三，合作社（即使是生产合作社）对于资本主义的改造力量是有限的，仅凭合作社的发展不可能从根本上改变资本主义，合作社只是向共产主义过渡的中间环节。

2. 马克思、恩格斯的农业合作社理论

马克思、恩格斯关于农业合作社的基本理论主要有：第一，小农既是私有者，又是劳动者，不能采取剥夺的方式，通过合作社引导小农进入社会主义是改造小农的最有效的途径。对于小农的任务，首先是把他们的私人生产和私人占有变为合作社的生产和占有。第二，通过合作社改造小农的原则是实行示范和提供社会帮助，引导中农和大农入社，逐步消除雇工剥削。

3. 列宁的合作社理论

列宁的合作社理论集中体现在他的《论合作制》一书中，其主要理论观点是：第一，合作社的性质取决于社会生产关系的性质。他指出，合作社在资本主义条件下是集体的资本主义组织，而在生产资料公有制的条件下，在无产阶级取得了阶级胜利的条件下，文明的合作社工作者制度就是社会主义制度。第二，合作社适合农民的特点，但要使全体农民都加入合作社需要很长时间。第三，国家要从各个方面帮助合作社发展，在经济、财政、信贷方面给合作社以种种优先权，单靠农民自身力量发展合作社是不够的。第四，完成合作化，要进行文化革命。

四、当代合作社思想的流派

当代合作社思想的流派极为繁杂，但大致可分为改革派和进化派两大派系。

1. 改革派

改革派对资本主义制度持不妥协的批判态度，把合作社视为资本主义经济体系的改革，最终目标是改造资本主义，以另一种制度取而代之。按其主要的理论观点、思想倾向，改革派可分为社会主义学派与合作联邦学派。

（1）社会主义学派。这一学派认为社会主义是合作社运动的最终目标，合作社是达到这一目标的手段。他们所信奉的社会主义往往带有改良主义的色彩，主张由国家来控制经济。这一学派的理论主要流行于西欧国家一些与社会党关系密切的合作组织之中。

（2）合作联邦学派。这一学派认为合作社应是社会中起支配作用的经济体制。它与社会主义学派的主要差异在于：把合作社本身视为目的，而不视为达到另一种体制的手段或途径；把私有财产作为其经济结构的基础，认为社会的弊端在于太多的人没有足够的私有财产，所以要把更多的财产分配给更多的人；主张消费者至上，提倡把对经济

的控制权交给消费者。这一学派的理论在西欧及北美都有一定的影响。

2. 进化派

进化派认为合作社是资本主义体系的有机组成部分，认为合作社是资本主义内部的一种进化发展，目标是完善资本主义制度。受这一派理论影响的合作社往往注重合作的经济方面，较少关注社会目标。进化派又可分为以下学派。

（1）竞争尺度学派。这一学派以美国的艾德温·诺斯（E. G. Nourse）等为代表。他们以合作为尺度来衡量资本主义体系的功效，把合作社运动视为抑制资本主义消极面的手段。他们认为，合作社不可能成为资本主义社会中起支配作用的经济机制，而只能起辅助作用。但资本主义过于强调竞争及逐利，不利于伸张社会正义和公平分配，而合作企业能使那些追逐利益的企业受到一定的约束，起到平衡轮的作用，从而改进资本主义经济体系的竞争机制。这一学派注重经济伦理学的研究，实际上是制度经济学理论的一部分。

（2）萨皮罗学派。在西方合作运动中，唯独萨皮罗学派的思想来源于农业实践活动。20 世纪 20 年代，美国农业很不景气，年轻的艾伦·萨皮罗（Asron Sapiro）律师提出了一个计划，中心是由合作社来控制某种农作物的较大销售比例，使其在市场上处于支配地位，达到合法垄断。萨皮罗的合作社思想有以下几个要点：①合作社应按商品种类而不是按地域关系组织起来。他认为，一个合作社经营一种或几种类似的农产品的销售比较容易成功，生产者的利益较易统一，也容易了解经营状况并加以控制。②合作社成员应只限于农场主。他认为，成员的组成应力求单一，因为都是生产某种农作物的专业农户，利益往往一致。③民主管理。他主张遵循“罗虚代尔原则”，坚持在一人一票的基础上选举董事会。④与合作社签署长期的、带强制性条款合同的入社农户应达到相当的比例。他认为，合同期长，才能使合作社的销售功能逐渐完善；签约人多，且承担义务向合作社交售某种农产品的全部，合法垄断才有可能实现。⑤使用专家从事经营管理活动。他主张，农场主集中精力从事农业生产，经营、销售等事务由聘任的专家来做。⑥管理结构高度集中。萨皮罗模式的合作社不设置地方合作社，农场主直接成为全国性或地区性合作社的成员。

（3）美国学派。尽管一些学者把诺斯的竞争尺度学派和萨皮罗学派都归在美国学派之内，但美国学派与竞争尺度学派、萨皮罗学派还是存在一定的差别。美国学派以合作学者埃米里扬诺夫（Ivan Emelianoff）的合作社理论为思想基础，他们几乎完全从经济角度来看待合作社。他们认为，合作是一种市场现象，合作社是独立的经济主体的不完全联合，合作这种形式仅合并了各个企业的一个或多个功能，但企业本身还是完全独立的。因而，合作社是独立与合并间的中介，合作只是业务的联合，而不是人的联合。

西方现代的合作社运动向两个方向演进：一方面，越来越脱离合作的社会目标，变得只注意合作的经济取向。如果说在改良主义者那里还把合作社当作改造资本主义的手段，那么在当代合作中则基本上消除了这个因素。另一方面，合作的重心由消费领域转向农业生产领域。如果说，合作社在近代的发展，主要是消费者的联合，那么，现代合作社更多的是农场主的合作，合作社被农民作为应对市场环境变化的组织手段。

第二节　农业合作社概述

一、农业合作社的定义

农业合作社是农业合作经济的主要组织形式。因此，农业合作经济与农业合作社是两个密切相关的概念。它们的区别主要在于着眼点不同。当人们把注意力放在经济形式上时，说的是农业合作经济的概念；而当人们把注意力放在组织形式上时，说的是农业合作社。

由于合作社有各种不同的类型，人们对合作社也有各种定义，但合作社的基本定义是相同的。国际合作社联盟[①]对合作社的定义是：合作社是人们自愿联合、通过共同所有和民主管理的企业来满足他们共同的经济与社会需求的自治组织。这个概念有几个要点：第一，合作社是人们自愿联合建立的组织，不能强迫人民加入合作社，社员有加入或退出的自由；第二，合作社是一个经济组织，虽然定义的落脚点是自治组织，但这个自治组织不同于其他自治组织，它是社员共同所有的企业；第三，合作社实行民主管理；第四，合作社的经营目标是为社员服务，满足社员共同的经济和社会需求。

我国2006年颁布、2017年修订的《中华人民共和国农民专业合作社法》（以下简称《农民专业合用社法》）规定，农民专业合作社是在农村家庭承包经营基础上，农产品的生产经营者或者农业生产经营服务的提供者、利用者，自愿联合、民主管理的互助性经济组织。这一定义首先肯定了农民专业合作社建立在家庭承包经营的基础之上，农民专业合作社不是对家庭承包经营的否定；农产品的生产经营者或农业生产经营服务的提供者、利用者自愿联合是专业合作社与社区性合作社的主要区别；自愿联合、民主管理突出强调了农民专业合作社的基本原则；农民专业合作社是互助性的经济组织，即合作社是一特殊类型的企业，一方面对内通过互助的形式为社员提供服务，另一方面对外是一个独立的市场主体，同时说明了农民专业合作社是与股份制企业相区别的企业。

需要指出的是，农业合作社虽然有教育社员、代表社员与政府对话、协助政府贯彻政策的职能，甚至有关心所在社区发展的义务，但它不是政治组织、文化组织、社会组织或群众组织，是独立经营的企业。农业合作社必须有共同经营的内容，实行独立的经济核算，自负盈亏。那些无经营内容、不实行独立的经济核算、不以营利为目的的农民技术协会等组织不属于合作社的范畴。

---

① 国际合作社联盟（International Cooperative Alliance，ICA）1895年成立于英国伦敦，是全球最大的非政府国际组织，是联合国经济及社会理事会中享有第一咨询地位的机构之一。

二、农业合作社的原则

从1844年英国罗虚代尔公平先锋社[①]算起，合作社在世界上已有170多年的发展历史。尽管世界各国合作社的产生背景、发展环境及发展类型各不相同，所遵循的具体原则也有所差别，但合作社作为市场经济的产物，作为一种国际运动，在各国的发展有一定的共性。当前，世界上大多数合作社基本上仍信奉传统原则，即1860年罗虚代尔公平先锋社提出的“行为规则与组织要点”12条原则。1995年，国际合作社联盟在英国曼彻斯特召开了成立100周年代表大会，大会通过了“关于合作社特征的宣言”，确定了合作社的七项原则。

（1）自愿与开放的社员。合作社是自愿联合的互助组织，对所有能利用合作社服务和愿意承担社员义务的人开放，无性别、社会、种族、政治和宗教信仰的限制。

（2）社员民主管理。合作社是由社员管理的民主的组织，合作社的方针和重大事项由社员参与决定；选举产生的代表，要对社员负责；在基层合作社，社员拥有平等的表决权（一人一票），其他层次的合作社也要实行民主管理。

（3）社员经济参与。社员要公平入股并民主管理合作社的资金，但入股只是取得社员身份的一个条件，股金参与分红受到限制。合作社盈余按以下顺序分配：用于不可分割的公积金，以进一步发展合作社；按社员与合作社的交易量分红；用于社员（代表）大会通过的其他项目。

（4）自治和自立。合作社是由社员管理的自主、自助的组织，合作社与其他组织包括与政府达成协议，或从其他渠道筹集资金，必须保持合作社的独立性和自主性。

（5）教育、培训与信息。合作社要为社员、社员代表、管理者和雇员提供教育与培训，以便他们更有效地为合作社的发展做出贡献。合作社还要向公众特别是青年人和社会名流宣传合作社的性质与好处，让社会公众了解合作社，支持合作社发展。

（6）合作社间的合作。合作社通过地方的、全国的、区域的和世界范围的合作社间的合作，为社员提供最有效的服务，并促进合作社的发展。

（7）关注社会。合作社在满足社员需求的同时，有责任促进所在地区经济、社会、文化、教育、环境等方面的可持续发展。

在上述七个原则中，前三项是最核心的原则，是合作社的典型特征；后四项原则是合作社处理内部事务和处理与外部关系的准则。

三、农业合作社的特点

农业合作社虽然是一个经济组织，但与其他经济组织相比，具有鲜明的特点。

（1）组织的开放性，即自愿组合与自主分离相结合。农业合作社是完全建立在自愿组合的基础上的。农民在入社与不入社的问题上，没有外界干预，自主做出选择。联

---

① 世界第一个成功的合作社。1843年，英国罗虚代尔镇的13名工人发起成立合作社，1844年决定参加合作社的增至28人。1844年8月11日举行了成立大会，通过合作社章程。同年10月24日核准登记，12月21日正式开始营业。1854年社员增加到900人，1880年社员人数突破1万。

合各方彼此信任，需求基本一致。同时，联合对分离不具有排他性。社员在合作过程中，拥有重新选择的权利。社员既可以离开原有的合作社，又可以同时加入其他合作社。这种自愿组合与自主分离相结合的机制，既会催发新合作社的诞生，又能加速原有合作社的发展壮大或瓦解，这也是合作社发展的重要动力。

（2）管理的民主性，即民主与集中相结合。农业合作社实行民主管理。合作社的方针和重大事项由社员参与决定。社员大会选举和表决，实行一人一票制。这不同于股份制企业按股表决的决策和管理机制。

（3）经营目标的双重性，即服务性与营利性的相统一。农业合作社一方面要向社员提供生产经营服务，另一方面又要最大限度地追求利润。农业合作社是社员为解决家庭经营中单家独户无法解决的问题而建立起来的，因此合作社必须向社员提供相应的服务。当合作社与其社员发生经济往来时，不以追求利润为目标，它可以为社员提供有偿、低偿甚至无偿的服务，力求经营成本最小化。但合作社与外部发生经济往来时，必须以追求利润最大化为目标。只有如此，它才能生存和发展，才能更好地为社员服务。因此，农业合作社是具有为其社员提供服务和追求利润双重目标的经济组织。

（4）经营结构的双层性，即统一经营与分散经营相结合。农业合作社并不是对家庭经营的否定，而是构筑在家庭经营基础之上的，并为其提供有效的服务。在整个农业生产经营过程中，某些生产经营环节由合作社来完成，在这些环节上，家庭经营为合作经营所替代；而其他生产经营环节仍然由农户家庭自己完成。一般来说，凡适合合作经营的采购、加工、储藏、营销等项目，由合作社统一经营；某些生产要素的使用和某些生产环节的作业，也由合作社统一进行。在非合作的项目和环节上，家庭经营仍保持其独立性。因而，合作社是统一经营与分散经营相结合，也是一种"双层经营"体制。

四、农业合作社的功能

我国20世纪50年代的农业合作化走了一些弯路，但这并不能否认农业合作的必要性。农业合作社在世界范围内广泛发展以及我国改革开放后农民自发组建合作社的事实，就说明了农业合作社具有分散独立的农户经营所不具有的优势。具体来说，农业合作社具有以下功能。

（1）有利于发挥分工协作的优势，提高农业生产经营效率。虽然农业的产业特点决定了农业的分工和专业化水平不可能像工业那样精细，但这并不意味着农业生产经营过程不需要分工协作。建立合作社后，一方面，农民可以将自己做不好、做不了或单独做不经济的事情交给合作社来经营，而自己专注于某项产品的生产或某个生产环节的生产；另一方面，合作社可以为农民提供市场信息、生产技术、农用生产资料供应、农产品加工储藏营销甚至农业基础设施建设等服务。这就提高了农业的社会化水平，发挥了分工协作的优势，从而提高农业生产经营的效率。

（2）有利于优化生产要素组合，充分发挥生产要素的作用。各个农户拥有的生产要素的种类和数量不尽相同。在农户分散独立经营的条件下，农户的生产要素可能会得不到充分利用。有的农户因缺乏某些生产要素而影响生产活动的正常进行；与此同时，有的农户却因某些生产要素过剩而导致闲置浪费。通过建立农业合作社，农户的生产要素可以在较大范围内进行优化组合，从而充分发挥生产要素的作用。

（3）有助于抵御市场风险和自然风险。市场经济的发展，把众多的农户推向了市场，由市场机制这只看不见的手来诱导资源的配置，引导农民生产。但分散的农户直接进入市场，会面临变幻莫测的市场供求变化，市场风险增加。合作社把农民联合起来，一方面提高了掌握市场信息的能力，另一方面提高了市场谈判的能力，从而提高农民应对市场的能力，降低市场风险。同时，农业是高度依赖自然条件的产业，受自然灾害的影响最为严重，单家独户抗御自然灾害的能力弱。合作社把农民联合起来，可以开展较大规模的农业基础设施建设，提高农民抗御自然灾害的能力，减少自然风险。

（4）有助于节约交易成本和实现规模经济。一般来说，农户的经营规模小，单独采购生产资料难以获得价格优惠和运输上的经济，单独出售农产品也难以建立品牌卖上好价钱，在生产中单独使用某种大型农业机械或采用某种先进农业生产技术也可能变得不经济。农民通过组建合作社联合起来，就可以借助外部交易规模的扩大来提高市场谈判中的地位，并节约交易成本；通过外部经营规模的扩大，还可以提高农业机械等设备的利用率，实现规模经济。

此外，农业合作社还是连接政府与农民的桥梁。农民可以通过合作社向政府反映自己的愿望和要求，政府也可以通过合作社贯彻和落实相关政策。这对于推进民主政治和建设和谐社会也有重要作用。同时，农业合作社作为一种市场主体，对于完善市场体系、提高市场的组织化程度也有重要作用。

五、国外农业合作社的发展趋势

从世界范围来看，目前，农业合作社的发展表现出以下几个方面的趋势。

（1）农业合作社在农业和农村经济发展中的作用越来越大。据资料，德国 80%的农场主参加了合作社，在肉类、谷物和蔬菜以及奶制品的交易额中，农民合作社分别占有 38%、50%和 70%的份额；法国 90%的农民参加农业合作社，合作社收购了 60%的农产品，创造了食品加工业中 40%的产值，葡萄酒产量的 52%由合作社酿制；荷兰大部分农民同时参加 3 个以上的合作社，农民收入的 60%以上通过合作社实现，一半以上的肥料和饲料由合作社采购，90%以上的农民贷款由合作社提供；瑞典农业合作社的市场份额分别为：奶业 99%、牛肉（屠宰）79%、猪肉 81%、粮食销售 70%、混合饲料 80%。美国参加合作社的农场主占 82%，合作社加工的农产品占农产品总量的 80%，提供的生产资料占 55%，协助销售的农产品占 60%，出口的农产品中 70%左右由合作社生产；加拿大 64%的粮食和 73%的林产品由合作社提供。在日本，几乎所有农户都加入了合作社（农业协同组合，以下简称农协），农户 90%的生产资料购买和 80%的农副产品销售通过农协实现。

（2）政府对农业合作社的支持保护力度不断加强。农业合作社作为农业部门的主要组织之一，是沟通政府与农户的桥梁。政府通过合作社推行农业指导方案，农民通过合作社提高了自身的社会经济地位，合作社起到了稳定农业和农村发展的作用。因此，无论是发展中国家还是发达国家，政府对农业合作社的发展都给予高度重视，普遍扶持农业合作社的发展。除了制定专门的法律进行保护外，各国政府还普遍对农业合作社实行财政补贴、税收减免以及金融支持等政策。特别是在 WTO（World Trade Organization，世界贸易组织）成立以后，农产品贸易自由化的趋势加强，传统的农业保护政策被限制。各国政府试图通过促进农业组织化和规模化来提高本国农业的竞争力，因而各国政府特别是发达国家政府对农业合作社实施了更多的优惠政策，或者通过农业合作社来落实 WTO 允许的农业保护政策。

（3）农业合作社的治理结构创新。随着市场经济的发展，农业合作社面对的市场竞争越来越激烈。传统的合作社原则越来越不适应新的经济形势，如社员进退自由导致合作社成员不稳定，平等原则导致“搭便车”和合作社决策效率低下，资本报酬有限导致合作社筹资困难，信息不对称导致合作社内部控制成本高等。在这一背景下，20 世纪 90 年代以来，北美地区（首先是美国）出现了一种被称为“新一代合作社”的合作社发展模式。“新一代合作社”的主要变化是：①社员资格由开放向封闭转变。合作社成员资格不开放，合作社根据其经营规模确定资产总股本和成员数量，并按成员的入股数量确定其产品交易数量。②民主控制、经济参与原则向“比例原则”转变。社员的权责与交易额挂钩。合作社的投票权以社员交易量的多少为基础，社员的交易数量与认购的股本金相联系。③经营上更加强调盈利能力。合作社越来越重视纵向一体化，以创造农产品附加值为主要策略；合作社与社员之间的商业化交易越来越明显，交货条件越来越严格。同时，与非成员、非成员企业的交易增多。④合作社资金来源多样化。合作社向社区出售优先股，但有利率限制，而且没有投票权。

（4）农业合作社向横向联合和纵向一体化发展。在农业合作社发展的初始阶段，农民共同的利益需求使他们产生合作的愿望，共同的产品生产和服务需求为农业合作社的建立奠定了基础，因而建立农业专业合作社成为比较普遍的现象。但这种专业合作社地缘性比较强，社员的数量较少，生产的农产品数量有限，难以达到规模化经营的要求。竞争的压力迫使基层的专业合作社实行合并或联合，使资本和经营规模扩大，技术设备更新和利用效率提高。在发达国家，农业合作社出现了明显的横向联合趋势，规模更大的区域性甚至全国性的合作组织开始出现，而新产生的联合既可能采取合作制也可能采取股份制。据资料，2012 年美国农业合作社 2238 个，比 2003 年减少了 800 多个，但营业额超过 5 亿美元的大合作社在数量上不到 5%，营业额却占到 2/3。2013 年，日本有综合性农协 703 个，比 1998 年减少了 1130 个①。农业合作社发展的另一个趋势是纵向一体化，即随着合作社的发展壮大，合作内容由开始时的农产品销售向农业基础设施建设、农用生产资料供应、农业生产技术服务、农产品加工储运和国际贸易、农村金融服务发展，合作社的产业链条不断延长，获利能力不断增强。

（5）经营管理上引入职业经理人。农业合作社在发展初期，一般由社员自己充当管理者，当合作社经营规模扩大和服务功能增加以后，社员就难以胜任管理者的角色，聘任外部企业家来管理成为很多合作社的选择。这样，合作社的所有者与经营者发生了

---

① 王万江，解安. 国外农业合作社发展模式比较及启示[J]. 天津行政学院学报，2017（1）：81-86.

分离，社员专心于自己的农产品生产，而合作社的日常经营管理交给了专业的职业经理人，合作社的效率因此得到了提高。

第三节　中国农民专业合作社

一、农民专业合作社的发展历程

我国当前的农民专业合作社是伴随着农业家庭承包经营体制的发展而产生的。与20世纪50年代农业合作化运动中的被动式制度变迁不同,农民专业合作社是主动式制度变迁的结果。

1. 萌芽阶段

20世纪80年代初开始的经济体制改革，使我国农村的经济环境开始发生变化：在经营体制上，农业实行家庭承包经营制度，农民成为独立自主的商品生产经营主体；在市场环境上，农产品市场化进程开启，国家逐步减少了对主要农产品的统派购计划；在思想观念上，农民的商品经济意识不断增强；在产业结构上，政府开始鼓励农民开展多种经营，农业结构调整加快。在这个背景下，农村中各类农民专业技术协会等具有合作功能的农民组织开始涌现，其任务主要是解决农业生产中的技术问题。

2. 起步阶段

20世纪90年代，市场经济体制改革目标确立，市场化改革加速，农户对农产品销售领域的合作有了更迫切的需求，农户合作的内容逐渐从技术合作扩展到共同销售农产品、共同购买生产资料和配备农业生产设施等领域，并涉足农产品加工。农民专业合作组织不再是功能简单、组织松散的专业协会，而逐渐发展成为组织形式紧密、运作规范的经济实体。据统计，1998年我国农村共有各类专业协会12万个，会员农户达620余万。从服务项目开展的情况看，以从事技术交流、技术培训、技术指导和技术信息传播的专业技术协会最多，占全国农村专业协会总数的53%；有38%的专业协会提供良种优化、生产资料采购、市场信息获取和产品运销等产前、产中、产后服务；有9%的专业协会兴办了科研或经济实体，并开展农产品的储藏、加工和销售活动。

3. 发展阶段

21世纪以来，专业协会的实体性业务越来越多，农民专业合作组织步入合作社发展阶段。同时，各级政府也越来越重视农民专业合作组织在弥补农户家庭经营不足方面的作用，并把其视为提高农民组织化、发展现代农业和提高农民收入的重要平台。2002年11月党的十六大报告指出，要提高农民进入市场的组织化程度；2003年10月党的十六届三中全会明确提出，“支持农民按照自愿、民主的原则，发展各种形式的农村专业合作组织”。2004年中央1号文件在促进农民专业合作组织发展方面，提出了一系列具体措施。2006 年 10 月十届全国人大常委会第二十四次会议通过了《中华人民共和国农民专业合作社法》，宣布于 2007 年 7 月 1 日开始实施（2017 年 12 月 27 日修订）。从此，我国的农民专业合作社有了合法身份，正式走上了历史舞台。2008 年 10 月，党的十七届三中全会指出，要“按照服务农民、进退自由、权利平等、管理民主的要求，扶持农民专业合作社加快发展，使之成为引领农民参与国内外市场竞争的现代农业经营组织”。良好的法律和政策环境，使得我国农民专业合作社快速发展。

二、农民专业合作社的治理结构

治理结构，一般指公司的治理结构。公司治理结构指所有者对公司的经营管理和绩效进行激励、监督、控制和协调的一整套制度安排。典型的公司治理结构通常由股东会、董事会、监事会和经理层组成，它们相互分工，并形成一定的制衡关系。农民专业合作社的治理结构是反映合作社社员、社员大会、理事会、监事会之间相互制衡关系的制度安排。我国农民专业合作社的治理结构可概括为“民办、民管、民受益”。

1. 民办——社员所有

合作社是由社员共同所有的企业。社员作为合作社的所有者，可以向合作社注入资本，对合作社资本的形成做出贡献。社员的投资方式可以多种多样：可以直接投资，如按照合作社的要求购买身份股股金，或响应合作社的倡议购买更多的投资股；也可以间接投资，如将从合作社提取的公积金中获得的份额作为资本投入。社员可以用货币出资，也可以用实物、知识产权、土地经营权、林权等可以用货币估价并可以依法转让的非货币财产出资。

我国《农民专业合作社法》对合作社的成员构成做了规定：“农民专业合作社的成员中，农民至少应当占成员总数的百分之八十。成员总数二十人以下的，可以有一个企业、事业单位或者社会组织成员；成员总数超过二十人的，企业、事业单位和社会组织成员不得超过成员总数的百分之五。”这个规定保证了合作社的社员主体是农民。

2. 民管——社员控制

合作社是由社员控制的企业。合作社的民主控制原则，主要体现在基层合作社的社员（代表）大会是合作社的最高权力机构，作为执行机构的理事会、作为监督机构的监事会由社员（代表）大会选举产生，向社员（代表）大会负责并报告工作。社员（代表）大会选举和表决，实行一人一票。考虑到社员的出资额以及与合作社的交易量不同，出资额多或交易量大的社员对合作社的贡献大，承担的经济风险大，应该有更多的决策权，因此可以在一人一票的基础上，另外增加以出资额或交易量为比例的投票数，但应有上限限制。

我国《农民专业合作社法》规定了“民主控制”的具体方式：“农民专业合作社成员大会选举和表决，实行一人一票制，成员各享有一票的基本表决权。出资额或者与本社交易量（额）较大的成员按照章程规定，可以享有附加表决权。本社的附加表决权总票数，不得超过本社成员基本表决权总票数的百分之二十。”这个规定既保障了出资额较多和交易量较大的社员的特殊利益，也保证了广大普通社员的决策权。

3. 民受益——社员受益

社员加入合作社的首要目的不是谋求投资收益的最大化，而是使用合作社提供的服务，但合作社的剩余则按交易额的比例返还给社员。“交易额”体现了社员对合作社活动的参与程度和社员对合作社服务的使用程度。交易额不仅是社员入社的必要条件，也是合作社赖以存续的衡量指标。交易额越多，说明社员对合作社的需求越大，合作社越有其存在的价值；交易额越少，则说明社员对合作社的需求越小；如无交易额，说明社员可以通过自助或其他渠道完成自身的交易，合作社则无存续的必要。合作社为社员提供服务，社员则通过使用服务为合作社做出贡献。显然，社员利用合作社的服务越多，对合作社的贡献就越大，理应享有较多的剩余索取权。按交易额实行盈余返还是合作社激励机制的重要组成，也是合作社扩大市场份额、增强竞争能力的重要手段。

我国《农民专业合作社法》规定了“民受益”的具体方式：农民专业合作社应当为每个成员设立成员账户，记载社员的出资额、量化为社员的公积金份额、社员与合作社的交易量（额）。弥补亏损、提取公积金后的当年盈余，为农民专业合作社的可分配盈余。可分配盈余按社员与合作社的交易量（额）比例返还，返还总额不得低于可分配盈余的百分之六十；按前项规定返还后的剩余部分，以社员账户中记载的出资额和公积金份额，以及合作社接受国家财政直接补助和他人捐赠形成的财产平均量化到成员的份额，按比例分配给本社成员。

三、农民专业合作社的类型

从合作社提供的服务内容来看，农民专业合作社主要有以下几种类型。

1. 产前服务合作社

这类合作社的核心业务是向社员提供农业生产所需的各种投入品，即提供农资服务，包括提供种子、肥料、农药、农机器材、加工设备等。合作社外购批发或自我生产、加工各种投入品，并零售给社员。在实践中，合作社“零售”农资的定价方式有多种，有的以成本价出售，有的则以稍高于成本价的价格出售。合作社提供的农资的价格与市场价格相比通常会有一定的优惠，因为合作社的规模化采购有助于取得有利的市场竞争地位，有利于合作社与生产资料的生产商或供应商建立起直接的供货关系。另外，农户通过合作社购买农业生产资料可降低其购买到伪劣农资的可能性。一些规模较大的合作社，也开展一些简单的投入品加工业务，如一些养猪合作社建立自己的饲料加工厂，进一步降低社员的生产成本。

2. 产中服务合作社

这类合作社主要提供农业生产过程中的各种服务，如新品种的引进、秧苗繁育、种养技术指导、农机作业、合作灌溉、病虫害统防统治等。有些产中服务合作社还承担政府或科研单位的技术推广项目，在社员中推广农业新技术，并通过合作社社员的示范，把新技术推广给广大农民。

3. 产后服务合作社

这类合作社主要提供农产品销售、加工、储藏、运输等服务。农产品销售合作社是这类合作社的典型。农产品销售合作社的核心业务是帮助社员销售他们的农产品，并尽可能地使社员收益最大化。在农产品销售合作社发展的早期，农户入社的直接动因主要有三个：一是获得稳定的农产品销售渠道，二是提高农产品的市场议价能力，三是避免商贩的欺诈。农产品销售合作社发展到一定规模后，可以前向推动农产品生产标准化和品牌化，进一步提升市场开拓能力。开展农产品初加工业务的合作社还可以提高农产品的附加价值。

4. 资金服务合作社

这类合作社主要通过三种方式为社员提供资金服务：一是以合作社名义向各类金融机构申请贷款，然后再转贷给社员，以满足社员生产生活资金需求；二是合作社为社员提供贷款担保，以满足社员的贷款担保需求；三是合作社内部开展资金互助业务，以满足社员资金需求。

5. 综合服务合作社

综合服务合作社大致可以分为两类：第一类是合作社为社员提供产前、产中、产后的全套服务，合作社内部还开展资金互助，社员只负责农业生产过程中的某些环节，另一些生产环节和全部经营性环节由合作社承担。第二类是股份合作社，农户把土地、林地、奶牛等折价入股成立股份合作社，合作社统一生产经营，收益按股分红；或者由合作社统一向社会发包，收取的租金在合作社社员之间按股份分配。

四、农民专业合作社的发展趋势

《农民专业合作社法》颁布后，特别是“十二五”时期，我国农民专业合作社在政府的推动下发展迅速。据统计①，“十二五”时期，我国依法登记的农民专业合作社从37.9万家增加到153.1万家，年均增加32.2%；入社户数从2721万个（户）增加到10 051万个（户），占全国农户总数的42.0%。进入“十三五”时期，我国各地政府更加重视农民专业合作社的发展质量，数量的增长速度有所减缓。到2018年6月底，全国依法登记的农民专业合作社达到210.2万家，入社农户约占全国农户总数的48.3%。农民专业合作社已成为重要的新型农业经营主体。

目前，我国农民专业合作社呈现出如下发展趋势。

（1）从户间合作向社际联合迈进。社际合作一般有两种方式：一是成立合作社联合社。从业务内容看，联合的类型主要有同业型联合（同行业的农民专业合作社组建联合社）、同域型联合（同地区不同行业的农民专业合作社组建联合社）。2017年底全国有

---

① 杨霞，张伟民，金文成．“十二五”时期农民专业合作社发展情况统计分析[J]．农村经营管理，2016（6）：17.

联合社7200多家，涵盖专业合作社9.4万多个，带动农户超过560万户。二是合作社合并，多个小合作社合并成一个大合作社。合作社联合的目的是扩大规模经营，提高市场竞争能力。

（2）从单一功能向多种功能拓展。其表现在两个方面：一是合作社服务内容逐渐扩展到产前、产中、产后各个环节。二是农民专业合作社积极拓展经营内容，实行种植、养殖、加工、销售多元化经营。

（3）从横向合作向纵向合作深化。在农民专业合作社发展的初始阶段，在农民共同的服务需求下产生的合作主要是横向合作。随着农业产业链的不断延伸，农业产业上下游之间的纵向合作开始涌现。实践中大致有两种形式：一是农民专业合作社自己创办产业上下游的经济实体，如生猪养殖合作社自己创办饲料加工厂和肉制品加工企业；二是与其他生产资料供应商和农产品加工企业或营销商合作，形成类似“合作社＋龙头企业”的经营模式。

（4）从传统合作向新型合作演变。我国的农民专业合作社，绝大多数由农村能人或农业龙头企业牵头创办（占90%以上）。这些合作社多采用股份合作的合作形式，具有“新一代合作社”的主要特征，控制权和收益权安排更多地体现“比例原则”。

五、农民专业合作社的发展思路

总体来看，我国农民专业合作社发展速度较快，但合作社的规模普遍不大、服务能力不强、治理结构不完善等问题比较普遍。今后，需要在以下几方面做好工作。

1. 合作社要拓展服务功能，提升服务能力

我国农民专业合作社一方面要稳步发展，组建更多的合作社，以提高我国农民的组织化程度；另一方面要提升合作社的发展质量，拓展服务功能，提升服务能力。农民之所以参加合作社，是因为合作社具有发挥协作优势、优化要素组合、应对市场风险、抵御自然灾害、节省交易成本、实现规模经济等功能，因此，合作社要发展壮大，就必须在拓展服务功能和提高服务能力上下功夫，充分发挥合作社的优势，为农民解决产前、产中、产后各环节中的一系列问题。目前，合作社特别要在提高社员的生产技术水平、统一生产技术规程、提高产品质量的基础上，重视农产品品牌建设，帮助社员实现农产品的优质优价，增加社员收入①。

2. 合作社要完善内部管理，规范运作

针对我国农民专业合作社治理结构不完善、管理制度不健全、运作不规范等问题，要引导和促进农民专业合作社规范发展。一要参照农业农村部制定的《农民专业合作社示范章程》，制定符合自身特点的合作社章程。二要明确各类资产的权属关系。村集体经

① 据《2018中国新型农业经营主体发展分析报告（二）》，在农民日报社“三农”发展研究中心调查的579家典型农民专业合作社中，有29.6%的合作社拥有自主品牌，有65.5%的合作社注册了商标，有49.9%的合作社有产品通过国家无公害、绿色或有机食品认证。

济组织、企事业单位、种养大户等领办的农民专业合作社，应严格区分领办者与农民专业合作社之间的产权。农民专业合作社公积金、财政补助资金形成的财产等依法量化到每个成员。成员以其账户内记载的出资额和公积金份额为限对农民专业合作社承担责任。三要健全组织机构。合作社要依法建立社员（代表）大会、理事会、监事会等组织机构。各组织机构要切实履行职责，密切协调配合。四要公平合理分配收益。合作社要按照法律和章程制订盈余分配方案，不得将社员作为牟利对象，其与社员和非社员的交易应当分别核算。五要健全财务管理制度。按照《农民专业合作社财务会计制度（试行）》的要求健全制度，规范会计核算。

3. 合作社要加强合作与联合

我国的农民专业合作社普遍规模小，实力有限。要快速提升农民专业合作社的实力，发展合作社联合是一个有效的途径。目前，各地农民专业合作社以产业为依托、品牌为纽带、产权联合为手段，实现合作社之间的联合，并表现出了良好的效果。

4. 政府要支持和帮助农民专业合作社发展

农民专业合作社对于提高农民组织化程度、促进现代农民发展、提升农业的国际竞争力具有重要作用，因此政府要大力支持农民专业合作社发展。一是加大财政对农民专业合作社的支持力度。各级财政要增加农民专业合作社发展资金的投入，支持合作社开展信息、技术、培训、市场营销、基础设施建设等服务。新增农业补贴向合作社倾斜，允许财政项目资金直接投向符合条件的合作社，允许财政补助形成的资产转交合作社持有和管护。扩大农村土地整理、农业综合开发、农田水利建设、农技推广等涉农项目由合作社承担的规模。二是落实和完善税收优惠政策。按照《财政部 国家税务总局关于农民专业合作社有关税收政策的通知》，对合作社实施税收优惠[①]。三是用地和用电支持。农民专业合作社生产性配套辅助设施用地按农用地管理，农民专业合作社从事农产品初加工用电执行农业生产用电价格。四是支持农民专业合作社人才队伍建设。分级建立合作社带头人人才库，把合作社人才纳入现代农业人才支撑计划、新型职业农民培育工程等项目，大规模开展理事长、经营管理人员、财会人员、专业技术人员培训。制定优惠政策，鼓励农技人员、农村能人等领头创办农民专业合作社，支持高校毕业生到农民专业合作社工作，引导农民专业合作社聘请职业经理人。

5. 政府要加强对合作社的监管

农民专业合作社向登记机关提供虚假登记材料或者采取其他欺诈手段取得登记的，由登记机关责令改正；情节严重的，撤销登记或者吊销营业执照。长期未从事经营活动的，也应吊销营业执照。

---

① 该通知的主要内容是：对农民专业合作社销售本社成员生产的农产品，视同农业生产者销售自产农业产品免征增值税；增值税一般纳税人从农民专业合作社购进的免税农业产品，可按 13%的扣除率计算抵扣增值税进项税额；对农民专业合作社向本社成员销售的农膜、种子、种苗、化肥、农药、农机，免征增值税；对农民专业合作社与本社成员签订的农产品和农业生产资料购销合同，免征印花税。

本章小结

合作经济思想源远流长。空想社会主义把合作社作为改造资本主义的方案。在近代合作社思想史上，关于合作社的功能和目的的认识并不一致，分歧体现为是采取走改良道路还是阶级斗争的方式改造资本主义。马克思主义经典作家认为，合作社对资本主义的改造力量有限，合作社只是向共产主义过渡的中间环节，通过合作社引导小农进入社会主义是改造小农的最有效途径。当代合作社思想流派繁杂，大致可分为改革派和进化派两大派系。

合作社的核心原则是：自愿与开放的社员，社员民主管理，社员经济参与。农业合作社的组织特点是：组织的开放性、管理的民主性、经营目标的双重性、经营结构的双层性。农业合作社的主要功能有：发挥分工协作的优势，优化生产要素组合，抵御市场风险和自然风险，节约交易成本和实现规模经济。目前，农业合作社在农业和农村经济发展中的作用越来越大，政府对农业合作社的支持保护力度不断加强，农业合作社的治理结构创新，农业合作社向横向联合和纵向一体化发展。

我国的农民专业合作社是在家庭承包经营的基础上，农产品的生产经营者或农业生产经营服务的提供者、利用者，自愿联合、民主管理的互助性经济组织。其治理结构是“民办、民管、民受益”。目前，我国农民专业合作社呈现出如下发展趋势：从户间合作向社际联合迈进，从单一功能向多种功能拓展，从横向合作向纵向合作深化，从传统合作向新型合作演变。我国农民专业合作社发展速度较快，但存在规模不大、服务能力不强、治理结构不完善等问题。今后合作社自身要拓展服务功能，提升服务能力，完善内部管理，规范运作，加强合作社之间的合作与联合，政府要帮助农民专业合作社发展，并加强对合作社的监管。

概念与术语

合作经济　合作社　农民专业合作社　治理结构

学习思考

1. 简述合作思想的发展和流派。
2. 简述农业合作社的组织原则和特点。
3. 农业合作社有什么功能？
4. 当代农业合作社的发展趋势如何？
5. 我国农民专业合作社的治理结构如何？
6. 我国农民专业合作社有哪些类型？
7. 如何推进农民专业合作社健康发展？

第五章

农业产业化经营

【本章学习目标】

1. 理解农业产业化经营的含义，了解农业产业化经营的组织形式和利益联结机制；
2. 理解农业产业化经营的产生动因和作用，了解我国农业产业化经营的发展趋势；
3. 理解农村产业融合发展的含义，理解农村产业融合发展与农业产业化经营的关系；
4. 了解我国农村一二三产业融合发展的模式。

第一节 农业产业化经营的运行机制

一、农业产业化经营的含义

农业产业化经营在国外称为农业一体化（agricultural integration），20 世纪 50 年代起源于美国，随后很快在西欧和日本等发达地区兴起，其实质内容是指农业部门的企业与工商部门的企业在业务上或组织上进行某种形式的合作或联合，把农业生产的供、产、销三方面有机结合起来。1957 年，哈佛大学商学院的戴维斯（John H. Davis）和戈尔德伯格（Roy A. Goldberg）将这一现象称为“农业一体化”。农业一体化的组织形式是“农业综合企业”，其业务形式是“农业综合经营”（agribusiness）。

在我国，学者们基本上用“特征描述法”来给农业产业化经营下定义，但具体表述不完全一致，比较流行的表述是：农业产业化经营是以农户为基础，以龙头企业为核心，以利益为纽带，组成经营共同体；共同体以市场需求为导向，以经济效益为中心，以系列化服务为手段，围绕支柱产业和主导产品，实行种养加、供产销、农工商一体化经营，把农业的产前、产中、产后各环节联结成一个完整的产业链；是将农户的小生产转变为社会化大生产的组织形式。

在我国，文献中经常出现农业产业化和农业产业化经营两个概念。实际上，这是从宏观和微观两个不同的视角来认识同一经济现象的不同表述。

农业产业化是从宏观层面上认识的农业与国民经济其他部门之间的关系。在这一意义上，农业产业化是指农业作为国民经济的一个部门与农业前部门（农用生产资料生产、供应部门）和农业后部门（农产品加工、储运、销售部门）紧密结合形成的一种社会化生产系统。农业产业化的出现，表明一个国家的农业部门同其关联产业部门的彼此依存关系日益密切，农业生产力和农业生产社会化已达到了相当高的发展水平。

农业产业化经营是从微观层面上认识的农业企业与工商企业之间的合作或联合，或者它们的经营活动内容的相互渗透。在这一意义上，农业产业化经营是指农业企业与工商企业，在组织上和利益上形成某种共同体，在业务上相互合作，实行种养加、供产销、农工商综合经营；在共同体内，农业的产前、产中、产后各环节紧密联结形成一个完整的产业链。这种经营形式的出现，意味着工商资本渗入农业，工商企业直接掌握或间接控制农产品原料的供应；同时，也意味着农业企业经营内容的拓展、农业产业链的延伸。在我国，农业产业化经营还是在农户家庭经营基础上的农业组织制度的创新，是小农户与现代农业对接的有效途径。

二、农业产业化经营的特点

我国的农业产业化经营是在农户家庭经营体制确立之后，随着市场经济体制的逐步建立和农业市场化、国际化与现代化的稳步推进而出现的新型农业组织形式。与传统的小规模家庭经营相比，农业产业化经营具有以下特点。

1. 经营一体化

围绕主导产业和主导产品，把产前、产中、产后各环节纳入一个农工商一体化的经营共同体。共同体按完整的产业链进行产品开发，使农业生产资料的供应、农产品的生产和农产品的加工、运输、销售相互衔接，成为共同体内部的经营内容。共同体的内部协调取代市场交易，从而避免市场交易的不确定性，降低交易成本，并使外部经济内部化，提高农业的组织效率和经济效益。

2. 生产专业化

围绕主导产业和主导产品，形成专业化的生产体系，农业生产的产前、产中、产后各环节有机结合，每个环节的专业化与产业链整体协同，每种产品都体现为初级产品、中间产品、最终产品的制作过程，并以品牌商品的形式进入市场，市场竞争力提高。

3. 布局区域化

按照区域比较优势原则，确立主导产业和主导产品，实行连片开发，建立高标准农产品生产基地，将一家一户的分散种养，联合成千家万户的规模经营，形成规模化的农业生产区域，降低生产成本，实现规模效益。

4. 服务系列化

共同体中的龙头企业、合作社充分发挥自身优势，为农户提供信息、技术、设施、农资、加工、销售以及经营管理等方面的全方位服务，解决分散农户在生产经营中解决不了的各种问题。

5. 管理企业化

通过“龙头企业＋合作社/农户”等组织形式，把参与主体联结成一个经营共同体。共同体按照现代企业的模式来运营，把农业生产当作产业链的一个环节或共同体的一个“车间”来进行科学管理。同时，采用合同契约制、参股分红制等利益联结机制，把参与主体联结成一个利益共同体，共同分享产业链增值的利益。

三、农业产业化经营的组织形式

我国农业产业化经营的具体组织形式多种多样，但按照农业产业化组织的一体化程度，基本形式可以概括为以下几种。

1. 龙头企业带动型（龙头企业＋合作社/农户）

龙头企业是具有一定规模的农产品加工或运销企业。龙头企业不同于一般工商企业，它负有开拓市场、带动农户、优化农业结构、促进农业增效和农民增收的任务。所谓龙头企业带动型的组织形式就是以龙头企业为主导，围绕一种或几种农产品的生产、加工和销售，龙头企业与农产品生产基地的农户进行专业化分工协作，形成利益共享、风险共担的经营共同体。在实际运行中，又有两种做法：一是龙头企业直接与基地的农户联结，农户为龙头企业生产原料性农产品，龙头企业负责农产品加工和销售；二是农产品生产基地中的农户建立专业合作社，专业合作社成为联结龙头企业与基地农户的中介，合作社组织社员进行农产品生产，并把生产出来的农产品交售给龙头企业。这种类型的农业产业化经营在种植业、养殖业最为流行，各地都有比较普遍的发展，也是最为典型的农业产业化经营组织形式。

2. 合作组织拓展型（合作社＋企业）

这种形式是农民专业合作社在组织社员从事初级农产品生产的同时，把业务内容向二、三产业拓展，创办农产品加工、运销企业，把社员生产的农产品经过加工增值后投入市场。如一些粮食生产合作社创办粮食加工企业，一些养殖合作社创办畜产品加工企业。从农民的角度看，这是农业产业化的理想形式，因为农民可以最大限度地得到整个产业链的利益。但这种形式需要合作社有相当的规模和实力。合作社不但要把社员的农业生产统一起来，还要创办农产品加工和运销企业，并能打开农产品及其加工品的国内外市场。目前，我国大多数农民专业合作社没有这个规模和实力，特别是打开国际市场比较困难。但可以认为，这是农民专业合作社发展的必由之路，也是农业产业化经营的发展方向。目前，全国200多万个农民专业合作社中，一半以上已从单纯的农业耕种收环节迈向产加销一体化经营。

3. 专业市场带动型（专业市场+农户）

这种形式以农产品专业市场或交易中心为依托，依靠专业市场或交易中心拓展农产品销售市场，从而带动区域生产专业化，形成区域优势产业，进而带动农产品生产、加工、销售产业链的发展和完善，节省各个市场主体的交易成本，提高整个产业链的运营效率和经济效益。这种类型的产业化经营，既发挥了集聚经济的效应，也形成了区域化布局、专业化生产和社会化服务，从一个区域范围看，也形成了完整的产业链条，但由于各参与主体之间没有建立利益共享和风险共担的机制，属于松散型的组织形式。

4. 涉农企业投资农业型

这种形式是一些大型的农产品加工或流通企业，自己创办农产品生产基地，全面开展农产品的生产、加工、销售业务，初级农产品生产成为企业的一个生产部门。这类企业的规模比较大，资金实力雄厚，技术装备先进，营销能力强大。企业通过向土地股份合作社租得土地、向农民直接租用承包地或吸纳农民土地经营权参股等形式，集中较多的土地建立农产品生产基地。农产品的生产环节由企业员工或农户承包，或者由企业自己经营。

5. 工商企业投资农业型

这是指原本与农业无关的工商企业拓展业务领域，到农村租赁土地，开展农产品的生产、加工、销售业务。这是工商企业实施多元化经营战略的结果。目前，这种类型的农业产业化经营发展迅速。工商资本进入农业有利于发展现代农业，但企业要建立与农民的利益联结机制，让农民分享发展现代农业的利益，如优先吸纳当地农民就业、吸收农民土地经营权入股、为农民提供土地托管服务等，带动农民进入现代农业体系。

四、农业产业化经营的利益机制

农业产业化经营不论采用哪种组织形式，都存在参与主体之间利益共享和风险共担的问题。特别是作为农业产业化经营的主要组织形式——“龙头企业+合作社/农户”，龙头企业与合作社或农户之间必须建立相应的利益联结和风险分担机制。

1. 利益联结机制

利益联结机制是农业产业化经营组织就农业产业化经营中的利益如何在各参与主体之间进行分享所达成的程序安排和措施。按照龙头企业与合作社/农户的利益联结方式，农业产业化经营的利益联结机制主要有以下几种类型。

（1）合同联结。合同联结，即龙头企业与合作社/农户签订农产品购销及其他相关合同，以契约关系为纽带，实现利益共享、风险共担。合同的主要内容包括：龙头企业负责向合作社/农户提供种苗、肥料、农药、生产技术指导等服务，并按合同约定的价格收购农产品；合作社/农户按合同约定的品种、规格、质量和数量生产农产品，并按合同约定的价格把农产品卖给龙头企业。部分龙头企业还与合作社/农户约定利润返还标准，合作社/农户可以根据提供的农产品数量从龙头企业得到农产品加工、流通环节的一部分利润。这种利益联结方式的优点是：形成契约过程比较简单，双方合作的成本较低，可发挥龙头企业和合作社/农户两个方面的优势，经营更为灵活主动。不足之处在于：由于龙头企业处于强势地位，合同约定的权利、义务难免失衡。如果缺乏有效的约束机制，农民的利益难以保障。另外，由于合同约定的交易是远期交易，双方均存在因市场波动而产生违约行为的可能性，激励双方履行契约的成本比较高。

（2）股份联结。股份联结，即龙头企业与合作社/农户以股份制或股份合作制形式组成新的经济实体，或合作社/农户投资参股到龙头企业，龙头企业与合作社/农户以产权关系为纽带，实现利益共享、风险共担。当然，龙头企业与合作社/农户在生产经营中实行分工。龙头企业负责生产经营决策的制定和实施，并负责生产资料的供应、技术指导和产品的加工与销售；合作社/农户按龙头企业的要求进行农产品的生产，并参与企业的决策、管理和利润分配。这种利益联结方式的优点是龙头企业与合作社/农户双方的利益关系稳定，不足之处主要是运作和管理成本较高。

（3）市场联结。市场联结，即龙头企业根据市场行情，在市场上随行就市收购合作社/农户生产的农产品，双方自由买卖，价格随行就市。这种利益联结方式，各参与主体并没有建立利益共享和风险共担机制，是参与主体之间最松散的利益联结方式。

2. 风险分担机制

风险分担机制是农业产业化经营组织就农业产业化经营中的风险如何在各参与主体之间进行分摊所达成的程序安排和措施。农业生产总是存在自然风险和市场风险的，农业产业化经营可以增强抗御风险的能力，但不能绝对消除风险，因此，农业产业化经营组织需要明确风险的应对策略和分担方法，在风险共担的基础上实行利益共享。

（1）自然风险的分担。在农业产业化经营中，合作社/农户扮演农产品生产者的角色，直接面对自然，因此，自然灾害主要是对合作社/农户造成威胁。在龙头企业与合作社/农户实行合同联结的情况下，这种自然灾害带来的直接损失一般由合作社/农户自己承担，但龙头企业一般不追究由此造成的合作社/农户不能按质按量交售农产品的责任，因此龙头企业也间接地承担了一定的自然风险。在龙头企业与合作社/农户实行产权联结的情况下，由于龙头企业一般不参股农产品的生产环节，龙头企业也不直接承担自然灾害造成的损失。当然，龙头企业也可以主动承担合作社/农户的部分风险，其做法一般是龙头企业建立风险基金，用于发生自然灾害时对受灾合作社/农户的补贴，或为合作社/农户提供政策性农业保险费补贴。

（2）市场风险的分担。在农业产业化经营中，无论是基地合作社/农户还是龙头企业，市场风险都是不可避免的。市场风险一般表现为农产品市场行情和价格的波动。分担市场风险的原则是恪守信用，履行契约承诺。当农产品市场价格滑落，低于合同价时，龙头企业按合同价收购合作社/农户生产的产品，而不是以此为由压低产品的收购价；反过来，当农产品市场价格上升，高于合同价时，合作社/农户也按合同价向龙头企业提供农产品，而不是向市场出售。

第二节　农业产业化经营的发展

一、农业产业化经营的产生动因

我国的农业产业化经营产生于20世纪80年代，1993年山东省提出了农业产业化的概念，90年代后期取得广泛共识，进入21世纪后发展迅速。农业产业化经营的产生动因主要有以下几点。

（1）农户通过延长产业链以提高农业效益的需要。农业的产业特点决定了农业的比较效益低。在计划经济体制下，农民只能从事农产品的生产，不能从事农产品加工和流通。改革开放以后，农业中的计划指令逐渐减少，农民不仅被赋予了农业生产的自主权，而且被赋予了从事农产品加工和流通的权利。在经济利益的驱动下，一些种养专业户把生产经营领域从单纯的农产品生产扩展到了农产品加工和流通，走上了农工商或农工贸一体化经营的道路。

（2）农户和龙头企业降低经营风险的需要。农业不仅具有自然风险，而且具有市场风险。随着农户生产规模的扩大，农户面临的市场风险也变得更大，农户为了使农产品有稳定的销路和价格，愿意与龙头企业合作。而龙头企业则要面临作为中间投入品的农产品数量不稳定和市场价格波动带来的经营风险，因此也希望与生产农产品的农户建立比较稳定的合作关系。农户和龙头企业的这种共同愿望促使它们结成更为稳定的交易或合作关系。

（3）农户和龙头企业降低市场交易费用的需要。从农户与市场的关系来看，无论是产前的生产资料购买还是产后的产品销售，单靠农户自己与供需方交涉，交易费用都很高。在生产资料购买方面，有关生产资料质量和价格的信息明显偏向供给一方，农户缺乏影响供给的能力，他们往往是价格的接受者。在农产品销售方面，面对变幻莫测的市场，农户的预见能力和信息收集能力很弱，而且由于生产批量小，只能将交易局限在产地附近的市场，并接受收购者的种种限制。对龙头企业来说，从市场上采购农产品原料，同样需要花费大量的人力、物力和财力，并且也不一定能保证按期望的价格和质量采购到所需要的农产品。实行农业产业化经营，农户和龙头企业都可以节约交易费用。

（4）龙头企业保证农产品原料质量的需要。随着农业市场化和国际化的推进，从事农产品加工和销售的企业需要提高产品的国内外市场竞争力。而现代市场的竞争不仅表现在产品价格的竞争上，更表现在产品质量的竞争上，特别是农产品及其加工品的质量安全已成为提升市场竞争力的重要因素。分散经营的农户不能对生产过程进行统一控制，农产品质量的稳定性差。为保证农产品原料的质量，龙头企业需要把质量控制过程延伸到农产品的生产环节。实行农业产业化经营，是龙头企业控制农产品生产过程、保证农产品质量的现实选择。实际上，涉农企业投资农业型的农业产业化经营模式就是控制农产品生产过程的进一步延伸。

（5）工商企业实施多元化经营战略的需要。当前，许多工业领域出现了产能过剩的现象，市场竞争十分激烈，企业利润空间受到挤压。同时，随着人们收入水平和生活水平的提高，人们对优质农产品的需求快速增长，现代农业已成为有利可图的行业。在这一背景下，一些工商企业把投资领域扩展到了农业，借助现代化的生产设施和技术、现代化的物流设施和技术，从事农产品的生产、加工和销售。

二、农业产业化经营的作用

我国农业产业化经营的最初动因是农民和农产品加工流通企业出于自身利益而进行的合作。但农业产业化经营的发展，客观上解决了农业现代化进程中出现的一系列新问题，有利于农业的转型升级。其具体表现在以下几个方面。

（1）有利于解决农户小规模经营与大市场的矛盾。家庭经营体制解决了农民的生产积极性问题，但分散经营的农户在与市场对接的问题上产生了新的矛盾。分散经营的农户收集和处理市场信息的能力较差，对千变万化的市场难以准确把握，生产经营决策缺乏针对性，加之单个农户生产经营规模较小，其产品形不成批量，在市场交易中缺乏谈判能力。而龙头企业在市场信息的把握上比分散经营的农户具有较强的优势。通过农业产业化经营，龙头企业就可以根据掌握的市场信息做出合理的经营决策，并据以指导农户的生产活动，从而把小规模分散经营的农户与大市场对接起来。这不仅有利于农民减少农业生产的盲目性，使农民集中精力安心搞好农业生产，提高农产品的产量和质量，也有利于农民节约分散进入市场的交易成本。

（2）有利于使用先进的科学技术和物质装备，提高农业现代化水平。分散经营的农户因生产规模较小，资金积累能力有限，难以运用先进的科学技术和现代物质装备，这对实现农业现代化是一个不利因素。通过农业产业化经营，龙头企业把分散经营的农户组织起来，一家一户的分散种养就联合成了千家万户的规模经营，形成区域生产的规模化和专业化。区域生产的规模化和专业化，有利于农业基础设施建设，有利于推广使用先进的科学技术和物质装备，从而提高农业的现代化水平。同时，在资金投入上，通过龙头企业直接增加对农产品生产基地的投入，可以提高农业的投入水平。

（3）有利于实现农业标准化，保障农产品的质量和安全。农业标准化是对农业的产前、产中和产后的全部活动中需要统一、协调的各类对象，制定标准、实施标准并对标准的实施进行监督的一系列活动。农业标准化可以规范农产品的生产、加工和流通过程，保障农产品的质量和安全，有利于提高农产品的市场竞争力，特别是增强国际贸易上应对国外技术性贸易壁垒的能力。但分散经营的农户对农业标准化形成了现实障碍。在农业产业化经营中，龙头企业对基地内的农户实行统一生产环境建设、统一生产资料供应、统一技术操作规程、统一产品质量标准等，使农户按标准进行生产。因此，农业产业化经营可以推进农业标准化的进程。

（4）有利于创建产品品牌，提高农产品的市场竞争力。当今的农产品竞争是包括质量、价格、服务在内的综合性竞争。分散经营的农户生产批量小、标准化程度低、质量不稳定，更没有品牌。农业产业化经营把千家万户分散的农户组织起来，提高了农业生产的组织化程度，不但有利于实现农业生产的标准化，保证农产品及其加工品的质量，而且有利于创建产品品牌，开展品牌营销，从而增强农产品在国内外市场上的竞争力。

（5）有利于增加农民收入。农业产业化经营扩大了农民的收入来源，有利于增加农民收入。这种收入来源主要来自以下几个方面：一是农业产业化经营延长了农业产业链，提高了农产品的附加值。二是农业产业化经营使产业链中的各个环节协调运转，从而能提高整个产业体系的生产效率和效益。三是农业产业化经营提高了农产品的市场竞争力，扩大了农产品的销路，并能降低交易成本。四是农业产业化经营延伸了农业的产业链条，扩大了农民的就业领域，增加了农民的就业机会，农民从中也可以增加收入。

（6）农业产业化经营是农业经营制度的创新。随着农业市场化、国际化、现代化的推进，各种农业资源需要在更大的范围和更高的层次上进行优化组合，而原有的社区性合作经济组织提供的服务已满足不了农户的要求，农民专业合作社的服务能力也有限且并不普及，以“龙头企业+合作社/农户”为代表的农业产业化经营，突破了原有社区性合作经济组织和农民专业合作社的局限，使农户找到了在市场经济条件下实行联合与合作的新途径，有效地推进了农业的市场化、规模化和现代化。农业产业化经营是对我国农业双层经营体制的补充、丰富和完善，是我国农业经营制度的重大创新。

三、农业产业化经营的发展趋势

我国的农业产业化经营经过近 30 年的发展，发展的路径越来越清晰，目前呈现出以下发展趋势。

（1）龙头企业的规模和实力不断增强。进入 21 世纪以来，农业龙头企业数量快速增长。截至 2016 年底，全国有各级龙头企业 13 万个，其中国家重点龙头企业 1131 个。实现年销售收入 9.73 亿元[①]，提供的农产品及加工品占农产品市场供应量的 1/3，占主要城市“菜篮子”产品供给的 2/3 以上。50 强龙头企业营业收入均高于 100 亿元，100 强龙头企业营业收入均高于 46 亿元。近九成国家重点龙头企业建有研发中心，有些龙头企业还建立了博士后科研工作站、国家重点实验室。农产品精深加工的水平和产品附加值不断提高，省级以上龙头企业销售收入与主要农产品原料采购额之比超过 2.5∶1。龙头企业的规模和实力不断提升，必将进一步提高我国农产品的市场竞争力，并带动更多的农户参与到农业产业化经营体系中。

（2）农民合作组织在产业化经营中的地位越来越重要。实践证明，龙头企业与农民的合作，最理想的形式是以农民专业合作社为中介。因为分散的农户加入农业产业化经营体系，无论是对龙头企业还是农户来说，交易成本都比较高，而由合作社把分

① 高鸣，郭芸芸. 2018 中国新型农业经营主体发展分析报告（一）——基于农业产业化龙头企业的调查和数据. 农民日报，（4）.

散的农户组织起来加入农业产业化经营体系，就可大大减少交易成本①。从发展趋势看，随着农民专业合作社的发展壮大，农民专业合作社自身将成为龙头企业，更多的农民专业合作社将自己兴办农产品加工和流通企业，在合作社内部形成一个完整的产业化经营体系。

（3）农业产业化经营带动农业生产区域化的发展。龙头企业带动基地发展，促进基地建设的专业化、规模化和特色化，推动优势产业向优势区域集中，必然导致农业生产的区域化。目前，全国各地已呈现出产业带的发展势头，且各地政府也在大力推动。2003 年农业部出台了《关于进一步推进优势农产品产业带建设的意见》，2011 年农业部启动了农业产业化示范基地创建工作，将扶持龙头企业、发展农产品加工业与推进优势农产品产业带建设密切结合起来，这必将进一步加快我国农业生产区域化的发展②。

（4）农业产业化和农村工业化、城镇化融合发展。农业产业化增强了农业吸引工商资本、技术、人才等生产要素的能力，农业产业化的发展也加快了农产品加工业和流通服务业的发展。由于龙头企业一般都布局在农产品生产基地，随着农产品加工、流通企业的进驻，相应的农产品运输、包装以及金融、食宿等服务机构也会得到发展，就业人口会不断增加，农村小城镇也因此得到发展。因此，农业产业化与农村工业化和城镇化将相互促进、融合发展。

四、农业产业化经营的发展思路

农业产业化经营有利于推进农业现代化，提高农产品的竞争能力，并且能增加农民的收入。因此，各地应创造条件，积极推进农业的产业化经营。各地农业产业化经营可以采取以下发展思路。

（1）选好主导产业和主导产品。主导产业是指在一个国家或地区的产业结构中比重较大，处于支配地位，与其他产业的关联度高，对整个国民经济或区域经济具有较大带动作用的产业。相应地，农业主导产业是指在一个地区的农业产业结构中比重较大，对区域农业和农村经济具有较大带动作用的产业。实施农业产业化，首先要确定主导产业。主导产业的确定，一方面要考虑市场需求，根据国内外的市场需求及其发展趋势，选择市场容量大或市场潜力大的产品作为主导产业；另一方面要发挥本地优势，根据本地的自然资源和社会经济资源状况，选择具有区域优势的产品，并通过市场手段把相关资源要素整合到优势产品的生产中，扩大生产规模，形成主导产业。

（2）培育壮大农业龙头企业。龙头企业外联国内外市场，内联千家万户，具有开拓市场、引导生产、深化加工、配套服务的功能，是农业产业化经营的核心。实践表明，一个地区如果没有龙头企业，农业产业化经营就不可能得到发展。因此，具有一定数量和规模的龙头企业是实行农业产业化经营的重要条件。目前，我国大多数龙头企业规模小，资金实力、技术力量不强，产品技术含量和附加值不高，以农产品初级加工为主，

① 2014 年，与龙头企业对接的合作社达到 20 多万家，占合作社总数的比重超过 15%。

② 至 2014 年农业部共认定了 209 个国家农业产业化示范基地，聚集了各类龙头企业 9000 多家。

缺乏深度加工的能力，由此造成市场开拓能力有限，无法带动更多的农民和农产品进入国内外市场。因此，政府必须大力培育龙头企业，把龙头企业做大做强，特别是要支持那些与农业关系密切的大中型农产品加工、流通企业充当农业产业化经营的龙头企业，充分发挥它们在资金、技术、人才、管理和市场网络等方面的优势，带动农业产业化经营的发展。

（3）加强农产品生产基地建设。农产品生产基地是龙头企业的依托，它使龙头企业所需的农产品数量和质量得到保证，使其生产经营理念和方案得以实施。因此，推进农业产业化经营，要加强农产品生产基地建设。在农产品生产基地的建设中，要充分发挥市场和政府两个方面的力量，围绕龙头建基地，突出特色建基地，连片开发建基地，把基地建设与主导产业的形成结合起来。

（4）发展农民专业合作社。结合农产品生产基地建设，在自愿互利的基础上，引导农户组织起来，建立农民专业合作社。建立农民专业合作社，对龙头企业来说，一方面有利于减少与农民交易过程中的交易成本；另一方面也有利于推广先进的农业生产技术，有利于实施农业生产过程的标准化。对于农民来说，有利于增强与龙头企业的谈判能力，更好地维护自己的利益。

（5）完善民主管理和利益共享机制。完善的运行机制是农业产业化经营的重要前提。从我国农业产业化经营的实践来看，当前，重点需要在两个方面进行完善：①完善民主管理机制。一是完善基地农民专业合作社的民主管理。农民专业合作社在经营方向的确定、龙头企业的选择等方面，要充分吸收社员的意见。二是完善龙头企业的民主管理。特别是龙头企业在做与农民利益攸关的决策时，要与基地的农民代表或农民专业合作社平等协商，共同做出相关决策。②完善利益共享机制。目前，产业化经营中龙头企业与合作社/农户之间的利益关系比较脆弱，大多数龙头企业与合作社/农户之间以不太规范的合同契约维系合作，有些甚至没有与合作社/农户建立合同契约关系，并没有真正形成利益共享、风险共担的经济共同体。当市场供求发生波动时，违反合同的现象比较普遍。这种情况不利于农业产业化经营的持续发展，因此，需要完善共同体内的相关制度。

（6）重视科技进步，强化科技支撑。农业产业化经营需要掌握市场和技术两个制高点。这两个制高点是有联系的。从某种意义上说，技术水平决定市场竞争力。农业产业化经营涉及整个产业链，产品生产环节多，每个环节都有相应的产品质量标准和生产技术要求。因此，农业产业化经营必须以科技为支撑，依靠科学技术来解决生产过程中的各种技术问题和产品质量问题。有关科研部门和龙头企业要加强农产品生产、加工、储运、销售等技术的创新，提高产品的技术含量和附加值，提高产品的竞争力。

（7）优化管理体制和政策环境。农业产业化经营涉及农业的产前、产中、产后各个部门，参与的经济主体及其活动一般分别由相应的政府主管部门管理。这种管理体制虽然有专业化分工管理的优势，但对农业产业化经营来说往往会造成相互脱节或相互扯皮的情况，不利于农业产业化经营的发展。为此，需要对农业管理体制进行必要的调整。目前在农业部门设立了农业产业化机构，还由农业部门牵头建立了农业产业化联席会议制度，这是一种现有管理体制下的有效工作方式。另外，我国农业产业化经营主体的实力还不强，有些组织的运转还不规范，因此，政府应进行必要的扶持和帮助，特别是在发展规划、市场监督管理、税收金融以及土地流转等方面给予必要的支持，对龙头企业与农民之间的利益矛盾进行必要的协调。

第三节　农村产业融合发展

一、农村产业融合发展的提出

农村产业融合发展是2015年《中共中央国务院关于加大改革创新力度加快农业现代化建设的若干意见》提出的。该意见指出："推进农村一二三产业融合发展。增加农民收入，必须延长农业产业链、提高农业附加值。立足资源优势，以市场需求为导向，大力发展特色种养业、农产品加工业、农村服务业，扶持发展一村一品、一乡（县）一业，壮大县域经济，带动农民就业致富。积极开发农业多种功能，挖掘乡村生态休闲、旅游观光、文化教育价值。扶持建设一批具有历史、地域、民族特点的特色景观旅游村镇，打造形式多样、特色鲜明的乡村旅游休闲产品。"

上述文件一方面指出了农村一二三产业融合发展的目的，即增加农民收入；另一方面也指出了农村一二三产业融合发展的基本路径：一是延长农业产业链，提高农业附加值，二是开发农业多功能，发展乡村旅游等农村服务业。

二、农村产业融合发展的含义

关于农村一二三产业融合发展的具体含义，目前没有权威的说法。根据近年来各地的实践，农村产业融合发展的含义大体可概括为：以农业农村为基础，以市场需求为导向，以完善利益联结机制为核心，以技术创新和制度创新为动力，以新型城镇化为依托，通过产业链延伸、产业功能拓展、产业业态和商业模式创新，实现农业生产、加工流通、乡村旅游、电子商务等经济活动的有机整合、协同发展，达到拓展农业发展空间、减轻资源环境压力、增加农民收入并满足城乡居民新消费需求的目的。

农村产业融合发展与农业产业化经营既有区别也有联系。从区别上看，相比农业产业化经营，农村产业融合发展有以下几个特点。

（1）产业链条更加延伸。农村产业融合发展不但包括农业生产、农产品加工流通等农业产业化经营内容，还把产业链条延伸到了农产品消费甚至农产品生产环境的消费等领域（如农家乐、民宿），产业链条有了进一步的延长。

（2）产业边界更加模糊。农村产业融合发展使一二三产业在产品、业务等方面形成交集，模糊了原有的产业边界。如观光农业到底是农业还是旅游业，已经边界不清；众筹农业到底是农业筹资方式还是农产品营销方式，也已边界不清。

（3）产业功能更加丰富。农村产业融合发展不但使农业具有生产功能，还使其具有休闲旅游、健康养生、文化传承以及新农村建设等新功能。

（4）业态创新更加活跃。如农业的多功能性开发产生了观光农业、体验农业、农家乐、民宿等与乡村旅游相关的新业态，通过信息技术的应用产生了农村电子商务、众筹农业等新的商业模式。

（5）参与主体更加多元。除了普通农户、家庭农场、农民专业合作社、龙头企业外，旅游企业、工商资本甚至部分市民通过产品众筹等途径也成为农村产业融合发展的重要参与者。

（6）农民利益更加突出。农业产业化经营往往以龙头企业为核心，采用龙头企业“带动”基地农户的方式，虽然农户也能从农业产业化中分享利益，但得到的利益相对较少。而农村产业融合发展更强调以农民专业合作社或农村集体经济组织为带头者、组织者，且多采用股份合作制、股份制等产权制度构建参与主体之间的利益联结机制，农民的参与程度更深，能更多地分享二三产业增值的利益。

从联系上看，农业产业化经营与农村产业融合发展具有空间上的并存性和时间上的继起性，农村产业融合发展丰富了农业产业化经营的内涵，拓展了农业产业化经营的外延，是农业产业化经营的延伸和发展，是农业产业化经营的“升级版”。

三、农村产业融合发展的模式

从我国各地的实践看，农村产业融合发展的模式主要有以下几种。

1. 种养结合型融合

以优势农业资源为基础，基于农业内部的种植业、养殖业在经营主体内或经营主体之间建立产业上下游的有机关联，或实行套种套养的种养结合模式，如在田间道路或沟渠边搭建长廊种猕猴桃、葡萄等水果，在稻田里养鱼、养泥鳅、养青蛙、养鸭子等，在竹林果园里养鸡等，提高资源综合利用率，构建“资源—产品—废弃物—再生资源”的农业生物产业链，形成农业内部紧密协作、循环发展的生产经营模式。

2. 产业链条延伸型融合

依托大型涉农企业，以农产品生产、加工或销售为关键环节，向前向后延伸产业链，提升农产品的附加价值。这种模式是把产业链的发展理念和组织方式引入农业，推进农业产前、产中、产后一体化发展。其具体有三种起点：一是以农产品生产为起点，农业生产主体在发展优势特色农产品生产的同时，发展农产品产地加工和销售业务。特别是与超市、学校、企业或城市社区对接，开拓产销直接对接渠道。二是以农产品产地加工企业为核心，加工企业建立农产品原料生产基地，并开拓销售业务。三是以农产品流通企业为核心，农产品流通企业建设农产品原料基地、发展农产品加工业。

3. 农业功能拓展型融合

依托农村绿水青山、田园风光、乡土文化等资源，挖掘农业和乡村的田园观光、休闲度假、运动养生、文化传承、科技教育功能，开发乡村旅游、文化创意等产业。这种模式由于能吸引城镇居民来农村消费，能带动农家乐、民宿等农村服务业的发展，还能带动当地传统食品加工业和手工业的发展，带动农产品及其加工品的销售，因而能从多方面拓展农业增效、农民增收的渠道。同时，由于发展乡村旅游需要完善旅游基础设施，对于改善农村人居环境、打造农民安居乐业的美好家园有重要作用，由此形成的特色村镇成为新农村建设的重要类型。这种模式目前各地在大力推行。

4. 农业业态创新型融合

以农业为基本依托，应用物联网、云计算、大数据等现代信息技术，催化生成新的业态。如发展工厂化农业、智慧农业等高科技农业，作为农业科研和科技示范基地；发展电子商务，实行农产品网上直销和网上预售，实行农产品众筹营销；开展生鲜农产品产地直销、会员配送、个性化定制等。这种模式的重点是在农业中应用现代信息技术，进行农业产业链的业态创新和商业模式创新。

5. 多元复合型融合

多元复合型融合具体有两种类型：一是依托区域内的龙头企业或产业链核心企业，发挥资源、技术、资金等优势，培育区域特色鲜明的农业产业园区或农业产业化集群，促进农村产业集聚集群发展，形成主导产业、衍生产业、配套产业层次有序、分工协作、网络链接的格局。二是在相对集中的区域做强农业、做大加工业、做活服务业，实现三次产业联动发展，打造科技研发、生产加工、销售物流、商务会展、信息咨询、金融服务、生态旅游、休闲养生等一体化的复合型农业综合体/田园综合体。

四、农村产业融合发展的推进思路

农村产业融合发展对于拓展农业发展空间、减轻资源环境压力、增加农民收入、满足城乡居民消费新需求具有重要意义，因此需要大力推进。

（1）培育壮大融合主体，提升产业拓展和融合能力。小规模农户家庭虽然可以参与农村产业融合发展，但其产业拓展和融合的能力有限，难以成为农村产业融合发展的核心。因此要大力培育壮大家庭农场、农民专业合作社、农业公司、龙头企业、农创客[①]等现代经营主体，充分发挥它们在农村产业融合发展中的核心作用。

（2）提升农业价值链，建立融合主体利益联结机制。构建不同利益主体之间的互惠合作、风险共担和激励相容的利益关系，是农村产业融合发展的关键。要引导各种参与主体采用参股经营、签订长期合同等方式建立利益联结机制。

（3）做大做强优势特色产业，补齐产业链发展短板。农村产业融合发展的基础是农业。要围绕优势特色农产品进行深度开发，推动农产品生产、加工、销售、消费全产业链发展。按照全产业链统筹、一二三产业融合发展的要求，主攻产业链薄弱环节和关键环节，补齐产业链发展短板。

---

① 农创客是指年龄在45周岁以下，拥有高校大专及以上学历，在农业领域创业创新，担任农民专业合作社、农业企业、家庭农场等农业生产经营主体负责人或拥有股权的人员。

（4）打造融合发展平台，促进产业集聚发展。以现代农业产业园、农业特色小镇等为载体，打造农村产业融合发展平台。要强化政策扶持，完善道路、供电、供水、通信、物流等基础设施，促进产业集群发展。

（5）深化建设用地制度改革，保障产业融合发展用地。健全乡村产业发展用地保障机制，地方政府要落实年度建设用地指标的一定比例用于农村新产业新业态发展的政策，适当放宽农业配套设施用地指标，支持农产品休闲采摘、初加工、仓储物流、批发市场等辅助设施建设。同时，盘活农村存量建设用地，通过村庄整治、宅基地整理等方式集约利用农村建设用地，用节余的农村建设用地发展乡村休闲旅游等产业。积极探索适度放活农民宅基地和农房使用权的具体政策，利用农民闲置宅基地和闲置农房发展民宿、农家乐等休闲旅游业。

（6）创新投资融资机制，增加产业融合发展投入。加大财政支农投入力度，确保支农投入总量持续增加。引导金融机构加大对农村产业融合发展的资金投放，鼓励金融机构开发适合农村产业融合发展的金融产品。完善鼓励社会资本投入农村产业融合发展的政策，允许规模化农场利用一定比例的土地用于农产品加工、流通和旅游接待设施；引导社会资本通过盘活农村闲置房屋、集体建设用地、“四荒”地等资产资源发展休闲农业和乡村旅游。

本章小结

农业产业化经营的实质是农业部门的企业与工商部门的企业在业务上或组织上进行某种形式的合作或联合，把农业生产的供、产、销三方面有机结合起来。相比小规模家庭经营，农业产业化经营具有经营一体化、生产专业化、布局区域化、服务系列化、管理企业化等特点。

我国的农业产业化经营主要出于农户通过延长产业链以提高农业效益、农户和龙头企业降低经营风险、农户和龙头企业降低市场交易费用、龙头企业保证农产品原料质量、工商企业实施多元化经营战略等动机。农业产业化经营有利于解决农户小规模经营与大市场的矛盾，有利于使用先进的科学技术和物质装备，有利于实现农业标准化，有利于创建产品品牌，有利于增加农民收入。农业产业化经营的组织形式有龙头企业带动型、合作组织拓展型、专业市场带动型、涉农企业投资农业型、工商企业投资农业型等。参与主体之间采用合同联结、股份联结、市场联结等利益联结机制。推进农业产业化经营的关键是选好主导产业和主导产品、培育壮大农业龙头企业、加强农产品生产基地建设、发展农民专业合作社、完善民主管理和利益共享机制、重视科技进步、优化管理体制和政策环境。

农村一二三产业融合发展是农业产业化经营的进一步发展，基本路径一是延长农业产业链，提高农业附加值；二是农业多功能开发，发展农村服务业。相比农业产业化经营，农村产业融合发展的特点是：产业链条更加延伸，产业边界更加模糊，产业功能更加丰富，业态创新更加活跃，参与主体更加多元，农民利益更加突出。农村产业融合的模式主要有种养结合型、产业链条延伸型、农业功能拓展型、农业业态创新型、多元复合型等。推进农村产业融合发展的措施主要是：培育壮大融合主体，提升产业拓展和融合能力；提升农业价值链，建立融合主体利益联结机制；做大做强优势特色产业，补齐产业链发展短板；打造融合发展平台，促进产业集聚发展；深化建设用地制度改革，保障产业融合发展用地；创新投资融资机制，增加产业融合发展投入。

概念与术语

农业产业化经营　龙头企业　农业标准化　主导产业　农村产业融合发展

学习思考

1. 农业产业化经营有什么特点？
2. 农业产业化经营的组织形式有哪些？利益联结机制有哪几种？
3. 农业产业化经营的产生动因有哪些？对农业发展有什么作用？
4. 农业产业化经营的发展趋势如何？如何推进我国农业产业化经营？
5. 农村一二三产业融合发展与农业产业化有何区别与联系？
6. 农村一二三产业融合发展的实践模式主要有哪些？
7. 如何推进农村一二三产业融合发展？

发 展 篇

第六章

农业现代化与信息化

【本章学习目标】

1. 了解传统农业和现代农业的基本特征；
2. 理解农业现代化的基本内容和评价农业现代化水平的基本思路；
3. 了解中国农业现代化的客观制约条件和实现农业现代化的战略措施；
4. 了解农业信息化的主要内容，理解农业信息化的作用；
5. 了解我国农业信息化的战略目标、近期重点推进领域和推进措施。

第一节 农业发展的阶段

农业作为人类最古老的物质生产部门，迄今已有上万年的发展历史。根据生产力发展水平的不同，农业的发展历史可以分为原始农业、传统农业和现代农业三个阶段。目前，发达国家已进入现代农业阶段，发展中国家正处于传统农业向现代农业转变的过程中，有些国家或地区甚至还停滞在传统农业阶段。

一、原始农业

原始农业是指主要使用石器农具从事的简单农事生产活动。它始于史前文化后期的新石器时代，历时约7000年。在新石器时代以前，人类获得生活资料的主要方式是采集和狩猎。随着生活经验的积累，人类逐渐地认识到了一些动植物的生活习性和生长发育过程，开始懂得栽培植物和驯养动物以及制造与使用从事这些生产活动所需要的工具，从而产生了原始农业。原始农业实现了对野生动植物的驯化，实现了采集向种植业、狩猎向畜牧业的转变。

原始农业的基本特点是：使用石器棍棒等简单农具，采用刀耕火种的耕作方法，单纯依赖自然界的物质循环来恢复地力。在这一时期，农业生产力很低，人们只能依靠集体劳动获得有限的生活资料来维持低水平的共同生活需要。

二、传统农业

传统农业经历了一个很长的历史阶段，泛指原始农业与现代农业之间的农业发展状态。传统农业经历了奴隶社会和封建社会，在发达国家一直延续到 18 世纪末，一些发展中国家目前还处于传统农业阶段。

传统农业具有以下主要特点。

1. 技术停滞

技术停滞是传统农业最基本的特征。所谓技术停滞，是指农民使用世代相传的经验技术，使用基本由自己生产的简陋铁木农具以及人力、畜力，年复一年地用同样的生产方式，耕种同样类型的土地，播种同样的作物。美国经济学家西奥多 • W. 舒尔茨指出，“完全以农民世代使用的各种生产要素为基础的农业可称为传统农业”。他说，“存在着许多贫穷的农业社会，在这些社会里人们世世代代都同样耕作和生活。产品和要素的变化并没有进入这些社会。对他们来说，消费和生产都不会增添什么新花样。通过长期的经验，他们熟悉了自己所依靠的生产要素，而且正是在这个意义上，这些生产要素是‘传统的’。在所拥有的要素数量、种植的作物、作物的耕作技术和文化方面，这些社会之间显然是不同的，但它们有一个共同的基本特征：许多年来，它们在技术状况方面没有经历过任何重大的变动。简单来说，这就意味着，这种社会的农民年复一年地耕种同样类型的土地，播种同样的谷物，使用同样的生产技术，并把同样的技能用于农业生产”①。美国经济学家罗伯特 • D. 史蒂文斯指出，“传统农业技术是在既缺乏生物学、化学和物理学知识，也无法获得工业提供的生产要素的情况下发展起来的。传统农业技术是一门艺术，它建立在对本地区生产的长期而大量的观察和经验之上，并通过示范和口头传授而得以代代相传”②。

2. 低水平均衡

传统农业的生产力水平很低，增产途径只有两个：一是开垦荒地扩大耕地面积，但可供开垦的荒地是有限的；二是增加单位面积土地上的劳动投入，但由于技术停滞，土地生产率增长有限，劳动生产率甚至呈下降趋势。舒尔茨认为，传统农业的生产率虽然很低，但生产要素的配置已经达到了最优，重新配置传统的生产要素不会使产量有显著增加，所以传统农业处于低水平的均衡状态。传统农业“贫穷但有效率”。

3. 自然经济

传统农业以小型的家庭农场为特征。作为一个生产单位，无论是从所利用的资源数

---

① 西奥多 • W. 舒尔茨. 改造传统农业[M]. 北京：商务印书馆，1987：4，29.

② 罗伯特 • D. 史蒂文斯，等. 农业发展原理——经济理论和实证[M]. 南京：东南大学出版社，1992：34.

量还是从产出的产量来衡量，家庭农场都是小规模的。而且，传统农业是高度自给自足的自然经济。传统农业的主要投入要素是劳动和土地，农民很少利用从市场上购买的投入物；传统农业因生产率很低，生产的产品几乎只够自己消费，没有多余的产品可以出售。没有投入物购买，也没有农产品出售，因而是自给自足的自然经济。

三、现代农业

现代农业是广泛应用现代科学技术和现代工业提供的生产资料，采用科学管理方法的农业。发达国家当前多处于现代农业发展阶段。现代农业有以下基本特点。

1. 科学化

现代农业形成了以自然科学为基础的现代农业技术体系，以植物学、动物学、遗传学、物理学、化学等现代自然科学为基础，形成了育种、栽培、土壤肥料、植物保护、动物饲养、动物营养、畜病防治等系统化的新技术和新方法。在发达国家，科技在农业增长中的贡献率已达到70%～80%。

2. 机械化

现代农业广泛采用由现代工业提供的各种生产工具和设施设备，如拖拉机、播种机、收割机、灌排机械、地膜覆盖机械、病虫防治机械等，不但大大提高了农业劳动的生产效率，而且使得精量播种、喷灌滴灌、微量施肥、人工生态模拟等现代农业生产技术的采用成为可能。20世纪70年代，发达国家基本实现了主要作物生产的全程机械化。目前，农业机械的自动化程度越来越高，有些农业机械利用信息技术实现了智能化。在蔬菜、花卉、苗木以及养殖业等生产领域，甚至实现了工厂化生产。

3. 信息化

无论是农场的生产和经营还是政府的管理和服务，都广泛采用现代信息技术。在农场生产方面，广泛应用3S技术（全球卫星定位系统、地理信息系统、遥感技术）、射频识别系统、物联网系统、自动控制系统等技术，实现农业生产“精准作业”。在农场经营方面，广泛使用ERP（enterprise resource planning，企业资源计划）等管理信息系统，在经营决策、财务管理等方面实现信息化，在农资采购、产品销售方面实现电商化。在农业管理方面，政府在资源和环境管理、行业管理、农情监测、市场监测、农产品质量安全监管、农资质量监管等领域广泛采用信息技术。在农业服务方面，政府和服务机构建设不同层次与类型的信息服务平台，为生产经营者提供行政审批以及政策、科技、市场等信息服务。

4. 市场化

现代农业在高度发达的市场经济中运行，农产品市场和农业生产要素市场发育完善。市场交易的范围不仅扩大至全国，甚至跨出国门；交易的形式不只限于现货交易，期货交易也十分活跃。

5. 专业化

现代农业的社会分工日益深化，专业化程度越来越高。其表现在：各地区发挥资源比较优势，形成主导产业，实现了农业生产的区域专业化，农场也专门从事一种（类）或少量几种农产品的生产。

6. 社会化

随着农业生产专业化的发展和农场规模的扩大，农业生产的组织方式也发生了变化，农业生产经营中的一些环节，如种子种苗的培育、耕地、播种、灌溉、病虫害防治、农产品收获、加工储运等，不断从农场分离出来，由各种专业化的服务组织来完成，形成了系列化的农业社会化服务体系。

7. 产业化

从宏观层面上看，农业与农业前部门和农业后部门紧密结合形成社会化的生产系统。从微观层面上看，农业生产者与涉农工商企业在组织上和利益上组成共同体，实行种养加、供产销、农工商综合经营，形成完整的产业链。

8. 组织化

农民合作社参与率高、服务功能强大。据资料，美国 82%的农场主参加了合作社，德国 80%的农场主参加了合作社，法国 90%的农民参加了农业合作社，荷兰大部分农民同时参加 3 个以上的合作社；在日本和韩国，几乎所有农户都加入了农协。合作社功能强大，为社员提供生产资料采购（甚至生产）、农产品加工、销售出口、信贷保险以及生产作业等全方位的服务。

第二节　农业现代化

一、农业现代化的概念

简单地说，农业现代化就是把传统农业转化为现代农业。所谓“化”，就是事物性质的转变。但农业现代化的具体内容是随着实践而不断发展的。

中华人民共和国成立之初，人们认为农业现代化就是集体化和工业技术在农业中的运用，即所谓“集体化＋机械化”的“苏联模式”。20 世纪六七十年代，农业现代化的内容被拓展为农业机械化、化肥化、水利化和电气化“四化”。

20 世纪 80 年代，我国在农业现代化的认识上有一个较大的突破，对农业现代化内涵的理解上增加了科学技术和科学管理的内容。农业现代化不仅要用现代生产手段装备农业，而且要用先进的科学技术武装农业，用科学的方法来组织和管理农业。因此，农业现代化的内涵被概括为农业生产手段的现代化、农业生产技术的现代化和农业经营管理的现代化。

20 世纪 90 年代，我国对农业现代化内涵的认识又有了进一步的深化，主要是强调环境保护和可持续发展。20 世纪七八十年代，可持续发展观在全球兴起并被普遍认同，成为人类经济和社会发展的基本指导思想。可持续发展的核心要点有两个：一是强调人类在追求富有的生产成果、享受生活权利时，应保持人与自然之间的和谐关系，而不能采取耗竭资源、破坏生态和污染环境的方式来追求这种发展权；二是强调当代人在创造生产成果和追求当前消费时，应努力保证后代人有平等的机会，不能剥夺后代人的发展权。就农业而言，1991 年 4 月联合国粮食及农业组织与荷兰政府联合召开的农业与环境国际会议，通过《登博斯宣言》，对“可持续农业”给出了经典的定义，即采取某种合理使用和维护自然资源基础的方式，并实行技术变革和体制性变革，以确保当代人类及其后代对农产品的需求不断得到满足。这种可持续的农业（包括畜牧业、林业和渔业）能维护土地、水和动植物的遗传资源，环境不退化，并且技术上应用适当，经济上能维持下去，从而能够被社会所接受。1992 年 6 月联合国环境与发展大会通过了《21 世纪议程》，提出了建立可持续发展的新思路。由此，可持续发展成为世界各国的共识。

综上所述，农业现代化的概念可以表述为：用现代生产手段装备农业，用现代科学技术武装农业，用现代科学方法组织管理农业，提高农业生产者的文化和科技素质，把落后的传统农业改造成为既具高度生产力水平，又能保持和提高环境质量的可持续发展的现代农业。

二、农业现代化的内容

根据农业的概念和内涵，农业现代化的基本内容主要包括以下几方面。

1. 农业生产手段现代化

农业生产手段现代化是指用现代工业提供的物质装备武装农业，实现农业机械化、电气化、水利化和园林化。机械化是指在农业生产中广泛地使用机器，以代替人力、畜力和传统手工工具。机械化是农业现代化的中心环节，它凝聚着现代科学技术的最新成果，并配合现代生物科学技术，成为发挥增产作用的基本手段和提高劳动生产率、减轻体力劳动的必要条件和根本途径。电气化是在农业生产中广泛使用电能的过程，它不仅可以促进农业机械化，而且可使农业实现自动化。水利化是指建立完善的农业灌溉、防洪排涝等水利基础设施，保证农业灌溉和牲畜用水以及生态用水，合理利用水资源。园林化是指通过开展以整治土壤、植树种草为主要内容的农业基本建设，对山、水、林、田、路进行统一规划和综合治理，防风固沙，涵养水源，保护自然资源，改善生态环境。

2. 农业生产技术现代化

农业生产技术现代化就是用现代科学技术指导农业，主要包括良种化、绿色化和改进种养技术。农业生产是通过有生命的动植物、微生物自身的生长发育过程来完成的，种子、种苗、种畜、种禽等是最基本的生产资料。良种化就是运用基因工程、细胞工程、蛋白质工程等现代生物技术以及杂交育种、人工授精等手段培育、推广和使用优良品种，提高农产品的产量和质量。绿色化就是合理采用化工产品，尽量减少化学品的使用，一方面保证农产品产量增长，另一方面保证农产品质量安全。如采用测土配方施肥，无机肥料与有机肥料配合使用，使用高效低毒低残留农药，药物防治和生物防治结合等。改进种养技术指通过作物轮作、间作套种、移栽覆膜、人工生态环境模拟、健康生态养殖等技术，创造有利于动植物、微生物生长发育的空间，提高资源的利用效率，提高土地生产率和经济效益。

3. 农业组织管理现代化

农业组织管理现代化包括农业产业组织方式现代化和农业企业经营管理现代化。农业产业组织方式现代化是指采用适合现代农业发展的生产组织形式，农业生产实现专业化和社会化，农业产业链中的产前、产中和产后各项活动由不同的专业化组织分别完成，形成完整的农业社会化服务体系。农业企业经营管理现代化是指农业生产经营主体实行企业化经营管理，包括建立符合市场经济规则的企业治理结构和管理制度，采取先进的科学管理方法和管理手段，注重经济效益和社会效益。

4. 农业劳动者现代化

劳动者是生产力中最活跃的因素。现代农业要求劳动者具有开拓进取精神，有科技意识、市场意识、法律意识，同时掌握先进的现代农业生产和经营管理知识。因此，农业劳动者现代化表现为农业劳动者的文化和科技素质高，对新知识、新技术的接受能力强，能熟练使用各种物质技术装备和先进种养技术，并具有很强的经营能力和组织管理能力。

三、农业现代化的评价指标

农业现代化是把传统农业转变为现代农业的过程，那么，“化”到什么程度才算实现了农业现代化？如何对农业现代化的进程进行客观评估？这就需要建立一套农业现代化的评价指标体系和评价标准。

20 世纪 80 年代后期以来，我国理论界和实际工作部门对农业现代化的评价指标体系进行了积极的探索，提出了许多指标体系。各个指标体系由于对农业现代化的内涵和外延的理解不同，设计的依据和思路不同，在指标结构、具体指标、指标标准值、指标权重等方面存在一定的差异。从几个主要指标体系来看，一般包含的指标如表 5.1 所示。

表 5.1　农业现代化的指标体系

一级指标	二级指标	三级指标
物质装备水平	农业基础设施水平	高标准农田面积比重
	农业机械化水平	作物耕种收综合机械化率
	农业设施化水平	设施农田面积比重

续表

一级指标	二级指标	三级指标
农业科技水平	农业科技服务能力	农业技术推广服务人员密度
	农业劳动力素质	持专业证书的农业劳动力占比
	农业信息化基础条件	农户计算机拥有率
		“12316”等农业信息服务热线覆盖率
	农业科技贡献水平	农业科技进步贡献率
经营管理水平	规模化经营水平	土地适度规模经营比重/畜禽规模化养殖比重/水产标准化健康养殖比重
	农业标准化水平	“三品”认证农产品产量比重
	农业产业化水平	农产品加工业增加值与农业增加值比值
	农业组织化水平	农户参加合作社比重
	社会化服务水平	农业服务业增加值占农业增加值的比重
产出水平	粮食生产水平	粮食单产
	农产品质量安全水平	农产品质量安全抽检合格率
	农民收入水平	农民人均纯收入
	劳动生产率	劳均农林牧渔业增加值
可持续发展水平	耕地保护水平	耕地保有率
	水资源利用水平	农田灌溉水有效利用系数
	农业节能减排水平	单位能耗创造的农林牧渔业增加值

需要指出的是，上表列出的只是一些指标名称。实际上，测评农业现代化水平往往采用“综合评价法”，因此，作为一个可操作的评价指标体系，还要明确各个指标的权重和标准值，以及评价指标数据的标准化方法。

四、中国农业现代化的道路

1. 农业现代化的“中国特色”

农业现代化道路是我国理论界和实际工作部门研究的重点课题。不同国家由于资源禀赋、经济发展阶段和社会制度不同，实现农业现代化的道路差异很大。中国的农业现代化不能脱离世界农业现代化的基本内容，但我国实现农业现代化不能照抄照搬国外的农业现代化模式，必须从具体国情出发，走中国特色的农业现代化道路。我国农业现代化道路的“中国特色”主要指以下几方面。

（1）人多地少，农业现代化只能在有限的农场经营规模下推进。从世界各国的经验看，要实现农业现代化，农场的土地经营规模必须达到一定的水平，但我国人多地少，农场经营规模的扩大受到了土地资源的严重制约。我国耕地总面积仅次于美国、俄罗斯和印度。但由于我国人口众多，人均耕地不足 1.45 亩，仅是世界人均水平的 1/3，在世界上排名 120 位以后[①]。第二次世界大战以后，发达国家的农场数量减少、农场规模扩大。2016 年美国农场数为 206 万个，经营耕地面积 2.11 亿英亩，平均每个农场规模 442 英亩（合 2680 亩）；2016 年法国农场 46.18 万个，经营耕地 2340 万公顷，平均每个农场 55 公顷（合约 825 亩）。而我国，2016 年平均每个农户的承包耕地仅 7.8 亩，2.1 亿个农户在 10 亩以下。农户土地经营规模过小对我国农业现代化形成了现实障碍，我们只能在这个客观限制条件推进农业现代化。

（2）农业的基本经营制度不能变，农业现代化只能在土地农户家庭承包经营体制下推进。农业土地农户家庭承包经营是我国农村的基本经营制度，是我国经济社会发展条件的现实选择，必须长期坚持。我国的农业现代化必须在土地农户家庭承包经营体制下实现。但是，在人地关系紧张的约束条件下，家庭承包制按"集体成员权"平均承包土地，必然导致农户经营的土地规模小而且散。解决农户经营土地规模小和散的问题，只能在明晰农民群众长期而有保障的土地承包权的前提下，发展多种形式的土地适度规模经营（包括土地经营权流转、合作经营、土地托管、社会化服务），推进农业现代化。

（3）劳动密集与技术、资本密集相结合，兼顾土地生产率和劳动生产率。改造传统农业必须引入现代技术。按照一般理论，农业现代化的技术路线取决于特定经济中生产要素的相对稀缺性，用丰裕资源替代稀缺资源。在劳动力稀缺的国家走节约劳动的技术即发展机械技术，而在土地稀缺的国家走节约土地的技术即发展生物技术。我国土地资源稀缺，农村中还存在一定数量的剩余劳动力，保证 14 亿人口的农产品供给和解决农村劳动力的充分就业是两个重要的任务。据此，我国的农业现代化应该走既能大量增加农产品产出、又能大量吸收劳动力就业的农业现代化道路，也就是走劳动集约的生物技术道路。但是，没有农业机械化的农业现代化是不可设想的。因为农业机械化不仅是提高劳动效率、减轻劳动强度的手段，更是采用现代农业生产技术的手段。许多先进的现代农业生产技术，如精量播种、喷灌滴灌、微量施肥、人工生态模拟等，必须有相应的农业机械才能实施。因此，积极地推进农业机械化是我们的不二之选。我国农业现代化必须坚持劳动密集与技术、资本密集相结合，兼顾土地生产率和劳动生产率，以提高农业资源生产率为重要目标。

（4）新型工业化、信息化、城镇化、农业现代化"四化"同步。发达国家的农业现代化是在工业化和城镇化充分发展的背景下展开的，农业剩余劳动力较为顺畅地转移到非农部门，而且工业部门能向农业部门提供各种质优价廉的现代物质技术装备和其他农业生产资料，同时还能通过各种途径向农业现代化提供资金支持。我国的城镇化落后于工业化，导致人口的就业结构和空间结构不合理。2018 年我国三次产业增加值比重为 7.2 : 40.7 : 52.2，但常住人口城镇化率只有 59.6%（户籍人口城镇化率 43.37%）。这意味着农村中还存在一定数量的剩余劳动力。同时，我国的工业也面临转型升级的任务，反哺农业的能力有限，这对农业现代化是一个不利因素。但我们又不能等到工业化转型升级完成和城镇化水平提高以后再来实现农业现代化，因为实现包括农业现代化在内的"四

① 中国人均草地只有 5.2 亩，仅为世界平均 10.4 亩的一半；人均林地为 1.6 亩，更是只有世界平均 13.6 亩的 11.8%。

个现代化”是中国梦，我们要在2020年建成全面小康社会的基础上，在2035年基本实现现代化，在2050年要建成社会主义现代化强国。因此，我们必须在推进新型工业化和城镇化的同时推进农业现代化，而且必须在工业化、城镇化、农业现代化中同步实现信息化。

2. 推进我国农业现代化的战略措施

根据我国农业发展的现实，推进我国的农业现代化，应从完善农业经营体制、转变农业发展方式、改善农业发展条件等方面采取以下战略性措施。

（1）发展新型农业经营主体，构建新型农业经营体系。农业家庭经营体制是我国农业的基本制度，我国的农业现代化必须在农业家庭经营体制下实现。但是，小规模的家庭经营毕竟不利于农业现代化，特别是不利于采用现代农业科学技术，不利于实现农业机械化，不利于实现农业的标准化，不利于实现农产品的品牌营销。推进农业现代化，必须完善农业家庭经营体制，培育现代农业生产经营主体，构建新型农业经营体系。具体说来，就是要大力发展专业大户（家庭农场）、农民专业合作社（专业合作社、土地股份合作社）、农业龙头企业等现代农业生产经营主体，逐步形成以家庭承包经营为基础，专业化、规模化、企业化的专业大户（家庭农场）、农民专业合作社、龙头企业为骨干的新型农业经营体系。为此，要深化农地“三权分置”改革，健全农地经营权流转市场，完善农地流转服务和管理网络，加快农地经营权集中。同时，大力发展农业社会化服务主体，健全农业社会化服务体系，为新型农业经营主体提供从产前、产中到产后的系列化、专业化服务。

（2）推进工业化和城镇化，加快农业剩余劳动力转移。土地流转和集中的前提是减少农业劳动力与农村人口，而减少农业劳动力与农村人口的唯一途径是推进工业化和城镇化，使更多的劳动力和人口离开农业与农村。目前，我国的城镇化水平远远低于工业化水平。因此，要加快新型城镇化的进程，解决农业转移人口在城镇的落户问题，使他们真正转变成市民。这方面的内容在前面的“农业规模经营”中已有阐述，这里不再展开。

（3）加强农业基础设施建设，改善农业发展条件。推进农业现代化，需要采用现代的农业机械设备，需要采用现代的栽培和饲养技术，这些都要有完善的农业基础设施。加强农业基础设施建设，要注意三个方面：一是突出重点。近期应以农田水利设施、农区作业道路、农田质量提升、农业生态环境改善、农业地质灾害防治为重点。二是与农业结构和布局调整相结合。围绕区域优势主导产业的形成和发展，与农产品生产基地建设相结合，建设和完善相应的基础设施。三是充分发挥政府和市场两方面力量。在发挥市场在资源配置中的基础性作用的同时，充分利用财政资金的杠杆作用，最大限度地吸引社会资金参与农业基础设施建设。要充分利用好现有财政的水利建设、公路建设、土地治理、农业综合开发、现代农业园区建设等专项资金，提高这些专项资金的利用效率和效益。

（4）推进农业机械化、设施化、信息化，提高物质技术装备水平。农业机械化不仅是提高劳动效率、减轻劳动强度的手段，更是采用现代农业生产技术的手段。因此，在推进现代农业建设中，必须有步骤地推进农业机械化，特别是要加快推进主要作物生产的全程机械化，实现作物品种、栽培技术和机械装备的集成配套。

设施农业是利用人工建造的设施来进行农产品的生产。设施农业的优势是：可以使农业摆脱自然束缚，实现农业生产（包括畜牧养殖、水产养殖）的工厂化；可以打破传统农业的季节性，实现农产品反季节上市；可以提高土地的生产率和农业经济效益。设施农业的投入比较大，政府要支持有条件的新型农业经营主体发展设施农业。

农业信息化是利用现代信息技术为农业生产经营和管理服务提供信息支持。目前，我国农业的信息化水平很低，在推进农业现代化的过程中，必须同步推进信息化。至于如何推进农业信息化，将在第三节讨论。

（5）加大生态保护建设力度，提升可持续发展能力。农业生产以自然再生产为基础，对生态环境的依赖很大。一是实施生态环保重大工程。如实施天然林保护工程，推进林区森林防火设施建设和矿区植被恢复；实施天然草原退牧还草工程，推进草原自然保护区建设和南方草地开发利用工程；加大海洋生态保护力度，严格控制捕捞强度，修复渔业生态环境；实施江河湖泊综合整治、水土保持建设工程，开展生态清洁小流域建设。二是转变农业增长方式。大力推进绿色生产，减轻资源环境压力，提升农业可持续发展能力。其包括：大力发展循环农业，采用种养结合、套种套养、稻田综合种养等种养模式，发展高效循环生态农业；大力推进清洁生产，广泛采用测土配方施肥，推进有机肥与化肥配合使用，推进病虫害统防统治，推进病虫害绿色防控，推进农作物秸秆综合利用，推进畜禽粪便集中处理；大力推进节水生产技术，推广普及喷灌、滴灌等节水灌溉技术，推广水肥一体化等农艺节水技术。

（6）强化农业科技创新，支撑引领现代农业发展。关于农业科技创新，我们在后面将专门阐述，这里只提一下重点：一是完善农业科技创新机制。整合科技资源，建立协同创新机制，推动产学研、农科教紧密结合。推进现代农业产业技术体系建设，完善以产业需求为导向、以农产品为单元、以产业链为主线、以综合试验站为基点的农业科技资源组合模式。二是突出农业科技创新重点。加强农业基础研究，加快前沿技术研究，加快农业技术瓶颈研究。三是健全农业科技推广体系。健全乡镇或区域性农业技术推广、动植物疫病防控、农产品质量监管等公共服务机构；引导高等学校、科研院所开展农技服务；鼓励科研教学人员从事农技推广服务；发挥农村专业技术协会的作用；鼓励发展农业高新技术企业。改进基层农技推广服务手段，充分利用电视、互联网、手机等媒体和现代信息技术，为农民提供高效便捷、简明直观、双向互动的服务。

（7）完善农业教育体系，提高农业劳动者文化科技素质。农民是农业现代化的主体，实现农业现代化必须实现农民的现代化。在农业现代化过程中，无论是采用现代物质装备，还是采用先进的科学技术，抑或是采用先进的管理手段，都要由农民来实现。为此，必须完善农业教育体系，提升高等农业教育，发展中等职业教育，加强农村实用人才培训。在提升高等农业教育方面，要在加强传统基础学科建设的同时，根据现代农业发展的需要，调整学科和专业结构。在发展中等职业教育方面，要加快建立农民职业教育制度，大力培养新型职业农民。在农村实用人才培训方面，要以提高科技素质、职业技能、经营能力为核心，加大各类农村人才培养计划实施力度。加快培养村干部、农民专业合作社负责人、到村任职大学生等农村发展带头人，农民植保员、防疫员、水利员、信息员等农村技能服务型人才，种养大户、农机大户、经纪人等农村生产经营型人才。

（8）创新农业发展理念，拓宽农业发展空间。以科学发展观为指导，转变发展观念，创新发展模式，提高发展质量。一是树立大资源理念，立足全部国土资源，合理有效利用耕地、林地、草原、淡水、海洋、生物等各种资源，提高资源综合利用效率。同时，积极参与国际分工，在确保谷物基本自给、口粮绝对安全的前提下，适当加大土地密集型农产品的进口，利用国外资源弥补国内资源的不足，减轻国内资源环境压力。二是树立大农业理念，拓宽农业发展的内涵和外延，实行农村一二三产业融合发展，在增强农业的食物营养、工业原料功能的同时，充分发挥农业的生态环保、观光旅游、健康养生、文化传承等功能。

第三节　农业信息化

一、农业信息化的含义

农业信息化既是农业现代化的重要内容和标志，又是实现农业现代化的必然途径。所谓农业信息化，简单地说，就是在农业生产、经营、管理、服务等各个领域广泛应用现代信息技术，把传统农业改造成现代农业的过程[①]。

农业信息化的主要内容包括以下几个方面。

1. 优化农业信息化发展环境

农业生产经营者、农业服务提供者、农业管理者等对信息化有迫切的需求，具备使用信息化手段的素质，是农业信息化的现实基础。全社会共同推进信息化，信息化的整体水平比较高，是农业信息化的客观条件。政府重视农业信息化，在发展规划、政策法律和财政税收等方面予以支持，这是实现农业信息化的重要前提。

2. 建设农业信息基础设施

农业信息基础设施包括信息网络基础设施和信息应用基础设施两个方面。前者包括卫星、微波、高速光纤网、移动宽带网等，后者包括云计算中心、大数据平台、内容分发网络、物联网等。这是农业信息化的重要支撑。

---

① 袁晓庆. 农业信息化水平和效益评价模型和方法研究[D]. 北京：中国农业大学，2015.

3. 开发农业信息资源

农业信息资源包括农业数据库、信息系统及农业网站。农业信息资源的基本要素是数据，数据作为客观事实的表现形式，被按照一定的数据结构存储在数据库中，为农业数据利用者提供数据服务。农业信息系统对信息资源进行收集、加工、处理，为农业生产经营、管理服务提供决策支持。农业网站收集、处理、发布各种农业信息，为农业信息交换提供便捷高效的平台。

4. 完善农业信息服务体系

农业信息服务体系包括信息服务机构和信息服务队伍。信息服务机构包括国家和省级信息服务平台、县信息服务中心、乡镇信息服务站、村信息服务点等。信息服务队伍是从事信息收集、信息处理、信息发布的各类人员，包括农村信息员。

5. 发展农业信息产业

农业信息产业包括与农业信息化有关的电子设备制造业、软件开发业和信息服务业。电子设备制造包括计算机、智能农业机械和设备、信息接收终端等硬件的生产。软件开发包括动植物生长模型、专家诊断系统、生产经营决策系统、行政管理系统、数据库等软件的开发。信息服务包括农业相关网站和 App 的运行、专业性信息的服务等。

6. 推广农业信息技术应用

农业信息技术应用主要包括四个方面：一是农业生产信息化。农业生产者利用自动感知、可靠传输、智能处理和自动控制等技术，在大田种植、设施园艺、畜牧业和渔业生产过程中采取“精准农业”生产管理措施技术。二是农业经营信息化。农业经营主体利用 ERP 等管理信息系统和电子商务等技术，在农场管理和经营决策上实现智能化，在农业生产资料采购、农产品销售等方面实现电商化。三是农业管理信息化。农业主管部门在农业资源和环境管理、行业管理、农情监测、市场监测、农产品质量安全监管、农资监管、动物疫病防控、渔政管理等方面充分利用信息技术和装备。四是农业服务信息化。政府和服务机构建设不同层次与类型的农业信息服务平台，为农业生产经营者提供行政审批以及政策、科技、市场等信息服务。农业生产经营者通过互联网、移动终端，能便捷地使用各种信息服务。

二、农业信息化的作用

农业信息化对于农业的转型升级和农业现代化具有重要意义。

（1）农业信息化是实现农业生产经营决策科学化的重要手段。农业的经营决策和生产管理是一个十分复杂的过程。制定有效的农业生产经营决策，需要掌握全方位的信息，综合运用多学科的知识，同时还应充分利用专家的知识与经验。农业数据库、农业决策支持系统、专家系统、动植物生长模型等信息技术的运用，能大大提高农业经营决策的科学性和生产管理的科学化。

（2）农业信息化是提高农业经济效益的有效措施。其表现在：利用信息技术进行农业生产过程的设计、农业生产要素的精准化投入，可以降低农业生产成本；利用信息技术进行预测，可以增强农业抵御自然灾害的能力，避免不必要的损失；利用各种电商平台，可以方便地实现产销对接，扩大农产品市场，减少农产品流通环节，加快农产品销售；利用信息服务平台，可以快捷、低成本地掌握农业新品种、农业新技术、农产品供求和农业农村经济政策等信息，从而节省决策所需要的信息成本。

（3）农业信息化是实现农业资源高效配置的重要手段。农业信息化实现了农村与城市、国内与国外的信息互通，从而使农业发展可以充分利用国内和国外两种资源、国内和国际两个市场，优化资源配置；农地经营权和农村劳动力可以根据需求信息实现顺畅有序的流动，从而加速农地经营权集中和劳动力转移，为农业现代化提供有利条件；农业科研机构可以为自己的科研成果找到理想的应用场所，农业科技人才也可以根据各地对人才的需求进行有序流动。因此，农业信息化可以优化资源的配置，提高资源配置的效率。

（4）农业信息化是提升农业现代化水平的必然途径。农业现代化要求运用现代农业技术和设备武装农业，用现代科学管理方法组织管理农业。农业信息化有利于农业科学技术的推广应用，加快农业科学技术的应用速度；有利于提高农业机械设备的自动化、智能化程度，提高农业的机械化水平，实现农业生产的工厂化和智能化；有利于解决决策信息不全或不及时的问题，提高农业生产经营管理的科学性；有利于对农民开展远程技术培训，提高农业生产经营者的文化和科技素质。

（5）农业信息化是政府农业管理和服务的重要手段。为保证农业资源的可持续利用、维护农业生产资料和农产品市场的竞争秩序、保障农产品质量安全等，政府农业主管部门建立了相应的监管机制，但这些监管机制的实施以监管机构能及时掌握相关信息为前提。农业信息化有利于政府农业主管部门利用信息技术及时掌握相关信息，甚至能掌握实时的信息，从而提高监管的及时性和效率。同时，政府农业主管部门利用信息技术，构建农业信息服务平台，为农业生产经营者提供行政审批以及政策、科技、市场等信息服务，从而提高服务效率。

（6）农业信息化有利于城乡一体化发展。当前，我国经济社会的城乡二元结构仍十分突出，城乡数字鸿沟、信息孤岛仍普遍存在。推进农业信息化，提升农业综合信息服务能力，满足农民群众日益增长的生产经营和文化生活的信息需求，是实现城乡公共服务均等化、统筹城乡一体化发展的有效途径。

三、农业信息化的目标和重点

根据现代信息技术发展和信息化的发展趋势，我国农业信息化的战略目标是：以提高农业生产智能化水平为目标，推动信息技术在农业生产各领域的广泛应用，引领农业产业升级；以促进农业经营网络化为目标，大力发展电子商务，创新农产品流通方式，促进农产品产销衔接；以实现农业行政管理高效透明为目标，推动“三农”管理方式创新，提升农业部门行政效能；以提供灵活便捷的信息服务为目标，构建农业综合信息服务体系，拓宽信息服务领域，提升农民信息获取能力。

为实现我国农业信息化的战略目标，我国农业信息化的重点推进领域包括以下几个方面。

（1）推进农业生产信息化。重点推进物联网、云计算、移动互联、3S 等信息技术和农业智能装备在农业生产中的应用，引导规模生产经营主体在设施园艺、畜禽水产养殖、农机作业服务、农产品产销衔接等方面，推进信息技术的应用，加快推动农业转型升级。

（2）强化市场信息服务能力。完善农产品市场供求监测预警平台体系，优化市场信息采集手段，提升市场价格监测预警、市场价格调控的能力和效率；建设完善农产品进出口贸易、国际市场价格及产业损害等监测预警系统，实现农产品进出口决策科学化，提高我国农产品国际竞争力。

（3）完善农产品质量安全监管手段。建设国家农产品质量安全追溯管理信息平台，开发农产品质量安全追溯管理信息系统。利用信息化手段建立农产品产地准出、包装标识、索证索票等监管机制。建设全国农产品质量安全监测、监管、预警信息系统。推进农资监管信息化，规范农资市场秩序，提高农资监管能力和水平。

（4）提升重大动植物疫病防控能力。建设国家动植物疫病信息数据库体系、全国突发重大动植物疫病防控指挥调度平台和动物卫生监管平台，提升动植物疫病监测、预警、预防控制、应急管理、信息传输和灾情发布等方面的信息化水平，促进动植物防疫体系建设，增强重大动植物疫病防控能力。

（5）培育农业电子商务平台。探索农产品电子商务运行模式，开展电子商务试点，完善相关支持政策，建立健全农产品电子商务标准规范体系，培育一批农业电子商务平台。鼓励和引导大型电商企业开展农产品电子商务业务，支持涉农企业、农民专业合作社发展在线交易。充分利用信息技术逐步创建最快速度、最短距离、最少环节的新型农产品流通方式。

（6）提高农村经营管理水平。重点建设农村集体“三资”（资金、资产、资源）管理服务、土地确权登记管理服务、土地流转管理服务、土地纠纷仲裁服务、农民负担监管等平台或信息系统，提高农村经营管理水平。

（7）提升农业生产指挥调度能力。建设国家农业综合指挥调度平台，推进种植业、畜牧业、渔业、农机、农产品及投入品质量监管等领域生产调度、行政执法、应急指挥等信息系统开发和建设，提升各级农业部门的行业监管能力。完善农业行政审批服务平台，推进行政审批和公共服务事项在线办理，实现各级农业部门间的业务协同，提高为涉农企业、农民群众服务的水平。

（8）强化农业信息资源开发利用。建设国家农业云计算中心，构建基于空间地理信息的国家农业自然资源和生态环境基础信息数据库体系；强化农业行业发展和监管信息资源的采集、整理及开发利用；重视农业生产环境及动植物本体感知数据的采集、积累及挖掘；注重开发利用信息服务过程中的农民需求数据；鼓励和引导社会力量开展区域性、专业性涉农信息资源建设，健全农业信息资源建设体系，丰富信息资源内容。

（9）加强农业信息科技创新及其在农技推广中的应用。加强农业适用信息技术研发和产品创新，强化科研成果转化和推广应用，重点在农业生产环境、动植物生理感知、农业生产过程智能控制、农业智能装备等领域取得明显突破。推进信息技术和智能装备在农技推广中的应用，加快农技推广信息服务平台建设，提高农技推广服务的效率和水平。

四、推进农业信息化的思路

根据我国农业信息化的目标和当前我国农业信息化中存在的问题，推进我国农业信息化的主要思路如下。

1. 加强农村信息基础设施建设

农业信息基础设施是农业信息化的基础。要加快农村信息传输网络的建设，提高宽带普及率，降低网络和通信资费，解决“最后一公里”入户问题。

2. 完善农业信息服务体系

一是构建全国“三农”综合信息服务体系。构建村有服务点、乡镇有服务站、县有服务中心、省和国家有服务平台的“三农”综合信息服务体系，强化乡镇、村农业信息服务站（点）建设，加强农村信息员队伍建设。二是提升农业综合信息服务能力和水平。完善全国语音平台体系、信息资源体系、专家队伍体系和门户网站体系；逐步将农技推广、农产品质监、农业综合执法、农村“三资”管理、村务公开等与农民生产生活及切身利益密切相关的行业管理系统纳入统一平台，解决信息资源分散、利用者使用不便的问题；开发基于移动互联网、便于农民使用的App，方便农民获取生产和市场信息、办理相关事务。三是创新农业信息服务模式。确立“政府推动、市场引导、多元参与”的农业信息服务模式。在各级政府加强公益性信息服务的基础上，引导和鼓励各种经济实体进入农业信息服务领域，提供商业性农业信息服务。

3. 培育农业信息化科技创新体系

一是加强农业信息化学科体系建设，利用农业行业科研专项加强信息化创新能力建设。充分发挥国家级科研机构和重点高校的支撑作用，加大支持力度，打造国家级农业信息化科研、应用创新基地，培养科研领军人才和创新团队。二是加快农业信息相关设施和设备的研发，特别是动植物环境和生命信息传感器技术与装备、精细作业技术与装备、农业物联网技术与装备、农业智能机器人技术和农业信息服务技术的研发，提高产品性能，降低生产成本，简化操作，使更多的农业生产经营者用得起、会使用。三是加强各级农业部门信息中心条件建设，为农业行政管理的信息化提供技术和服务支撑。四是充分利用各类培训资源，加大对农业行政管理人员、农业生产经营主体、农村信息员的培训力度，不断提高应用主体的信息素养。

4. 开展农业信息化示范

聚焦重点品种、重点地区、重点领域和重点方向，在现代农业示范区、农村产业融合发展示范区，在农业生产、经营、管理及服务等领域，实施一批基础好、成效高，带动性和推广性强的示范项目。采用“典型示范、辐射引导、熟化推广、全面发展”的示范推广模式，推进农业信息化创新发展，提升农业农村信息化水平。

5. 强化组织领导和政策创新

一是加强组织领导。国家农业农村部和各级地方农业行政管理部门设立的农业信息化领导小组，要加强农业信息化统筹协调工作，特别是要整合农业、国土、水利、气象、环保、质监、食监、邮电通信以及教育科研等多部门的资源，协调部门的信息化目标和政策。二是完善政策体系。创新财政资金支持政策，充分利用现有财政预算资金渠道，争取新增投资，加大农业信息化产业发展的支持力度。引导社会资本、金融资本投入农村信息化建设，拓宽资金来源渠道。鼓励企业加大研发投入。

本章小结

农业现代化是把传统农业转化为现代农业的过程或结果。传统农业的主要特征是技术停滞、低水平均衡、自然经济，而现代农业具有科学化、机械化、信息化、市场化、专业化、社会化、产业化、组织化等特点。农业现代化的基本内容包括农业生产手段现代化、农业生产技术现代化、农业组织管理现代化、农业劳动者现代化四个方面。衡量农业现代化的实现程度需要建立评价指标体系，但由于对农业现代化的内涵和外延的理解不同，现有评价指标体系在指标结构、具体指标、指标标准值、指标权重等方面存在一定差异。

中国特色农业现代化道路的“中国特色”主要体现在客观条件方面：人多地少，农业现代化只能在有限的农场经营规模下推进；农业的基本经营制度不能变，农业现代化只能在土地农户家庭承包经营体制下推进；劳动密集与技术、资本密集相结合，兼顾土地生产率和劳动生产率；新型工业化、信息化、城镇化、农业现代化“四化”同步。推进中国农业现代化的战略措施包括：发展新型农业经营主体，构建新型农业经营体系；推进工业化和城镇化，加快农业剩余劳动力转移；加强农业基础设施建设，改善农业发展条件；推进农业机械化、设施化、信息化，提高物质技术装备水平；加大生态保护建设力度，提升可持续发展能力；强化农业科技创新，支撑引领现代农业发展；完善农业教育体系，提高农业劳动者文化科技素质；创新农业发展理念，拓宽农业发展空间。

农业信息化是农业现代化的重要内容。农业信息化的内容包括优化农业信息化发展环境、建设农业信息基础设施、开发农业信息资源、完善农业信息服务体系、发展农业信息产业、推广农业信息技术应用等方面。我国农业信息化的战略目标是：以提高农业生产智能化水平为目标，推动信息技术在农业生产各领域的广泛应用，引领农业产业升级；以促进农业经营网络化为目标，大力发展电子商务，创新农产品流通方式，促进农产品产销衔接；以实现农业行政管理高效透明为目标，推动“三农”管理方式创新，提升农业部门行政效能；以提供灵活便捷的信息服务为目标，构建农业综合信息服务体系，拓宽信息服务领域，提升农民信息获取能力。推进我国农业信息化的思路是：加强农村信息基础设施建设，完善农业信息服务体系，培育农业信息化科技创新体系，开展农业信息化示范，强化组织领导和政策创新。

概念与术语

传统农业　现代农业　农业现代化　可持续农业　农业信息化

学习思考

1. 传统农业的主要特征是什么？
2. 现代农业的基本特征有哪些？
3. 农业现代化的基本内容包括哪些方面？
4. 如何衡量一个国家或地区的农业现代化水平？
5. 我国农业现代化道路的“中国特色”主要体现在哪些方面？
6. 推进中国特色的农业现代化的战略措施有哪些？
7. 什么是农业信息化？农业信息化的主要内容包括哪些方面？
8. 我国农业信息化的目标和重点是什么？
9. 如何推进我国农业的信息化？

第七章

农业产业结构与布局

【本章学习目标】

1. 理解农业产业结构的含义和特点，了解农业产业结构的衡量方法；
2. 理解农业产业结构的决定因素，了解农业产业结构合理性的判断依据；
3. 了解我国农业产业结构的变化情况，理解农业产业结构优化的原则和方向；
4. 掌握农业生产布局的含义及其与农业产业结构的关系；
5. 理解优化农业生产布局的意义和原则，了解我国主要农产品的生产布局。

第一节　农业产业结构概述

一、农业产业结构的概念和特点

1. 农业产业结构的概念

农业产业结构，也称农业生产结构，是指在一定区域（国家或地区）内，农业各部门及其各生产项目的构成情况，包括它们的数量比例、结合形式、地位作用。

农业产业结构具有质和量的规定性，它不仅要从投入和产出的角度反映农业系统中各组成部分之间在数量上的比例关系，而且要从相互联系的角度反映各组成部分在整个系统中的主从地位、结合形式和相互作用。

2. 农业产业结构的特点

农业产业结构具有以下特点。

（1）农业产业结构具有多层次性。农业产业结构可划分为若干层次。首先，它表现为农、林、牧、渔四业的组合比例。这一层次的结构是农业的一级结构。其次，在各业内部又包括产品性质和生产特点不同的生产项目，如种植业内部的生产项目包括粮食作物、经济作物、饲料作物等。这些生产项目的组合比例构成了农业的二级结构。同理，经济作物还可以分为油料作物、纤维作物、糖料作物、蔬菜水果、茶叶蚕桑等，这些作物的组合比例构成农业的三级结构。以此类推，农业产业结构还可以有更多的层次。

（2）农业产业结构具有多类型性。农业产业结构根据其所包括的生产部门、生产项目的比例关系和地位作用不同，可分为农牧结合型、农林结合型、农林牧结合型等类型。根据其生产部门、生产项目之间的结合形式的不同，又可分为直接结合型和间接结合型。前者指各生产部门、各生产项目之间，一方面存在土地、劳力、资金等生产要素的相互调剂与支援关系，另一方面存在相互供应物质和能量的直接结合关系（如种植业为畜牧业提供饲料，畜牧业为种植业提供肥料等）；后者指各生产部门、生产项目之间只存在生产要素的相互支援和调剂关系，而不存在相互供应物质和能量的直接结合关系。不同的结构类型形成的条件不同，产生的效益也不同。

（3）农业产业结构具有整体性。结构是构成事物整体的各组成部分相互联系、相互作用的方式或秩序，因此，结构是事物整体的一个特征。农业产业结构同样如此。虽然农业由各个部门、各个生产项目构成，但这些部门、生产项目之间是相互联系的。各个部门、各个生产项目之间的关系是否协调，关系到农业整体功能的大小。

（4）农业产业结构具有动态性。一方面，农业产业结构的形成受多种因素的制约，这些因素会随着时间的推移而变化。因此，农业产业结构也会随着时间的推移而发生变化。另一方面，农业产业结构也具有相对的稳定性，因为制约农业产业结构的各种因素也是相对稳定的。换句话说，农业产业结构从长期看是动态变化的，从短期看又是比较稳定的。

二、农业产业结构的衡量

农业产业结构可以借助一系列指标来反映。通常使用的指标主要有以下几种。

（1）农业总产值（或增加值）结构。农业总产值（或增加值）结构，是指种植业、林业、畜牧业、渔业产值（或增加值）占农业总产值（或增加值）的比重。如要分析二级结构，则可计算各业内部各组成项目的产值（或增加值）的比重。这是最常用的指标。

（2）土地利用结构。土地利用结构，是指耕地、林地、牧场草地、养殖水面等各类农业用地占农业用地总面积的比重。在分析种植业内部结构时，往往用各类作物的播种面积占总播种面积的比重来反映。

（3）农业劳动力利用结构。农业劳动力利用结构，是指各业或各项目所占用的劳动力数量（或劳动时间）占农业劳动力总数（或劳动总时间）的比重。

（4）农业资金利用结构。农业资金利用结构，是指各业或各项目所占用的资金在农业资金占用总量中的比重。

上述第一项指标是从产出角度来分析农业产业结构的，后三项指标则是从资源配置或生产要素占用状况来分析农业产业结构的。在实际应用中，由于农业的分工专业化程度不像工业那样高，劳动力和资金往往是在农业各部门或项目中交叉使用的，各部门或项目使用的劳动力或资金很难进行精确的分项统计，所以农业产业结构大多采用总产值（或增加值）结构和土地利用结构来反映。

三、农业产业结构的决定因素

农业产业结构的形成既受自然规律的制约，也受经济规律的制约。在某一时空范围内，农业产业结构的决定因素主要有以下几个方面。

（1）社会需求。生产的目的是满足社会需求，社会需求的结构决定生产结构。在市场经济条件下，社会需求是通过市场需求表现出来的，市场需求就是生产的导向。按照市场需求来安排农业生产，可以使生产出来的农产品顺利地通过市场进入消费领域，从而实现产品的价值。人们对农产品需求的多样性决定了农业生产内容和产品的多样性，从而形成了一定的农业产业结构。

（2）自然资源。这是影响农业产业结构的客观条件。农业以自然再生产为基础，农业生产的对象是有生命的动植物，各种动植物都有各自的生长发育规律，都要求与之相适应的自然资源条件，如土壤、水源、气候等。而自然资源具有区域性的特点，不同地区的自然资源差异很大。正因为如此，不同地区的农业产业结构表现出不同的特点。

（3）生产力水平。生产力是人们利用自然和控制自然的能力，生产力水平特别是决定生产力水平高低的科学技术水平决定了人们利用和控制自然能力的大小。在生产力水平低下的阶段，农业生产只能被动地适应自然，自然条件对农业产业结构的制约比较大。而在生产力水平较高的阶段，农业生产就不再是完全被动地适应自然，而是主动地利用自然的过程，自然条件对农业产业结构的制约就会比较小。另外，在生产力水平较低的阶段，有限的资源往往首先需要满足人们吃饭的需要，在农业产业结构上往往表现出“单打一”的粮食生产格局；而随着生产力水平的提高，农业生产就能满足人们多样化的需求，农业产业结构也会发生相应的变化。

（4）体制和政策。经济体制不同，对资源的配置方式不同，农业产业结构会受到影响。在计划经济体制下，农业生产单位没有生产经营自主权，农业产业结构往往表现出既不适应市场需求又不能发挥本地区、本单位资源优势的状态。在市场经济体制下，比较优势规律就会发挥作用，农业产业结构往往能发挥本地区、本单位的资源优势，并适应市场需求的变化。政策对农业产业结构的影响也是很大的。在同样的体制下，政府的政策导向不同，农业产业结构也会表现出不同的特点。

四、农业产业结构的变化趋势

决定农业产业结构的因素会随着时间的推移而发生变化，因而农业产业结构也会相应地发生变化。从长期看，农业产业结构具有如下变化趋势。

（1）在整个农业中畜牧业比重逐步增大。从食品的需求收入弹性看，较为低级的食品（主要是植物类产品）的需求收入弹性较小，而较为高级的食品（主要是动物类产品）的需求收入弹性较大。因此，随着人们收入水平的提高，对动物类产品的需求增长较快。需求的变化必然引起农业产业结构的变化，即从以种植业为主，向种植业与畜牧业（及渔业）并举，再到以畜牧业（及渔业）为主的变化。从发达国家的实践看，畜牧业的发展速度远远超过了种植业的发展速度，畜牧业在农业中所占的比重越来越大。同时，在畜牧业中，提供低脂肪、高蛋白畜产品的畜牧业比重日益增加。

（2）种植业中饲料生产比重逐步增大。随着人们的食品需求从低级向高级转换，畜牧业得以较快发展，进而导致对饲料需求的增长，种植业生产的粮食越来越多地被用作饲料，同时，包括专用饲料粮在内的饲料作物的种植面积迅速增加。种植业由原来的"粮食作物-经济作物"二元结构逐步转变为"粮食作物-饲料作物-经济作物"的三元结构。目前在世界粮食总产量中，居民口粮只占60%，饲料粮达40%，发达国家饲料粮甚至占到70%～80%。

（3）种植业中经济作物比重逐步增大。随着社会经济的发展，工业对棉花、天然橡胶、糖料等原料性经济作物以及生物质能源的需求逐步增大；城乡居民对蔬菜、水果、花卉等的需求也不断增加。种植经济作物的效益好于种植粮食作物的效益，从而引起经济作物在种植业中所占的比重增大。

（4）粮食生产的基础性地位受政策保护。农业产业结构的变化，并不意味着农业各部门的地位也发生了变化。在所有农业生产部门中，粮食生产部门具有特殊的重要地位。这是因为，首先，粮食是人们最基本的生活资料，只有满足了粮食的需求之后，还有多余的耕地、劳力和生产资料，才有可能用来发展粮食以外的其他生产部门；其次，畜牧业及渔业的发展必须建立在粮食及饲料发展的基础之上；最后，粮食关系到社会稳定和国家安全。因此，当粮食生产在农业中的比较效益不断下降、在种植业中的比重不断下降时，很多国家都对粮食生产采取了保护性政策措施，如价格保护、农业投入品补贴、政策性保险、进口限制等。

（5）林业因其生态环保功能受到特别重视。森林不仅具有经济功能，而且具有生态环保和社会文化功能。在整个生态系统中，森林是地球表面陆地生态系统的主体。森林具有涵养水源、防风固沙、保持水土、固碳放氧、净化大气、调节气候等多种生态功能。同时，森林还是人们休闲和旅游的重要去处，因而衍生出很多社会文化功能。森林的生态环保功能和社会文化功能是林业经营者得不到的外部效益。因此，很多国家对林业进行特别的支持和保护，稳定和提高森林覆盖率，使林业经营者的行为符合社会和生态发展的需要。

五、农业产业结构合理化的标准

农业产业结构合理化是指通过对农业产业结构的调整，使一个国家或地区的农业资源得到最合理的配置和可持续利用，从而使农业取得最好的经济效益、社会效益和生态效益。

农业产业结构是否合理是一个相对的和发展的概念。所谓相对，是从空间上来说的，即相对于一个国家或地区的自然、经济、社会条件而言，农业产业结构是否合理；所谓发展，是从时间上来说的，即相对于一定的历史时期而言，农业产业结构是否合理。在一定的时空条件下，判断农业产业结构是否合理，可以从以下几个方面分析。

（1）资源利用最优化。农业资源包括自然资源和社会经济资源两大类。农业生产以自然再生产为基础，相对于其他物质生产部门，农业对自然资源的依赖性更大。一个国家或地区的农业自然资源是多种多样的，但又都是有限的。同时，这些不同的资源所对应的农业生产部门和项目是不同的。因此，农业产业结构必须同本国或本地区的资源禀赋相适应，这样才能使自然资源得到充分利用，并发挥区域资源优势。同样，农村社会经济资源能否充分有效利用也与农业产业结构密切相关。以劳动力为例，不同的农业生产部门和项目能够容纳的劳动力数量不同，而且它们在利用劳动力的季节上也不相同。因此，为了充分利用劳动力资源，就必须合理安排农业生产部门或项目。否则，就会造成劳动力使用上忙闲不均的现象，甚至会造成劳动力资源的浪费。

（2）部门配合协调化。农业内部各部门、各项目之间存在物质和能量相互转化、相互利用的关系。例如，种植业提供的各种饲料是发展畜牧业的物质基础，而畜牧业的发展又为种植业提供有机肥料和畜力，并能充分利用种植业的各种副产品；林业的发展不仅能提供木材和其他林产品，更重要的是可以保护和改善农牧渔业的生态环境。农业产业结构必须能适应和促进这种关系，从而提高农业生产的技术效益和经济效益。

（3）需求满足最大化。农业产业结构决定了农产品的供给结构，这种结构能否满足国民经济发展和人民生活的需要，关系到国民经济的基础是否牢固。在市场经济条件下，农产品的供给结构是否合理，必然要通过市场需求来检验。如果农业产业结构符合市场需求，一方面农业的基础作用得到体现；另一方面农产品也能实现自身的价值，并获得相应的经济效益。所以，农业产业结构还必须能最大限度地满足社会需求。

（4）三大效益统一化。合理的农业产业结构应表现出较高的经济效益，即以最少的投入获得最多的产出，因此，合理的农业产业结构必须是一个高产、优质、低耗的农业生产系统。合理的农业产业结构应能保持和改善生态平衡，使生态系统良性循环，使自然资源可持续利用，生物与自然环境之间的物质和能量转换率高，因此，合理的农业产业结构必须是一个合理、高效、稳定的农业生态系统。合理的农业产业结构还必须满足社会对农产品的需要，能充分利用社会经济资源，增加农民收入，因此，合理的农业产业结构必须有良好的社会效益。

以上标准是相互联系、相互制约的，它们是一个整体。在评价农业产业结构时应从上述几方面综合考察。同时，评价一个国家或地区的农业产业结构不能只从局部考察、微观分析，而更应从全局出发，从宏观考察。

第二节　农业产业结构的优化

一、中国农业产业结构的变化

1. 改革开放前的农业产业结构

从古至今，我国农村经济以农为本的格局延续了数千年，农业产业结构一直比较单一。在漫长的封建社会，我国生产力发展缓慢，生产力水平低下，农业的首要任务是解决吃饭问题，由此导致的农业产业结构始终以种植业中的粮食生产为主。中华人民共和国成立时，在农业产值中种植业的比重占 85%以上，而在种植业播种面积中粮食的比重又占近 90%。

中华人民共和国成立以后，一直到改革开放以前，由于计划经济体制和人民公社体制的局限，我国农业生产力提高不快，再加上人口政策的失误，导致我国的粮食问题长期得不到解决，历史上形成的偏重种植业（特别是粮食）的单一结构没有得到大的改变（表 7.1）。

表 7.1　1952～1978 年中国农业总产值构成　单位：%

年份	种植业	林业	牧业	渔业
1952	85.9	1.6	11.2	1.3
1957	82.7	3.3	12.2	1.9
1962	84.7	2.2	10.9	2.2
1965	82.2	2.7	13.4	1.8
1970	82.1	2.8	13.4	1.7
1975	81.0	3.1	14.2	1.7
1978	80.0	3.4	15.0	1.6

注：表中各别数据加总不为 100%是因数值四舍五入修约所致

资料来源：国家统计局《中国统计年鉴》

改革开放前，我国的农业产业结构具有以下特点。

（1）从部门结构看，比例关系不协调。虽然我国早在 1958 年就提出了“农林牧副渔五业并举”和“以粮为纲，全面发展，因地制宜，适当集中”的方针，但实际上还是片面强调种植业，林牧渔业从未摆脱从属地位；在种植业内部，更是长期重视发展粮食生产，经济作物发展滞缓。农业产业结构长期停留在“农业-种植业-粮食”的低级阶段。

① 在整个农业中，种植业比重过大，林牧渔比重过小。1978 年农业总产值中，种植业的比重占 80.0%，而林牧渔业的比重合计只占 20.0%。

② 在种植业内部，重粮食，轻经济作物。1978 年，粮食播种面积占总播种面积的比重为 80.3%，油料作物的比重为 4.1%，棉花的比重为 3.2%，蔬菜的比重为 2.2%，其他作物的比重合计仅为 10.2%。

③ 在林业内部，用材林比重大，经济林和防护林比重小。1978 年用材林占森林面积的比重达到了 80.3%，而经济林、防护林和薪炭林的面积分别只占 7.1%、6.5%和 2.7%。

④ 在畜牧业内部，重养猪，轻草食性动物。1978 年在牲畜存栏中，生猪占 53.3%，而牛马驴骡等大牲畜和羊分别只占 16.2%和 30.1%，两者之和还不及生猪的占比。

⑤ 在渔业内部，重海水产品，轻淡水产品；重捕捞，轻养殖。1978 年海水产品产量占水产品总产量的 77.3%，捕捞产品产量占水产品总产量的 74.0%。

（2）从资源利用看，过度利用与闲置浪费并重，地区优势未能得到发挥。农业生产局限于种植业特别是粮食生产，一方面造成耕地过度利用，另一方面造成大约 3/5

国土面积上的自然资源未能得到有效利用，各地区的资源比较优势不能发挥。同时，这种结构还使几乎所有的农业劳动力集中于粮食生产上，造成农业劳动生产率不断下降。

（3）从运行效果看，经济、社会和生态效益不高。单一的农业产业结构不能充分而有效地利用资源，农业生产的经济效益受到影响。同时，农业生产不能满足社会对农产品的需求。尽管以粮食生产为中心，但粮食供给仍然全面紧张；按人口平均计算的棉花、油料、水产品等占有量也有所减少。过于单一的农业产业结构还造成自然资源的不合理开发，使农业生态环境遭到破坏。

2. 改革开放后的农业产业结构

改革开放后，农业实行家庭承包经营体制，农民的生产经营自主权得到落实，生产积极性得到激发，农业科技进步加快，农业生产力不断提高，农业产业结构变化明显，农林牧渔业全面发展，粮食生产与经济作物齐头并进（表 7.2）。

表 7.2　1978～2015 年中国农业总产值构成（当年价格）

年份	农业		种植业		林业		畜牧业		渔业	
	总产值/亿元	比重/%	总产值/亿元	比重/%	总产值/亿元	比重/%	总产值/亿元	比重/%	总产值/亿元	比重/%
1978	1 397	100	1 118	80.0	48	3.4	209	15.0	22	1.6
1980	1 923	100	1 454	75.6	81	4.2	354	18.4	33	1.7
1985	3 619	100	2 506	69.2	189	5.2	798	22.1	126	3.5
1990	7 662	100	4 954	64.7	330	4.3	1 967	25.7	411	5.4
1995	20 341	100	11 885	58.4	710	3.5	6 045	29.7	1 701	8.4
2000	24 916	100	13 874	55.7	937	3.8	7 393	29.7	2 713	10.9
2005	39 451	100	19 613	49.7	1 426	3.6	13 311	33.7	4 016	10.2
2010	69 320	100	36 941	53.3	2 596	3.7	20 826	30.0	6 422	9.3
2015	107 056	100	57 636	53.8	4 436	4.1	29 780	27.8	10 881	10.2

注：2003 年起执行国民经济行业分类标准，总产值包括农林牧渔服务业产值。2012 年起执行新国民经济行业分类标准
表中各别数据加总不为 100%是因数值四舍五入修约所致

改革开放后，我国农业产业结构的变化表现出以下特点。

（1）农业产业结构的变化幅度很大。其表现在：种植业比重持续大幅度下降，牧业和渔业比重持续大幅度上升。1978～2015 年，种植业比重从 80.0%下降到 53.8%，畜牧业产值比重从 15.0%上升到 27.8%，渔业产值比重从不到 2%上升到 10.2%。这反映了我国的农业产业结构已从“温饱型结构”向“小康型结构”转化。在种植业中，粮食作物的播种面积比重呈递减趋势（2015 年下降至 68.13%），经济作物的比重迅速上升；在粮食作物中，口粮和饲料粮的种植逐渐分离，种植业的结构已由原来的“粮食作物-经济作物”的二元结构逐渐演变为“粮食作物-饲料作物-经济作物”的三元结构。

（2）农业产业结构的变化是农业综合生产能力提高的结果。在这一阶段，粮食比重的下降和畜牧业、渔业比重的上升，是建立在粮食和棉花、油料、糖料、园艺产品产

量稳定增长的基础上的[①]，这意味着结构变化的基础是农业综合生产能力的提高。农业综合生产能力的提高创造了更快地发展多种经营的条件。

（3）农业产业结构趋向合理化。其表现在：一是农产品供给结构不断优化，肉、蛋、奶等畜产品、水产品、蔬菜、水果产量大幅度增加，农业产业结构较好地符合了社会需求的变化。二是农林牧渔全面发展，荒山、荒坡、荒滩、荒水等得到了综合开发利用，同时一些不宜种植的坡地实行退耕还林还草，农业自然资源的利用更为合理，农业生态系统趋向良性循环。

二、农业产业结构优化的必要性

相比于改革开放前，目前我国的农业产业结构已得到了较大的改善。但随着经济发展和农业发展的国内外环境发生变化，我国农业仍面临进一步优化产业结构的任务[②]。

（1）粮食和主要农产品产量已达到较高水平。按照我国的农产品产量和人口比，2018年，人均粮食占有量已达到470千克，人均蔬菜占有量500千克，人均水果占有量180千克，人均肉类60千克、禽蛋20千克、水产品50千克，人均动物蛋白类产品近140千克。我国主要农产品特别是食物的供给已十分充裕。

（2）居民消费结构和消费方式发生了重大变化。2018年我国人均GDP已达到了9377美元，居民恩格尔系数降到28.4%，城乡居民对高品质农产品需求日益增长。消费者不仅要求吃饱、吃好，还要求吃得健康、吃得有个性；城镇居民不仅有对优质农产品的消费需求，还产生了对农业生产过程和农业生产环境的消费需求，如观光休闲、农家乐、民宿等。但大多数农产品生产者还是按照原来的思路在从事农业生产，从而造成绿色优质农产品和生态产品供给不足，有些农产品供给过度的结构性问题。

（3）农业资源和环境的承载能力达到了极限。农产品供给充足导致农产品价格徘徊不前。有些农民为了追求效益，大量使用化肥、农药、激素、抗生素来提高产量，由此导致土壤质量下降、环境污染，食品安全问题突出[③]。在我国有些地区，农产品的增长是以牺牲土壤质量、自然环境和食品安全为代价的。

（4）农业增效、农民增收进入困难阶段。一方面，国内农产品价格受国际农产品价格的限制，即所谓的农产品价格“天花板”封顶。另一方面，国内农产品的生产成本不断提高，表现在传统的种子、化肥、农药等物质成本在上升，新的生产成本如土地租赁费用、农业用工工资、农机作业费用都在上升。这就是所谓的农产品生产成本的“地板”不断抬升。农业的经济效益下降。此外，整个经济的增速减缓，城市产业转型升级，农民工的就业机会相对减少，农民的工资性收入增长乏力。

---

① 1978年到2015年，我国粮食产量从30 476.5万吨增加到62 143.9万吨，增长了103.9%。

② 2015年11月，中央财经领导小组会议根据我国2010年以来经济增速波动下行、供给和需求不协调的问题日益突出的现状，提出要在适度扩大总需求的同时加快推进供给结构的调整。紧接着召开的2015年中央农村工作会议提出农业也要推进供给侧结构性改革。2017年，中共中央和国务院专门出台了《中共中央　国务院关于深入推进农业供给侧结构性改革　加快培育农业农村发展新动能的若干意见》（2017年中央1号文件）。

③ 我国耕地面积不到世界的9%，但农药和化肥的使用量占了全世界的1/3。

三、农业产业结构优化的原则

优化农业产业结构是一项复杂的系统工程，必须统筹规划，科学安排。由于各地的条件不同，农业产业结构不可能有一个统一的模式。一般来说，农业产业结构的优化必须遵循以下原则。

（1）以市场为导向。要根据市场需求及其变化趋势优化农业产业结构，满足社会对农产品多样化和优质化的需求。优化农业产业结构不能局限于本地市场，要面向全国、面向世界，适应国内外市场需求。不仅要瞄准农产品的当前需求，还要研究未来农产品的需求趋势，以便在未来的市场变化中抢占先机。

（2）发挥区域比较优势。随着市场经济体制的完善和经济全球化的发展，进一步扩大农业区域分工，实行优势互补，是降低农产品生产成本、提高市场竞争力的必然要求。优化农业产业结构，要在发挥区域比较优势的基础上，逐步发展不同类型的专业生产区。每个地区要以资源为基础，因地制宜，发挥本地资源、经济、市场、技术等方面的优势，发展具有本地特色的优势农产品，逐步形成具有区域特色的农业主导产品和支柱产业。

（3）依靠科技进步。优化农业产业结构要充分依靠科技进步。特别是要利用现代育种技术，以改造传统产品和开发新产品为重点，改良传统品种、培育新品种，采用配套的栽培和养殖技术，置换原先的产品，促进农业产业结构优化和升级。

（4）用经济手段调控和引导。要正确处理政府与市场的关系，充分发挥市场机制在资源配置和结构调整中的基础性作用。政府在结构调整中的职责是：完善农产品流通体制和市场体系，健全农产品信息网络，为优化农业产业结构创造良好的市场环境；根据农产品市场供求变化趋势，调整农业支持政策，运用经济手段适时进行宏观调控；加强农业科技创新，完善农技推广体系，做好技术辅导。总之，政府在结构调整中只能起引导作用，切忌采用行政命令强迫农民生产什么、不生产什么。

四、农业产业结构的优化方向

我国农产品的供求关系已从过去的总量短缺变为供求总体平衡，而结构性供求矛盾开始突出，农业发展的制约因素已经由过去单一的资源约束变成资源和市场的双重约束。在这种背景下，农业产业结构的优化不仅要考虑各种农产品的数量平衡，还要注意农产品的质量提升，更要努力实现农业的可持续发展。农业产业结构的优化方向如下。

（1）农林牧渔业关系的优化。种植业、林业、畜牧业和渔业之间关系的优化方向是：在继续发展种植业的基础上，加快发展畜牧业和渔业，以满足日益增长的动物类产品的消费需求；充分利用我国丰富的山地资源发展林业，在增加林产品的同时，进一步增强林木的生态环保功能；提高种植业和林牧渔业之间的多层次综合利用水平，提高农业资源的利用效率。

（2）种植业结构的优化。种植业是农业的基础和主体。种植业结构的优化方向是：按照稳粮、优经、扩饲的要求，加快构建粮经饲协调发展的三元种植结构。粮食是国民经济基础的基础，关系社会稳定和国家安全，对拥有近14亿人口的中国来说尤为重要。在优化农业产业结构的过程中，要稳定水稻、小麦生产，确保口粮绝对安全。经济作物要优化品种品质，巩固主产区棉花、油料、糖料生产，促进园艺作物增值增效。饲料作物要扩大种植面积，发展青贮玉米、苜蓿等优质牧草，大力培育现代饲草料产业体系。同时，做大做强优势特色产业，把地方土特产和小品种做成大产业。

（3）林业结构的优化。林业是培育、保护和利用森林的部门。林业不仅生产周期长，而且具有很强的外部效益，因此必须重视发展林业，优化林业结构。林业结构的优化方向是：大力开展植树造林，提高森林覆盖率；优化营林结构，加大经济林、防护林的比重；建立合理的采-育结构，切实保护好林业资源；在继续重视林木产品生产和发展速生丰产林的同时，加强林副产品的综合利用，提高林业资源的多层次利用水平，提高林业经济效益。

（4）畜牧业结构的优化。随着人们生活水平的提高，相对于粮食来说，人们对畜产品的需求增长更快，因而畜牧业将有更大的发展空间。畜牧业结构的优化方向是：大力发展耗粮少、饲料转化率高的畜禽产品生产，特别应增加秸秆和草料转化利用率高的牛、羊、兔、鹅等品种，大幅度提高食草性动物的商品产量；适应中国居民的肉类消费特点和需求变化，稳定发展传统的猪、鸡、鸭等肉类和禽蛋生产，加快品种改良速度，重点发展优质猪肉和禽肉生产，提高优质产品所占的比重；加强优质奶源基地建设，发展奶牛标准化规模养殖；大力发展饲料加工业和畜产品加工业，推进畜牧业的产业化经营，实现畜产品的多次转化增值，提高畜牧业的综合效益。

（5）渔业结构的优化。渔业是利用水域进行捕捞与养殖的产业，主要产品是鱼类、虾蟹类、贝类和藻类。改革开放以来，我国渔业获得了快速发展，但渔业结构不尽合理。我国渔业结构的优化方向是：合理开发滩涂、水面等宜渔资源，加速品种更新换代，发展名特优新品种养殖；调整养殖模式，重点发展高效生态型水产养殖业，积极发展高科技工厂化养殖，因地制宜地发展水库和稻田养殖；稳定近海捕捞，加强保护近海渔业资源，完善休渔制度，严格控制捕捞强度，减少捕捞量；大力发展远洋渔业，加强国际渔业合作，不断扩大国外作业海域；大力发展水产品的精加工、深加工和综合利用，重点抓好大宗水产品的保质和低值水产品的深加工，提高水产品质量和附加值。

（6）农产品品种结构的优化。在过去农产品供给数量不足的背景下，农业生产只能将追求数量的增长放在最重要的位置。现在，主要农产品供求中的数量矛盾已基本解决，这就使我国农业有条件在稳定提高生产能力的基础上，将优化品种、提高质量放到突出的位置来考虑。无论是提升我国农产品在世界市场上的竞争力还是满足国内居民对优质安全农产品日益增长的需求，提高农产品质量都已成为当务之急。因此，不论是种植业还是林牧渔业，都必须根据市场需求的变化，压缩不适销的品种，扩大优质品种的生产；通过品种改良和新品种开发，加速品种的更新换代，努力提高农产品的质量。

五、促进农业产业结构优化的思路

根据农业产业结构的变化规律，以及改革开放以来我国农业产业结构调整的经验，进一步优化我国的农业产业结构，应采取以下对策措施。

（1）大力发展新型农业经营主体，提高生产与市场的对接能力。我国当前农产品的供给结构与消费结构错位，与以千家万户分散经营的小农户为主的经营体系有很大的关系。如前所述，小农户因经营规模小，家庭劳动力得不到充分利用，高素质劳动力从事非农产业，造成农业从业人员老龄化和妇女化，缺乏掌握新技术的能力；分散的小农户经营难以实现农业生产标准化，农产品质量安全得不到保证；分散的小农户掌握市场信息的能力有限，做不到按市场需求来安排农业生产；等等。因此，要改变目前我国与以小农户为主的经营体系，大力发展规模经营的家庭农场、农民专业合作社和农业龙头企业等新型农业经营主体，提高农业经营主体对接市场的能力。至于如何发展新型农业经营主体，在前面第三、四、五章相关内容中已经阐述，这里不再赘述。

（2）完善农产品市场体系，发展新型流通方式。我国农产品的供给质量不高，还与我国农产品市场体系的不完善有关。完善农产品市场体系，主要是加强产地农产品批发市场建设，提升农产品批发市场功能；有序发展农产品期货市场，发挥期货市场对生产的引导作用。同时，积极发展生产基地与连锁经营、配送中心直接对接、农产品网络销售等新型流通方式。总之，通过各种方式帮助农业生产者对接市场，使农民能按照市场需求来调整农业结构。至于如何完善农产品市场体系，在后面有关农产品市场的章节再做具体阐述。

（3）完善农业信息体系和质量标准体系。首先，要完善“三农”信息服务体系。加快形成国家和省服务平台、县服务中心、乡镇服务站、村服务点的信息服务网络，强化乡、村信息服务站（点）建设。做好农产品生产信息、技术信息、供求信息、政策信息的收集和发布工作，为农民调整农业产业结构提供及时准确的信息。其次，要制定和修订农产品质量标准，建立健全质量监督检测体系和农产品质量追溯系统①，鼓励开展农产品“三品一标”②认证，推进农产品品牌建设，为实现农产品优质优价创造条件，促进农业生产者努力提高农产品质量。

（4）加强农业科技创新，为农业结构优化提供技术支撑。首先，要适应农产品供求关系变化的新形势，确立农业科技研发的方向。农业科技研发重点要从主要追求增产技术转向追求优质高效技术，从以粮、棉、油、糖、畜禽等大宗农产品生产技术为主转到大宗农产品生产技术与特色农产品生产技术并重，从生产技术领域拓展到产后加工、保质、储运等领域。其次，要抓住关键技术，实行科技攻关。围绕高科技育种技术、配

① 农产品质量追溯系统是运用计算机、数字化物流管理等技术，全程记录农产品在生产、加工、流通各个环节的质量安全信息，实现农产品质量安全从生产源头到消费市场全程可追溯的精细化管理。

② “三品一标”是无公害农产品、绿色食品、有机农产品和农产品地理标志的统称。无公害农产品是指产地环境和产品质量均符合国家普通食品相关卫生质量标准要求，经政府相关部门认证合格并允许使用无公害标志，这类食品不会对人的身体健康造成任何危害，是对食品的最起码要求。绿色食品是指无污染、优质、营养食品，经国家绿色食品发展中心认可并许可使用绿色食品标志，是中档食品。有机农产品是指在生产过程不用农药、化肥、生长激素、抗生素等化学物质和采用对环境无害的方式生产，通过独立认证机构认证并颁发证书，是高质量的农产品。农产品地理标志是指标示农产品来源于特定地域，产品品质和相关特征主要取决于自然生态环境和历史人文因素，并以地域名称冠名的特有农产品标志，农业农村部负责全国农产品地理标志的登记工作。

套栽培和养殖技术、农产品精深加工技术、农产品保鲜储运技术、农产品质量检测和动植物检疫技术进行重点攻关。最后，要加强农技推广体系建设，加快农业科技成果应用步伐。要为农民及时提供农业结构调整所需要的种子、种苗、种畜禽、菌种等，并为农民解决农产品生产、加工、储运、销售过程中的技术问题。

（5）加强农业基础设施和生态环境建设。要结合标准化农产品基地建设，完善农田水利、道路、电力等基础设施，为农业结构调整创造条件。同时，要加强农业生态环境建设，统筹山水林田湖草系统治理，实施重要生态系统保护和修复工程，实施农业投入品减量化、生产清洁化、废弃物资源化行动，为发展优质农产品提供环境条件。

第三节　农业生产布局

一、农业生产布局的含义

农业生产布局是指农业生产在地域上的安排和分布，它是农业生产在地域上的分工形式，是农业各部门、各生产项目在空间上的动态组合。

农业生产布局的内容包括相互联系的三个方面：一是农业生产在地区间的分工，即根据各地区农业生产的客观条件和社会需要，确定其生产的专业化方向和发展规模。二是区域内的生产组合和空间分布，包括区域内农业产业结构的确定、优势产业的选择和开发、具体的产业空间配置等。三是区域间的经济联系和交流方式，即各区域间的分工协作关系和经济联系方式。

农业生产布局是由农业的地域分异规律决定的。农业地域分异规律就是农业生产在地域之间因生产条件不同而形成差异的规律。农业生产对自然环境具有很强的选择性，并与一定的社会经济条件相联系。在不同地区，自然条件和社会经济条件不同，适合发展的农业生产部门和具体生产项目不同；而在一定地区内，农业生产的自然条件和社会经济条件具有相似性。根据农业地域分异规律，采取区别差异性和归纳共同性的方法，划分出不同类型、不同等级的农业区域，将不同的农业生产部门和生产项目分别配置在最适合其发展的区域，便形成了农业生产布局。

与农业产业结构一样，自然条件是农业生产合理布局的基础，但农业生产布局还受经济、社会、体制政策等众多因素的影响。随着经济社会的发展，特别是随着科学技术的进步，人类利用自然和改造自然能力的增强，以及交通运输条件的改善，农业生产布局也将随之改变。因此，农业生产布局是各种农业生产要素在空间上的动态组合，且不断发展变化。

农业生产布局与农业产业结构是相辅相成的。农业产业结构是一定区域内农业各部门、各生产项目的比例关系，农业生产布局是一定区域内农业各部门、各生产项目在地域上的配置和分布。农业产业结构最终要落实在农业生产的布局上，通过农业生产布局体现出来，农业生产布局的变化也会引起农业产业结构的变化。从一个大的区域范围看，有什么样的农业产业结构就会有相应的农业生产布局，有什么样的农业生产布局也就决定了相应的农业产业结构。

二、农业生产布局理论

农业生产布局理论是人们在长期的生产实践中，在不断总结实践经验的基础上逐步发展起来的。

在农业生产布局的理论方面，最为著名的是德国经济学家杜能创立的农业区位论。杜能根据自己多年经营特洛（Tellow）农场的经验，于1826年撰写了著名的《孤立国》。在这本著作中，杜能强调了区位对土地利用的影响，认为农业土地利用的类型和农业土地经营的集约化程度，不仅取决于土地的天然特性，而且取决于农产品生产地到消费地的距离。他假设了一个“孤立国”：孤立国只有一个城市，且位于中心，其他都是农村；城市是农产品的唯一销售市场；孤立国是一个天然均质的大平原，各地的自然条件完全相同；农产品的运费与其重量及产地到城市的距离成正比；农业经营者以获取最大利润为目的。根据这些假设前提，杜能提出了六种耕作制度，每种耕作制度构成一个区域，每个区域都以城市为中心，围绕城市呈同心圆状分布：第一圈为自由农作区，主要生产体积大、重量大、易腐烂、不宜长途运输的鲜果、蔬菜、牛奶等农产品；第二圈为林业区，主要为城市居民提供量大、运输费高的木材和燃料等；第三圈是谷物轮作区，主要生产谷物和豆科作物，采取轮作方式以克服由于距离城市较远而产生的粪便等肥料不足的困难；第四圈是谷草轮作区，主要生产谷物和畜产品；第五圈为三圃农作区，采取谷物-牧草-休闲三圃制，主要向城市居民提供经过加工的畜产品和少量谷物；第六圈为放牧区，主要畜产品自给，少部分经过加工后运往城市。

杜能的农业区位论为以后出现的各种区位理论奠定了理论基础。当然，杜能的农业区位论只强调了农场离市场的距离这一个因素，而现实中农业生产布局受众多因素影响。因此，杜能的理论只是提供了一种思路，并没有现实意义。

三、农业生产合理布局的意义

农业生产的合理布局，对促进农业生产发展和提高全社会的生产力水平具有重要意义。

（1）有利于农业资源的优化配置。合理的农业生产布局是因地制宜、趋利避害、扬长避短的农业生产布局，因此，合理的农业生产布局就意味着在最适宜的地区生产最适宜的农产品，合理安排种植养殖业制度，配套应用先进适用技术，从而有利于充分挖掘资源、品种、技术和现代物质装备的增产潜能，提高农业资源利用率、土地产出率和劳动生产率，增强主要农产品的基本供给能力。

（2）有利于发挥区域比较优势。合理的农业生产布局突出区域特色，有利于把优势区域建成高产、优质、高效、生态、安全的现代农业生产基地，实现规模化、专业化、标准化生产，增强农产品的整体竞争力。同时，可以在全国范围内形成区域特色鲜明、产业分工合理、产业体系完备的农业发展新格局，可以在较高层面上实现农业产业结构的整体优化。

（3）有利于实现农业现代化。合理的农业生产布局是建立在农业生产区域分工和专业化基础上的，在区域内实行相对集中连片的规模化生产，专业化经营，有利于现代农业科学技术和现代农业物质装备的推广运用，有利于农业社会化服务体系的建立，有利于提升农业的组织化水平，从而有利于构建现代农业生产体系。从世界上已经实现农业现代化的国家来看，这些国家大多有比较合理的农业生产布局，即农业生产区域分工，这对促进这些国家的农业生产现代化发挥了十分重要的作用。

（4）有利于促进整个社会生产力水平的提高。合理的农业生产布局有利于促进全国各地区经济的均衡发展，促进边疆和少数民族地区的经济繁荣；有利于农业、工业、交通运输业和商业设施等在地区分布上的密切配合，节省社会劳动，促进整个社会生产力水平的提高。

四、农业生产布局的原则

农业生产布局总的原则是：充分发挥地区分工对提高农业生产效率的功能。具体来说，农业生产布局应遵循以下原则。

（1）因地制宜，扬长避短，趋利避害，发挥优势。农业生产同时受自然规律和经济规律的支配，农业生产布局也受自然规律和经济规律的支配与影响。首先，不同的农业生产部门和项目要求不同的自然条件，而各地的农业自然条件不同，这些不同的农业自然条件对不同的农业生产部门和项目都有优势与劣势的辩证关系。在安排农业生产布局时，要把农业生物因素与自然环境因素有机地统一起来。其次，不同的农业生产部门和项目要求不同的社会经济条件，而各地社会经济条件不同，如基础设施、科技水平、运输条件、社会需求、民族习惯等。因此，安排农业生产布局，要综合分析自然条件和社会经济条件的特点与差异，通过农业区划对农业生产做出具体布局，使因地制宜的原则落在实处。

（2）突出地区特色与均衡布局相结合。农业生产布局首先要突出地区特色，充分发挥地区分工和专业化的优势。在不同的地区，由于自然条件和社会经济条件不同，最适合发展的农业生产部门和项目不同，各地区应本着发挥优势的原则，使区域内的资源向重点生产领域集中。但同时，也要注意实现全国农业生产的平衡发展，特别是边远地区、少数民族地区农业的发展。这些地区人口不多，但往往地域广阔、资源丰富，只是交通条件较差，加快这些地区的农业发展，不仅是农业自身发展的需要，也是维护国家安全和政治稳定的需要。

（3）农业生产布局与工业、交通运输业布局相适应。农业为工业提供原料，为城镇居民和工矿企业职工提供生活资料。因此，随着新工业基地的建设，相应地要在其周围建立新的农畜产品基地，以满足企业职工和城镇居民的需要。另外，工业布局也要适应农业布局，尤其是以农产品为原料的工业企业，应尽量安排在原料基地附近，使工业生产接近原料地。合理的农业布局，还必须与交通运输条件相适应。否则，城市和其他地区所需要的农产品难以运出去，本地所需要的工业品和其他地区生产的农产品难以运进来，区域分工就不能实现。只有农业、工业、交通运输业在地区布局上密切结合，才有利于各业的发展。

五、我国主要农产品区域布局

根据《全国主体功能区规划》①《全国优势农产品区域布局规划（2008—2015年）》和《特色农产品区域布局规划（2013—2020年）》，我国主要农产品的区域布局如下。

1. 水稻

水稻包括东北平原、长江流域和东南沿海3个优势区。其中，东北平原主要位于三江平原、松嫩平原、辽河平原，包括黑龙江、吉林、辽宁3个省的82个重点县，着力发展优质粳稻；长江流域主要位于四川盆地、云贵高原丘陵平坝地区、洞庭湖平原、江汉平原、河南南部地区、鄱阳湖平原、沿淮和沿江平原与丘陵地区，包括四川、重庆、云南、贵州、湖南、湖北、河南、安徽、江西、江苏10个省（市）的449个重点县，着力稳定双季稻面积，逐步扩大江淮粳稻生产；东南沿海主要位于杭嘉湖平原、闽江流域、珠江三角洲、潮汕平原、广西及海南的平原地区，包括上海、浙江、福建、广东、广西、海南6个省（区、市）的208个重点县，着力发展优质高档籼稻。

2. 小麦

小麦包括黄淮海、长江中下游、西南、西北、东北5个优势区。其中，黄淮海包括河北、山东、北京、天津全部，河南中北部、江苏和安徽北部、山西中南部以及陕西关中地区，包括336个重点县，着力发展优质强筋、中强筋和中筋小麦；长江中下游包括江苏、安徽两省淮河以南、湖北北部、河南南部等地区，包括73个重点县，着力发展优质弱筋和中筋小麦；西南包括四川、重庆、云南、贵州等省（市），包括59个重点县，着力发展优质中筋小麦；西北包括甘肃、宁夏、青海、新疆，陕西北部及内蒙古河套土默川地区，包括74个重点县，着力发展优质强筋、中筋小麦；东北包括黑龙江、吉林、辽宁全部及内蒙古东部，主要包括16个重点县，着力发展优质强筋、中筋小麦。

3. 玉米

玉米包括北方、黄淮海和西南3个优势区。其中，北方包括黑龙江、吉林、辽宁、内蒙古、宁夏、甘肃、新疆，陕西北部、山西中北部、北京和河北北部及太行山沿线的

---

① 2011年，国家发展和改革委员会发布了《全国主体功能区规划》。该规划确立了未来国土空间开发的战略格局："两横三纵"为主体的城市化战略格局，"七区二十三带"为主体的农业战略格局，"两屏三带"为主体的生态安全战略格局。按开发方式，国土空间分为优化开发、重点开发、限制开发和禁止开发四类主体功能区。优化开发区域包括环渤海、长三角、珠三角3个区域。重点开发区域包括冀中南地区、成渝地区等18个区域。限制开发区域分农产品主产区和重点生态功能区两类，农产品主产区主要包括东北平原主产区、黄淮海平原主产区、长江流域主产区等七大优势农产品主产区及其23个产业带；重点生态功能区包括大小兴安岭生态功能区等25个国家重点生态功能区。禁止开发区域是依法设立的各级各类自然文化资源保护区域，以及其他禁止进行工业化城镇化开发、需要特殊保护的重点生态功能区。

玉米种植区，包括233个重点县，着力发展籽粒与青贮兼用型玉米；黄淮海包括河南、山东、天津，河北、北京大部，山西、陕西中南部和江苏、安徽淮河以北的玉米种植区，包括275个重点县，着力发展籽粒玉米，积极发展籽粒与青贮兼用和青贮专用玉米，适度发展鲜食玉米；西南包括重庆、四川、云南、贵州、广西及湖北、湖南西部的玉米种植区，包括67个重点县，着力发展青贮专用和籽粒与青贮兼用玉米。

4. 大豆

大豆包括东北高油大豆区、东北中南部兼用大豆区和黄淮海高蛋白大豆区3个优势区。其中，东北高油大豆区包括内蒙古东四盟和黑龙江的三江平原、松嫩平原第二积温带以北地区，包括59个重点县；东北中南部兼用大豆区包括黑龙江南部、内蒙古的通辽、赤峰及吉林辽宁大部，包括22个重点县；黄淮海高蛋白大豆区包括河北、山东、河南、江苏和安徽两省的沿淮及淮河以北、山西西南地区，包括36个重点县。

5. 马铃薯

马铃薯包括东北、华北、西北、西南、南方5个优势区。其中，东北包括黑龙江和吉林2省、辽宁北部和西部、内蒙古东部地区，包括34个重点县，着力发展种用、加工用和鲜食用马铃薯；华北包括内蒙古中西部、河北北部、山西中北部和山东西南部地区，包括44个重点县，着力发展种用、加工用和鲜食用马铃薯；西北包括甘肃、宁夏、陕西西北部和青海东部地区，包括51个重点县，着力发展鲜食用、加工用和种用马铃薯；西南包括云南、贵州、四川、重庆4省（市）和湖北、湖南2省的西部山区，陕西的安康地区，包括182个重点县，着力发展鲜食用、加工用和种用马铃薯；南方包括广东、广西、福建3省（区），江西南部、湖北和湖南中东部地区，包括82个重点县，着力发展鲜食用薯和出口鲜薯品种。

6. 棉花

棉花包括黄河流域、长江流域、西北内陆3个优势区。其中，黄河流域包括天津、冀东、冀中、冀南、鲁西南、鲁西北、鲁北、苏北、豫东、豫北、皖北、晋南、陕西关中东部地区，包括146个重点县；长江流域包括江汉平原、洞庭湖、鄱阳湖、南襄盆地、安徽沿江棉区、苏北灌溉总渠以南地区，包括60个重点县；西北内陆包括南疆、东疆、北疆和甘肃河西走廊地区，包括98个重点县。

7. 油菜

油菜包括长江上游、中游、下游和北方4个优势区。其中，长江上游包括四川、贵州、云南、重庆和陕西5省（市），包括101个重点县，着力发展高产、高含油量、耐湿、抗病“双低”油菜；长江中游包括湖北、湖南、江西、安徽4省及河南信阳地区，包括166个重点县，着力发展早熟、多抗、高含油量的“双低”优质油菜；长江下游包括江苏、浙江两省，包括24个重点县，着力发展高含油量、抗病、中早熟、耐裂角和耐渍优质油菜；北方包括青海、内蒙古、甘肃3省（区），包括27个重点县，着力发展抗旱、抗冻的优质甘蓝型特早熟春油菜。

8. 甘蔗

甘蔗包括桂中南、滇西南、粤西琼北 3 个优势区。其中，桂中南包括 33 个县，着力发展高产高糖品种；滇西南包括 18 个县，着力发展耐旱高产高糖品种；粤西琼北包括 9 个县，着力发展高糖高抗性品种。

9. 天然橡胶

天然橡胶包括海南、云南、广东 3 个优势区。其中，海南包括 18 个县，着力发展高产抗风优良品种；云南包括 29 个县，着力发展抗寒高产新品种；广东包括 13 个县，着力发展抗风、抗寒高产速生品种。

10. 生猪

生猪包括沿海、东北、中部和西南 4 个优势区。其中，沿海包括江苏、浙江、广东、福建 4 省的 55 个县，着力发展现代化养殖，确保一定的自给率；东北包括吉林、辽宁、黑龙江 3 省的 30 个县，着力发展规模化养殖，确保京、津等大中城市市场供应；中部包括河北、山东、安徽、江西、河南、湖北、湖南 7 省的 226 个县，着力发展健康养殖，稳定提高调出能力；西南包括广西、四川、重庆、云南、贵州 5 省（区、市）的 126 个县，着力发展各种类型的生态养殖。

11. 肉牛

肉牛包括中原、东北、西北、西南 4 个优势区。其中，中原包括山东、河南、河北、安徽 4 省的 51 个县，着力满足京津冀都市圈、环渤海经济圈和长三角地区需求；东北包括吉林、黑龙江、辽宁、内蒙古、河北 5 省（区）的 60 个县，在满足本区域需求的同时着力开拓东北亚市场；西北包括新疆、甘肃、陕西、宁夏 4 省（区）的 29 个县，在满足本区域的需求同时着力开拓中亚、中东市场；西南包括四川、重庆、云南、贵州、广西 5 省（区、市）的 67 个县，着力满足本区域和华南地区肉牛需求。

12. 奶牛

奶牛包括京津沪郊区、东北内蒙、中原、西北 4 个优势区。其中，京津沪郊区包括北京、上海、天津 3 市的 17 个郊县，着力提高奶业现代化水平，加快产加销一体化进程；东北内蒙包括黑龙江、辽宁和内蒙古 3 省（区）的 117 个县，着力发展规模化、标准化奶牛养殖；中原包括河北、山西、河南、山东 4 省的 111 个县，着力发展专业化养殖场和规模化小区；西北包括新疆、陕西、宁夏 3 省（区）的 68 个县，着力发展舍饲、半舍饲规模化养殖。

13. 出口水产品

出口水产品包括黄渤海养殖带、东南沿海养殖带、长江流域养殖区 3 个优势区。其中，黄渤海养殖带包括天津、河北、辽宁、山东 4 省（市）的 62 个县，着力发展对虾、贝类、河蟹、海藻；东南沿海养殖带包括浙江、福建、广东、广西、海南5省（区）的121个县，着力发展鳗鲡、对虾、贝类、大黄鱼、罗非鱼、海藻；长江流域养殖区包括江苏、安徽、江西、湖北、湖南、重庆、四川7省（市）的102个县，着力发展河蟹、斑点叉尾鮰、鳗鲡、海藻。

本章小结

农业产业结构是指在一定区域内农业各部门及其各生产项目的构成情况，包括它们的数量比例、结合形式、地位作用。农业产业结构具有多层次性、多类型性、整体性和动态性等特点。农业产业结构既可以从产出角度来衡量，也可以从资源配置或生产要素占用状况来衡量。决定农业产业结构的因素主要是社会需求、自然资源、生产力水平及体制和政策。随着时间的推移，农业产业结构会出现规律性的变化。判断一定时空条件下的农业产业结构合理程度可以从资源利用最优化、部门配合协调化、需求满足最大化、三大效益统一化等方面进行分析。

中华人民共和国成立之前农业生产力水平低下，农业产业结构始终以粮食生产为主。中华人民共和国成立后到改革开放前，历史上形成的单一农业产业结构没有得到大的改变。改革开放后，我国农业产业结构有了明显改善。目前，仍面临进一步优化农业产业结构的任务。优化农业产业结构须遵循以市场为导向、发挥区域比较优势、依靠科技进步、用经济手段调控和引导等原则。优化的总方向是：在继续发展种植业基础上，加快发展畜牧业和渔业；充分利用丰富的山地资源发展林业，在增加林产品的同时增强林木的生态环保功能；提高种植业和林牧渔业之间的多层次综合利用水平，提高农业资源的利用效率。种植业、林业、畜牧业、渔业内部也要相应优化结构，同时要优化农产品品种结构，提高农产品质量。

农业生产布局与农业产业结构相辅相成。农业生产布局是一定区域内农业各部门和各生产项目在地域上的配置与分布。农业生产的合理布局，有利于农业资源的优化配置，有利于发挥区域比较优势，有利于实现农业现代化，有利于促进整个社会生产力水平的提高。农业生产布局应遵循以下原则：因地制宜发挥优势，突出地区特色与均衡布局相结合，农业生产布局与工业和交通运输业布局相适应。我国出台了《全国优势农产品区域布局规划（2008—2015年）》《特色农产品区域布局规划（2013—2020年）》，对主要农产品的生产区域进行了布局。

概念与术语

农业产业结构　农业产业结构合理化　农产品质量追溯系统　“三品一标”
农业生产布局　农业地域分异规律

学习思考

1. 农业产业结构有什么特点?
2. 如何衡量农业产业结构?
3. 农业产业结构的决定因素有哪些?
4. 农业产业结构的演变有什么规律?
5. 农业产业结构合理化的标准是什么?
6. 改革开放以来我国农业产业结构的变化有什么特点?
7. 为什么当前要继续优化我国的农业产业结构?
8. 我国农业产业结构优化的原则是什么? 方向如何?
9. 农业生产布局与农业产业结构是什么关系?
10. 为什么要合理布局农业生产? 农业生产布局的原则是什么?
11. 我国主要农产品的优势区域布局如何?

第八章

农业支持与保护

【本章学习目标】

1. 掌握农业支持与保护的含义，理解农业支持与保护的依据；
2. 了解农业支持与保护政策的类别，掌握测度农业支持与保护水平的方法；
3. 理解我国农业与支持保护政策调整的原则，了解我国农业支持与保护政策调整的方向和内容；
4. 理解农业保险的作用，了解我国政策性农业保险的模式。

第一节　农业支持与保护概述

一、农业支持与保护的含义

农业支持与保护是指在农业市场化和国际化的背景下，政府为增强农业的竞争力和综合实力，确保农业的基础地位和社会稳定，实现国民经济各部门协调发展，而采取的支持和保护农业发展的政策措施。

实施农业支持与保护的主要目的有两个：一是保护农业免受国内其他产业的冲击，确保农业的基础地位并与国民经济其他部门协调发展；二是保护农业免遭国际市场的冲击，同时提高农产品的国际市场竞争力。相应地，农业支持与保护的政策手段主要有两类：一是为促进本国农业发展而采取的国内支持政策；二是为限制国外农产品进口而采取的贸易保护政策。当然，这两类政策手段与两大政策目的之间的关系不是一一对应的，两类政策都可以起到提高农业竞争力、避免农业遭受国内其他产业和国际市场冲击的作用。

农业支持与保护是一种历史现象，它是一国经济发展到一定阶段以后才出现的，其支持力度和保护范围与一个国家所处的经济发展阶段有关，当然也与农业发展的国际环境有关。

二、农业支持与保护的依据

农业支持与保护是世界各国特别是发达国家的普遍做法，这说明农业支持与保护具有客观必然性。农业支持与保护的依据，总体上说，是因为农业一方面是国民经济的基础，另一方面在市场竞争中又处于弱势地位。

1. 农业具有正外部性

外部性是指经济主体的经济活动使社会上其他成员得到附带的利益或受到损害，而受益人或受害人无须付出相应报酬或无法得到补偿的现象。如前所述，农业具有很大的正外部性，在生态环保上，农业具有保持生物多样性、净化空气、涵养水源、保持水土等功能；在社会稳定上，农业具有提供就业机会、替代社会福利、缓冲经济波动等功能；在国家安全上，农业具有维护领土安全、保障国家自强自立等功能。此外，农业还具有传承历史文化和教育等功能。这些功能都使社会其他成员得到了利益，而且都是一个国家和民族发展所需要的公共产品。在没有特殊制度安排或特定政策干预的情况下，农业生产经营者不能获得这些外部性的经济补偿，他们按照私人边际成本和私人边际收益相等的原则来决定产量，其结果往往是农业的实际产量小于社会最优产量，即从整个社会来看，农业中的资源配置过少，农业发展不足。对于这种市场失灵，需要政府对农业生产经营者进行一定的经济补贴，使农业的资源配置量和生产量达到社会的有效水平。

2. 农业具有不稳定性

首先，农业的经济再生产以自然再生产为基础，农业受自然条件的影响大，而自然条件变化无常，特别是气候条件，人类在目前的生产力水平下无法完全控制，因此农业生产成果和农民收益相对不稳定。其次，农民的生产决策对价格的反应具有滞后性，农产品的生产周期长，农产品的生产决策一经做出，在短期内无法改变，因此农产品在短期内缺乏供给弹性，农产品的供给难以及时追随市场价格的变化，而农民下一轮的生产决策往往又是根据上一年的市场情况做出的，这样就会造成农产品短缺和过剩效应的放大，产生农产品产量和价格的蛛网型波动。另外，宏观经济环境的变化也会对农业造成冲击。如经济不景气时，农业剩余劳动力转移困难，农民收入减少；而在经济景气时，又出现大量劳动力涌向非农产业，造成农业粗放经营。农业的不稳定性要求政府采取一定的调控措施对农业进行保护。

3. 农业具有弱质性

农业的产业特性使得其在与其他产业的市场竞争中处于不利地位。其表现在：随着经济的发展，城市和非农产业的用地需求不断增加，地价不断上涨，土地用于非农产业的报酬远远高于用于农业的报酬，使农地不断流失；农业生产周期长，资金周转慢，投入农业的资金报酬低；农业科研周期长，技术进步相对缓慢，农业剩余劳动力的转移速度又相对滞后于工业化的进展，使得农业劳动生产率比较低；农产品的需求弹性较小，恩格尔定律的作用使得农业的贸易条件不断恶化，农民增收困难，农民与非农就业者的收入差距扩大。由于农业比较利益低下，农业中的土地、资金、劳动等生产要素都有向非农产业流动的强烈趋向。如果政府不对农业加以支持和保护，农业资源就会过度地流向非农产业，特别是农业中的优质要素会流向非农产业，从而影响农业的发展。为确保农业的基础地位，使农业的发展规模和速度与整个国民经济和社会发展的要求相适应，政府必须采取一定的措施对农业进行支持和保护。

4. 经济发展中农业比较优势丧失

从国际分工来看，在工业化初期阶段，工业装备差、技术落后，产品成本高，农产品具有相对成本优势，因此可以通过出口农产品及其加工品来换取工业发展需要的外汇，用于进口国内缺乏的工业装备、技术以及原材料。但随着工业化的推进，工业部门资本积累和技术进步的速度快于农业，用相对成本来衡量的比较优势也就不断地由农业向非农产业转移。当经济发展到一定阶段，农业的比较优势就会完全丧失。根据国际分工理论，当一个行业不再具有比较优势时，就应该减少生产、增加进口，同时将资源转移到具有比较优势的行业。这种行业的兴衰和资源的流动有利于提高社会资源的整体配置效率，增加全社会的福利。但是，农产品特别是粮食、油料、棉花是人们的基本生活必需品，这些产品的供给状况关系到国家的经济安全，进而会影响到国家的政治独立。同时，随着人们生活水平的提高，对生态环境等非商品性农业产出的需求越来越大，而这种需求是不能通过进口来满足的。这就是发达国家和新兴工业化国家在农业失去比较优势后，却采取各种保护措施而不让其衰落的重要原因。

三、农业政策转型的时机

从世界各国处理工农关系的实践看，在工业化初始阶段，各国政府一般都采取农业支持工业，农业为工业发展提供资金积累的政策；当经济发展到一定水平或一定阶段以后，各国政府都转向为采取农业支持和保护政策，使工业剩余流向农业。这是一种带有规律性的政策转型，许多学者对这种政策转变的时机和条件进行了研究。

1. 农业政策转型时的经济结构特征

从世界各国和地区的实践看，农业政策转型的时间与经济结构的状况有关。美国学者西蒙·库兹涅茨（1985）等的研究表明，在20世纪30年代前期美国政府采取现代农业支持与保护政策时，美国的经济结构具有以下特征：农业在GDP中的份额已降至12%以下，农业就业人数占社会总就业人数的比重已降至25%以下；工业与农业的产值比大约为80：20；城市人口占总人口的比重超过50%。同时，按1967年美元价格计算的人均GNP（gross national product，国民生产总值）已超过1800美元。

日本学者速水佑次郎和南亮进的研究表明，日本从20世纪60年代初开始加大了对农业的支持和保护力度。当时日本的经济结构具有以下特征：农业在GDP中的比重已降至13%左右，农业就业人数占社会总就业人数的比重已降至30%左右；工业与农业的产值比大约为 76 : 24；城市人口占总人口的比重已达 63%。同时，按 1980 年美元价格计算的人均 GNP 达到 2600 多美元。

我国学者冯海发指出[①]，在经济发展过程中，工农业之间的关系会经历两个重大转折：一是由农业支持工业发展转向农业与工业平等发展，二是由农业与工业平等发展转向工业支持农业发展。国际经验表明，第一个转折点的标志是：农业在 GNP 中的份额在 25%左右，工业与农业的增加值之比大致为 6 : 4；农业部门的就业人数占社会总就业人数的比重不超过 55%；城市人口占总人口的比重不低于 35%；按 1980 年美元计算的人均 GNP 在 700 美元以上。第二个转折点的标志是：农业在 GNP 中的份额降到 15%以下，工业与农业的增加值之比大约为 3 : 1；农业部门的就业人数占社会总就业人数的比重下降到 30%左右；城市人口占总人口的比重上升到 50%以上；按 1980 年美元计算的人均 GDP 达到 1500 美元以上。

2. 农业政策转型时的经济发展阶段

根据美国经济学家钱纳里 1975 年研究得出的“标准结构”，当一个国家的第一产业占 GDP 的比重降到 20%以下、第二产业占 GDP 的比重上升到高于第三产业的比重而在 GDP 结构中最大时，工业化进入中期阶段；当第一产业占 GDP 的比重进一步降到 10%左右、第二产业占 GDP 的比重上升到最高水平时，工业化就到了结束阶段（此后第二产业的比重相对稳定或有所下降）。按照这种阶段划分标准，可以发现，美国、日本农业政策转型的时期为工业化中高级阶段。

按照钱纳里的人均经济总量与经济发展阶段关系理论，以 1964 年美元为标准，人均 GDP 在 200～400 美元时为工业化初级阶段，人均 GDP 在 400～800 美元时为工业化中级阶段，人均 GDP 在 800～1500 美元时为工业化高级阶段。按照这种经济发展阶段的划分标准，也可以发现，美国、日本农业政策转型的时期为工业化中高级阶段。

3. 我国经济的发展阶段

2002 年 11 月党的十六大指出，经过 20 多年的改革开放，我国实现了从贫穷到温饱再到总体小康的历史性跨越，进入全面建设小康社会、加快推进社会主义现代化建设的新的历史发展阶段。2004 年 12 月召开的中央经济工作会议指出，我国总体上已经到了以工促农、以城带乡的发展阶段。我们应当顺应这一趋势，更加自觉地调整国民收入分配格局，更加积极地支持“三农”发展。2005 年 10 月党的十六届五中全会提出“要按照生产发展、生活宽裕、乡风文明、村容整洁、管理民主的要求，坚持从各地实际出发，尊重农民意愿，扎实稳步推进新农村建设”。从此，我国开始加大了对农业的支持和保护力度，最明显的标志是，从 2004 年开始实施农业补贴和价格保护政策，2006 年取消了农业税。农民可以从政府那里领取各种生产补贴。2017 年 10 月党的十九大提出，中国特色社会主义进入新时代，我国社会主要矛盾已经转化为人民日益增长的美好生活需要和不平衡不充分的发展之间的矛盾，要坚持农业农村优先发展，实施乡村振兴战略，按

① 冯海发. 反哺农业的国际经验及其我国的选择[J]. 经济问题，1996（4）：38-42.

照产业兴旺、生态宜居、乡风文明、治理有效、生活富裕的总要求，建立健全城乡融合发展体制机制和政策体系，加快推进农业农村现代化。

第二节　农业支持与保护政策

一、农业支持与保护政策的分类

按照 WTO《农业协议》关于农业政策的分类，农业支持与保护政策包括国内支持政策和边境保护政策两大类别。

1. 国内支持政策

国内支持政策是指政府对农业发展所采取的各种支持措施，分为以下三类。

（1）“绿箱”政策。“绿箱”政策即对农业生产、价格和贸易不会产生扭曲影响或仅有微小影响的政策。其主要包括：政府一般性农业生产服务（如农业科研、农业基础设施建设、技术推广和咨询服务、农技人员和生产操作培训、病虫害控制、检疫检验服务、市场促销服务等），粮食安全储备补贴，国内粮食援助补贴，一般性农业生产者收入保障补贴，自然灾害救济补贴，农业生产者退休或转业补贴，农业资源停用补贴，农业结构调整补贴，农业环境保护补贴，落后地区援助补贴，等等。这些政策措施主要针对市场机制在农业中的失灵，重点解决农业的公共产品供给、农业的外部性和区域社会发展不平衡等问题。WTO《农业协议》规定，“绿箱”政策可免于减让承诺。

（2）“黄箱”政策。“黄箱”政策即那些容易引起农产品贸易扭曲的政策。其主要包括：农产品价格补贴，对种子、肥料、农药、灌溉等投入品的补贴，农产品营销贷款补贴，按种植面积或畜禽数量对生产者实行的补贴，等等。这些政策措施对促进生产、提高产品竞争能力的作用比“绿箱”政策更为直接。WTO《农业协议》规定，“黄箱”政策要求进行削减承诺。

（3）“蓝箱”政策。“蓝箱”政策即生产限制计划中对生产者进行的直接付款，如耕地休耕补贴。这种支付是对生产者“放弃生产”而进行的补贴，有利于减少产量，减缓农产品的低价竞争。因此，WTO《农业协议》规定，“蓝箱”政策免于削减承诺且无上限约束。

2. 边境保护政策

边境保护政策是指政府通过各种关税和非关税措施对农业进行的保护。

（1）关税措施。关税是一个国家对通过其国境的货物所课征的税收，它是一种国境关税。所谓“通过其国境”即表明关税为通过税的一种；而所谓“国境”并不是指一个国家的主权领土，而是指经济的国境。在非经济的国境或非关税的地域（自贸区），即使有货物通过，也不课征关税。征收关税特别是征收高额关税会大大提高外国产品在本国的销售价格，从而起到削弱国外商品竞争力、保护本国商品生产者的目的。

（2）非关税措施。非关税措施是指除关税以外的对于国际商品和服务往来的其他所有限制措施。非关税措施有的是政府直接设置的，有的是企业之间相互达成协议形成的。非关税措施种类繁多（如数量限制、进口许可、技术标准等），范围广泛，影响复杂。在国际贸易中，非关税措施被普遍使用。非关税措施由于缺乏明确的行为准则，在合法的规则与滥用贸易保护之间并没有清晰的界限，因而容易造成国际贸易摩擦。

二、农业支持与保护水平的测度

测度农业支持与保护水平的指标很多。目前，世界上通行的测度指标主要是名义保护率、有效保护率、生产者补贴等值、综合支持量等。

1. 名义保护率

名义保护率（nominal rate of protection，NRP）是农产品国内国外的价格差与国际市场价格的百分比，计算公式为

$$\mathrm{NRP}=\frac{P_{\mathrm{d}}-P_{\mathrm{w}}}{P_{\mathrm{w}}}\times 100\%$$

式中，P_{d}为国内价格；P_{w}为国际市场价格。当NRP 为正时，农产品的国内价格高于国际市场价格，国内农业生产者受到政府保护；当 NRP 为负时，农产品的国内价格低于国际市场价格，农业生产者受到负保护。

国际经济理论认为，对进口商品征收关税或采取其他保护措施提高了其国内市场价格，降低了进口商品的竞争力，从而保护了本国同类产品的生产。其价格提高部分与国际市场价格的比率就是保护率，或称内含税率。现实中，造成商品国内价格高于国外价格的因素很多。除关税外，非关税壁垒、外汇管制、生产补贴等，都可以使同一商品在国内外市场有不同价格。但由于关税是公认的主要保护措施，在忽略了其他非关税因素后，国内国外价格差与国际市场价格之比等于关税税率。因此，人们通常把各国的法定进口关税税率视为保护率。1955 年加拿大经济学家巴伯提出有效保护率后，人们把传统的保护率称为名义保护率。

2. 有效保护率

有效保护率（effective rate of protection，ERP）是农产品的国内增加值与国外增加值的差额与国外增加值的百分比，也就是由于关税制度引起的国内增加值的提高部分与自由贸易条件下的增加值相比的百分比。其中，农产品增加值是最终产品价值与中间投入品价值的差额。ERP 的计算公式为

$$\mathrm{ERP}=\frac{\mathrm{VA_d}-\mathrm{VA_w}}{\mathrm{VA_w}}\times 100\%$$

式中，$\mathrm{VA_d}$为国内增加值；$\mathrm{VA_w}$为国外增加值。ERP 可以是正值、零值、负值，其系数的正负和大小反映了保护的方向与保护的强弱。

有效保护率与名义保护率的区别是：名义保护率只考虑了关税对某种成品价格的影

响，而不考虑对其中间投入品的保护；有效保护率不但考虑了关税对成品价格的影响，也注意了中间投入品由于征收关税而增加的价格。因此，有效保护率计算的是某个产业中受全部关税制度影响而产生的增值比。所以，当产品进口名义关税税率高于原料的进口名义关税税率时，有效保护率高于名义保护率；当产品进口名义关税税率等于原料的进口名义关税税率时，有效保护率等于名义保护率；当产品进口名义关税税率低于原料的进口名义关税税率时，有效保护率低于名义保护率。

3. 生产者补贴等值

生产者补贴等值（producer subsidy equivalent，PSE）的基本含义是，政府对某一农产品生产者提供的补贴，换句话说，就是若政府取消现有的保护措施，农业生产者因此承受的收入损失。因此，它衡量政府的农业政策对农民所得的支持程度。政府对农产品的补贴包括直接补贴和间接补贴，当然政府也对农产品征收税赋，因此，一国政府对农产品的最终补贴要看其“净值”。假定某农产品的产量为 Q，国内价格为 P_d，国际市场价格为 P_w，政府对农产品的直接补贴为 D，政府的其他支持为 B，政府对生产者征收的税赋为 L。则可通过下式来计算 PSE：

$$\text{生产者补贴等值：PSE}=Q(P_d-P_w)+D+B-L$$

$$\text{生产者补贴等值系数：PSEC}=\frac{Q(P_d-P_w)+D+B-L}{Q\cdot P_d+D+B-L}\times 100\%$$

上式是用国内市场价格计算的生产者补贴等值系数，如果用国际市场价格计算，则分母中的 P_d 用 P_w 来代替。

4. 综合支持量

综合支持量（aggregate measure of support，AMS）指一国政府用于支持某一部门的投入的货币价值。WTO《农业协议》规定，综合支持量为财政预算支出和从消费者向生产者转移的收入。其主要包括：①对生产者的直接支付，如种植补贴；②消费者向生产者转移的收入估计值，如市场价格支持；③投入品补贴，如对种子、肥料、灌溉用水、农机具的补贴；④利率补贴，如商品贷款计划的实际利率补贴。

三、农业支持与保护政策的变化趋势

WTO《农业协议》对农业支持与保护政策进行了约束，因此，各国的农业支持与保护政策进行了相应的调整。

（1）农业支持与保护政策主要目标的重要性发生了变化。传统的农业支持与保护政策以价格保护为核心，以增加农产品供给和提高农民收入为主要目标。以价格保护为核心的农业支持与保护政策在增加农产品供给方面起到了显著效果，但同时也带来了供给过剩的问题。为解决农产品供给过剩，政府在对农产品进行补贴的同时，又采取限产措施。因此，传统的农业支持与保护政策在提高农民收入方面的作用十分有限。在发达国家，农民收入的提高主要来自农业经营规模的扩大。WTO《农业协议》达成后，农产品贸易的自由化程度提高，同时人们对食品安全和环境保护的意识增强，因此，提高农业国际竞争力、保障食品安全、加强环境保护等政策目标的重要性迅速提升。在一些发达国家，增加农产品供给和提高农民收入的政策目标甚至要建立在上面这些目标的基础之上。在发展中国家，增加农产品供给和提高农民收入这两个目标还未完全实现，但农业国际竞争力、食品安全、环境保护等目标也提到了议事日程，因而发展中国家所面临的农业支持与保护任务更为艰巨。

（2）农业支持与保护政策措施从“黄箱”向“绿箱”转变。传统的农业支持与保护政策主要是农业生产要素投入补贴、农产品价格支持、农产品出口补贴和农产品进口关税，WTO《农业协议》使这些政策受到限制。但 WTO《农业协议》并不能消除各国（地区）保护本国（地区）农业的内在冲动。发达国家（地区）的对策是，削减或放弃原有的具有短期效应的要素投入补贴、价格支持、出口补贴、进口关税政策，转而采用具有长期效应、较少直接引起贸易扭曲的“绿箱”政策措施。

（3）技术性贸易壁垒更为森严。WTO《农业协议》要求成员国削减农产品市场准入壁垒、削减农产品出口补贴、规范农业国内支持政策，这使得农产品的市场开放程度提高。在农产品贸易自由化的背景下，各国（地区）尤其是发达国家（地区）利用自身的技术优势，越来越多地转向使用技术手段来限制外国（其他地区）商品的进入。技术性贸易壁垒虽然有其合理的一面，但也有可能被贸易保护主义者利用。对出口国而言，由于存在技术上的差距，短期内技术性贸易壁垒对农产品出口会造成数量控制；在长期中，则表现为跨越技术性贸易壁垒必须增加投入成本，从而产生价格控制，并不断表现为“数量控制—价格控制—数量控制—价格控制”的循环。

四、我国农业支持与保护政策的调整

（一）我国农业支持与保护政策调整的原则

我国农业支持与保护政策的调整，必须遵循以下原则。

（1）遵循市场经济规律，发挥市场机制作用。随着社会主义市场经济体制的确立和完善，我国农业逐渐纳入市场经济轨道，市场机制在农业的资源配置中将起基础性作用。虽然农业支持与保护政策存在的一个重要原因是市场失灵，但农业支持与保护政策必须保证市场机制发挥作用。农业支持与保护政策只能弥补市场机制的缺陷，而不能取代市场机制。

（2）尊重国际规则，借鉴国际经验。WTO《农业协议》是各成员在制定农业支持与保护政策时所必须遵守的准则，中国也不例外。但是，我国目前的国内农业支持水平和结构与 WTO《农业协议》所允许的水平和结构仍有差距，提高农业支持水平仍有较大余地。特别是 WTO《农业协议》允许使用的“绿箱”政策，我国仍有相当部分没有充分利用，有些还处于空白。同时，发达国家实施农业支持与保护政策的历史较长，形成了很多经验，我国在制定农业支持与保护政策时要积极借鉴，消化吸收。

（3）明确支持目标，提高国际竞争力。当前，我国农业面临农产品供需结构错位

（低品质农产品供给过剩，高品质农产品供给不足）、农民增收困难、农业国际竞争力不强、资源环境压力大等问题，因此，我国农业支持与保护政策应当有助于提高农业供给质量、增加农民收入、提高国际竞争力、实现农业可持续发展。

（二）我国农业支持与保护政策调整的方向和内容

我国农业支持与保护政策调整的方向是“一个核心、两个转移”，即以增强农产品国际竞争力为核心，从补贴农产品流通领域向补贴农产品生产领域转移，从保障农业生产型补贴向提高农民收入型补贴转移。政策调整的主要内容包括以下方面。

（1）加强“绿箱”政策支持，加大农业发展所需的公共产品的投入。农业公共产品可由政府直接提供，如农业科学研究、农技推广与咨询、检验检疫服务、农业基础设施建设、农村生态环境建设等。政府对这类公共产品的支出不是直接提供给农户，属于一般服务范畴。部分农业公共产品也可由政府提供补贴，由农户或农民合作经济组织提供，如小型水利设施、田间机耕路建设，按照“谁受益、谁负担”的原则，由农户根据受益的多少集资生产，政府给予一定的补贴。我国“绿箱”政策支持水平低，应加大政策支持力度。

（2）充分利用“黄箱”政策空间，争取达到 WTO《农业协议》中规定的“微量允许标准”。“黄箱”政策对农产品贸易有直接作用，多数 WTO 成员都努力用足“黄箱”政策，我国对“黄箱”政策也应充分利用。一是改农产品价格支持为直接收入补贴（种植补贴）。价格支持政策能保证农民生产的合理收益，促进农业增产，但价格支持容易造成市场机制扭曲，造成购销价格逆差，甚至导致大量进口。因此要进行改革，改革的方向是“市场定价＋生产者直接补贴”。二是农业投入补贴。农业投入补贴对降低农产品生产成本、提高农业竞争力有直接作用。2004 年起，我国实行种粮农民直接补贴、农作物良种补贴、农资综合补贴、农机购置补贴四大补贴（2016 年起将前三项补贴合并为农业支持保护补贴），政策目标调整为支持耕地地力保护和粮食适度规模经营。今后还可继续实施。具体实施时，也要控制总量，不突破承诺标准。

（3）加大财政对农民的直接转移支付。建立粮食等主要农产品生产者的收入补贴政策，实施收入直补，缩小城乡居民收入差距。2014 年起，我国逐步取消了大豆、油菜籽、食糖、玉米等农产品的临时收储政策，实施“市场定价、价补分离”的收入直补政策；稻谷和小麦的最低保护价收购政策虽然还在实施，但最低收购价逐年降低。这一改革符合农业支持保护政策的原则，但对农民的增收造成不利影响，因此需要通过收入补贴政策予以弥补。同时，实施地区援助计划，加大对贫困农村地区的支持力度，促进农村地区经济均衡发展。加大对农村劳动力培训的补贴力度，提高农民发展现代农业和转移就业的能力。完善农业保险制度，扩大保险范围，加大保费补贴力度，提高农民参保的积极性。

（4）促进资源合理利用和生态环境保护。国外类似的政策有农业资源储备补贴、休耕补贴等。目前，我国为实现这类政策目标所实施的政策较少，主要有退耕还草、退耕还林等结构调整补贴，生态公益林补贴，对农民承包土地、草场的改良投入补贴，对荒山、荒地植树造林的投入补贴等，但补贴的力度不大，今后应加大这方面的财政补贴力度。

（5）深化财政体制改革，建立农业支持的长效投入机制。落实统筹城乡经济社会发展战略，贯彻“工业反哺农业、城市支持农村”方针，各级政府特别是中央和省级政府要建立与完善城乡融合发展的公共财政管理体制，建立农业支持的长效投入机制，保证上述农业支持与保护政策落到实处。

第三节　农业保险

一、农业保险的作用

农业的弱质性不仅表现在农业的比较利益低，而且表现在农业具有自然风险。因此，建立和完善农业风险保障制度，是农业长期、稳定发展的前提条件和基本保证，也是国内农业支持与保护政策的重要组成。发展农业保险对于促进农业发展、保障农民收入的稳定具有重要意义。农业保险具有以下作用。

（1）分散自然灾害损失，保障农民收入稳定。农业是以自然再生产为基础的产业，除了市场风险和政策风险以外，农业还有自然风险。虽然农业科技的进步、生产物质条件的改善，可以在一定程度上减少自然灾害对农业造成的损害，但农业毕竟是露天作业，人类无法完全控制自然。据估计，我国农业因自然灾害造成的损失每年达 2000 亿元。农业自然灾害严重影响农民的生产和生活，一些农户甚至“因灾返贫”。开展农业保险，可以转嫁和分散自然灾害给农民造成的损失，保证农民收入的稳定，保证农民生产和生活的正常进行。

（2）充分利用 WTO 规则，支持与保护农业发展。WTO 严格限制各国政府对农业的补贴，但将与农业生产相关的自然灾害保险和农民收入保险作为“绿箱”政策不予限制。目前，农业保险已成为世界上大多数国家保护本国农业的重要手段。在西欧一些国家，如法国、瑞典、西班牙等国，政府对农民所缴保险费补贴达 50%～80%。这种通过农作物保险保证生产者收入的稳定来取代高关税和价格补贴的做法，既不违背 WTO 规则，又能起到支持和保护农业的作用。

（3）发挥区域资源优势，提高农业专业化水平。长期以来，自然灾害构成了对农业生产和农民生活的严重威胁，农民抗御自然灾害的能力又十分薄弱。在生产经营中，农民规避风险的方法就是多业化经营。从农户来看，多业化经营可以在一定范围内分散自然灾害的风险，相对减少灾害的损失，保证生产生活的基本稳定。但从全局来看，这种小规模、多业化的经营不利于发挥区域资源优势，不利于专业化和规模化经营，导致资源配置效率低下。发展农业保险，可以使农民解除后顾之忧，充分发挥本地的资源优势，提高农业的专业化、规模化水平，加快现代农业的发展，提升农业的竞争能力。

（4）多元筹集补偿资金，减少国家救灾支出。我国地域辽阔，农业基础设施薄弱，自然灾害频繁，国家每年都要拨出大量财政资金用于救灾，遇到大灾之年，拨款数额更大。发展农业保险，农民的灾害损失可以从保险公司得到一定的补偿，从而可以在一定程度上减少国家财政的救灾支出。

二、我国农业保险的模式

早在中华人民共和国成立之时我国就开办了农业保险业务，1953 年停办，1982 年又重新开始商业保险试验。1985 年到 2004 年间，农业保险业务的平均综合赔付率超过了 120%，远远高于国际上保险业务 70%的临界点，于是出现了保险公司不愿保、农民不愿参与的“双冷”局面。1994 年起，农业保险业务逐步萎缩。

2003 年党的十六届三中全会提出要“探索建立和完善政策性农业保险制度”。2004 年起，在中国保监会的积极推动和指导下，各地开展了政策性农业保险试点。目前，我国农业保险主要有以下几种模式。

1. 政府主办模式

由地方政府出资成立专业性农业保险公司，如上海安信农业保险股份有限公司。这种模式的优点是有利于对农业保险进行统一规划和管理，可以借助行政力量推动农业保险的有效运行，有利于保险基金的积累，以及保险公司资源的集中配置和合理利用，特别是承保面较大，符合保险的大数法则，使风险能在较大空间上进行分散。缺点是这种模式运行和监督成本较高，经营管理费用和保费补贴较多，政府财政负担较重。

2. 政府主导下的商业保险公司模式

这种模式如吉林安华农业保险公司。这种模式的优点在于政府可以充分利用商业保险公司的现有资源，节省制度建设或转换的成本。商业保险公司可利用现有的机构、专业人才和以往的农险经验，在政府政策性补贴的激励下经营农业保险，并同时开展农村寿险、财险等其他业务，甚至经营部分城市保险业务，不过需对农业保险实行单独核算。这种模式的主要弊端是商业性保险公司追求利润的本质与不以营利为目的的政策性农险存在矛盾。商业保险公司从事政策性农险业务的积极性在很大程度上取决于政府补贴的数量，而政府补贴不可能成为商业性资本的获利来源。

3. 政府主导下的“共保体”模式

这种模式由浙江省于 2006 年在全国率先创建。共保体由多家商业保险机构组成，其中一家保险机构为“首席承保人”，其余为“共保人”。共保体成员各方就省农险项目协商共保比例，制定共保章程，明确各方责任、权利和义务。共保体不属独立法人机构，但在运作上，各成员方根据省政府授权拥有同等的经营资格和业务范围。这种模式的特点是由多家商业保险公司共同承担农业保险业务，其优点在于建立了农业保险经营者的风险分散机制，农业保险经营者能分散区域性和系统性的农业自然灾害带来的风险。

4. 相互制保险公司模式

这种模式如黑龙江阳光农业相互保险公司。这种模式是互助合作制的一种高级形式，它兼具互助共济的特征和公司制的运作方式及法人治理结构。一方面，它具有互助合作制模式的所有优点（相互制保险公司没有股东，保单持有人兼具投保人与保险人双重身份，因而相互制保险公司的最高权力机构为会员大会而不是股东大会。只要缴纳保费，投保人就可以成为公司会员，而保险合同一旦解除，会员资格随之消失）；另一方面，它又能克服互助合作制模式规模小、保险面窄等不利因素。这种模式在西方发达国家具有悠久历史并被广泛采用，公司数量和市场份额比重都占到全球 2/5 左右，但在我国尚属新生事物。

5. 互助合作经营模式

这种模式有农业保险合作社和农业保险互助会两种具体的组织形式，均为非营利性组织。这种模式的优点在于保险人与被保险人具有利益上的一致性，有利于调动农户参保的积极性，有利于采取防灾防损措施和合理处理定损理赔，并能有效地防止道德风险和逆向选择的发生。这种模式的主要缺点是参与者的范围受限，参与人数少，风险基金积累速度慢，难以承担较大风险。

三、发展我国农业保险的思路

2005 年《中共中央 国务院关于推进社会主义新农村建设的若干意见》提出，要“稳步推进政策性农业保险试点工作，加快发展多种形式、多种渠道的农业保险”。2006 年 6 月国务院发布的《国务院关于保险业改革发展的若干意见》指出，“探索建立适合我国国情的农业保险发展模式，将农业保险作为支农方式的创新，纳入农业支持保护体系”。当前，要按照“政府引导、市场运作、自主自愿、协同推进”的原则，着力做好以下几方面工作。

1. 加强农业保险宣传

我国《农业保险条例》已于 2012 年 10 月通过，自 2013 年 3 月 1 日起施行。各地政府也出台了农业保险的具体政策和实施办法。各级政府及其有关部门、机构应采取多种形式，加强对农业保险的宣传，增强农业生产经营者的保险意识，组织引导农业生产经营者积极参加农业保险。

2. 探索和发展多种形式的农业保险

《农业保险条例》明确国家支持发展多种形式的农业保险，健全政策性农业保险制度。省、自治区、直辖市人民政府可以确定适合本地区实际的农业保险经营模式。因此，各地政府要在总结农业保险试点经验的基础上，进一步完善相关政策和具体的制度设计，确定适合本地区实际的农业保险经营模式，方便农业生产经营者参加农业保险。

3. 加大财政支持力度

国内外实践证明，财政支持是发展农业保险的重要保障。我国应改变以灾后财政补助为主的农业灾害救助模式，逐步过渡到政策性农业保险与财政灾害救助相结合的农业风险防范与救助机制。一是扩大政策性农业保险的农产品种类，把更多的农产品纳入政策性保险范围。二是提高农作物保险的保费补贴比例，提高灾后付赔标准。三是对商业性保险公司经营的政策性农业保险适当给予经营管理费补贴。四是对农业保险实行更多税收优惠政策。现行税制规定，对农业保险免征营业税和印花税，这对促进农业保险的发展起到一定的作用，但仅限定在种植业和养殖业。随着产业结构的调整，农业的外延在不断扩大，应根据农村经济社会发展的需要，不断扩大农业保险的服务范围。可考虑在免征种养业保险营业税和印花税的同时，免征种养业保险的所得税；对其他涉农保险的印花税、所得税也实行优惠政策。

4. 建立再保险机制和巨灾风险基金

由于农业自然风险具有区域性和系统性，农业保险的风险分散十分重要。国外在开展农业保险时都建立了农业风险分散机制，通过再保险或者农业风险基金等形式来分散农业保险经营者的风险。《农业保险条例》虽然已明确国家要建立财政支持的农业保险大灾风险分散机制，但还没有制定具体办法。可考虑国家设立农业巨灾风险基金和巨灾风险基金管理机构，由中央、地方政府提供财政支持，对遭受巨灾损失的农业保险公司提供一定的补偿。

5. 坚持强制保险与自愿保险相结合

农业保险的效率与参与率有密切的关系，参与率越高，农户须支付的保费就越低，政府的出资也可保持在合理水平。但是，由于信息不对称，农业保险市场的逆向选择会非常严重，如果完全实行自愿保险，参与率难以提高，从而陷入低参与率和高保费的恶性循环，最终导致农业保险市场萎缩和政府财政负担过重的局面。国外农业保险经验表明，单靠自愿保险不能吸引足够的农户参与保险，必须实行"强制保险与自愿保险相结合"。1996 年，美国将农业保险和其他救灾政策及优惠金融政策捆绑在一起，不买农作物大灾保险就不能享受其他救灾和优惠政策，将实行了几十年的自愿农作物保险变成了有条件的强制保险。借鉴国外经验，我国发展农业保险也要根据业务险种、承保对象、承保风险和承保责任的不同，分别采取法定强制保险和自愿保险。

本章小结

政府支持和保护农业的依据是农业具有正外部性、不稳定性、弱质性以及经济发展中农业比较优势丧失。在工业化初始阶段，政府一般都采取农业支持工业的政策；当经济发展到一定阶段以后，政策转向为支持和保护农业发展。我国目前总体上已经到了以工促农、以城带乡的发展阶段。

根据 WTO 的分类，农业支持与保护政策包括国内支持政策和边境保护政策两类。国内支持政策分为“绿箱”政策、“黄箱”政策和“蓝箱”政策，边境保护政策分为关税措施和非关税措施。测度农业支持与保护水平的指标有名义保护率、有效保护率、生产者补贴等值、综合支持量等。WTO 成立后发达国家的农业支持保护政策进行了调整：政策目标由增加农产品供给和提高农民收入转向提高农业国际竞争力、保障食品安全、加强环境保护等，政策措施从“黄箱”转向“绿箱”，技术性贸易壁垒更为森严。

我国的农业支持与保护政策调整应遵循以下原则：遵循市场经济规律，发挥市场机制作用；尊重国际规则，借鉴国际经验；明确支持目标，提高国际竞争力。政策调整的方向是：从补贴农产品流通领域向补贴农产品生产领域转移，从保障农业生产型补贴向提高农民收入型补贴转移。政策调整的内容包括：加强“绿箱”政策支持，加大农业发展所需的公共产品的投入；充分利用“黄箱”政策空间，争取达到 WTO 规定的“微量允许标准”；加大财政对农民的直接转移支付；促进资源合理利用和生态环境保护；深化财政体制改革，建立农业支持的长效投入机制。

农业保险是国内农业支持与保护政策的重要组成部分。发展农业保险有利于：分散自然灾害损失，保证农民收入稳定；充分利用 WTO 规则，支持与保护农业发展；发挥区域资源优势，提高农业专业化水平；多元筹集补偿资金，减少国家救灾支出。我国政策性农业保险的模式有政府主办模式、政府主导下的商业保险公司模式、政府主导下的“共保体”模式、相互制保险公司模式以及互助合作经营模式等。推进我国政策性农业保险，要加强农业保险宣传，探索和发展多种形式的农业保险，加大财政支持力度，建立再保险机制和巨灾风险基金，坚持强制保险与自愿保险相结合。

概念与术语

农业支持与保护　农业的外部性　国内支持政策　边境保护政策　“绿箱”政策　“黄箱”政策　“蓝箱”政策

学习思考

1. 为什么政府对农业要实行支持与保护政策？
2. 农业支持与保护政策具体有哪些类别？
3. 测度农业支持与保护水平主要有哪些指标？
4. WTO 时代农业支持与保护政策有什么变化趋势？
5. 我国农业支持与保护政策调整应遵循什么原则？调整的思路是什么？
6. 为什么要对农业实行政策性保险？
7. 我国农业保险的模式有哪些？
8. 如何进一步发展我国的农业保险？

要 素 篇

第九章

农业土地与水资源

【本章学习目标】

1. 了解农业自然资源的概念、类别和特点；
2. 理解土地资源对农业的重要性，理解农业土地资源的特点；
3. 了解我国农业土地资源的状况、利用中的问题，理解农业土地资源利用的基本途径；
4. 理解水资源的重要性，了解我国水资源的状况、利用中的问题及合理利用的途径。

第一节　农业自然资源

一、农业自然资源的概念

自然资源是天然存在的并有利用价值的自然物。农业自然资源是指自然资源中可被用于农业生产的那部分自然资源。具体说，农业自然资源是可被用于农业生产的自然物质和能量，以及保证农业生产正常进行的自然环境条件。

农业自然资源与农业自然条件是不同的概念。农业自然条件是指自然界为农业生产发展提供的可能性和限制性，如地理位置、地形地貌、气候条件以及自然灾害等。因此，自然条件的概念比自然资源的概念要广。但随着科学技术的发展，农业自然资源的范围和种类会不断扩大和增多，一些原先不能被人类利用的自然条件也能被逐步转化成人类可利用的自然资源。

农业生产活动是人类利用生物的生理机能把自然界的物质和能量转化为人类所需要的物质产品的过程，因此，自然资源在农业中起着特殊的作用。自然资源的状况及其利用情况，不仅会影响农业生产的结构和规模，而且会影响农业中社会经济资源的利用效果，同时还会影响农业的生态环境，关系到农业的可持续发展。

二、农业自然资源的分类

农业自然资源依据不同的标准可划分为不同的类别。例如，按照与人类经济活动的关系可以分为气候资源、土地资源、水资源、生物资源、农用能源五大类。再如，依据资源的可再生性，可分为可更新资源（再生资源）和不可更新资源（非再生资源）。如图 9.1 所示。

- 农业自然资源
  - 可更新资源
    - 与地球起源有关的资源 —— 太阳能、水力、风力、大气、地热、水资源等
    - 与生物过程有关的资源 —— 动植物种质资源、土地肥力、森林、草场、渔业资源等
  - 不可更新资源
    - 可部分回收 —— 金属矿物、非金属矿物
    - 不可回收 —— 石油、煤、天然气等石化能源等

图 9.1　农业自然资源的分类

上述各种资源中，太阳能、水力、风力、地热、水资源和各种生物性资源，它们能连续不断地或周期性地被补充和更新，属于可更新资源；石油、煤、各种金属和非金属矿物，它们缺乏补充和更新能力，或者其补充和更新周期相对于人类经济来说太长，没有实际意义，属于不可更新资源。

三、农业自然资源的特点

农业自然资源是在自然界中形成的，与社会经济资源相对应。与社会经济资源相比，农业自然资源具有以下特点。

1. 地域差异性

农业自然资源因所处的地理位置不同，其种类、性质、状态、数量、组合特征及生产力都有明显的差异。这种差异不但存在于大的区域之间，也存在于较小的范围之内，如山上山下、山南山北的自然资源往往也会有很大差异。农业自然资源的地域差异性，决定了人类对其开发利用必须因地制宜，各地区农业主导产业的选择和农业产业结构的安排应能充分发挥当地的自然资源优势。

2. 整体系统性

各种农业自然资源是相互联系、相互依存、相互制约的有机整体。如在一定的水热条件下，形成一定的土壤和植被，以及与此相适应的动植物和微生物群落。一旦某种自然要素发生变化，就会引起其他要素的相应变化，以至整个资源组合状况发生变化。另外，组成自然资源的各要素本身也是一个系统。如气候资源，在光照、降水、温度之间存在着相互制约的关系，雨量多，光照就少，温度就偏低。农业自然资源的整体性，决定了其开发利用的综合性，只有全面认识自然资源，才能合理利用和保护自然资源。

3. 动态稳定性

一般来说，各种农业自然资源在一定时间、空间内是相对稳定的，大多数农业自然资源属于可更新资源，能循环利用。例如，生物资源的不断死亡和繁衍，气候资源按一定季节变化，土地肥力的不断利用和恢复提高，等等。但是，农业资源的这一特性是有条件的，就是要以合理利用为前提，如果利用不当，某些资源就会衰退，甚至枯竭。

4. 数量有限性

农业自然资源的数量是有限的，如土地的面积、水的储量、达到地面的太阳辐射能等，在一定区域、一定时间内其数量是一定的。农业自然资源的有限性决定了我们必须充分而合理地利用自然资源。同时，农业自然资源的相对稀缺性直接影响各种资源的价格，从而影响农业技术进步的路径和农业的竞争优势。

5. 社会经济性

农业自然资源在没有被人类开发利用之前，是天然的，只有自然的属性。而一旦被人类开发利用，投入生产过程后，就具有了社会经济属性。

第二节　农业土地资源

一、农业土地资源的作用

农业土地资源是指在农业生产上已经开发利用和尚未开发利用的土地数量与质量的总称，包括耕地资源、林地资源、草地资源、水面资源、滩涂资源、荒地资源等。

土地是人类进行生产活动所必需的物质条件和自然基础，是农业中最基本的生产资料，对农业生产具有特别重要的意义和作用。其具体表现在以下几方面。

（1）农业生产必须在大面积的土地上进行。在工业（除采掘业外）生产中，土地作为作业基地或生产场所，仅起立足点和劳动操作空间的作用，用地面积相对较少。而在农业生产中，植物利用太阳能的多少，除了与植物本身的转化性能有关外，另一个重要因素是植物的栽培面积。这就使得农业生产必须比其他生产部门占用更为广大的土地。一个国家、地区或单位的农业生产规模的大小，在很大程度上取决于其拥有的土地面积的大小。

（2）土地具有对农作物生长发育的培育能力。在其他生产部门中，其生产过程和劳动成果，不取决于土地的肥力及土地的其他特征。而在农业生产中，土地具有培育农作物生长发育的能力。土地的物理性质、化学性质和生物学性质对作物的生长发育有重大影响。农业生产的成果大小，在很大程度上取决于土地的质量。

由此可见，土地的数量和质量都对农业生产有着直接的影响。土地的这一特点决定了土地是农业的基本生产资料，要发展农业生产，就必须充分合理地利用土地资源。

二、农业土地资源的特点

土地作为农业生产的基本生产资料，与其他生产资料相比，具有一些显著的特点。认识这些特点对农业中合理利用土地资源具有十分重要的意义。

1. 数量有限，且不可替代

土地首先是自然的产物，而不是人类劳动的产物。人类的活动可以改变土地的利用状态，改良已有的土地，但人类不能创造出新的土地。特别是农业土地资源，随着工业化和城市化的进展，非农用地不断增加，农业土地资源还会减少。而其他生产资料如农用机具、化肥、农药等则不然，它们都是人类劳动的结果，都可以通过劳动不断地被生产出来。同时，随着科学技术的不断进步，其他生产资料不仅可以不断地增加、改进和更新，而且可以相互取代。如各种新式的农业机械可以代替旧式农具，化肥可以在某种程度上代替农家肥料，等等。而土地作为农业的基本生产资料则是不能被替代的。这是因为在农业生产中，土地不但作为生产的场所和地点，而且是作物生长发育的营养给源，农作物生长的好坏和农业生产成果的大小与土地肥力有密切的关系。所以，土地是一种特别珍贵的生产资料。土地的这一特点决定了人类必须努力提高土地的利用率和生产率，充分合理地利用土地资源。

2. 位置固定，不能移动

任何一块土地的地理位置都是固定不变且不能移动的，土地的利用只能在其所处的特定空间里实现。而其他生产资料则不然，它们可以在不同的场合使用，可以根据需要来转移。土地的这一特点，使它总是与特定的自然条件相联系，因而土地的利用受自然条件的制约。因此，要有效地利用土地发展农业生产，就必须因地制宜、合理布局，根据土地所处的气候、地形、水利、土壤等条件，去安排生产部门和作物种类；还应根据需要和可能，努力改变不利的自然条件，提高土地对作物的培育能力；还要求其他生产资料的改进也贯彻因地制宜的原则，要符合当地的耕作制度。

3. 能永续利用，土壤肥力可以提高

在农业生产中，其他生产资料如机器设备等，在使用过程中会逐渐磨损，最后丧失其有效性能而报废。至于像种子、肥料、农药等则更是一次投入生产过程后就全部消耗掉了。而土地则不然，随着科学技术水平的不断提高，人类认识和掌握客观规律的能力越来越强，因而在合理利用土地的前提下，土地肥力不仅不会被耗竭，而且可以不断地提高。土地的这一特点决定了人们要永续地利用土地，就必须做到利用与保护相结合，在利用土地的过程中保护好土地；土地的这一特点，还为解决社会日益增长的农产品需求同土地数量有限的矛盾展示了光明的前景。

4. 土地生产力具有差异性

土地生产力是土地生产农产品的能力。土地生产力的差异是指不同的地块即使投入同样的活劳动和物化劳动，其产出也不会完全相同。土地生产力差异的原因主要有两个：

一是不同地域区位的土地自然肥力和其他自然条件各不相同；二是人类活动的影响造成土地生产力存在差异。土地生产力的差异性直接影响着土地的经济价值和利用方向，也决定了社会为解决农产品的产需矛盾，必须利用劣等地，而且农产品的价格由劣等地生产条件下的农产品价值来决定。

三、我国农地资源的状况

我国农业土地资源的状况可以用以下特点来概括。

（1）农地资源总量丰富，但人均占有水平低。我国国土面积约 960 万平方千米，位居世界第三，是世界上土地资源最丰富的国家之一，农地资源总量也比较丰富。根据国土资源部发布的《2016 中国国土资源公报》数据显示。地 13 499.9 万公顷（20.25 亿亩）、园地 1432.3 万公顷、林地 25 299.2 万公顷、牧草地 21 942 万公顷。但由于我国人口众多，平均每人占有的农地资源数量较少。人均耕地、林地、草地的面积分别只及世界平均数的 40%、14%和 45%，只及美国的 11.1%、9.5%和 29.2%。

（2）耕地后备资源贫乏。我国农垦历史悠久，大部分宜耕土地均已被开垦利用，剩余的宜耕荒地为数不多。据专家估计[①]，全国宜农荒地资源只有 3.55 亿亩（其中，中北[②]9072 万亩，东北 6599 万亩，西南 5912 万亩，青藏 4128 万亩，新疆 3779 万亩，华南、华北、华中 3000 万亩以下），这些宜农荒地资源大多分布在边疆和缺水地区，开发难度大。

（3）大部分地区土地资源质量不高。我国山地多、平地少，国土面积中山地、高原、盆地、平原和丘陵的比重分别为 33.3%、26.0%、18.8%、12.0%和 9.9%。同时，我国干旱区和高寒区面积比重大，许多土地在农业上难以利用。全国可供农林牧使用的土地资源不超过 70%，尤其是宜耕地资源比重只有约 13%。耕地中坡度在 15～25 度的占 7.9%，25 度以上的（含梯田）占 4.1%；有灌溉设施的占 45.1%，无灌溉设施的占 54.9%。耕地中有 1.5 亿亩位于林区、草原以及河流湖泊洪水位控制线范围和 25 度以上（不含 25 度）的陡坡，其中相当部分需要退耕还林、还草、还湿；有 5000 万亩耕地受到中等和重度污染，大多不宜耕种；还有一定数量的耕地因开矿塌陷造成地表土层破坏以及因地下水超采，已影响正常耕种。

（4）农地资源分布不均匀，地区间土地生产力差异大。综合气候、生物、土壤、地形等因素，我国大致上可划分为东部季风区、西北部内陆地区、西南部青藏高原区三大区域。东部季风区占国土面积 45%，但集中了全国 90%的耕地，是我国重要的农区、林区和牧区。西北部内陆地区占国土面积 30%，但只有不到 10%的耕地，农业生产条件差，土地生产力水平低。西南部青藏高原区占国土面积 25%，但耕地比例不足 1%，农业生产条件更差，土地生产力水平更低。

---

① 梁书民. 中国宜农荒地旱灾风险综合评价与开发战略研究[J]. 干旱区资源与环境，2011（25）：1.

② “中北” 包括内蒙古、甘肃和宁夏。

四、我国农地资源利用中的问题

中华人民共和国成立以来，我国实施了一系列开发利用土地资源的政策，大力开展农田基本建设，并实行科学耕种等技术措施，农地利用取得了一定的成效。但是，我国在农地利用中也存在严重的问题，主要表现在以下三个方面。

（1）耕地面积不断减少。随着工业化、城市化的推进，每年有大量耕地被转化为非农用地，耕地总量不断减少。1996 年第一次土地调查时，全国耕地面积是 19.51 亿亩，2008 年底国土资源部公布的数据是 18.26 亿亩①。12 年时间耕地面积减少了 1.25 亿亩。再加上人口的不断增长，我国人均耕地呈不断减少趋势。我国 2013 年的人均耕地为 1.52 亩（1996 年为 1.57 亩），只有世界人均水平 3.75 亩的 40%。

（2）土地质量不断下降。其主要表现在：一是水土流失面积大，流失强度大。据 2005 年水利部等单位联合开展的“中国水土流失与生态安全综合科学考察”，我国水土流失面积达 357 万平方千米，占国土总面积的 37%；亟待治理的面积近 200 万平方千米，水土流失严重的县有 646 个。每年流失土壤 50 亿吨，为全球土壤流失量的 1/5，为世界第一。二是耕地荒漠化、沙化面积大。据国家林业局《第四次中国荒漠化和沙化状况公报》，2009 年全国荒漠化土地总面积达 262.37 万平方千米，占国土总面积的 27.33%；沙化土地面积达 173.11 万平方千米，占国土总面积的 18.03%。三是耕地质量总体偏低。据农业部发布的《关于全国耕地质量等级情况的公报》，2012 年底全国耕地中优等地（1～3 等）占 27.3%，中等地（4～6 等）占 44.8%，低等地（7～10 等）占 27.9%。四是土壤污染严重。随着工业化的推进和农业中化肥、农药使用量的增加，工业“三废”、农药、化肥、作物病害污染耕地的情况相当严重。据第二次全国土地调查，全国有 5000 万亩耕地受到中等和重度污染，大多不宜耕种。五是天然草地退化严重，生产力下降。由于长期的低投入、超载过牧，天然草地严重退化，生产力下降。目前，我国单位草地的产肉量只有世界平均水平的 30%，俄罗斯的 24%；单位草地的产值只有澳大利亚的 1/10，美国的 1/20，荷兰的 1/50。

（3）过度利用与闲置浪费并存。一方面，有些地方由于人口密度过大、粮食不足，把大量不宜开垦的山林和草原开垦为耕地，造成水土流失；另一方面，由于各种原因，农业土地资源的利用率不高。据资料，全国有 1.05 亿公顷荒地荒山尚未开发利用。我国林业用地面积占国土面积的 27%，但利用率只有 50%，远低于德国、日本 90%的利用水平，平均每公顷有林地的蓄积量为 76.5 立方米，仅相当于世界平均水平的 66.2%。我国可供养殖的内陆水面为 675 万公顷，已养殖的面积为 614.7 万公顷，占 91.1%；海水可养殖面积约为 260 万公顷，已养殖的面积为 231.8 万公顷，占 88.5%②。水产养殖扩面的潜力不大，但养殖水平还大可提高。

---

① 第二次土地调查数据显示 2009 年底耕地为 20.31 亿亩，数据差异源于调查标准、技术方法的改进，为账面数据变化，实际耕地面积并未增加。

② 来源：农业部.《2015 年全国渔业经济统计公报》，中国渔业政务网（中华人民共和国农业部渔业局网站）。

五、农地资源合理利用的原则

我国人多地少，人地矛盾十分突出，科学合理地利用好农地资源对我国农业乃至整个国民经济的发展具有重要意义。科学合理地利用农地资源的基本途径有两个：一是广度开发，积极而又稳妥地开发尚未利用的土地资源，把一切可以利用的土地资源利用起来；二是深度利用，实行集约经营，提高单位土地面积的产量。但不论哪个途径，土地资源的利用都应遵循以下原则。

1. 因地制宜

这是由土地本身的特点和自然规律、经济规律所决定的。各类土地的土壤性质以及与之相联系的自然条件存在很大差异，它们的最佳用途不大相同。同时，农业生产各部门、各种农作物对土地的利用方式和对土壤性质的要求也不相同。因此，必须根据各类土地的特点，合理布局农业生产。这样，一方面有利于使各种土地资源得到充分利用，提高土地利用率，使有限的土地资源更好地满足社会对土地产品的需要；另一方面又可以做到地尽其利，提高土地利用的经济效果。

2. 节约用地

国内外的经济发展进程表明，随着工业化和城市化的推进，城镇面积扩大，工矿业和交通运输业的发展，非农用地急剧增加，开垦荒地增加的耕地面积远远赶不上非农产业发展占用的耕地面积。加之人口增加，导致人均占有的耕地面积呈下降趋势。因此，在土地利用中必须贯彻“十分珍惜和合理利用每一寸土地，切实保护耕地”的基本国策。无论是城镇建设、工矿建设，还是农业基本建设及农村住宅建设，都要力求少用土地，尤其要尽可能不占或少占耕地。

3. 保护资源

土地利用同生态系统的关系十分密切。生态系统的优劣，又直接影响农业的自然条件，影响土地资源的开发利用和农业生产的成果。土地在合理利用的前提下会越用越好，可永续利用，但如果使用不当，滥用土地，进行掠夺性经营，不仅会使土壤肥力遭到严重破坏，而且会造成整个生态系统的恶化，甚至已经开发利用的土地也会变成不毛之地。因此，在开发利用土地资源的过程中，要做到利用与保护相结合，用地与养地相结合，保持生态系统的良性循环。

4. 有偿利用

土地是有限的自然资源，又是农业中最基本的生产要素。在市场经济条件下，只有对土地实行有偿使用，才能在经济上体现土地的产权关系，才能促使用地单位珍惜和合理利用土地资源，确保因地制宜、节约用地、保护资源三项原则的真正落实。

第三节　农业集约经营

一、农业集约经营的概念

在农业生产中，对土地的利用有两种方式，即粗放经营和集约经营。粗放经营是在较低的技术水平下，将一定量的生产资料分散投放于较多的土地，实行简耕粗作，广种薄收，主要依靠扩大农用地面积来增加农产品产量的经营方式。粗放经营是生产力水平低下的表现。在这种经营方式中，物质资料的投入和科学技术不占重要地位，土地的数量和自然肥力对于农业增产特别重要，农产品产量的增长主要依靠农业用地面积的扩大。集约经营则是通过采用先进的农业技术措施和技术装备，在一定面积的土地上投入较多的生产资料和劳动，实行精耕细作，主要依靠提高单位面积产量来增加农产品产量的经营方式。集约经营与较高的生产力水平相联系。

根据投入土地的劳动形态，集约经营可分为劳动集约和资金集约两种类型。投入较多活劳动的称为劳动集约，它表示在一定面积的土地投入中，活劳动所占的比重比较大。投入较多生产资料的称为资金集约，它表示在一定面积的土地投入中，物化劳动所占的比重比较大。一般而言，在经济比较落后的国家和地区，农业集约经营主要是劳动集约，而在经济比较发达的国家和地区，农业集约经营则主要是资金集约。随着社会生产力的发展，劳动集约一般都会向资金集约转变。而且，随着科学技术的进步，资金集约越来越不单纯地表现为生产资料投入量的增加，而是表现为新技术的密集使用。在文献中，人们往往把这种资金集约称为技术集约。

二、农业集约经营的必然性

农业的发展过程是一个由粗放经营向集约经营转变的过程。由粗放经营向集约经营转化是农业发展的必然趋势，原因如下。

（1）从土地的特点看，一方面，土地的数量有限，它不仅不能被创造，而且不能被别的生产资料所取代。因此，要增加农产品的产量，光靠扩大农用地面积的潜力是有限的。另一方面，只要利用得当，土地不仅可以持续利用，而且其生产能力可以不断提高。因此，用提高土地生产率的办法来增加农产品产量的潜力是无限的。土地的这些特点决定了农业生产只有实行集约经营，才能保证满足社会不断增长的对农产品的需要。

（2）从社会的发展看，一方面，随着社会的发展，社会对农产品的需要量不断增加；另一方面，社会的发展总是伴随着科学技术的不断进步和生产力的不断提高，这就为不断提高农业生产的集约经营水平提供了现实基础。

（3）从国内外农业生产发展的实践看，尽管各个国家的情况不同，方法不一，但农业的发展都经历了一个由粗放经营向集约经营转变的过程。特别是第二次世界大战后，世界上一些发达国家的农业集约经营水平有了迅速的提高。中华人民共和国成立 70

年来，我国农业的集约经营水平也有很大提高。我国已成为世界上农作物高产的国家之一，用世界9%左右的耕地养活了世界20%左右的人口。

三、农业集约经营水平的衡量

根据集约经营的概念，衡量农业集约经营水平的基本指标是单位土地面积上投入的生产资料和劳动的数量，以及单位面积产量。

由于资金集约是农业集约经营发展的高级阶段，所以在实践中往往用单位土地面积使用的某些重要生产资料的数量作为衡量集约经营水平的指标。这些指标主要有：单位土地面积拥有的农业机械数量、农机动力数量，单位土地面积的用电量，单位土地面积的肥料使用量，等等。除此之外，就是单位面积产量。

另外，复种指数、优良作物（或牧畜）品种所占的比重、设施农业的比重等，也能间接地从某一方面和在一定程度上反映农业的集约经营水平。

四、土地报酬递减规律

土地报酬递减规律是指在技术水平和其他要素投入量不变的前提下，对一定面积的土地不断追加某种要素，这种要素的边际产量会出现下降的现象。例如，在技术水平一定和其他要素投入量不变的前提下，对一定面积的土地连续追加某种化肥，开始时农产品产量增加很快，但当化肥施用量超过一定数量后，继续追施化肥，产量的增加速度就会减慢。这实际上是要素边际产量递减规律在农业上的表现。

由于存在土地报酬递减规律，因此，农业的集约经营就必须注意以下三点：一是农业集约经营要注意要素投入的合适度，要素投入并不是越多越好。当然，要素投入的合适度与农业经营的目标有关。如果经营目标是获取最大利润，则根据利润最大化原理，要素投入量应达到边际收益等于边际成本；如果经营目标是获得最多的产品，则要素的投入量应达到边际产量等于零。二是生产过程中各种要素的投入必须保持合适的比例。土地报酬递减规律的作用前提之一是其他要素投入量不变。在这个前提下，连续增加某种要素的投入就会使该要素与其他要素之间的比例发生变化，即由不足到合适再到过多的变化。因此，如果注意各种要素的配合比例，同时增加所有要素的投入量，土地报酬递减规律就不会发生作用或推迟发生作用。三是不断提高农业生产的技术水平。土地报酬递减规律的另一个作用前提是技术水平一定。在这个前提下，即使所有要素同时增加，土地报酬也可能出现递减。因此，要提高农业的集约经营水平，就必须不断采用先进的科学技术。

五、我国农业集约经营的途径

我国是一个人多地少的国家，而且可开垦为耕地的土地后备资源不多，这就要求我国农业的发展必须特别强调提高集约经营水平。提高我国农业集约经营水平的主要途径有以下几个。

（1）提高农业物质技术装备水平，改善农业生产条件。农业集约经营与较多的物质投入相联系，因此，提高物质技术装备水平是农业集约经营的必由之路。一是用先进的物质技术装备来武装农业，实现农业生产的机械化、设施化、工厂化。二是加强农业基础设施建设，改善农业生产条件。农业基础设施是指固定在农用土地上可以较长时间发挥作用的生产性设施。农业基础设施建设包括平整土地、修筑梯田、改良土壤、兴修水利、修建道路等活动。加强农业基础设施建设，一方面可以提高农业抵御自然灾害的能力，另一方面也可为实现农业机械化和采用现代农业生产技术创造条件。

（2）广泛采用现代农业科学技术，提高农业生产的科技含量。农业集约经营以较高的技术水平为前提，因此，采用现代技术也是农业集约经营的必由之路。其具体措施包括：培育和推广优良品种，提高良种的普及率；采用科学的耕作方法和先进的栽培技术，建立高效的耕作制度；研制和使用新型复合肥料，采用测土配方等施肥技术，改进施肥方法；采用喷灌、滴灌等新型灌溉技术；采用化学、生物、物理方法相结合的综合病虫害防治技术等。

（3）适当扩大复种面积，提高复种指数。扩大复种面积是对土地增加投入并获得更多产出的一种重要措施。我国大部分地区的气候条件可以做到两年三熟、一年两熟，或者更高的复种指数。因此，因地制宜地扩大复种面积，提高复种指数，是提高土地利用率和农业集约经营水平的又一重要途径。

（4）优化农业产业结构，提高集约经营程度高的农业部门的比重。不同农业部门的集约化程度不同，提高集约化程度高的农业部门的比重，就能提高整个农业的集约经营水平。另外，虽然从发展趋势看，农业中的劳动集约会向资金集约转变，但目前我国农村中还存在大量剩余劳动力，这些劳动力的机会成本很低，可以用来发展水果、蔬菜、花卉、畜牧等劳动密集型产业。

第四节　农业水资源

一、水资源的概念与特点

水资源是指可利用或有可能被利用的水源，这个水源应具有足够的数量和可用的质量，并在某一地点为了满足某种用途而可被利用，通常是指有经济利用价值并可以不断更新的淡水量，包括地表水、土壤水和地下水。

从经济学角度来看，水资源具有以下特点。

（1）水资源可以自然补充、重复利用。水在自然蒸发、植物吸收利用和人类开发利用等消耗后，会通过降雨、降雪等途径实现自然补充。一个地区只要水文、地质、地貌、植被、大气等状况不变，水资源的总量尽管会有所波动，但它不会枯竭，可以自然补充、重复利用。

（2）水资源只能以其自然状态利用，不能通过人工方法在体积上或经济价值上加以浓缩。这一点与化石能源或其他矿产资源不同。具有开采价值的化石能源或其他矿产资源可以进行人工提炼，使其体积浓缩、经济价值增大，因而远距离运输的成本相对低廉。而水资源只能以其自然状态利用，在体积上不能浓缩，经过加工的饮用水虽然经济价值有所提高，但非常有限，因而远距离运输的成本就相对较高。

（3）水资源既是生产对象，又是生产条件。在自然资源中，不论是矿产资源还是生物资源，它们都是生产对象，即通过人的劳动把它们从生产资源变成最终产品。而水资源不仅是生产对象（如自来水、矿泉水的生产等），更重要的是它还是生产条件（如动植物生产、发电、航运等）。在农业中，水资源是与土地、太阳能同等重要的生产条件。

（4）人类不能对水资源循环实施有效的人工控制。水资源自然循环具有不规则性，往往在一定时间和空间范围内形成供给不足或供给过量，造成干旱或洪涝灾害，而人类在现有科学技术水平下，还不能对水资源的自然循环实行有效的控制。这不仅影响水资源功能的发挥，而且会影响其他经济资源的利用，甚至对其他经济资源造成破坏。

（5）水资源的自然供给无弹性，需求呈刚性。水资源的自然供给与价格无关，水资源的需求价格弹性极小。人类生存离不开水，动植物生长离不开水。缺少水，生物资源的开发利用就会受到限制，人类的经济活动就会受阻。所以水资源的开发利用不仅是一个经济问题，而且是一个生态问题和社会问题。水资源的这一特点要求人口数量、经济规模和农业生产必须考虑水的可供性，否则过大的无节制的需求会导致整个经济系统的崩溃。

二、水资源对农业的重要性

水是人类和一切生物赖以生存繁衍和社会经济发展不可缺少的自然资源与环境资源。水资源对农业的重要性显而易见，主要体现在以下四个方面。

（1）水资源是农业生产的命脉。农业生产的对象是有生命的动植物，没有水，动植物就不能生存，农业生产就无法进行；农业水资源短缺，农业生产的发展就会受到严重的制约。从农业生产的实践看，农业高产区大多是水资源充足或灌溉条件较好的地区，灌溉区单位土地面积的农产品产量一般比非灌溉区单位土地面积的农产品产量高出一倍以上。干旱半干旱地区必须解决水资源短缺的瓶颈，农产品产量才能不断提高，农业生产才能持续发展。

（2）水资源状况影响农业布局。水资源充足、灌溉条件较好的地区，通常是农业人口和其他生产要素的密集区，是主要的农产品集中产区。这些地区人多地少，单位土地面积投入水平较高，农业生产的潜力则相对较小。而干旱半干旱地区，一般人少地多，农业生产要素短缺，单位土地面积投入水平较低。这些地区后备农地资源较多，农业生产的潜力相对较大，如果解决了水资源不足的问题，其他生产要素就可能向这些地区转移，从而使农业布局得以优化。

（3）水资源是重要的农业生态环境资源。水资源状况与农业生态环境的好坏直接相关。水资源短缺导致森林和草原退化、土地沙化、河湖泥沙淤积；水资源的不合理利用，会造成灌区土地次生盐碱化、水土流失和土地肥力下降，地表和地下水体污染。这些都会对农业生产和生态环境造成严重影响。

（4）水资源是农民的基本生存条件。水是人类最基本的生存条件，也是农民的基本生存条件。只有保证农民生活对水资源的需要，农民的生活水平和质量才能提高。如果连农民生活所需的水资源都不能满足，很难想象农村能建成生产发展、生活富裕、环境优美的小康社会。

三、我国水资源的状况

我国的水资源状况可以概括为以下几个特点。

1. 总量多，人均量少

我国陆地水资源总量为 2.8 万亿立方米，占全球水资源的 6%，居世界第四位。但由于人口众多，人均水资源只有约 2200 立方米[①]，约为世界平均水平的 1/4，是全球 13 个人均水资源最贫乏的国家之一。按照国际标准，人均水资源 1000 立方米为生存需要水平，人均水资源 2000 立方米为严重缺水。我国目前有 16 个省（区、市）人均水资源低于 2000 立方米，有 6 个省（区、市）人均水资源低于 500 立方米。按照目前的正常需要和不超采地下水，全国年缺水总量为 300 亿～400 亿立方米，其中农业缺水 300 亿立方米左右，城市缺水 70 亿立方米左右（全国 600 多个城市有 400 多个缺水，其中比较严重的缺水城市达 110 个）。

2. 水资源地区分布不平衡

从地域分布看，我国水资源的分布是东南多、西北少，地下水的分布也是南多北少。长江以南地区人口占全国总人口的 3/5，耕地面积占全国耕地总面积的 1/3 左右，水资源量占全国水资源总量的 4/5 以上；而长江以北地区人口占全国总人口的 2/5，耕地面积占全国耕地总面积的 2/3 左右，水资源量不足全国水资源总量的 1/5；黄、淮、海三大流域，耕地面积占全国耕地总面积的 40%，但水资源量只占全国水资源总量的 8%。由于水资源地区分布不平衡，我国往往同时出现大面积旱灾和洪涝灾害的情况。

3. 水资源季节分布不均，年际变化大

从时间分布看，由于受季风气候影响，我国降水量和径流量年内季节分布很不均匀。全年的降水量大都集中在夏季，长江以南地区 60%的降水集中在 5～8 月，长江以北地区 70%～80%的降水集中在 6～9 月。由于雨水过分集中，汛期大量弃水，非汛期大量缺水，水资源不能充分利用。同时，我国降水量在年与年之间的变化也很大，并有连续旱年和连续雨年交替出现的周期性变化，这种情况在北方尤为突出。

---

① 如果扣除难以利用的洪水径流和散布在偏远地区的地下水资源，我国现实可利用的淡水资源量则更少，仅为 1.1 万亿立方米左右，人均可利用水资源量约为 900 立方米。

四、我国水资源利用中的问题

我国水资源利用中主要存在以下问题。

（1）水资源开发不均衡，贫水区开发过度。长江水系及南方水系，水资源的开发利用率仅为 6%；但黄河水系及北方内陆河流，水资源的开发利用率已普遍高达 60%，以致出现黄河断流，不少河流和湖泊干涸。此外，北方地区地下水超采严重。全国地下水多年平均超采 70 多亿立方米，部分地区因而出现地面沉降、海水倒灌等问题。

（2）水资源配置不均衡，生态用水紧缺。由于水资源不足，在农业水资源的配置上，普遍存在重生产、轻生态的状况，植树种草、水土保持、河流冲沙等生态用水得不到保证，致使生态环境不断恶化。

（3）灌溉技术落后，灌溉设施陈旧，农业用水浪费多，旱涝灾害频发。在灌溉技术上，目前许多地区仍在采用传统的大水漫灌的农田浇灌方式，喷灌、滴灌等现代灌溉技术和设施采用的比重很小。传统灌溉方式每亩实际灌水量达到 450～500 立方米，连同自然降水，超过作物实际需要量的一倍到几倍，存在严重的浪费。据资料，我国农业灌溉水的有效利用率仅为 30%～40%，而发达国家这一比率为 70%～80%，单位农产品的耗水量是发达国家单位农产品耗水量的 2 倍。在灌溉设施方面，我国农业水利设施配套性差，农田水利工程老化失修严重。全国大型灌区骨干工程的完好率不足 50%，已建成的水库中病险水库占 40%多[①]，耕地中有一半是没有灌溉条件的“望天田”。我国常年农作物受旱面积为 3 亿～4 亿亩，每年损失粮食近 300 亿公斤，占各种自然灾害损失总量的 60%。这在西北黄土高原和西南丘陵山地表现尤其突出。

（4）水资源环境恶化，水体污染严重。由于工业排污、生活排污以及农业中过度施用农药化肥等，我国水资源环境逐渐恶化，近 80%的地表水和约 50%的地下水被污染，直接威胁到农业和水产养殖业的发展与农产品的质量安全。

五、水资源的合理利用

水既是重要的自然资源和生态环境资源，又是重要的经济资源。水资源的利用不仅关系到农业的可持续发展，还关系到工业化、城镇化的进展以及人民生活水平的提高。必须采取综合措施，解决水资源利用中存在和面临的问题。

（1）加强宣传教育，增强节水意识。水是生命之源、生产之要、生态之基。当前，水资源短缺已成为世界性的问题，被视作与粮食、能源等相提并论的严重社会经济问题。当前我国水资源面临的形势十分严峻，水资源短缺、水污染严重、水生态环境恶化等问题日益突出，已成为制约经济社会可持续发展的主要瓶颈。但这一严峻事实并未为广大群众所认识，许多人认为水来自自然，取之不尽，用之不竭。因此，要广泛开展宣

① 据《第一次全国水利普查水土保持情况公报》，2011 年底，全国共有水库 98 002 座，总库容 9323.12 亿立方米。其中，已建成 97 246 座，总库容 8104.1 亿立方米；在建 756 座，总库容 1219.02 亿立方米。设计灌溉面积 30 万亩及以上的灌区 456 处，灌溉面积 2.80 亿亩；1 万（含）～30 万亩的灌区 7316 处，灌溉面积 2.23 亿亩；50（含）～1 万亩的灌区 205.82 万处，灌溉面积 3.42 亿亩。

传教育，使广大人民充分认识水之宝贵、来之不易，使社会养成节约用水、保护水资源的良好风尚。

（2）完善水资源管理体制，加强水资源统一管理。水资源管理应把一定范围内的水（包括可用水、污水、地表水、地下水、雨水及农田排水等）以及水体周围的陆地作为一个整体，按照水循环的自然规律和水资源具有多种功能的特点建立统一的水资源管理机构，对水资源实行统一管理。中央、流域和各级地方水行政主管部门对管辖范围内水资源的开发利用进行统一规划、管理和调配，对水质和水量进行监督与保护。

（3）完善水资源有偿使用机制，促进节约用水。水资源作为一种经济资源，在配置和利用中要充分发挥市场机制的基础性作用。虽然自然界中的水没有价值，但水资源要达到可利用的程度，就要修建水利设施，购置各种设备，还要投入大量劳动，这些都构成水的供给成本。城市居民和非农产业用水的价格应该参照供给成本加平均利润加以核定，通过价格机制调节城市居民和非农产业对水的需求。在农村和农业中，完整意义上的水市场难以建成，但农村自来水和来自灌区供水系统的农业用水，可以让农民承担部分供水成本。

（4）合理配置水资源，正确处理地区间、产业间用水矛盾。开展跨流域引水，是调节地区间水资源分布不平衡、解决干旱半干旱地区严重缺水的重要途径。要通过科学论证，精心组织，稳步开展跨流域引水工程建设。在水资源的配置上，要优化产业结构和布局，减少高耗水项目，做到以水定产，使生产与水资源的状况相适应。在农业用水的配置上，要兼顾生产和生态用水，保证植树种草、水土保持、河流冲沙等生态用水的基本需要，以利于恢复和改善农业生态环境。

（5）加强水资源综合开发，提高水资源利用率。一是大力开展植树种草，提高植被覆盖率，以调节气候，增加降水，涵养水源，保持水土，减少地面水蒸发；二是加强水利工程建设和农田基本建设，利用水库、塘堰、水窖等水利设施蓄水储水，通过土壤改良提高土壤蓄水保墒能力；三是推广农业节水技术，如采用喷灌、滴灌和微灌技术以及耐旱高产作物品种等。

（6）加大执法力度，保护水资源。认真贯彻《中华人民共和国水法》《中华人民共和国水土保持法》《中华人民共和国水污染防治法》《中华人民共和国环境保护法》等法律以及地方政府出台的相关法规，建立完善水政监察、责任追究等执法责任制，加大水政执法力度，做到有法必依、违法必究。

本章小结

自然资源是天然存在的并有利用价值的自然物。农业自然资源可分为气候资源、土地资源、水资源、生物资源、农用能源五大类，也可以分为可更新资源和不可更新资源。农业自然资源具有地域差异性、整体系统性、动态稳定性、数量有限性和社会经济性等特点。

土地是最基本的农业生产资料，也是最重要的农业自然资源。土地的数量和质量都对农业生产有着直接的影响。农地资源具有数量有限、位置固定、可永续利用和生产力存在差异等特点。我国农地资源的状况是：总量丰富但人均占有水平低，耕地后备资源贫乏，大部分地区质量不高，分布不均匀且地区间生产力差异大。我国农地利用中的问题主要是：耕地面积减少，土地质量下降，过度利用与闲置浪费并存。合理利用农地资源的基本途径，一是广度开发，积极而又稳妥地开发尚未利用的土地资源；二是深度利用，集约经营，提高单位土地面积的产量。

农业土地的利用有粗放经营和集约经营两种方式。集约经营可分为劳动集约和资金集约两种类型。随着科学技术的进步，资金集约会越来越表现为新技术的密集使用。粗放经营向集约经营转化是农业发展的必然趋势。衡量农业集约经营水平的基本指标是单位土地面积上投入的生产资料和劳动的数量，以及单位面积产量。农业集约经营须注意土地报酬递减规律的作用。提高农业集约经营水平的基本途径是：提高物质技术装备水平，广泛采用现代农业科学技术，适当扩大复种面积，优化农业产业结构。

水资源对农业具有重要作用。我国水资源的状况是：总量多而人均量少，地区分布不平衡，季节分布不均且年际变化大。水资源利用中的问题主要是：开发不均衡，贫水区开发过度；配置不均衡，生态用水紧缺；灌溉技术落后，灌溉设施陈旧；水资源环境恶化，水体污染严重。合理利用水资源的途径是：加强宣传教育，增强节水意识；完善管理体制，加强统一管理；完善有偿使用机制，促进节约用水；合理配置，正确处理地区间、产业间用水矛盾；加强综合开发，提高水资源利用率；加大执法力度，保护水资源。

概念与术语

农业自然资源　农业自然条件　农业土地资源　土地生产力　粗放经营
集约经营　劳动集约　资金集约　技术集约　土地报酬递减规律
农业基础设施　水资源

学习思考

1. 农业自然资源有哪些类别？有什么特点？
2. 如何理解土地对农业的重要性？
3. 农业土地资源有什么特点？
4. 我国农业土地资源的状况如何？利用中存在什么问题？
5. 合理地利用农业土地资源的基本途径有哪些？利用的原则是什么？
6. 什么是农业集约经营？农业集约经营有哪些类型？
7. 为什么说农业集约经营是农业发展的必然趋势？
8. 我国农业如何实行集约经营？
9. 水资源有哪些经济学特点？
10. 我国水资源的状况如何？利用中存在什么问题？如何合理利用水资源？

第十章

农业劳动力资源

【本章学习目标】

1. 理解农业劳动力资源的概念、特点和农业劳动的特殊性；
2. 了解我国农业劳动力资源的状况和特点；
3. 理解农业劳动力资源充分利用的基本途径，理解提高农业劳动生产率的意义；
4. 理解人力资本的内涵及其与人力资源的关系，了解人力资本投资的方式；
5. 认识农业人力资本开发的作用，了解我国农业人力资本开发的途径；
6. 了解农业劳动力转移的理论及其主要内容，了解我国农业剩余劳动力转移的途径。

第一节　农业劳动力资源概述

一、农业劳动力资源的概念

劳动力是指有劳动能力的人。农业劳动力资源（农业人力资源）是指能参加农业劳动的劳动力的数量和质量。农业劳动力的数量，是指农村中符合劳动年龄[①]并有劳动能力的人数，以及虽未达到劳动年龄或超过劳动年龄但可以经常参加农业劳动的人数。农业劳动力的质量，是指农业劳动者具有的认识世界、改造世界的条件和能力，具体表现为劳动者的年龄大小、体力强弱、技术熟练程度和文化科学水平等状况。

农业劳动力的数量变动，是自然因素和社会因素共同作用的结果。影响农业劳动力数量的自然因素有农业人口的自然增长情况、达到或超过劳动年龄的人数、原有劳动力的自然减员等。影响农业劳动力数量的社会因素主要有国民经济的发展速度、产业结构状况、人口生育政策、人口流动政策、社会福利政策等。这些因素从不同的途径影响农

① 我国的统计口径为男子 16～60 周岁，女子 16～55 周岁。

业劳动力的数量变化。

农业劳动力的质量状况主要取决于社会因素，包括农民生活水平、农村卫生医疗条件、农村教育状况、农业专业化水平、农业科学技术发展状况等。在不同的生产力发展水平下，农业对劳动力的质量要求是不同的。在以手工劳动为主的条件下，劳动力的体力的作用比较重要，因此常常用男、女劳动力或整、半、辅助劳动力等来反映劳动力的质量。在现代农业中，体力的作用相对减少，智力的作用不断增加。因此，劳动者的文化科学水平和技术熟练程度成为衡量农业劳动力质量的主要指标。

二、农业劳动力资源的特点

与其他物质生产要素相比，农业劳动力资源具有以下特点。

1. 能动性

劳动力资源的能动性是指劳动者具有主动性和创造性。在现代社会中，几乎所有的劳动资料都是人的劳动创造出来的，绝大部分劳动对象也是人的劳动生产出来的。虽然科学技术在现代社会中起着第一生产力的作用，但这并没有改变劳动力的重要性。因为这些先进的科学技术归根到底都是人创造的,并需要劳动者掌握才能在生产中发挥作用。因此，在开发利用劳动力资源的过程中，必须充分保护劳动者的积极性，使其主动性和创造性得到充分发挥。

2. 流失性

劳动力资源的流失性是指劳动者的服务能力不能储存。劳动力如果某一时间不予利用，他在这段时间中的服务能力即自行消失，不能储存到另一时间使用。而其他物质性生产要素则是可以储存的，这段时间不用，可以在以后的时间使用。劳动力资源的这一特性要求我们必须充分利用劳动力，提高劳动力的利用率。

3. 可再生性

劳动力资源是可再生资源。只要利用得当，劳动者的劳动能力是可以得到恢复和补充的，甚至其质量和价值会不断提高。而其他物质性生产要素要么是一次性消耗，要么是逐渐消耗。劳动力资源的这一特性一方面要求我们充分利用劳动力，另一方面要求我们合理地利用劳动力，特别是应保障劳动者的休息时间和学习时间，并改善劳动者的营养和医疗保健条件。

4. 两重性

劳动力资源的两重性是指劳动者既是社会财富的创造者，又是社会财富的消费者。如果劳动力能得到充分利用，能与生产资料充分结合，劳动力就会创造社会财富，成为推动农业和社会发展的动力；相反，如果劳动力不能得到充分利用，他就会成为纯粹的消费者，成为农业和国民经济发展的负担。在我国，研究并解决农业劳动力的充分利用问题，要比其他任何国家都更加重要。

三、农业劳动的特殊性

农业劳动是农业劳动力的使用或消费，是农业劳动者以其自身的活动来引起、调整和控制人与自然之间的物质变换，并通过有目的的活动来改变自然物的过程。由于农业生产的特殊性，农业劳动也具有不同于其他产业部门中的劳动的特殊性。

（1）农业劳动在时间上具有季节性。在农业生产中，人们只能按照动植物的自然生长规律来投放自己的劳动，而动植物在不同的生长阶段对人类劳动的需要是不同的，这就造成了不同季节的劳动内容、劳动量、劳动力紧张程度的巨大差异，产生了农业劳动的季节性。如何使农业劳动力得到充分而均衡的利用，既保证农忙季节的需要，又使农闲时的劳动力有出路，是农业劳动力利用中的一个重要问题。

（2）农业劳动在空间上具有分散性。动植物的生长直接或间接地依赖土地等各种自然条件，而土地分布在广袤的自然空间上，其位置固定。这就使农业劳动也必须在广袤的空间上进行。由于农业劳动的分散性，农业劳动过程的管理和监督比较困难，特别需要劳动者具有自觉性。这是农业中普遍采用家庭经营制度的一个重要原因。

（3）农业劳动在内容上具有多样性。农业生产项目种类繁多，不同农业生产项目以及同一项目的不同生产阶段，要求采取不同的作业方式和技术措施，因此农业劳动的内容具有多样性。但农业不可能像工业那样进行精细的劳动分工，一个农业劳动者不可能常年只从事一种劳动，这就要求农业劳动者必须一专多能，掌握多种劳动技能。

（4）农业劳动的条件比较艰苦。农业劳动大多在露天进行，加之农业生产过程的连续性和农业劳动的季节性，在需要投放劳动的时候，无论天气好环，都必须进行作业，特别是在农忙季节，劳动强度大，劳动者非常辛苦。

（5）农业劳动成果具有最后决定性及不稳定性。农业生产周期比较长，每个生产周期都由许多间断的劳动过程组成，每个劳动过程的劳动都对最终成果有影响，但又不能通过中间产品表现出来。这就造成了对阶段性农业劳动特别是对劳动质量进行考核很困难，这也是农业中普遍采用家庭经营制度的重要原因之一。同时，农业生产受自然条件的影响很大，而自然条件不是完全可以由劳动者控制的，因此，农业劳动成果往往具有不稳定性。

四、我国农业劳动力资源状况

我国农业劳动力资源的状况可以概括为以下几点。

（1）农业劳动力数量多、比重大。虽然随着工业化和城镇化的推进，我国乡村人口和农业从业人员的数量与比例均呈下降趋势，但由于人口基数大，农业劳动力的数量和比重都还比较大。2019 年我国总人口 14.0 亿，其中乡村人口 5.5 亿，占 39.4%。乡村从业人员 3.3 亿，其中农业从业人员 1.9 亿，占乡村从业人员的 58.4%，占社会从业人员的 25.1%。农业从业人员占社会从业人员的比例大大高于农业在国民经济中的比重。

（2）农业劳动力素质比较低。在现代社会，农业生产的发展主要不是依靠劳动力数量的增加，而是靠劳动力素质的提高。我国农业劳动力“量”多“质”低，可以从我国农业劳动力的文化水平和年龄结构中得到反映。从受教育程度看，据第三次全国农业普查数据，2016 年我国农业生产经营人员中，未上过学的占 6.4%，小学文化程度占 37%，初中文化程度占 48.4%，高中或中专占 7.1%，大专及以上占 1.2%。这就是说，我国农业从业人员中，小学及以下文化程度的占了 43.4%，初中及以下文化程度的占了 91.8%。从年龄结构看，2016 年我国农业生产经营人员中，年龄在 35 岁及以下的占 19.2%，36～54 岁的占 47.3%，55 岁及以上的占 33.6%[①]。这就是说，我国农业从业人员中，三分之一年龄在 55 岁以上。这种状况，严重制约了我国现代农业的发展。值得指出的是，这是农村劳动力的总体情况，实际上，由于文化程度较高的农村青年劳动力大多从事非农产业，从事农业劳动的劳动者的文化程度更低。这种状况，严重制约了我国现代农业的发展。

（3）农业劳动力在地区之间的分布不平衡。劳动力必须与生产资料相适应。如果一个地区的人口聚集过多，人口密度过大，就会导致劳动力数量多于可供使用的生产资料，造成人均产量和生活水平下降等经济社会问题。相反，如果一个地区的人口聚集过少，人口密度过小，会造成劳动力不足，不能充分利用自然资源，经济发展速度必然会慢。我国各地的人口密度相差悬殊，西北部和青藏高原区面积占国土面积的 55%，而人口只占全国总人口的 5%，人烟稀少；而东南部，尤其是珠三角、长三角地区的人口密度极大，劳动力平均负担的耕地仅一两亩，人多地少的矛盾十分突出。

（4）还存在一定数量的农业剩余劳动力。关于我国农村剩余劳动力的数量问题，由于统计口径和估算方法的不同而有不同的数据。有学者估计，按照目前的农业劳动生产力水平和我国的农地资源状况，农业只需要 1.5 亿劳动力，据此估计，目前我国农业中的剩余劳动力有 0.75 亿（也有学者认为目前我国已基本上不存在农业剩余劳动力。但大多数学者认为，目前我国特别是中西部地区还存在一定数量的农业剩余劳动力）。在今后一个相当长时期内，随着农业劳动生产力的不断提高，工业化和城镇化进程中农地资源的减少，再加上农村人口的继续增长，农业劳动力仍将不断被剩余出来。这是我国农业以至整个国民经济发展中最为严重的问题之一。

第二节　农业劳动力资源的利用

充分利用劳动力资源的基本途径有两个：一是提高农业劳动力利用率，把一切可以利用的劳动力投入生产中去，它是农业外延扩大再生产对劳动力的利用方式。二是提高农业劳动生产率，在单位劳动时间里生产更多的农产品，它是农业内涵扩大再生产对劳动力的利用方式。

---

① 以上数据加总不为 100%为数值的四舍五入修约所致。

一、提高农业劳动力利用率

1. 农业劳动力利用率的含义

农业劳动力利用率是指农业劳动力资源的实际利用量与拥有量的比率，反映农业劳动力资源的利用程度。

农业劳动力利用率的计算可根据不同的分析目的采用不同的指标，主要有以下三种。

$$农业劳动力利用率=\frac{实际参加农业劳动的人数}{能够参加农业劳动的人数}$$

$$农业劳动力利用率=\frac{平均每个劳动者实际参加劳动的天数}{平均每个劳动者可参加劳动的天数}$$

$$农业劳动力利用率=\frac{工作日中的纯工作时间}{工作时间}$$

2. 提高农业劳动力利用率的意义

提高农业劳动力利用率的意义可以从两个方面来看。

一是对社会来说，提高农业劳动力利用率可以为社会创造更多的物质财富。因为，在农业劳动力资源总量和劳动生产率一定的情况下，农业劳动力资源的利用率越高，就意味着社会有越多的实际劳动量投入农业生产，从而可以生产出越多的农产品。否则，劳动力得不到利用，他就会成为纯粹的消费者，成为农业和国民经济发展的负担，甚至成为社会的不安定因素。

二是对农民个人或家庭来说，提高农业劳动力利用率可以增加家庭的经济收入，提高家庭成员的物质文化生活水平。

3. 提高农业劳动力利用率的途径

从理论和我国农业发展的实际看，提高农业劳动力利用率的主要途径有以下几个。

（1）优化农业产业结构，发展劳动密集型产品。根据我国农业土地资源稀缺而劳动力资源丰富的要素禀赋特点，大力发展劳动密集型产品。尤其是在农业国际化的背景下，在农业产业结构的安排上扬长避短，积极主动地参与国际分工，大力发展蔬菜、水果、花卉、畜牧等需要较多劳动投入的农产品生产。实行精耕细作，一方面提高农产品的质量和竞争力，另一方面充分利用农业劳动力，增加农民收入。

（2）实行农村一二三产业融合发展，拓展农村就业空间。以农业为基本依托，延伸农业产业链，开发农业多功能，发展农业新业态，把农产品生产、农产品加工和销售，以及餐饮、乡村旅游、健康养生等农村服务业有机地整合在一起，使农村一二三产业协同发展，既增加农村就业空间，又实现农民增收。

（3）开发利用宜农荒地资源，向农业广度进军。我国虽然农垦历史悠久，耕地后备资源不多，但我国各地都有数量不等的荒山、荒丘、荒沟、荒滩未能充分利用。这些“四荒”资源一般不宜分户家庭承包，可通过招标、拍卖、协商等方式开发利用。开发利用“四荒”资源，不但可以提高土地利用率，增加农产品产量，而且可以吸纳一定数量的农业劳动力，提高农业劳动力的利用率。

二、提高农业劳动生产率

1. 农业劳动生产率的含义

农业劳动生产率是农业劳动成果与劳动时间的比率，反映农业劳动者的生产效率。通常用农业劳动者在单位时间内生产的农产品数量来表示，也可以用生产单位农产品所消耗的劳动时间来表示。单位时间内生产的农产品数量越多，或生产单位农产品消耗的劳动时间越短，则农业劳动生产率越高；反之，则越低。

用公式来表示，农业劳动生产率可以表示如下：

$$\text{农业劳动生产率}=\frac{\text{农产品数量}}{\text{农业劳动时间}}$$

$$\text{农业劳动生产率}=\frac{\text{农业劳动时间}}{\text{农产品数量}}$$

上述两个公式是农业劳动生产率的定义性公式。在实际计算时，公式中的“农产品数量”和“农业劳动时间”需要具体化。

“农产品数量”的实质是农业劳动成果，它可以具体化为实物量，也可以具体化为价值量（如总产值、增加值、利润等），还可以具体化为作业量（如耕地、播种、收割等各项作业的数量）。一般来说，在计算单项农产品的劳动生产率时常用实物量指标，在计算综合劳动生产率时用价值量指标，而作业量指标用于分析劳动的工作效率。

“农业劳动时间”一般只包括农业劳动者所花费的活劳动时间。但是，农业劳动者的计算口径可以是直接从事农业生产的劳动者，也可以是包括间接从事农业生产的劳动者在内的全部劳动者。间接从事农业生产的劳动者是指为农业生产提供服务的劳动者，如提供育苗、农机作业、病虫害防治的专业劳动者。在生产力水平较低的阶段，这些生产活动都是由农业生产主体自己完成的，但随着农业社会化水平的提高，这些活动可能由专业性的农业服务组织完成。在计算农业劳动生产率时，按直接劳动者算还是按全部劳动者算，结果会有很大的差异。合理的做法应当是，在计算某个农业生产主体（如某个家庭农场）的农业劳动生产率时，只按直接劳动者计算；而在计算较大的地区或一个国家的农业劳动生产率时，应按全部劳动者计算。另外，劳动时间的单位可以是年，可以是天，也可以是小时。无论是以直接劳动者计算还是以全体劳动者计算，都可以具体化为每人每年、每人每天、每人每小时等劳动时间单位。

在实际中，特别是在进行国际比较时，最常用的指标是：平均每个农业劳动力生产的粮食、肉类等主要农畜产品的数量，平均每个农业劳动力负担的人口数量。

2. 提高农业劳动生产率的意义

提高农业劳动生产率是农业发展的必然要求。一个国家的农业是否发达，最终表现为农业劳动生产率的高低。具体来说，提高农业劳动生产率具有如下重要意义。

（1）提高农业劳动生产率可以降低农产品成本。提高劳动生产率意味着单位农产品所耗费的劳动量减少，而劳动的耗费是农产品成本的重要组成部分。因此，提高农业劳动生产率就意味着降低农产品成本，从而能提高农产品的市场竞争力和农业生产的经济效益。

（2）提高农业劳动生产率是改善农民物质文化生活的决定性条件。这是因为，一方面，通过提高农业劳动生产率，可以降低单位农产品的成本，提高农业的经济效益，增加农民收入；另一方面，通过提高农业劳动生产率，可以使农民缩短劳动时间，从而腾出更多的时间来学习科学文化知识和休息、娱乐，使农业劳动力得到全面发展。

（3）提高农业劳动生产率是发展农业的根本途径。从农业劳动力的利用来说，发展农业的基本途径有两个：一是增加劳动者数量，或延长劳动时间或提高劳动强度，即延长社会劳动时间；二是提高劳动生产率，节约单位产品上所消耗的劳动时间。增加农业劳动者数量不符合社会发展的要求，通过延长劳动时间或提高劳动强度来发展农业会受到人的生理因素的限制，且缩短劳动时间和减轻劳动强度是人类自身发展的需要。而随着科学技术的发展，提高农业劳动生产率是无止境的。从这个意义上说，提高农业劳动生产率是发展农业的根本途径。

（4）提高农业劳动生产率是加快国民经济发展的重要保证。提高农业劳动生产率，一方面可以使农业劳动者提供更多的剩余农产品，更好地满足国民经济其他部门发展对农产品的需要；另一方面可以使农业部门释放出大量劳动力，满足国民经济其他部门发展对劳动力的需要。

3. 提高农业劳动生产率的途径

影响农业劳动生产率的因素很多，但在不同国家或农业发展的不同阶段，制约农业劳动生产率提高的主要因素是不同的。从我国现阶段的实际出发，提高农业劳动生产率主要有以下途径。

（1）提高农业物质技术装备水平。在农业中，采用现代化的农业机械、水利设施、工厂化生产设施以及化肥、农药等生产资料，一方面可以节省劳动的投放，另一方面可以提高土地生产率，这两方面的作用都会提高农业劳动生产率。当前，我国农业的物质技术装备水平比较低，农业机械化水平和设施化水平不高，因此，提高农业物质技术装备水平是提高农业劳动生产率的有效途径。

（2）合理利用和改善自然条件。农业生产受自然条件影响很大，合理利用和改善自然条件对提高土地生产率与农业劳动生产率具有重要意义。我国各地的自然条件千差万别，应根据各地区的自然条件，合理选择主导产业，以充分发挥当地的自然资源优势。同时，加强农业基础设施建设，改善农业生产条件，提高农业抗御自然灾害的能力，对提高土地生产率和农业劳动生产率都有重要意义。

（3）加大农业人力资本投资。随着科学技术的不断进步，科学技术在农业生产中的作用日益显著，对提高农业劳动生产率起着越来越重要的作用。在现代农业中，运用机器设备，采用新技术，搞好经营管理，都离不开劳动者的科学技术知识。目前，我国农业劳动者的科学文化素质不高，已成为制约农业发展和劳动效率提高的重要因素。因此，要加大农业劳动者的人力资本投资，提高农业劳动者的科学文化素质。

（4）建立合理的生产组织形式。建立合理的劳动组织，使劳动组织形式与生产力发展水平相适应，根据生产的客观需要进行适当的分工协作，对提高农业劳动生产率具有重要作用。农业实行家庭经营制度虽然具有客观必然性，但过小规模的家庭经营会对现代农业的发展造成制约。因此，必须随着农业生产力水平的提高，在坚持家庭经营基本制度不变的前提下，进行农业组织制度的再创新。就当前来说，主要是大力发展家庭农场、农民专业合作社、农业公司、农业龙头企业等新型农业经营主体，以及发展土地托管、联户经营等农业生产经营形式，实行多种形式的农业适度规模经营。

需要指出的是，在我国，提高农业劳动生产率要正确处理好两个关系：一是提高农业劳动生产率与提高农业劳动力利用率的关系。提高农业劳动生产率，意味着单位农产品中劳动耗费的减少，因此，需要对由于农业劳动生产率提高而节省出来的劳动力做出合理安排。否则，一方面劳动生产率提高了，但另一方面劳动力利用率却降低了，这样的提高劳动生产率就失去了意义。二是提高劳动生产率与提高土地生产率的关系。劳动生产率与土地生产率之间的关系是不确定的。一般来说，提高土地生产率也能提高劳动生产率，但反过来，劳动生产率的提高可能以牺牲土地生产率为代价。我国人多地少，土地资源稀缺，因此必须在提高土地生产率的基础上提高劳动生产率。

第三节　农业人力资本开发

一、人力资本理论概述

1. 人力资本的含义

人力资本是指存在于人体之中的具有经济价值的知识、技能、体力（健康状况）等质量因素之和。人力资本与“物质资本”相对，其主要特点是它与人身自由联系在一起，不随产品的出卖而转移。

人力资本的思想最早可追溯到古希腊思想家柏拉图，他在著名的《理想国》中论述了教育和训练的经济价值。第一个将人力视为资本的经济学家是古典经济学创始人亚当·斯密，他在肯定劳动创造价值以及劳动在各种资源中的特殊地位的基础上，明确提出了劳动技巧的熟练程度和判断能力的强弱会制约人的劳动能力与水平，而劳动技巧和判断能力要经过教育培训才能提高，而教育培训则是需要花费时间和付出学费的。

系统阐述人力资本理论的是美国经济学家舒尔茨。他在 1960 年美国经济学年会上的演说中系统地阐述了人力资本理论。其核心观点有两个：一是在经济增长中，人力资本的作用大于物质资本的作用；二是人力资本的核心是提高人口质量，教育投资是人力资本投资的主要部分。

2. 人力资源和人力资本的关系

人力资源就是劳动力资源，与人力资本只有一字之差，但两者有着本质的区别，主要体现在以下几方面。

（1）两者概念的范围不同。人力资源包括自然性人力资源和资本性人力资源。自然性人力资源是指未经过任何开发的遗传素质与个体，资本性人力资源是指经过教育、培训、健康投资而形成的人力资源。人力资本是所投入的物质资本在人身上所凝结的人力资源，是可以投入经济活动并带来新价值的资本性人力资源。人力资本存在于人力资源之中。

（2）两者所关注的焦点不同。人力资本关注的是收益问题。作为资本，人们就会更多地考虑投入与产出的关系，考虑如何让它增值和生利。人力资源关注的是价值问题。作为资源，人人都想要最好的，资金越多越好，技术越先进越好，人越能干越好。

（3）两者研究的角度不同。人力资源是将人力作为财富的源泉，是从人的潜能与财富关系来研究人的问题。人力资本是将人力作为投资对象，作为财富的一部分，是从投入与效益的关系来研究人的问题。

人力资源和人力资本虽然有本质的区别，但也有紧密的联系，主要体现在以下两方面。

（1）人力资源是人力资本的有形形态。人力资本是存在于人体之中的知识、技能、体力（健康状况）等质量因素，人力资源是一个国家（地区）或组织的具有劳动能力的人口。人力资本是人力资源中的质量因素，因而是无形的，很难直接计量，一个国家（地区）或组织的人力资本往往通过其人力资源表现出来。

（2）人力资源和人力资本都体现生产能力。无论是人力资源还是人力资本，都是重要的生产要素，只不过人力资本强调人力资源中的质量因素，因而在现代社会的生产中具有更重要的地位。

3. 人力资本的形成

同物质资本一样，人力资本也是通过投资形成的。人力资本的投资方式主要有以下几种。

（1）正规教育。这种投资形式增加了人力资本的知识存量，表现为人力资本构成中的普通教育程度，即用学历来反映人力资本存量。因此，可以依据劳动者接受学校教育的年限、劳动者的学历构成，判断和比较一个国家或地区、单位或家庭和劳动者在某一特定时期的人力资本存量。

（2）职业技术培训。职业技术培训包括就业前培训与在职培训。就业前培训泛指劳动者在受雇用以前所接受的职业技术培训，如技工学校和职业高中。在职培训指对已在工作岗位上从事有酬劳动的劳动者所进行的培训。职业技术培训费用是人们为获得与发展从事某种职业所需要的知识、技能所发生的投资支出。这类投资方式主要侧重于人力资本构成中的职业、专业知识与技能存量，其表现是人力资本构成中的专业技术等级。

（3）健康保健。用于健康保健、增强体质的费用也是人力资本投资的主要形式，这方面的投资效果主要变现为人口预期寿命的延长和死亡率的降低。

（4）劳动力流动。劳动力流动是人力资本动态配置的实现过程。虽然劳动力流动本身并不能增加人力资本的价值，但流动可以促使人力资源与物质资源之间的组合不断优化，使潜在的经济资源转变为现实的生产力，实现人力资本的增值。因此，劳动力流动是人力资本投资的重要组成部分，它为人力资本在微观层次上优化配置和宏观层次上有效利用创造条件。劳动力流动的费用主要包括收集信息的费用、迁移的费用、安置的费用等。

二、农业人力资本开发的作用和问题

1. 农业人力资本开发的作用

农业人力资本是现代农业生产力的重要支撑。农业人力资本开发对发展现代农业具有十分重要的作用。

（1）农业人力资本开发是实现农业现代化的重要保障。现代农业是广泛应用现代农业科学技术、采用现代工业提供的物质技术装备、实行科学管理的农业。随着农业现代化的推进，包括科技技术、物质技术装备和科学管理在内的现代农业生产要素应用范围越来越广，比例越来越大，只有高素质的农民才能充分了解现代生产要素的性能，进行理性的选择和合理的组合，提高各种生产要素的利用率和产出率，进而提高农业的竞争力和获得更好的经济效益。

（2）农业人力资本开发是促进农业剩余劳动力转移的有效途径。农业剩余劳动力的存在是制约农业规模经营和实现农业现代化的重要因素。农民的文化程度越高，就越容易学习和掌握先进的知识与技能，就越容易为非农产业所吸纳。从现实看，不同文化程度的农村劳动力在就业分布上的总趋势是，文化程度越高，从事农业生产者相对越少，而从事非农产业的比例越大。这说明文化程度的提高能促进农村劳动力从农业向非农产业转移。农业剩余劳动力离开农业，有利于土地经营权流转集中，为农业规模经营和农业现代化创造条件，这也是提高农民收入水平的有效途径。

（3）农业人力资本开发是优化农业产业结构和布局的推动力量。农业产业结构不合理（如生产不能适应市场需求变化，不能发挥当地资源优势等）的原因是多方面的，但农民适应市场的能力、调整生产结构所需要的科技知识等人力资本要素不足是关键的制约因素。而具备市场适应能力、掌握了先进生产技术和经营管理技术的农村劳动力，就能根据市场供求形势的变化及时调整生产结构。同时，也能充分发挥当地的资源优势，大力发展优势特色农产品，促进区域生产的专业化，提高全社会的资源配置效率。

（4）农业人力资本开发可以为农业发展提供“无限”动力。劳动力资源是劳动力数量和质量的总和。在一定的时期，农业劳动力的数量总是有限的，而随着人力资本的开发，劳动力质量的提升空间是无限的。从理论上说，通过教育培训和实践经验的积累，农业人力资本可以无限制地增加。因此，农业人力资本开发可以为农业发展提供源源不断的动力。

2. 我国农业人力资本开发的问题

我国虽然十分重视农业人力资本的开发，但由于受经济发展水平、农村人口规模、教育培训条件等因素的限制，我国农业人力资本开发仍然存在很多不足。

（1）农业劳动力受教育水平低。如前所述，我国农业劳动力数量多、素质低。从文化程度看，2016 年我国农业从业人员，同初中及以下文化程度的农村劳动力比重占到 91.8%，高中及以上文化程度的只占 8.3%。而且这还是农村劳动力的总体情况。由于文化程度较高的农村青年劳动力大多从事的是非农产业，从事农业劳动的劳动力的文化程度更低。

（2）农民职业技能培训的受益面不广。近年来，我国各级政府加大了对农民的培训力度，农民大学、各类短期实用技术培训班确实培养了一大批种植养能手，但接受培训的基本上是家庭农场、农民专业合作社、农业企业等新型农业经营主体的带头人，而大多数普通农民很少有机会接受政府的培训。

（3）农业学历教育跟不上现代农业发展的要求。农业学历教育包括高等农业教育和中等、高等农业职业教育。对我国现代农业发展来说，培育新型职业农民已是当务之急。而新型职业农民的培养需要系统的农业职业教育，因而发展中等和高等农业职业教育非常重要。但由于受传统观念的影响，农业从业者的社会地位低，青少年很少愿意进中等农业职业学校学习，严重制约了我国职业农民队伍的建设。

3. 我国农业人力资本的开发对策

我国农业人力资本开发的现状不能适应现代农业发展的要求，需要多途径多形式加大农业人力资本的开发力度。

（1）强化农业人力资本开发的战略地位，建立健全农业人力资本开发机制。各级政府要加强对农业人力资本开发重要性的认识，把农业人力资本开发放到发展现代农业、实现乡村振兴的战略高度。对农业人力资本开发做出长期规划和中、短期计划。建立基础教育、职业教育和创业教育“三位一体”的农村教育体系。在继续重视农民短期职业技能培训的基础上，加强中等和高等农业职业教育，实施新型职业农民培育工程。

（2）大力发展农村教育事业，改善农村教育条件。首先，要合理配置城乡教育投入，加大财政对农村教育的投入力度，鼓励社会力量参与农村教育，改善农村教育条件；其次，要更加重视提高农村教育质量，将高质量的教育资源导入广大农村地区。构建城乡教师交流机制，实现城乡校际联合，实现先进的教育理念、教学方法、教学管理经验的城乡交流和共享。最后，要重视农村居民的国民素质教育，构建从学前教育到小学中学在内的国民教育体系，尽快实现农村学前教育和 12 年国民义务教育。

（3）完善农业科技推广机制，促进从业者人力资本积累。科技推广应用是促进人力资本开发的有效途径，因为农业从业者在学会应用科技成果的同时，增长了科学文化知识，掌握了生产经营和管理技能，提高了自身的人力资本水平。因此，要健全农村科技推广服务机构和网点建设，形成完善的科技推广服务网络体系。加强基层农技推广队伍建设，提高基层农技人员的业务水平和服务能力。同时，充分利用信息化手段，加强农业科教网络平台建设，聚集农业科教信息资源，为农技推广人员和农民提供方便的在线学习、互动交流与服务对接渠道。

（4）建立健全农村医疗保障体系，提高农业劳动力的健康水平。农业从业者的健康水平是农业人力资本的重要组成。目前，我国农村的卫生医疗条件比较差，农民的医疗保障水平比较低。为此，要加强乡镇卫生院及村医疗站建设，健全县、乡、村三级医疗卫生服务网络。特别是要加强农村医生队伍建设，提高农村医生的医疗服务水平。同时，要加快推进城乡融合的居民社会保障体系建设，进一步提高新型农村合作医疗的财政补助标准。

第四节　农业剩余劳动力转移

一、农业劳动力转移的一般规律

农业劳动力转移是指农业劳动力从农业向非农产业的流动。随着国民经济的发展，农业劳动力转移具有客观必然性。农业劳动力转移一般会表现出以下规律性。

（1）农业劳动力向非农产业转移，农业劳动力占整个社会劳动力的比重逐步下降。

（2）农业劳动力向非农产业转移呈现出两个阶段的变化趋势。第一阶段是农业劳动力绝对数量增加，相对比重（占社会总劳动力的比重）下降；第二阶段是农业劳动力的绝对数量和相对比重同时下降。

（3）农业劳动力向非农产业转移的原因，主要是农业与非农产业部门劳动生产率的差异以及由此产生的收入水平的差异。农业劳动与非农产业劳动的收入差异大，农业劳动力转移的动力就强，转移的速度就快，转移的规模就大；反之，转移速度慢，转移规模小。

二、农业劳动力转移理论

关于农业劳动力的转移，经济学家进行过大量研究，并做出了相应的理论解释。这些理论的研究视角大致可分为两类：一是从宏观上阐述社会劳动力就业结构变化（农业部门的劳动力向工业部门转移）的机理；二是从微观上阐述农业劳动者或其家庭的劳动力转移决策机制。

1. 刘易斯二元结构模型

1954年，发展经济学家威廉·阿瑟·刘易斯（William Arthur Lewis）发表了题为《无限劳动供给下的经济发展》的论文，揭示了发展中国家的经济由二元结构向一元结构转变的内在机理，同时也揭示了农业劳动力向工业部门转移的内在机理。刘易斯模型的思想要点如下。

（1）发展中国家存在二元经济结构。一元是以落后方式进行生产的传统农业部门，这一部门的劳动生产率和收入水平很低；另一元是以先进方式进行生产的城市工业部门，这一部门的劳动生产率和工资水平比农业部门高。

（2）传统农业部门存在剩余劳动力。剩余劳动力是相对于土地资源而言的。劳动力相对于土地过多，劳动力虽然出工出力，但边际产量很低，低到接近零甚至为负数。

（3）由于农业部门的劳动生产率和收入水平比工业部门低，农业剩余劳动力有流向工业部门的趋势。工业部门只要支付略高于农民收入的工资，就能够得到其所需要的任何数量的劳动力，劳动力供给具有完全弹性（劳动力的供给曲线表现为一条水平线）。这就是无限的劳动供给。

（4）工业部门吸收农业剩余劳动力的结果是扩大了生产，取得了更多的剩余，积累了更多的资本，从而吸收更多的农业剩余劳动力。

（5）上述过程反复进行，农业剩余劳动力不断向工业部门转移，直到农业剩余劳动力全部被工业吸收。此时，劳动力的供给曲线便由水平向右上方上升（这个转折点被称为“刘易斯拐点”）。

（6）此后，农业部门和工业部门的工资水平都取决于劳动的边际生产力。城乡一体化的劳动力市场形成，二元经济结构的特征消失。

2. 拉尼斯-费景汉模型

刘易斯模型对经济发展理论和劳动力转移理论有重大影响，但这一模型也存在不足。1961 年，古斯塔夫·拉尼斯（Gustav Ranis）和费景汉（John C. H. Fei）在《经济发展的一种理论》一文中认为，刘易斯模型存在两个缺点：一是没有足够重视农业在促进工业增长中的作用；二是没有注意到农业出现剩余产品是农业劳动力向工业流动的先决条件。他们在刘易斯模型的基础上，根据农业和工业两部门发展的对应关系，把农业劳动力转移的过程分为三个阶段。

第一阶段，农业劳动的边际生产力等于零。在这一阶段，农业部门存在大量显性失业的过剩劳动力，劳动力的供给弹性无限大。劳动力由农业部门流入工业部门，不会影响农业生产，而且由于他们的流出，农业部门形成剩余产品。这些剩余产品正好成为流入工业部门就业人口的粮食供应。

第二阶段，农业劳动的边际生产力大于零但低于维持生活所需的产量。在这一阶段，农业部门存在隐性失业的过剩劳动力。这部分劳动力继续流入工业部门，但由于其边际生产力大于零，因而粮食产量不能与工业部门的劳动力同步增长。粮食短缺引起粮食价格相对上涨，工业部门不得不因此提高工资。第一阶段进入第二阶段的转变点被称为“粮食短缺点”。

第三阶段，农业劳动的边际生产力高于维持生活所需的产量。在这一阶段，农业部门已不存在剩余劳动力，农业劳动者的收入取决于劳动的边际生产力，这意味着传统农业已转变为商业化农业。因此，第二阶段向第三阶段的转变点被称为“商业化点”，由此二元结构特征消失。

在拉尼斯-费景汉模型中，第二阶段至关重要。拉尼斯和费景汉认为，在劳动力流动过程中，提高农业劳动生产率，促使农业与工业平衡发展，是劳动力流动进入商业化第三阶段的前提条件之一。

3. 乔根森模型

美国经济学家戴尔 • 乔根森（Dale W. Jogenson）在 1967 年发表的《过剩农业劳动力和两重经济发展》一文中基于新古典主义的分析方法对刘易斯的无限劳动力供给模型进行了修正。乔根森认为，农业剩余的存在是劳动力从农业部门向非农部门转移的前提条件，只有当农业剩余大于零时，才有可能出现农业劳动力的转移。乔根森强调技术进步的作用，认为随着农业技术的不断进步，农业剩余的规模将不断扩大，更多的农业劳动力将转移到工业部门。因此，农业剩余的规模决定着工业部门的发展和农业劳动力转移的规模。

4. 托达罗模型

20 世纪 60 年代与 70 年代之交，美国发展经济学家迈克尔 • P. 托达罗（Michael P. Todaro）发表了一系列论文①，阐述了他的劳动力转移模型，其基本要点如下。

（1）包括劳动力在内的所有要素都是稀缺的。

（2）促使劳动力流动的基本力量是预期的城乡收入差异。预期的城乡收入差异取决于两个因素：一是城乡的实际收入水平；二是城市的就业概率。只有预期的城市收入大于农村收入，才会发生劳动力由农村向城市转移的行为。

（3）在城乡预期收入差异诱发下的劳动力转移，一方面使城市失业增加，就业概率下降，进而城市的预期收入下降；另一方面使农业劳动力减少，农产品贸易条件改善（农产品价格上升），从而农业部门的收入上升。这一降一升的过程将最终使农村劳动力向城市转移的诱因消失，劳动力停止转移。

托达罗模型在劳动力转移研究领域引起了广泛的影响。“推-拉理论”和“新经济迁移理论”就是分别从劳动力转移的动因与分析单位方面对托达罗模型进行的扩展。

5. 推-拉理论

“推-拉理论”的产生可以追溯到 19 世纪末。1889 年英国学者雷文斯坦（E. Ravenstien）发表了一篇题为《人口迁移之规律》的论文，这篇论文涉及了“推-拉理论”的内容。1938 年美国学者赫伯尔（R. Herberle）发表的《乡村-城市迁移的原因》一文第一次提出了“推力-拉力”。系统的“推-拉理论”分析框架由美国学者唐纳德 • 博格（D. J. Bogue）于 20 世纪 50 年代末提出。其主要观点是：人口转移是“推”和“拉”两种力量相互作用的结果。在人口迁出地存在一种“推力”，产生推力的因素有自然资源枯竭、农业生产成本增加、劳动力过剩导致的失业和就业不足、较低的收入水平等。在人口迁入地存在一种“拉力”，产生拉力的因素有较多的就业机会、较高的收入、较好的生活水平、较好的受教育

① Michael P. Todaro. Model of Labor Migration and Urban Unemployment in Less Developed Countries[J]. AMERICAN ECONOMIC REVIEW，1969，59；John R. Harris and Michael P. Todaro. Migration，Unemployment and Development：A Two-Sector Analysis[J]. AMERICAN ECONOMIC REVIEW，1970，60.

机会、较完善的交通条件等。

一些学者对博格的理论进行了补充和发展。1966 年美国学者埃弗雷特 · S. 李（Everett S. Lee）发表了《移民人口学之理论》一文，认为：迁出地不只有推力，迁出地也有拉力，如家人团聚的快乐、熟悉的社区环境、长期形成的社交网络等。迁入地也不只有拉力，迁入地也有推力，如转移带来的家庭分离、陌生的生活环境、激烈的竞争等。影响人口流动的还有第三类因素——中间障碍因素，如距离远近、物质障碍、语言文化差异等。人口流动是这三类因素综合作用的结果。

6. 新经济迁移理论

新经济迁移理论以奥迪 · 斯塔克（Oded Stark）、爱德华 · 泰勒（J. Edward Taylor）等学者为代表，他们将劳动力转移的分析单位由劳动者个人改变为家庭，分析家庭福利最大化假定下的劳动力转移决策机制。

新经济迁移理论强调家庭策略在劳动力转移决策中的基本地位和重要性。该理论指出，尽管劳动力转移通常是以单个转移者的形式出现的，但是劳动力转移的决策实际上是一群相关的人（如家庭）做出的，且转移也不仅仅是为了追求期望收入的最大化。

新经济迁移理论用投资组合理论解释劳动力转移行为与家庭决策的关系。从投资组合理论的观点看，农业生产易受气候等因素的影响，自然风险大；同时，农产品市场供求的变化会引起农产品价格的大幅波动。因此，农业收入很不稳定。如果家庭成员全部从事农业，家庭收入就不稳定。为减少家庭收入的波动，家庭的劳动力资源要在农业与非农产业之间进行适当的配置。如果家庭中部分劳动力进城打工，即使获得的收入不稳定，但只要其收入波动与农业收入的波动不同步，就会减小家庭收入的波动。也就是说，家庭劳动力的外出转移并非完全是为了从城市非农产业中获得更高的收入，也是出于规避农业风险的考虑，目的是求得家庭长期收入的稳定。

三、中国农业剩余劳动力转移

1. 农业剩余劳动力转移的途径

目前我国农业中还存在一定数量的剩余劳动力。农业剩余劳动力的存在不但意味着农业劳动力资源利用的不充分，造成农业劳动力资源的浪费，而且影响农业劳动生产率的提高，影响农业规模经营和现代农业的发展，也影响农民收入水平的提高。解决我国农业剩余劳动力问题，除了通过提高农业的广度和深度在农业内部解决一部分外，最主要和最现实的途径还是向非农产业转移。

（1）推进农村一二三产业融合发展，拓展农业发展和农村就业空间。延长农业产业链，拓展农业多功能，创新农村新业态，特别是发展农产品加工业和农村旅游等服务业，既开拓农民增收渠道，也提供农民就业机会。

（2）加快新型工业化和城镇化进程，提高工业和城镇吸收农业剩余劳动力的能力。理论和实践证明，农业劳动力向二三产业转移、农村人口向城镇转移，是社会发展的必然趋势，也是减少农业劳动力和农村人口的必由之路。2017 年，我国农民工数量达到了

2.87 亿（其中外出 1.72 亿，本地 1.15 亿）[①]，大大缓解了我国农业的剩余劳动力问题。今后要继续深化改革开放，加快新型工业化和城镇化的进程，进一步提高工业和城镇吸收农业剩余劳动力的能力。

（3）开展劳务输出，拓展国外就业空间。利用我国农村劳动力成本低和吃苦耐劳的优势，支持有关建筑工程公司积极承揽国外工程建设项目，支持劳务公司有组织地把农村劳动力输出到国外，在国外从事劳动密集型的工作，这是解决我国农业剩余劳动力问题的重要补充。

2. 农业剩余劳动力转移的措施

从我国实际情况出发，加快剩余农业劳动力转移的战略措施大致有以下几个方面。

（1）强化城市产业就业支撑。一是优化城市产业结构。根据资源环境承载能力、要素禀赋和比较优势，培育发展各具特色的城市产业体系。改造提升传统产业，壮大先进制造业和战略性新兴产业；推动生产性服务业专业化、社会化发展，提升生活性服务业水平。二是增强城市创新能力。依托科技、教育和人才资源优势，推动城市走创新驱动发展道路，推动技术创新、商业模式创新和管理创新。三是营造良好创业就业环境。放宽政府管制，营造创新氛围，激发全社会创业活力；完善创业优惠政策，形成政府激励创业、社会支持创业、劳动者勇于创业的新机制；运用财政支持、税费减免、创业投资引导、政策性金融服务、小额贷款担保等手段，为中小企业特别是创业型企业发展提供良好的经营环境，促进以创业带动就业。

（2）完善公共就业创业服务体系。一是加强农民工职业技能培训，提高其就业创业能力和职业素质。整合职业教育和培训资源，全面提供政府补贴职业技能培训服务；强化企业开展农民工岗位技能培训责任，足额提取并合理使用职工教育培训经费；鼓励高等学校、各类职业院校和培训机构开展职业教育与技能培训；鼓励农民工取得职业资格证书和专项职业能力证书，并按规定给予职业技能鉴定补贴。二是加大农民工创业政策扶持力度，支持农民工创业。三是实现就业信息全国联网，为农民工提供免费的就业信息和政策咨询。

（3）深化户籍制度和农村产权制度改革。我国自 1958 年起实行了严格的户籍制度，户籍制度的背后承载了劳动就业和一系列社会保障及社会福利制度，从此，城乡居民就生活在两种不同的管理体制下。农村户口的农业劳动力转为城镇户口的市民几乎是不可能的事。目前，虽然政策总体上已允许农民进城落户，但各地为控制城市人口规模，对农民进城落户设置了十分严格的条件。2014 年我国发布了《国家新型城镇化规划（2014–2020 年）》，其中的一个目标是：城镇化水平和质量稳步提升。在 2020 年前解决 1 亿左右农业转移人口和其他常住人口在城镇的落户问题，常住人口城镇化率达到 60%左右，户籍人口城镇化率达到 45%左右，户籍人口城镇化率与常住人口城镇化率差距缩小 2 个百分点左右[②]。因此，需要进一步推进户籍管理制度改革，具体研究落实“全面

① 来源：国家统计局《2016 年全国农民工监测调查报告》。外出农民工指在户籍所在乡镇地域外从业的农民工。

② 2017 年，我国城镇化率按常住人口算为 58.5%，按户籍人口计算只有 42.4%。

取消小城镇落户限制，有序放开中小城市落户限制，逐步放宽大城市落户条件”的政策。同时，要深化农村集体产权制度改革，解决进城农民的农地承包权、宅基地资格权和集体收益分配权的退出办法，使之真正实现市民化。

（4）落实推进农村产业融合发展的政策措施。在用地、资金、人才、标准等方面加大对农产品加工业发展、农产品流通设施建设、农村电商以及乡村旅游等方面的支持力度。

本章小结

农业劳动力资源具有能动性、流失性、可再生性、两重性。农业劳动具有劳动时间的季节性、劳动空间的分散性、劳动内容的多样性、劳动条件的艰苦性、劳动成果的最后决定及不稳定性等特点。

我国农业劳动力数量多、比重大，素质比较低，地区之间分布不平衡，还有一定数量的剩余劳动力。充分合理利用劳动力资源的基本途径，一是提高农业劳动力利用率，二是提高农业劳动生产率。提高农业劳动力利用率的途径包括：优化农业产业结构，发展劳动密集型产品；实行农村一二三产业融合发展，拓展农村就业空间；开发利用宜农荒地资源，向农业广度进军。提高农业劳动生产率的途径包括：提高农业物质技术装备水平，合理利用和改善自然条件，加大农业人力资本投资，建立合理的生产组织形式。

人力资本投资的方式包括正规教育、职业技术培训、健康保健以及劳动力流动。人力资本开发对农业发展具有重要作用：是实现农业现代化的重要保障，是促进农业剩余劳动力转移的有效途径，是优化农业产业结构和布局的推动力量，可以为农业发展提供“无限”动力。我国农业人力资本开发的问题主要是：农业劳动力受教育水平低，农民职业技能培训的受益面不广，农业学历教育跟不上现代农业发展的要求。开发我国农业人力资本，需要建立健全农业人力资本开发机制，大力发展农村教育事业，完善农业科技推广机制，建立健全农村医疗保障体系。

农业劳动力从农业向非农产业的转移具有客观必然性。关于农业劳动力转移的理论可分为两类：一是从宏观上阐述社会劳动力就业结构变化的机理，包括刘易斯二元结构模型、拉尼斯-费景汉模型、乔根森模型等；二是从微观上阐述农业劳动者或其家庭的劳动力转移决策机制，包括托达罗模型、推-拉理论、新经济迁移理论等。农业剩余劳动力转移的途径主要是：推进农村一二三产业融合发展，加快新型工业化和城镇化进程，开展劳务输出等。其主要措施包括：强化城市产业就业支撑，完善公共就业创业服务体系，深化户籍制度和农村产权制度改革，落实推进农村产业融合发展的政策措施等。

概念与术语

农业劳动力资源　农业劳动力利用率　农业劳动生产率　农业人力资本

农业劳动力转移 农业剩余劳动力

学习思考

1. 农业劳动力资源有什么特点?
2. 农业劳动有什么特点?
3. 我国农业劳动力资源的状况如何?
4. 充分合理利用劳动力资源的基本途径是什么?
5. 提高农业劳动力利用率有什么意义?如何提高农业劳动力利用率?
6. 提高农业劳动生产率有什么意义?如何提高农业劳动生产率?
7. 为什么说提高农业劳动生产率要正确处理好与提高农业劳动力利用率和提高土地生产率的关系?
8. 农业人力资本开发有何作用?如何开发我国的农业人力资本?
9. 农业劳动力转移有什么规律?
10. 刘易斯二元结构模型的要点是什么?拉尼斯-费景汉模型对其有什么改进?乔根森模型又对前者有什么改进?
11. 托达罗劳动力转移模型的要点是什么?推-拉理论和新经济迁移理论是如何对托达罗模型进行改进的?
12. 如何加快我国农业剩余劳动力转移?

第十一章

农业中的资金

【本章学习目标】

1. 理解农业资金的含义和分类，了解农业资金的来源；
2. 认识农业资金的作用及其运动的规律和特点；
3. 理解农业财政投入的依据，了解农业财政资金投入的方向和原则；
4. 了解农业信贷资金的类别，了解我国农村金融体系的组织结构；
5. 了解我国农村正规金融机构的业务及其特点；
6. 了解我国农村金融改革发展的目标和方向。

第一节　农业资金概述

一、农业资金的概念与分类

1. 农业资金的概念

农业资金有广义和狭义之分。广义的农业资金是指政府、经营主体和社会其他部门投入农业领域的各种货币资金、实物资产与无形资产，以及在农业生产经营过程中形成的各种流动资产、固定资产和其他资产的总和。广义的农业资金实际上就是用于农业生产经营活动的各种财产物资和货币的总和。在各种形式的资金中，最为重要的是货币资金。在市场经济中，货币资金具有最高的流动性，它可以很容易地转化成任何其他形式的资金。因此，狭义的农业资金也就是指各类投资主体投入农业中的货币资金。

需要注意的是，货币虽然是资金的重要形式，但货币并不等于资金。货币与资金有联系，但更有本质的区别。货币与资金的联系是：资金可以表现为一定数量的货币，货币在一定条件下也可以转化为资金。货币与资金的区别是：资金是投入再生产过程中不断循环和周转，并在循环和周转中保值增值的价值；货币不一定是资金，只有投入再生产过程中进行保值增值的货币才是资金。因此，农业资金是指垫支在农业生产经营活动中的不断循环和周转并保值增值的价值，它有垫支性、周转性和增值性三个属性。

2. 农业资金的分类

根据研究的需要，农业资金可按不同的标准进行分类。一般说，农业资金有以下几种分类。

（1）按资金的所有权，农业资金可分为自有资金和借入资金。自有资金是指农业生产经营主体自己所有，不需归还别人的资金。它包括农业生产主体筹集的股本资金和在生产经营中积累的资金。政府无偿支援的资金也可以视同自有资金。借入资金是指生产经营主体用各种方式取得的必须到期归还他人的资金，如向信贷机构借入的贷款、向社会发行的债券、从民间借入的资金等。

（2）按资金存在的形态，农业资金可分为货币形态的资金和实物形态的资金。货币形态的资金主要指现金、存款等，实物形态的资金主要指农业生产经营中占用的各种生产资料、在产品和产成品等。

（3）按资金在再生产过程中所处的阶段，农业资金可分为生产资金和流通资金。生产资金主要指各种生产资料和在产品所占用的资金，流通资金主要指各种产成品占用的资金和在流通领域中的现金、存款、应收款所占用的资金。

（4）按资金的价值转移方式，农业资金可分为固定资金和流动资金。固定资金是指垫支在劳动资料上的资金，其实物形态是固定资产，如农业生产用房、温室暖房、水利设施、机械设备、果树林木等。固定资金的特点是单位价值较大，使用时间较长，可多次参加生产过程，其价值随着使用损耗逐步地转移到产品成本中，并从产品销售收入中得到补偿。流动资金是指垫支在种子、饲料、肥料、农药等劳动对象上的资金和用于支付劳动报酬及其他费用的资金。其特点是只参加一个生产过程即完全消耗，其价值一次性转移到产品成本中，并从销售收入中一次性得到补偿。

二、农业资金的来源

农业资金主要来源于以下几个渠道。

（1）生产经营主体的自有资金。在我国，农户是最主要的农业生产经营主体，也是农业资金的主要投入主体。农户投入农业的资金来源包括农业生产经营所得、非农生产经营所得、劳务所得以及财产性收入和转移性收入。随着我国农业经营体制改革的深化，农民专业合作社、农业公司、农业产业化龙头企业等越来越成为重要的农业生产经营主体，它们都成为重要的农业资金投入主体。另外，一些地方的农村集体经济比较发达，这些地方的农村集体经济组织也为当地农业的发展提供资金支持。

（2）政府财政预算拨款。中央和地方政府通过财政预算拨款的方式为农业提供的资金，是农业资金的重要来源。财政资金常常以农业技术推广、农业基础设施建设、农村公共服务提供、农业生产补贴等方式投放。财政资金一般都是无偿的，但为了提高财政资金的使用效率，部分财政资金也采用有偿使用的形式或转成银行信贷资金。

（3）金融机构贷款和民间融资。金融机构或个体信贷供给者向农业生产经营者提供的各种信贷资金，也是农业资金的来源之一。信贷资金是有偿的，到期要还本付息。农业信贷资金的提供者既有以盈利为目的的商业性金融机构，也有配合政府实现某种政策目标提供政策性贷款的政策性金融机构，还有基于互助合作原则建立起来的合作金融机构，此外还有以赚取利息为目的的民间放贷人。

三、农业资金的作用

在现代农业中，资金对农业的发展具有重要作用，主要体现在以下几方面。

（1）资金是重要的现代生产要素。在古典和新古典经济增长理论中，经济增长是劳动、资金、土地等生产要素投入增加和技术进步综合作用的结果。新经济增长理论虽然在更大范围内解释经济增长，强调技术、分工、贸易、制度等因素对经济增长的作用，但并不否认生产要素投入的基础性作用。实际上，在技术水平和制度等因素一定的情况下，经济的增长主要取决于劳动、资金、土地等生产要素投入量的增加。农业的增长同样如此。所以，一个国家的农业发展状况，从某种意义上说取决于一个国家投入农业中的资金数量。

（2）资金是农业生产经营主体获取物质性生产要素的必要手段。在市场经济条件下，劳动力、土地、各种生产资料都是商品，需要通过购买或租用才能获得。因此，任何农业生产经营主体要想发展农业生产，都首先需要通过各种途径解决其所需要的资金问题。从某种意义上说，农业生产经营主体拥有的资金多少反映了它从事生产经营活动的综合能力的大小。

（3）资金是农业生产经营主体的重要管理工具。这是因为，在市场经济条件下，生产经营活动都伴随着资金运动，资金的运动过程反映着生产经营活动。因此，运用好资金管理这个工具，不但可以分析生产经营状况，而且可以发现生产经营中存在的问题及其解决途径，从而提高经营管理水平。

（4）资金的使用效益是农业经济效益的主要表现。农业经济效益虽然可以通过劳动生产率、土地生产率等指标来衡量，但在市场经济条件下，资金的使用效益是核心的，也是最综合的，因为劳动和土地等生产要素也需要用资金来购买（雇用或租用）。因此，资金运用的经济效益高低，反映了各种生产要素利用的综合经济效益水平。

（5）财政资金的分配是政府调控农业的重要工具。从宏观上来看，财政对农业的支持力度表明了政府对农业的重视程度，财政资金的投放方向体现了政府的支持重点，对其他农业资源的配置具有引导作用，因而是引导农业产业结构调整和改善农业生产条件的重要手段。

四、农业资金的运动

1. 农业资金运动的规律

农户（包括专业大户和家庭农场）和企业等农业生产经营主体的资金，无论是自有的还是借入的，都需要在不断的运动中实现保值和增值。随着再生产过程的不断进行，资金会不断变换其自身的形态，进行周而复始的循环和周转。这种运动包括以下三个阶段。

第一阶段，流通过程中的购买阶段。这一阶段包括两个方面的内容：一是以货币资金的形式购买生产资料；二是以货币资金的形式支付劳动者报酬。在这个阶段，农业生产经营者通过垫付货币资金购买生产资料和支付劳动报酬，资金就从货币资金的形式转变为生产资金的形式。

第二阶段，生产过程中的生产阶段。生产阶段是劳动者与生产资料相结合的阶段，即从事农产品生产、农产品加工等生产活动的阶段。在这一阶段中，劳动者通过劳动生产出各种使用价值，并转移包含在生产资料中的旧价值和创造新的价值。资金由生产资金的形式转变为商品资金的形式。

第三阶段，流通过程中的销售阶段。在销售阶段，农业生产经营者把生产出来的各种商品销售出去，商品资金转变为货币资金，并成为下个生产周期的储备资金。

资金运动的快慢决定了资金利用经济效益的高低。资金运动得越快，资金利用的经济效益就会越高。因此，加速资金周转，缩短资金周转的时间，是农业生产经营者提高资金利用经济效益的关键。

2. 农业资金运动的特点

与农业生产的特点相联系，农业资金的运动具有以下特点。

（1）周转时间长，周转速度慢。农业生产受动植物生长发育的自然规律的限制，有其特定的生产周期，而且这个生产周期不能像工业生产那样相对容易地按照人们的愿望来缩短。因而在一般情况下，农业中资金的周转速度要比工业中资金的周转速度慢得多。

（2）季节性强。这是农业生产的季节性在资金运动中的反映。在农业中，生产经营者必须按季节储备资金并投入生产，也只有在特定的季节收获农产品并将其出售后才能回收资金。农业资金的投放与回收时间不一致，而且在投放和回收的时间上不平衡。

（3）效益不稳定。农业生产的效益不仅受农产品市场需求变化的影响，而且受自然条件变化带来的年成丰歉的影响，因而农业中资金的利用效益与工业中资金的利用效益相比，不稳定性和风险性更大。

（4）在循环周转过程中不完全通过流通过程。农产品既是农业生产的最终产品，又是重新加入再生产过程的生产资料，具有生活资料和生产资料的双重用途。在农业市场化水平不高的阶段，一部分农产品留作农业生产经营者自己的农业生产资料，另一部分农产品留作农业生产经营者自己的消费品，这两部分农产品不经过销售转化为货币。这与工业资金的周转从货币资金开始，全部通过供、产、销三个阶段，最后又回到货币资金，有着显著的差别。

第二节　农业财政资金

一、农业财政投入的依据

在市场经济条件下，农业生产经营主体以利润最大化为目标进行生产经营和投资决策。但是农业是一个特殊的部门，具有公共性、外部性、弱质性等特点，会出现市场失灵现象，需要政府投入资金来弥补市场的不足。此外，政府对农业进行宏观调控以及增强本国农业的国际竞争力，也需要财政投入。

（1）农业发展所需的公共产品要由财政投入来提供。公共产品是指具有非排他性和非竞争性的产品。所谓非排他性，是指即使某一经济主体没有支付相应的费用，也无法将他排除在这一产品的消费之外；所谓非竞争性，是指这种产品不会因某一主体的消费而减少其他主体对这一产品的消费量。同时具有非排他性和非竞争性的产品被称为纯公共产品，只具备这两个特性中的一个的产品被称为准公共产品。农业发展所需要的公共设施（如乡村公路、电力线路、通信设施、水利设施等）和公共服务（如新技术的研发和推广、气象预报、病虫害测报等）属于公共产品或准公共产品。公共产品私人不愿供给，需要政府来提供，而且由政府提供公共产品也是一种有效率的供给方式。

（2）农业的外部性需要财政投入来矫正。如前所述，农业具有很大的正外部性，如农业具有改善生态环境、维护社会稳定、保障国家安全、传承历史文化等非商品性产出功能。在完全由市场机制调节经济的情况下，农业生产经营者不能获得这些外部性的经济补偿，他们按照私人边际成本和私人边际收益相等的原则来决定产量，其结果往往是从社会整体来看农业中的资源配置过少，不能达到社会福利的最大化。因此，政府对农业生产经营者进行一定的补贴，使农业的外部性得到相应的补偿，就会引导更多的资源向农业配置，使社会福利达到最大。

（3）农业的弱质性需要财政投入来扶持。如前所述，在市场经济条件下，农业在与其他产业的市场竞争中处于不利的地位。农业比较利益低下，农业中的土地、资金和高素质的劳动力有流向非农产业的强烈趋向，从而造成农业发展后劲不足。但是，农业是国民经济的基础，要保证国民经济其他部门长期稳定地发展，政府必须对农业进行一定的财政支持，使农业的发展规模和速度与国民经济其他部门的发展相协调。

（4）农业的宏观调控需要财政投入来引导。宏观调控是政府从经济和社会发展的全局出发，利用经济规律，运用法律、行政和经济手段，对社会经济活动进行调节和控制，以实现国民经济持续、快速、协调发展的管理方式。宏观调控是政府的重要经济职责，也是政府实现特定政策目标的手段。在市场经济条件下，政府对农业的宏观调控往往需要通过经济手段得以实施，如通过财政补贴引导农民增加生产投入、改善生产条件、采用先进技术，通过建立农产品储备来调节农产品市场供求、平抑农产品价格波动等。这类补贴性财政资金能发挥乘数效应，调动社会资源按政策目标进行配置。

（5）农业的国际化需要财政投入来支持。在全球经济一体化的背景下，农产品在国际市场中的竞争日益激烈。为提高本国（地区）农业的国际竞争力，各国（地区）政府都在 WTO《农业协议》许可的范围内对本国（地区）农业进行支持和保护，其中财政投入是基本的支持和保护手段。

二、农业财政资金投入的方向

农业财政资金投入的方向是由农业财政投入的依据决定的。农业财政资金投入的方向大致上分为三个方面。

1. 提供农业发展所需的公共产品

农业发展所需的公共产品包括公共设施和公共服务两大类。农业财政资金中用于公共产品的支出主要包括以下内容：一是农业部门的纯事业费支出，如各级政府农业管理部门的行政事业费。二是农业基础设施建设和运行支出，如电力线路、通信设施、道路桥梁、水库渠系、气象水文等大型农业公共设施的建设和运行支出。三是农业教育支出，如农业职业学校、高等农业院校的办学经费支出以及农民培训支出。四是农业科研和推广支出，包括农业科学研究、农业技术推广和咨询服务、检测检验服务等方面的支出。

用于农业公共产品的财政资金一般由中央和地方财政全额无偿支付。中央和地方政府在明确划分事权的基础上，在各自的职责范围内负责提供相应的农业公共产品。

2. 对农业经济活动进行宏观调控

政府对农业的宏观调控主要通过引导农业生产经营主体行为、平抑市场波动两种基本途径来实施。

一方面，政府在市场机制配置资源的基础上，利用财政资金的“乘数效应”来影响和引导农业生产经营主体的行为，从而调动社会资源向预定的目标配置。这种调控一般通过财政补贴政策来实施。农业财政补贴一般包括农业自然资源使用导向补贴、农业产业结构调整补贴、农户生产技术引导补贴、农业政策性贷款贴息、落后地区援助与发展补贴等。

另一方面，在市场经济条件下，农产品的产量和价格容易受外界的冲击而波动，政府为平抑市场波动,往往通过建立农业稳定基金对农业生产和农产品市场进行反向干预。农业稳定基金主要包括主要农产品储备基金、国内粮食援助基金、农业自然灾害救济基金等。

用于宏观调控的财政资金的投入数量和投入时机应根据农业发展的目标和农产品市场的波动情况相机抉择。政府需要利用现代化的信息手段，建立农业生产和农产品市场的预警系统，对农业生产和农产品市场进行反向调节，以实现生产和市场的稳定。

3. 支持和保护农业发展

由于农业是一个弱质性的产业，在与其他产业的竞争中处于弱势地位。同时，在经济全球化和农产品市场开放的情况下，农业还面临国外农产品的竞争。因此，对农业进行支持与保护是世界各国（地区）的通行做法。在 WTO《农业协议》中，允许各国（地区）政府对农业实施一定的财政补贴。这类补贴项目主要包括粮食生产补贴、农业生产资料补贴、作物保险补贴、农民收入安全补贴、农业环境保护补贴以及不超过微量支持标准的其他补贴等。在我国，普惠性的农业补贴有农作物良种补贴、种粮农民直接补贴、农资综合补贴和农机购置补贴。2016 年起，前三项补贴合并为"农业支持保护补贴"。

用于农业支持和保护的财政资金一方面应根据国家的经济发展阶段和农业的发展状况，确定适当的补贴种类和补贴水平；另一方面也要符合 WTO 关于国内农业支持政策的有关规定。

三、农业财政资金投入的原则

农业财政资金是公共财政资金中用于农业的各种支出。作为公共的财政支出，农业财政资金在投入上必须遵循以下基本原则。

1. 效率原则

所谓效率原则，是指财政部门在配置农业财政资金时，要使既定的财政资金产生最大的产出或效益。不论是发达国家还是发展中国家，在一定时期内，财政资金的数量总是有限的，讲求效率是财政支出的基本要求。另外，农业财政资金的效率原则不但要求财政农业支出本身有效率，而且要求通过财政资金的使用改善农业投入的外部环境，引导社会资源在农业中的合理配置，以提高全社会农业资源的利用效率。

2. 公平原则

所谓公平原则，是指财政部门在配置农业财政资金时，在资金投向上要统筹兼顾，协调好各地区和各部门的相互关系，使各地区的农业协调发展，使农业各部门协调发展。当然，公平原则并不是意味着财政资金在各地区之间、农业各部门之间进行平均分配，而是要运用财政资金对市场机制造成的不公平进行矫正。

3. 稳定原则

所谓稳定原则，包括两层含义：一是农业财政资金投入本身要求保持一个稳定的增长率，不能忽高忽低，以免造成农业经济增长的波动；二是要求农业财政资金成为农业经济波动的稳定器。市场机制虽然能够提供经济激励，提高资源配置效率，但由于农业生产经营主体行为的自发性和分散性以及农业生产容易受到自然因素影响的特性，单靠市场的力量往往难以避免农业经济的波动。因此，需要政府对农业经济活动进行适度的干预，以保证农业生产和农产品市场的稳定。

4. 持续原则

所谓持续原则，首先要求农业财政资金投入保证农业的可持续发展。农业财政资金投入区别于农业生产经营主体和其他社会投入的一个重要特点是，农业财政资金支出不仅注重经济效率，更具有公益性、超前性的特点，它兼顾近期目标和中长期目标，注重社会效益和生态效益。持续原则还要求农业财政资金投入本身可持续。这就要求政府通过法律手段来建立农业财政资金的长期增长机制，保证农业财政资金的持续增长。

另外，在WTO的框架下，农业财政资金的支出还必须遵守WTO《农业协议》等有关国际规则和惯例。

第三节　农业信贷资金

一、农业信贷资金的分类

农业信贷资金按照资金的供给主体，大致可以分为以下五种类别。

1. 商业性农业信贷资金

商业性农业信贷资金是指由商业性信贷机构提供的农业信贷资金。商业性信贷机构是依法注册成立的以盈利为目的的金融中介组织。商业性信贷机构吸收存款发放贷款，从存款贷款利率差中获取盈利，贷款的资金主要来自吸收的存款。商业性信贷机构提供的信贷资金的利率一般较高，常常用于营利性较强的农业项目。中国农业银行等商业银行提供的农业信贷资金大部分属于这类资金。

2. 政策性农业信贷资金

政策性农业信贷资金是指由政策性农业信贷机构提供的农业信贷资金。政策性农业信贷机构是由政府出资成立、专门为农业提供政策性信贷服务的金融机构。政策性农业信贷机构一般不直接吸收存款，其信贷资金来自政府提供的信贷资本金及其公积金，并且不以盈利为目标，因此提供的贷款利率一般比较低。在市场经济条件下，由于农业信贷的特殊性（低收益、高风险、高交易成本等），商业性的农业信贷供给往往不足。因此，通过政策性农业信贷为农业发展提供资金是纠正信贷市场失灵、支持农业发展的一种政策工具。中国农业发展银行提供的大部分信贷资金属于这种性质。

3. 合作性农业信贷资金

合作性农业信贷资金是由农业合作信贷组织提供的农业信贷资金。合作性农业信贷组织一般由农业信贷的需求者按照合作制原则和国家有关政策组建。一些有信贷需求的农业生产经营者共同出资组成信贷资本金，一般只在合作组织内部提供信贷服务。合作性农业信贷资金的优点在于通过合作组织，资金需求者之间相互融通，从而提高农业资金的使用效率，并且降低农业信贷的使用成本。农村资金互助社提供的信贷资金具有这种合作性质。

4. 民间农业信贷资金

民间农业信贷资金是指由民间个人信贷供给者利用其自有资金提供的农业信贷资

金。民间的农业借款情况较为复杂，但大致上可以分为两种：一种是在亲朋邻里之间进行的“友情借贷”，一般不收取利息，借贷的范围仅仅限于相互了解、相互信任的亲戚、朋友或邻里之间。资金出借人的动机主要是出于人情，获得的收益也主要是人情。另外一种是以盈利为目的由个人发放的贷款，民间借贷者将其自有资金贷给他人使用，获取利息收益。这里的民间信贷实际上是一种风险投资，所以利率一般高于正规金融机构的利率。

5. 国外农业信贷资金

国外农业信贷资金主要是联合国、世界银行等国际经济组织以长期农业贷款的形式进行的投资，也有小部分国外基金以小额信贷的方式进行的投资。

二、我国农村金融机构现状

经过 30 多年的农村金融体制改革，目前我国已形成了包括商业性、政策性、合作性金融机构在内的，以正规金融机构为主导、以农村信用合作社为核心的农村金融体系。图 11.1 为中国农村金融体系的组织结构。

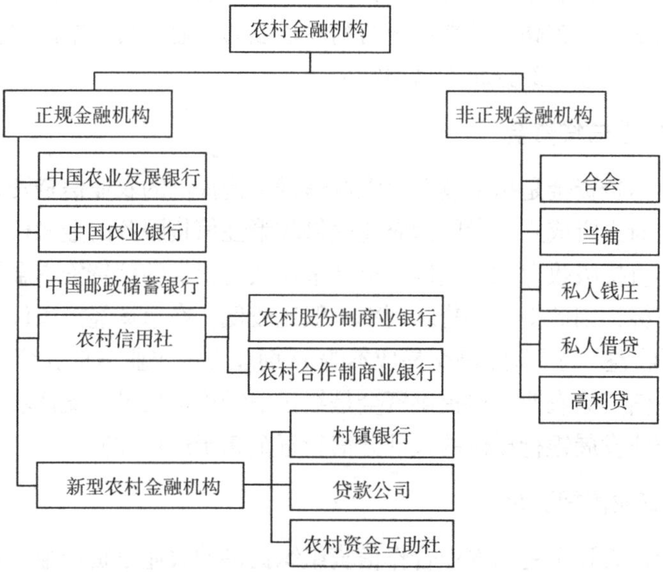

图 11.1　中国农村金融体系的组织结构

我国的农村金融机构大体上可分为正规金融机构和非正规金融机构两类。所谓正规金融机构是指经国家有关部门批准设立并接受金融管理机关监管的金融机构。这里对我国农村正规金融机构的业务内容及其特点做一简单介绍。

1. 中国农业银行

中国农业银行是中华人民共和国设立的第一家国有商业银行，成立于 1951 年，1979 年重建，是中国四大国有商业银行之一。中国农业银行重建的初衷是支持农户发展农业生产，但事实上中国农业银行的业务基本上与农业、农户没有直接关系，其贷款的绝大部分都投入了国有的农业经营机构（如粮食局和供销社）和乡镇工业企业。与其他国有商业银行一样，从20世纪80年代起中国农业银行就一直进行着商业化改革。但在1994年中国农业发展银行建立之前，中国农业银行的业务兼具商业性和政策性。1996年，农村信用社与中国农业银行脱离行政隶属关系，中国农业银行开始向国有独资商业银行转变。2009年1月15日，中国农业银行完成工商变更登记，由国有独资商业银行整体改制为股份有限公司，并更名为“中国农业银行股份有限公司”，并于2010年上市。

总的来说，中国农业银行实行商业化改革以来，调整经营结构，发展城市业务，撤并农村网点，经营效益明显改善。但从贷款结构看，中国农业银行的涉农贷款比重逐渐降低，业务经营范围与其他商业银行基本无异。

2. 中国农业发展银行

中国农业发展银行是直属国务院领导的政策性金融机构，成立于1994年。其主要职责是以国家信用为基础，筹集资金，承担国家规定的农业政策性金融业务，代理财政支农资金的拨付，为农业和农村经济发展服务。

中国农业发展银行的贷款业务有政策性贷款、准政策性贷款和商业性贷款三大类，实行分类管理、分开核算、分别考核。

（1）政策性贷款。政策性贷款是指根据政府指令发放的、以财政补贴资金为利息和风险补偿来源的贷款，包括中央储备类贷款、地方储备类贷款和调控类贷款。中央储备类贷款用于支持承担中央储备任务的企业顺利实施中央储备的收购、轮换、进出口计划，主要包括粮食、棉花、油料、糖等主要农副产品的国家专项储备贷款。地方储备类贷款用于解决存储企业执行地方政府储备储存计划所需的资金，包括粮食、棉花和油料地方储备贷款。调控类贷款是解决各级政府采用储备之外的手段对粮棉油市场进行调控所需资金而发放的贷款，主要是最低收购价贷款，用于支持粮食主产区粮食企业接受政府指令执行最低收购价政策。

（2）准政策性贷款。准政策性贷款是指既有一定的政策性，又由银行自担风险的贷款。这类贷款是在粮棉油市场放开的背景下，银行支持粮棉油收购企业自主收购粮棉油，以确保不出现区域性粮棉油卖难问题而发放的贷款。

（3）商业性贷款。商业性贷款是指在国务院和银保监会批准的业务范围内，银行自主决策、自担风险发放的贷款。这类贷款业务大部分是政策性贷款业务的延伸，体现国家的产业政策意图，服从和服务于国家的宏观调控政策。其主要包括：粮油流转贷款，粮油合同收购贷款，粮食仓储设施贷款，粮油加工企业贷款，农业科技贷款，农业产业化龙头企业贷款，化肥、肉类、羊毛储存以及地方储备糖等商业储备贷款，棉花预购贷款，棉花良种贷款，棉花流转贷款，棉花企业技术设备改造贷款，农业生产资料贷款，农业综合开发贷款，农村基础建设贷款，农村流通体系建设贷款，农业小企业贷款，等等。

3. 农村信用社

农村信用社是营业网点最多的农村正规金融机构，营业网点几乎遍及所有乡镇，是农村正规金融机构中向农村和农业经济提供金融服务的核心力量。

我国的农村信用合作社是在20世纪50年代以行政指令方式组合而成的名义上的合作组织，一开始就不符合“自愿、互助、民主管理”的合作制原则，后经历多次整顿和改革，目前其合作性已所剩无几。1979～1996年，农村信用社由中国农业银行管理，成为中国农业银行的“基层机构”，但农村信用社同时独立开展存贷业务，并成立了县级联社。1996～2002年，农村信用社由中国人民银行托管，并进行了一系列改革整顿和规范管理。2000年，我国开始对农村信用社进行试点改革，试图理顺关系，处理历史上留下来的巨额亏损①。同时，积极推进农村信用社在条件合适的前提下向农村股份制和合作制商业银行发展。2001年以来，农村股份制、合作制商业银行试点取得了明显进展。农村信用社、农村股份制商业银行、农村合作制商业银行共同形成农村信用合作社系统。

4. 中国邮政储蓄银行

我国邮政储蓄最早始办于1919年，民国末期停顿。中华人民共和国成立后，中国人民银行于1951年委托邮政部门代理储蓄业务，1953年再次停办。1986年，国务院批准邮政部门恢复办理储蓄业务，设置邮政储汇局，对邮政储蓄、汇兑等金融业务进行管理。1990年，邮政储蓄由代办模式转变为自办模式②。2007年3月，中国邮政储蓄银行有限责任公司挂牌运行，2012年1月整体变更为中国邮政储蓄银行股份有限公司。

过去，邮政储蓄“只存不贷”，源源不断地从农村抽吸资金转存于中国人民银行，减少了农村信用社的资金来源，降低了农村信用社的放贷能力，加剧了农村的资金紧缺。虽然部分资金通过中国人民银行向中国农业发展银行转贷和对农村信用社再贷款的方式，返还给了农村，但这部分资金非常有限，远远不能补偿农村资金的流失。2003年实行“邮政储蓄新政”③后，邮政储蓄通过与农村信用社办理大额协议存款④的方式，使部分资金流回农村。2007年6月中国邮政储蓄银行定位于“服务城乡大众，支持三农发展”，启动小额贷款业务试点，2008年初开始全国推广，其中的农户小额贷款最高额度为5万元，期限为12个月，加强了对“三农”的支持。

5. 新型农村金融机构

为有效解决农村金融供给不足的问题，2006年12月，中国银行业监督管理委员会（以下简称银监会）出台了《中国银行业监督管理委员会关于调整放宽农村地区银行业金融机构准入政策更好支持社会主义新农村建设的若干意见》。此后，银监会又公布了六项相关配套文件，对村镇银行、贷款公司、农村资金互助社三类新型农村金融机构的发

---

① 2001年底，全国信用社不良贷款为5290亿元，占贷款总额的44%，当年46%的信用社亏损，历年累计亏损挂账为1250亿元，58%的信用社已资不抵债。

② 开始时，邮政储蓄代理中国人民银行吸收储蓄存款，中国人民银行付给邮政手续费。1990年起，邮政储蓄由代办模式转为自办模式，邮政储蓄资金全额转存中国人民银行，双方协商确定转存款利率。

③ 2003年8月，按国务院要求，邮政储蓄资金开始实行“新老划断，新增资金自主运用”的改革，邮政储蓄机构可从事债券投资和协议存款业务，邮政储蓄机构从只从事负债业务向同时从事资产业务转变。

④ 协议存款是开户企业与银行约定，达到一定存款余额时，银行给予优惠存款利率。银监会于2003年10月31日批复同意国家邮政局邮政储汇局与中资商业银行、农村信用社办理协议存款业务。

展做出具体规范，为新型农村金融机构服务“三农”提供了制度保障。

（1）村镇银行。村镇银行是经银监会批准，由境内外金融机构、境内非金融机构企业法人、境内自然人出资，在农村地区设立的主要为当地农民、农业和农村经济发展提供金融服务的银行业金融机构。它不同于银行的分支机构，属一级法人。设立村镇银行的发起人或出资人中应至少有1家银行业金融机构；在县（市）设立村镇银行，注册资本不得低于300万元；在乡（镇）设立村镇银行，注册资本不得低于100万元；注册资本为实收货币资本，且由发起人或出资人一次性缴足。村镇银行可吸收公众存款，发放贷款。村镇银行发放贷款的范围是县域，不得发放异地贷款。贷款应首先满足农户、农业和农村经济发展的需要。村镇银行还可代理政策性银行、商业银行和保险公司、证券公司等金融机构的业务。

（2）贷款公司。贷款公司是经银监会批准，由境内商业银行或农村合作银行在农村地区设立的专门为县域农民、农业和农村经济发展提供贷款服务的非银行业金融机构。贷款公司只能由境内商业银行或农村合作银行全额出资的有限责任公司设立，投资人的资产规模不低于50亿元。贷款公司的注册资本不得低于50万元。贷款公司可办理各项贷款、票据贴现、资产转让、项目结算等业务，但不得吸收公众存款，营运资金为实收资本和向投资人的借款。贷款公司可以不设立董事会和监事会，但必须建立健全经营管理机制和监督机制，依法接受银行业监管机构的监督管理。

（3）农村资金互助社。农村资金互助社是经银行业监管机构批准，由农民和农村小企业自愿入股组成的农村互助性金融机构。农村资金互助社在乡镇设立的，注册资本不低于30万元，在行政村设立的，注册资本不低于10万元，注册资本应为实缴资本；有10名以上符合社员条件的发起人，社员必须以货币入股。农村资金互助社以吸收社员存款、接受社会捐赠资金和向其他银行业金融机构融入资金作为资金来源，资金主要用于发放社员贷款，富余的资金可存放于其他银行业金融机构，也可购买国债和金融债券。农村资金互助社不得向非社员吸收存款、发放贷款及办理其他金融业务，不得以该社资产为其他单位或个人提供担保。

三、我国农村金融改革和发展的方向

我国农村金融改革和发展的总目标是：建立健全多层次、广覆盖和可持续的农村金融服务体系，增强农村金融基础服务功能。农村金融服务体系的基本要求是：一是涉农金融机构网点布局要充分覆盖农村，方便农民；二是涉农金融机构的职能定位要体现为“三农”服务的宗旨，功能相对齐全，互为补充；三是涉农金融机构的经营模式要与农村社情相适应，金融产品能满足农村经济社会发展需求；四是涉农金融机构的治理机制应充分考虑对农村经济社会发展的支持效果。

根据上述目标和要求，我国农村金融改革和发展的大致方向如下。

（1）继续深化中国农业银行、中国农业发展银行改革。中国农业银行坚持商业化改革方向，同时明确服务县域经济和“三农”的职能定位，充分发挥贴近农村的传统优势，切实加大对农业产业化、农村基础设施和农村城镇化建设的信贷支持力度。成立“三农”金融事业部，对县域支行分支机构实行单独的核算和资源配置，相对独立运行。中国农业发展银行除继续履行粮棉油收购资金供应和管理职能、代理财政性支农资金的拨付外，要在农业产业化、农村基础设施建设和农产品加工技术改造等方面发挥更大的作用。同时，健全财政对农村政策性金融的持续投入与补偿机制，把中国农业发展银行办成真正为“三农”服务的政策性银行。

（2）继续深化农村信用社改革。进一步明晰产权关系，完善法人治理结构，切实转换经营机制，把农村信用社办成商业上可持续、主要服务于县以下“三农”的社区金融机构。根据各地不同情况，因地制宜，积极探索股份制、合作制、股份合作制等多种产权组织形式。进一步理顺农村信用社管理体制，农村信用社和县级联社作为法人依法独立经营、自担风险；农村信用社省级联社承担对辖内信用社的管理、指导、协调和服务职能，不得干预信用社和县级联社的自主经营，不得直接或间接从事经营活动，不得调度农村信用社资金。

（3）引导其他金融组织为“三农”服务。鼓励其他国有商业银行支持县域经济发展；扩大邮政储蓄资金自主运用范围，以小额贷款为特色，引导邮政储蓄资金回流农村。

（4）探索发展适合农村需求特点的新型农村金融组织。稳步推进村镇银行、贷款公司、农村资金互助社等小额贷款组织试点；引导和规范民间借贷。

（5）积极引导农村金融产品和服务创新。发展不需要抵押担保的农户小额信用贷款和联保贷款，开展承包土地的经营权和农民住房财产权抵押担保贷款，开展农村集体经济股份合作制改革后的股权质押贷款；加强金融机构与农民专业合作社的业务合作，开展农民专业合作社联合社担保贷款；结合农业产业化经营，发展农业供应链金融；构建农村小额贷款平台，倡导开展跨区域、跨行业的银（社）团贷款。

本章小结

广义的农业资金是用于农业生产经营活动的各种财产物资和货币的总和。狭义的农业资金指投资主体投入农业中的货币资金。按照不同的标准，农业资金可分为自有资金和借入资金，货币资金和实物资金，生产资金和流通资金，固定资金和流动资金。在我国，农业资金主要来自生产经营主体的自有资金、政府财政预算拨款、金融机构贷款和民间融资。农业资金运动具有周转时间长、季节性强、效益不稳定、不完全通过流通过程等特点。

农业财政投入的依据主要是农业具有公共性、外部性、弱质性，会出现市场失灵。此外，也是为了对农业进行宏观调控以及增强本国农业的国际竞争力。农业财政资金投入的方向主要是提供农业发展所需的公共产品、调控农业经济活动、支持和保护农业发展。农业财政资金投入必须遵循效率原则、公平原则、稳定原则、持续原则，还必须遵守有关国际规则和惯例。

农业信贷资金包括商业性信贷资金、政策性信贷资金、合作性信贷资金、民间信贷资金以及国外信贷资金。我国农村金融体系包括商业性、政策性、合作性金融机构。正规金融机构主要有中国农业银行、中国农业发展银行、农村信用合作社、中国邮政储蓄银行，以及村镇银行、贷款公司、农村资金互助社。这些金融机构的业务侧重有所不同。我国农村金融改革发展的总目标是：建立健全多层次、广覆盖和可持续的农村金融服务体系，增强农村金融基础服务功能。农村金融服务体系的基本要求是：涉农金融机构网点布局要充分覆盖农村；职能定位要体现为“三农”服务的宗旨；经营模式要与农村社情相适应，金融产品能满足农村经济社会发展需求；治理机制应充分考虑对农村经济社会发展的支持效果。

概念与术语

农业资金　生产资金　流通资金　固定资金　流动资金　公共产品　宏观调控　政策性贷款

学习思考

1. 农业资金可进行哪些分类？
2. 农业中的资金来源有哪几个方面？
3. 资金对农业的发展有什么重要作用？
4. 农业资金的运动经历哪几个阶段？农业资金的运动有什么特点？
5. 农业财政投入的依据是什么？
6. 农业财政资金的投入领域主要有哪几个方面？
7. 农业财政资金投入应遵循什么原则？
8. 农业信贷资金可分哪些类别？
9. 我国涉农金融机构主要有哪些？
10. 中国农业发展银行主要从事哪些业务？
11. 村镇银行、贷款公司、农村资金互助社的设立条件和业务范围有什么区别？
12. 我国农村金融改革的目标和方向是什么？

第十二章

农业科技进步

【本章学习目标】

1. 理解科学和技术的内涵及二者的区别和联系；
2. 了解农业科技进步的内容、过程和特点，认识农业科技进步的作用；
3. 理解技术创新的内涵，以及农业技术创新的理论；
4. 了解农业技术的经济类型，以及农业技术进步的国际经验；
5. 了解我国农业科技工作的方针和农业科技创新的方向；
6. 了解我国农业科技进步的战略途径和措施。

第一节　农业科技进步概述

一、科学与技术的内涵

人们通常将科学技术作为一个整体概念使用，但严格地说，科学与技术是有区别的。科学是关于自然、社会和思维发展规律的知识体系。技术泛指根据生产实践经验和自然科学原理而发展形成的各种工艺（农艺）操作方法、生产技能以及相应的生产工具和物质装备。

科学与技术既有联系又有区别。两者的区别主要如下。

（1）内涵不同。科学是以自然、社会和思维为研究对象，通过观察、实验等方法获得的规律性的知识体系。这种知识体系是人类主观世界对客观世界的抽象的本质性的反映。技术是人类运用知识尤其是科学知识而创造发明的一切物质手段和方法。技术根据其产生方式可分为经验性技术和科学性技术。经验性技术是指依据长期的实践经验而创造发明的技术，科学性技术是指依据科学原理所创造发明的技术。在现代生产中，科学性技术占据主导地位，但经验性技术仍具有重要的作用。

（2）目的任务不同。科学的目的是揭示客观事物的状态、结构、性质和变化规律，其主要任务在于认识客观世界；技术的目的是形成利用和改造客观世界的手段，其任务在于解决实践中的问题。科学所要回答的问题是“是什么”和“为什么”；技术所要回答的问题是“做什么”和“如何做”。所以，科学是发现，是认识世界；技术是发明，是改造世界。

（3）结果表现不同。科学研究所得到的最终结果是理论或知识体系，一般表现为纯知识形态，属于精神财富。技术创新活动所得的结果是工艺设备、生产方法和管理经验，表现为物质财富。

（4）经济作用不同。科学是间接生产力，对经济的作用是长远的或不确定的，一般不能直接产生经济效益，其价值往往不能用经济效益来衡量。技术是直接生产力，对经济的作用是确定的，能直接产生经济效益，其价值一般可以用经济效益来衡量。

科学与技术的联系是两者彼此依赖，相互促进。其具体表现在以下两方面。

一方面，科学研究是技术发明的理论基础。技术虽然可以来自实践经验，但现代生产技术主要来自依据科学原理而进行的创造发明。从历史看，技术的产生远比科学的产生要早，但20世纪以来，在绝大多数领域中，科学发展已走在技术进步的前面。科学的新发现成为重大技术革新甚至技术革命的源泉。

另一方面，技术对科学的发展具有促进作用。一是许多重大的科学课题来自技术发展的需求。当现有技术不能满足生产的需要时，当新技术的发明过程中碰到理论问题时，当技术在使用实践中发现了令人不解的新现象时，都会反馈到基础科学研究中，向基础科学提出新课题。二是现代科学研究必须借助先进的仪器设备。如没有电子显微镜，分子生物学就不可能产生；没有基因测量仪，遗传学就不会取得突破性的进展。三是科学本身无法物化，只有通过技术变成直接生产力，促进经济发展；而经济发展了，才能提供更多的资源，促进科学的发展。

综上所述，科学与技术之间既有本质区别，又有密切联系。正是因为科学与技术的联系十分紧密，人们才常常把科学与技术看成一个整体的概念。

二、农业科技进步的内容

农业科技进步是指在农业发展过程中，不断地创造和运用先进的科学技术，以代替落后的传统经验技术，发挥科学技术在农业发展中的作用的过程。

农业科技进步的内容主要包括以下四个方面。

（1）科学技术物化为各种先进的生产资料。其表现为人类不断地培育出各种动植物新品种，发明和生产各种新的农业投入物（如肥料、饲料、农药等），发明和生产各种新的农业机械与农业生产设备等，并在农业生产中普遍应用。

（2）科学技术转化为各种新的农艺制度和农艺方法。其表现为创造和发明各种新的农作制度，新的耕作栽培技术，新的动物饲养技术，新的农产品储藏、保鲜和加工技术，以及新的资源开发利用技术等，并在农业生产中普遍应用。

（3）科学管理理论和管理方法的创新与应用。其表现为人类对自身活动规律的认识和理解不断加深，对农业生产要素进行更加有效的组合，对农业生产经营活动进行更加有效的组织和管理，农业生产经营活动的效率和效益不断提高。

（4）农业生产经营者素质的提高。其表现为农业生产经营者的文化水平和科学素养日益提高，掌握和运用科学技术的能力不断增强，能更好地使用新的生产资料、新的生产技术以及新的管理方法，从而使农业科技成果的扩散与应用加速，使农业科学技术转化为现实的生产力。

三、农业科技进步的特点

科技进步的过程包括相互联系的三个阶段：一是科技成果的生产（创新）；二是科技成果的产业化；三是科技成果的扩散与推广应用。这一过程在农业领域也表现出有别于非农产业领域的显著特点。认识这些特点，对于加快农业科技进步具有十分重要的意义。农业科技进步的主要特点如下。

（1）研究开发具有公共性。农业科技成果的应用者大多是千家万户的农民，要以廉价的方式让农民广泛应用科技成果。同时，农业科技创新具有多种社会功能，在获得经济效益的同时还具有社会效益和生态效益。因此，农业的研究开发具有很强的公益性和社会性。这就决定了如果仅靠市场机制的作用，农业科技创新必然面临投入不足的问题。因此，农业科技研发需要政府充分发挥支持和引导作用。

（2）研究开发周期长、风险大。生物有机体的生长发育遵循一定的自然规律，农业研究开发的周期首先是由生物有机体的生长周期所决定的，人们难以超越自然界限进行科学试验。如动植物新品种的培育，一次试验就需要动植物的一个生长周期，而且通常要经过多代的遗传、筛选、培育。这就决定了农业研究开发的周期很长。研发周期长就意味着研究开发的风险大。如果研发不成功，一方面研发投资者的投资无法收回，另一方面科研人员也会损失宝贵的时间。

（3）研究开发需要多学科合作。农业研究开发的任务是提出解决动植物生长与环境因素之间相互协调的技术方案，这项任务是综合性的。农业研究开发需要遗传学家、生理学家、病理学家、昆虫学家、土壤学家、营养学家等各个学科领域的专家合作。在农业科技成果的应用环节，同样也需要采取综合性的配套措施，才能保证新技术预期效果的实现。

（4）科技成果具有区域适应性。由于动植物对生长的自然环境有特别的要求，因此，农业科技成果往往只适合在特定的地区推广应用。特别是，动植物品种具有很强的地域选择性。因此，农业新技术在大面积推广前需要进行适应性试验，只有在适应性试验取得成功后才能大面积推广。

（5）新技术的应用效果具有不确定性。受自然环境等不可控因素的影响，农业新技术的预期技术效果并不一定能够实现。从经济再生产的角度看，即使新技术能达到预期的技术效果，也并不一定能保证有良好的经济效果。新技术采用后的产量、价格、成本等经济变量的均衡结果，有可能使农业生产经营者排斥新技术的采用。农业新技术必须达到技术先进、生产可行、经济合理的标准才有可能在生产实践中推广应用。

四、农业科技进步的作用

科学技术是第一生产力。目前，发达国家科技进步对农业增长的贡献率已达70%～80%，远远超过了物质要素增加的作用。我国农业增长中科技进步的贡献率也达到了58%，虽然与发达国家比还存在一定的距离，但科技进步对我国农业增长的作用也不容忽视。科技进步对农业的作用主要体现在以下几个方面。

（1）提供先进的农业物质技术装备，提高劳动生产率。现代科学技术为农业提供了各类先进的农业机械、运输工具、生产设施等，大大提高了农业劳动者的劳动能力和劳动效率，节约了劳动，降低了生产成本，提高了经济效益。

（2）提高动植物的生产性能，提高单位土地面积和单位牲畜的产量。其主要表现在两个方面：一是遗传学理论的发展和生物技术的应用，推动了育种技术的进步，使人类能不断地培育出高产的动植物新品种。从世界范围看，20世纪30年代培育出了杂交玉米，50年代末培育出了杂交高粱，60年代培育出了杂交大麦和杂交棉花，70年代培育出了杂交水稻。50年代以来，在世界各国农产品的增加中，相当一部分来源于高产品种的培育。60年代中期开始的以推广高产小麦、水稻、玉米品种为基本内容的“绿色革命”，使许多发展中国家的粮食产量成倍增长。育种技术的进步在林业、畜牧业和水产养殖业方面也同样取得了显著的增产效果。二是化学、生物生理学、营养学理论的发展，促进了肥料和饲料生产技术的进步，极大地改善了动植物的营养状况和生长条件，使良种的增产性能进一步大大提高。

（3）提高农产品质量，满足市场对高品质农产品的需求。生物技术在农业中的应用，不仅能大幅度增加生物产量，而且能适应市场对农产品品质需求的变化，提高农产品的品质。如根据居民对食品消费需求的变化，不断提高粮食、肉类等各种农产品的蛋白质、维生素及其他营养成分的含量；根据纺织工业发展的要求，提高棉花纤维的长度和弹性等。在提高农产品初级产品质量的同时，科技进步还增加了农产品加工品的种类，提高了农产品加工品的品质。

（4）扩大资源供给，提高资源利用效率。其表现在：一方面，农业科技进步能扩大农业资源的利用范围，把过去无法利用的自然条件纳入农业生产领域，增加农业资源的供给量；另一方面，农业科技进步能提高农业资源的利用效率，使一定的农业资源生产出更多的农产品。农业科学技术的进步，能为农业提供高效率的劳动资料和高质量的劳动对象，提供科学的管理方法和管理手段，所有这些都使农业生产要素的利用效率不断提高。此外，农业科技进步还能促进生物与环境的协调，实现农业的可持续发展。

（5）提高农业的经济效益，增加农民收入。其表现在：第一，农业科技进步能提高劳动效率。第二，农业科技进步能使农业实现高产优质。第三，农业科技进步能提高生产要素的利用效率。第四，农业科技进步能实现规模经济。农业科学技术进步，特别是现代化劳动手段的应用，能促使生产单位的经营规模扩大，进而引起平均成本的降低，取得规模效益。所有这些都能提高农业的经济效益，增加农民收入。

（6）有利于改变农村面貌，实现农村现代化。农业科技进步不仅能促进农业和农村经济的发展，而且能改善农村的生态环境，改变农业的生产方式和农民的生活方式，使农民传统的生活习惯和价值观念发生变革，使农村面貌全面改观，使工农差别、城乡差别不断缩小直至完全消失。

第二节 农业技术创新

一、技术创新的内涵

技术创新最早是由奥地利经济学家熊彼特（J. A. Schumpeter）于1912年在其《经济发展理论》一书中提出的。熊彼特认为，创新是“建立一种新的生产函数”，将一种从来没有过的“生产要素的新组合”引入生产体系。创新包括五个方面内容：一是开发新产品和改良原产品；二是采用新的生产方法；三是开辟新的销售市场；四是获得原材料的新来源；五是创建新的产业组织。熊彼特的创新含义比较广泛，包括技术创新（新材料、新产品、新工艺）、市场开拓和制度创新。同时他强调，技术创新也不仅仅是科学技术的创造发明，更是把已经创造发明的科学技术引入生产实践，形成新的生产力。因此，技术创新是与新技术的研究开发、生产及商业化有关的技术经济活动。

二、农业技术创新假说

技术创新是农业增长的重要途径。不同国家或地区由于经济和社会条件的差异选择了不同的农业技术创新道路。经济学家为了解释这一现象，提出了不同的农业技术创新理论。

1. 希克斯-速水-拉坦假说：要素稀缺诱导的技术创新理论

1932年，英国经济学家希克斯（John Richard Hicks）在《工资理论》一书中首先引入了诱导性技术创新的概念，开创了要素稀缺诱导的技术创新理论。这一理论的要点是：①经济增长受人口增长、工作意愿增强、资本增加、技术创新这四种力量的推动。②一种技术创新只有在能带来利润和增加国民收入时才会被采用。一种技术创新如果能降低生产成本（以更少的资源生产同样多的产品），就能增加利润和节约资源。节省出来的资源可以用来增加原有产品的供给，或者用来增加其他产品的供给。③技术创新虽然会增加国民收入，但未必会同比例地提高各种要素的边际产出。由此，技术创新可以区分为“节约劳动的技术创新”（使资本边际产出的增加大于劳动边际产出的增加）、“节约资本的技术创新”（使劳动边际产出的增加大于资本边际产出的增加）和“中性的技术创新”（同比例地增加劳动和资本的边际产出）三种类型。④技术创新是偏向节约劳动还是偏向节约资本，取决于劳动与资本的相对价格，而要素的相对价格反映要素的相对稀缺程度。

希克斯的这一思想构成了技术创新理论的重要基础。后来，日本经济学家速水佑次郎和美国经济学家弗农·拉坦（Vernon W. Ruttan）在合作研究中，明确提出了要素稀缺诱导的技术创新理论。

20世纪60年代，速水佑次郎和拉坦对农业领域的技术进步问题进行了深入的理论研究与实证检验。与希克斯一样，他们认为，技术创新是为了用相对丰富因而廉价的要素来替代相对稀缺因而昂贵的要素。在农业生产中，技术进步主要表现为两类：一类是农业机械技术进步，用于节约相对稀缺并缺乏供给弹性的劳动力资源。通过农业机械技术的发展，提高人均经营的耕地面积，提高人均农产品产量。另一类是生物化学技术进步，用于节约相对稀缺并缺乏供给弹性的土地资源。生物化学技术的主要代表是育种技术、土壤肥料技术、植物保护技术，其主要作用是提高单位土地面积的作物产量。当然，并非所有农业机械技术只有节约劳动的作用，一些机械技术也能提高产量；同样，并非所有生物化学技术只有节约土地的作用，有些生物化学技术也能提高劳动效率。另外，随着农业生产的发展与农业技术的进步，许多最初以节约某种要素为目标的技术创新路径，最后都会殊途同归。这是因为，在一个动态的经济中，较为缺乏的要素由于技术进步会缓解其稀缺程度，而较为丰富的要素则由于大量使用而会变得不太富裕。

2. 格里克斯-施莫克勒假说：市场需求诱导的技术创新理论

1957年，美国经济学家格里克斯（Zvi Griliches）在《杂交玉米和创新经济学》中指出，市场盈利性是影响农业技术创新的主要因素，较早地提出了农业技术创新的市场需求诱导假说。他认为，新技术的相对利益取决于适用这种技术的商品的价格和市场规模。在其他情况不变的条件下，某种商品的新技术的可得性是该商品的市场需求的函数。因此，科研机构应该将科研资源更多地用于开发那些具有较高价格或较大市场规模的商品的新技术。

1966年，美国经济学家施莫克勒（J. Schmookle）在《发明和经济增长》一书中对工业领域的技术创新进行了实证研究。施莫克勒验证了不同行业资本品的发明数量与产品销售额之间密切相关，得出了三个结论：一是技术发明是一种经济活动，与其他经济行为一样，技术发明追求预期收益。二是技术发明的预期收益取决于采用这项技术的产品的预期销售额。三是采用这项技术的产品的预期销售额在很大程度上取决于该产品目前的销售额。总之，是产品的市场需求决定了技术创新的努力方向。他认为，很多人把技术进步看成是外生的，即技术进步不是由经济变量控制的，甚至是自发的。而实际上，技术发明已从过去业余的、非常规的活动，逐渐变成现代社会专业的、常规的、企业化的经济行为。

3. 要素稀缺诱导假说与市场需求诱导假说的关系

要素稀缺诱导和市场需求诱导并不是两种独立的假说，而是互相补充的技术进步理论。实际上，节约某种要素的技术创新，必须应用到某种产品的生产过程中，才能获得节约要素所带来的利润，而产品的市场需求是这种利润得以实现的市场条件。反过来，针对某种产品的技术发明，如果不能相对地节约某种稀缺而昂贵的生产要素，也不会被生产者所采用，因为这样的新技术不会给生产者带来更多的利润。所以，微观主体的利润最大化目标是要素稀缺诱导和市场需求诱导两种假说内在统一的基础。

就农业中的技术进步来说，节约劳动或土地的农业技术必须落实到某种农产品的生产上，才能获得节约劳动或节约土地所带来的利润，而农产品的市场需求是这种利润得以实现的市场条件。反过来，针对某种农产品的技术发明，如果不能相对地节约某种劳动或土地，也不会被农民所采用。农民出于利润最大化的动机，只有新技术能更多地节约稀缺而昂贵的要素，才会采用这种新技术。总之，农业技术进步的要素稀缺诱导与市场需求诱导假说是内在一致的。

三、农业技术的经济类型

根据各种农业技术在生产中所能起的主要作用之不同，可以把农业技术归纳为以下三种不同的类型。

1. 劳动节约型技术

劳动节约型技术是指能提高劳动效率从而减少活劳动使用量的技术。机械技术是劳动节约型技术的主体。劳动节约型技术的主要作用是提高农业劳动生产率，它可以解决某些国家或地区农业劳动力不足的矛盾。但劳动节约型技术在资金短缺而劳动力过剩的地区较难推广，因为在这些地区推广劳动节约型技术，不但缺乏必需的资金，而且会使劳动力更加过剩。推广劳动节约型技术还要受劳动者素质的制约，因为它虽然可以减少劳动力投入的数量，但同时又要求劳动者具有较高的文化和科学技术水平。

2. 资源节约型技术

资源节约型技术是指能使活劳动以外的其他资源特别是土地资源的生产效率明显提高的技术。生物技术、化学技术、水利技术是资源节约型技术的主体。资源节约型技术的主要作用是提高单位资源的生产能力，它可以解决某些国家或地区农业资源（尤其是农用地）不足的矛盾，并可以用有限的资源提供更多的就业机会，减轻社会就业压力。但资源节约型技术的劳动生产率一般相对较低，容易使大量农业劳动力滞留在土地上。

3. 中性技术

中性技术是指资源节约型技术和劳动节约型技术相结合、取长补短、综合运用的农业技术。中性技术综合了劳动节约型技术和资源节约型技术的优点，它可以使劳动生产率和资源生产率同时得到提高。但这类技术的推广应用需要较好的社会经济条件，尤其需要较多的投资，并要求劳动者具有较高的素质。

需要指出的是，上述分类是相对的。机械技术的主要作用是节约劳动，但它同时可以提高土地生产率；化肥属于资源节约型技术，但同时也有节约劳动的作用。

四、农业技术进步的国际经验

农业技术进步的方向选择，由各个国家或地区的经济、社会条件特别是要素禀赋条件所决定。从国际经验看，要素禀赋不同的国家或地区选择了不同的农业技术发展道路，就已经实现农业现代化的发达国家而言，主要存在美国、日本、西欧三种技术进步模式。从发展中国家的实践看，其农业技术进步的模式具有很大的相似性。

1. 美国模式

美国农业技术进步的典型特点是：首先采用劳动节约型技术，然后逐步推广资源节约型技术。1860 年，美国的人口总数只有 3100 万，但当时西部的领土已拓展到太平洋，耕地面积大幅度增加，每个农业劳动力拥有了更多的土地。同时，美国的工业化程度不断提高，大批农村劳动力转入城市。两方面的原因导致美国农业劳动力不足。针对这一矛盾，美国农业技术创新的重点首先放在了劳动节约型技术上。从 19 世纪中期开始，美国就推广使用半机械化农具，1940 年基本实现了农业机械化。这一时期美国的农业劳动生产率有了很大的提高，但土地生产率却处于徘徊状态。第二次世界大战前后，随着工业的迅速发展和经济开发程度的提高，对土地的需求增加，土地价格不断上涨，农业从粗放经营转入集约经营，产生了对资源节约型技术的需求，加速了生物技术和化学技术的进步，并使机械技术成为推广现代生物技术和化学技术的工具，使土地生产率有了成倍的提高，实现了对土地的节约。

2. 日本模式

20 世纪 50 年代以前，日本农业劳动力资源充裕，人均土地面积很少，而且工业基础不牢固。在这一背景下，日本农业技术创新的重点首先放在资源节约型技术上，主攻农作物良种技术以及与之配套的化肥技术和水利技术。良种技术和化肥技术、水利技术的推广应用，大幅度提高了土地生产率，减轻了土地资源不足的压力。从 20 世纪 50 年代后期开始，随着经济的快速发展，农村劳动力大量向城市转移，农业劳动力由过去的丰裕转为相对不足，从而诱发了劳动节约型技术的推广应用。50 年代后期重点是普及耕耘机和中小型拖拉机，1967 年基本实现了固定作业和田间作业的机械化；1970 年前后展开农产品收获环节的机械化和大型拖拉机化，70 年代末实现了农业生产全过程的机械化，农业劳动生产率因此有了很大的提高。

3. 西欧模式

以法国、德国、英国、意大利为代表的西欧国家，农业劳动力稀缺，土地资源也不充裕，但工业比较发达。因此，它们选择中性技术进步的道路，即劳动节约型技术与资源节约型技术并重，不仅广泛使用农业机械，同时也十分重视生物技术和化学技术的应用，农业劳动生产率和土地生产率同时得到提高。例如法国，农业劳动力短缺与耕地不足同时并存。一方面，从 19 世纪末开始，非农产业高收入的吸引，使农业劳动力大量流出，农业劳动力日趋紧张，因此从 20 世纪初开始使用农业机械，至第二次世界大战后农业机械化迅速发展。另一方面，法国的农用地尤其是人均耕地资源较少，这就要求推广生物技术和化学技术等资源节约型技术，以提高土地生产率。法国早在 19 世纪中叶就开始使用化肥，化肥施用量逐年增加，成为世界上单位土地面积化肥施用量最多的国家之一。

4. 发展中国家模式

与西方发达国家相比，许多发展中国家农业技术进步的背景有所不同。这些国家农业发展面临的不是生产要素的相对稀缺以及由此决定的要素相对价格变化，而是人口膨胀带来的粮食需求压力。在这种背景下，只能寻求以提高土地生产率为目标，以采用现代高产品种和增加现代投入（化肥、农药、灌溉等）为主要内容的农业技术进步道路。20 世纪 60 年代，在墨西哥、菲律宾、巴基斯坦、印度、印度尼西亚、泰国、哥伦比亚等发展中国家，大面积推广和种植新型高产小麦与水稻品种，使粮食产量比过去大幅度增加。这种以品种改良和推广为核心内容的技术创新被称为“绿色革命”。“绿色革命”在相当大的程度上缓解了这些国家的粮食短缺问题。

第三节　中国农业的科技进步

一、中国农业科技工作方针

农业部制定的《农业科技发展规划（2006—2020 年）》根据我国农业发展的任务和趋势以及农业科技的现状，确定了未来一段时间里我国农业科技工作的指导方针，即自主创新，加速转化，提升产业，率先跨越。

自主创新，就是通过原始创新、集成创新和引进消化吸收再创新，在关系国计民生的公益领域具备先进实用科技成果的持续供给能力，在农业科学前沿和高新技术领域拥有一批具有自主知识产权的核心技术，降低对外技术依存度。

加速转化，就是通过改善农业科技成果中试熟化条件，培育新型农民，推进农科教企联合和产学研用结合，突破农业科技成果成熟不够、转化不力和转移不畅的瓶颈，大幅度提高农业科技成果转化为现实农业生产力的速度和水平。

提升产业，就是通过发挥科技的先导作用，培育具有比较优势的区域性农业支柱产业和主导产品，提高农产品的科技含量和转化增值能力，提升农业发展的规模和层次，壮大现代农业发展的产业基础。

率先跨越，就是通过体系建设和机制创新，大幅度提高创新能力和效率，加快创新型农业建设，使农业科技整体实力率先进入世界前列。

二、中国农业科技创新的方向

根据我国农业发展的任务和趋势，今后一段时间里我国农业科技创新的主要方向大致有以下几个方面。

（1）高产、优质、高抗动植物新品种繁育技术。优良品种是提高农产品产量和质量的基础。随着经济发展和人民生活水平提高，社会对农产品的需求与日俱增，对农产品的质量要求也越来越高。因此，培育优良品种是我国农业科技创新的重要方向。我国将应用常规技术和转基因技术、分子定向育种技术、航天诱变育种技术等新的育种技术，大力培育动植物新品种。在农作物方面，根据我国耕作制度的复杂性，选育早中晚熟配套和前后茬配套的优良品种；根据不同生态类型，选育能抵御重要病虫害或自然灾害和盐碱等不良环境条件的多抗性优良品种。在畜禽育种方面，培育高品质、高饲料转化率的新品种。

（2）作物栽培技术和畜禽水产饲养技术。优良品种潜力的发挥，需要相应的栽培和饲养技术相配套，因此，在培育优良品种的同时，还要研究和推广配套的栽培与饲养技术。在种植业方面，根据不同地区的生态条件，建立不同生态区域主要农作物的高产栽培技术体系。在畜禽和水产饲养方面，研究和推广新型配合饲料、疫病防控与治疗技术、工厂化养殖技术，建立不同区域、不同规模畜禽和水产高效健康养殖模式与技术体系。

（3）农业机械和设施农业装备技术。实现农业机械化不但可以减轻劳动强度，提高农业劳动效率，而且是采用现代农业生产技术的重要条件，是现代农业发展的必然趋势。当前，我国的农业机械化水平不高，今后将继续因地制宜地推广农业机械化。除了要继续提高粮食、棉花、油料等大田作物生产过程的机械化水平外，还要研究和推广蔬菜园艺用微型耕整机械、小气候调节机械和自动化调控设备，研究和推广工厂化养殖装备，提高主要农作物生产、畜禽水产养殖以及农畜水产品加工储运的成套技术装备水平。同时，要研究农业机械和装备的自动化、智能化与远程控制技术，提高农业机械的自动化水平。

（4）化肥、农药生产和使用技术。化肥、农药对农业增产具有重要作用，但目前我国在化肥和农药的生产与使用上存在一些问题。在化肥方面，存在品种结构不合理、施用方法不科学、肥分利用率低等问题。今后的发展方向是研究和推广复合肥、缓（控）释肥等新型肥料，研究和推广有机肥料资源无害化处理技术，推广测土配方施肥技术。在农药方面，存在低效率、高毒性、高残留等问题。今后的发展方向是研制和推广高效、低毒、低残留的农药，研究和推广环保施药机械与技术，制定和推广农药使用技术标准，促进农药使用的规范化和科学化。

（5）农产品质量控制和检测技术。农产品质量安全关系着消费者的健康，也关系着农产品的国际市场竞争力。目前，我国农产品的质量安全问题相当突出，国内外消费者普遍关注。因此，提高农产品的质量安全水平将是我国农业发展中亟须解决的问题。在农业科技创新方面，今后将加强农产品质量控制和检测技术的研究，修订农产品质量标准，建立农产品标准化生产技术体系和农产品质量检测体系，使我国农产品的质量安全达到国际先进水平。

（6）农产品精深加工和储运技术。农产品加工储藏技术是延长农业产业链、提高农产品附加价值、推进农业产业化经营的保障。农产品产后技术的重点是研究开发主要农产品和农林特产精深加工技术与设备，粮油产后减损及绿色储运技术与设施，鲜活农产品保鲜与物流配送及相应的冷链运输系统技术。

（7）资源利用和环境保护技术。我国资源紧缺，环境污染严重，对农业的可持续发展形成了现实障碍。因此，研究和推广资源合理利用和环境保护技术也是我国农业科技创新的重点。这方面的技术主要包括节水农业、水土保持、地力培育、草原植被恢复、农业面源污染防治、水域生态环境修复等。通过相关技术的创新，建立区域性农业资源利用技术体系、农田地力培肥技术体系、退化草原快速治理与可持续利用技术体系、农业面源污染与水域污染防控和综合治理技术体系。

（8）农业精准作业和信息化技术。其重点是研究开发动植物生长和生态环境信息数字化采集技术、实时土壤水肥光热探测技术、精准作业和管理技术系统、农村远程数字化可视化信息服务技术及设备、农业生产经营管理应用软件等。

三、中国农业科技进步的战略途径

农业科技进步是实现农业可持续发展的根本保证。推动我国农业科技进步的战略途径和措施主要包括以下几个方面。

1. 构筑农业科技创新体系

科技创新体系是一个国家或地区范围内各类创新主体相互联系所组成的知识创造、知识扩散和知识使用的网络系统。构筑科技创新体系，是推进科技进步的首要环节。

在市场经济条件下，企业、大学和研究机构、中介和服务机构、政府都是科技创新的主体。当然，这些创新主体在科技创新体系中的分工不同：企业往往是科技创新的核心，承担大部分技术创新和部分基础科学研究任务；大学和研究机构承担知识创新的使命，主要从事基础研究和应用基础研究，同时也承担技术创新工作；中介和服务机构担负科技创新成果走向市场的任务；政府则在科技政策、科技发展投入方面提供保障。

我国农业科技创新体系的构建目标是：形成符合农业科技发展规律，适应现代农业发展需要，创新能力强和创新效率高，多层次、开放式的农业科技创新体系。一是通过重大科技基础设施的投入和科技创新项目的带动，优化配置国家农业科研机构和相关农业大学的科技资源，建设研究实力强大的国家级农业科技创新基地。二是根据我国农业的区域布局特点，在省级农业科研机构和农业大学中，建设一批区域性支柱产业核心技术的实验室、实验基地、综合试验站。完善以产业需求为导向、以农产品为单元、以产业链为主线、以综合试验站为基点的新型农业科技资源组合模式，推进现代农业产业技术体系建设。三是依托创新能力较强的科教机构，建立科技成果扩散站点。四是鼓励与支持龙头企业建立农业技术研发中心。同时，鼓励家庭农场、农民合作组织等与农业高校和科研院所开展多种形式的科技创新合作。

2. 加快农业科技成果产业化

科技成果产业化是将科技成果转化为产品、商品的过程。通俗地说，是科技成果从“知识”到“样品”再到“产品”，进而成为规模化生产的“商品”的过程。许多科技成果是以知识形态存在的，一些经过试验并已经物化的科技成果通常也只是小批量、小规模的，它们必须经过产业化，才能形成一定的生产规模。因此，科技成果产业化是科学技术转化为现实生产力的重要途径。

科技成果产业化需要具备以下主要条件：一是科技成果本身技术成熟，即技术效果稳定，并便于技术使用者掌握。二是科技成果物化性强，即科技成果要能够具体物化为生产技术或新产品，可应用于生产实践，并创造价值。三是新产品的市场容量大，即运用新技术生产出来的新产品要有广阔的市场前景。四是具有市场运作能力和资金保障的企业家。

在市场经济条件下，农业科技成果产业化主要有三种模式：第一种模式，研究者直接投资生产，将科技成果转化为商品。其具体又分两种类型：一是以大型企业为主体，集生产经营和科研开发于一体。大型企业依靠自己的研发力量，研发新技术，并把新技术应用于生产经营，形成“生产经营-经济效益-科技开发-生产经营”的企业发展模式。二是以科研单位为主体，集科研开发和生产经营于一体。科研单位把自己的研究成果和新技术，通过自有资金或融资进一步开发成产品，形成“科研开发-产业化-经济效益-科研开发”的科研运行机制。第二种模式，研究者采取技术转让、技术入股等形式，将科技成果产业化。这种模式下，科研单位是新技术的供给方，企业是新技术的采用方，两者是不同的利益主体，因此必须建立合理的利益共享和风险共担机制，使新技术的供需双方都能得到科技成果产业化的利益，并承担相应的风险。第三种模式，政府技术推广。这种模式主要针对受益者不确定、社会效益高的农业科技成果，如作物栽培技术、牲畜养殖技术等，由政府利用公共资源进行研发，并把科技成果通过推广网络无偿提供给农业生产经营者。

目前，我国农业科技成果产业化的速度比较慢。虽然每年有大量的科研成果面世，但被较好利用的只有 40%左右。其原因主要有：一是农业科技成果的有效供给不足。作为科技成果的供方，大专院校和科研机构受学科排名等方面的影响，科研人员受业绩考核、职称晋升等方面的影响，在科研方向的选择上脱离生产实际，在科研成果的取向上过于偏重学术。二是农业科技成果的有效需求不足。目前，我国大型的农业企业数量比较少，且缺乏技术创新的动力；而广大农户由于生产经营规模小，对采用新技术也没有足够的动力。

加快农业科技成果产业化需要采取以下措施：一是培育和发展农业技术市场。技术市场是联结技术成果供求双方，通过交易方式，把科技成果从供给方转移到需求方的市场。技术市场属于生产要素市场，是科学研究与成果生产的中介。目前，我国的技术市场尚处于发育的初级阶段，需要进一步深化体制改革和加强制度建设，为技术市场的健康发展提供保障。二是大力培育市场主体，提高科技成果有效供给和有效需求的能力。三是完善农业科技成果产业化的政策，主要是对进行科技成果产业化的企业在风险投资、贷款担保、税收优惠等方面进行政策倾斜。

3. 完善和发展农业技术推广体系

农业技术推广指将各项先进的农业适用技术，通过试验、示范、宣传、培训等方式向农业生产转移和扩散。农业技术推广是联系农业科学研究、技术开发与农业生产实践的桥梁。它既是把农业科学技术转变为现实生产力的重要手段，也是反馈农业科技成果在生产实践中的应用效果，从而更好地推动农业科学技术研究与开发的重要手段。

农业技术推广需要借助高效率的农业技术推广体系。农业技术推广体系一般指为农民提供各种科研成果和实用技术服务的组织，有时也包括影响和决定该体系运行效率的制度。

从国际上看，农业技术推广体系大致有四种类型：一是政府推广机构主导的农业技术推广体系，其特征是由政府农业部门直接领导，自上而下逐级设立农技推广机构。这种类型为大多数国家所采用。二是大学、科研院所主导的农业技术推广体系，其特征是集农业教育、科研、推广于一体，以美国为典型。三是私人企业主导的农业技术推广体系，其特征是企业为推销农业生产资料而设立相应的技术推广部门。四是农民组织主导的农业技术推广体系，其特征是由农民自己组建农业技术推广机构，如农民专业合作社、农民专业技术协会等。

从实践效果看，美国的农业技术推广体系被认为是比较有效率的。美国的农业技术推广体系由联邦农技推广局、州农技推广站和县农技推广机构组成。联邦农技推广局负责全国农技推广工作的宏观管理与协调，并向州农技推广站提供信息和帮助。州农技推广站是整个推广体系的核心，由大学（主要是州立大学）的农学院运作，其任务是校内教学、培训和针对各州的农业特点开展科学研究，并把教学与培训延伸到农民，把科研成果带给农民。县农技推广机构是州农技推广站的派出机构，随时帮助农民诊断和解决农场生产中的问题，同时把农业生产中出现的问题及时反馈到农学院，以便农学院开展有针对性的科学研究和教学。美国的这一体系是通过法律建立起来的。早在 1914 年，美国国会就立法规定由联邦农业部与赠地大学合作，在每个州建立一个农技推广站，其任务是向农民提供各种培训，将新成果和新技术推广给农民。该法还规定相关经费由联邦政府、州政府、县政府共同承担：联邦政府承担 25%，州政府承担 50%，县政府承担 25%。据资料，美国有 3300 个农业技术推广机构，2 万名推广人员，近 20 万名志愿者，每年总经费达 10 亿美元[①]。美国的农业推广与教育、科研处于同等地位。

我国的农技推广机构建立于 20 世纪 50 年代初期。农村改革前基本上形成了以政府农业技术推广机构为主体的农业技术推广体系。但农村改革后，政府农技推广体系曾一度陷入“线断网破”的局面。目前，适应新阶段农业发展要求的农技推广体系还未真正建立，需要继续完善。完善的基本思路是：按照强化公益性职能、放活经营性服务的原则，理顺管理体制，逐步建立起以政府农业技术推广机构为主导，农村合作经济组织为基础，农业科研、教育等单位和涉农企业广泛参与、分工协作的多元化基层农业技术推广体系。健全乡镇或区域性农业技术推广、动植物疫病防控、农产品质量监管等公共服务机构，强化基层公益性农技推广服务。引导科研教育机构积极开展农技服务，鼓励科研教学人员从事农技推广服务，使科研院所、高等学校成为公益性农技推广的重要力量。培育和支持新型农业社会化服务组织，扶持农民专业合作社、供销合作社、专业技术协会、涉农企业等社会力量广泛参与农业产前、产中、产后服务。

---

① 张改清，张建杰. 美国合作农业推广体制及其对我国的启示[J]. 中国软科学，2003（7）：153-155.

4. 完善和发展农业教育培训体系

农业发展靠科技，科技进步靠人才，人才培养靠教育。完善农业教育体系，培养适应现代农业发展要求的农业科技专门人才，提高农业劳动者的科技水平，是推动农业科技进步的基础环节。

从世界范围来看，农业教育体系一般由高等农业教育、中等农业职业教育和农民培训三个层次组成。这三个层次具有明确的职责分工。高等农业教育是整个农业教育体系的"龙头"，承担培养高层次农业研究人才和农业专门人才的任务。中等农业职业教育和农民培训的主要任务是培养具有独立经营能力的农业经营者或具有某项专门技术的农业劳动者。

从国际经验来看，各个国家的农业教育体系有所不同。

在美国，整个农业科技体系以高等农业教育为龙头，全面负责农业教育、农业研究和农技推广。美国的农业教育体系、农业实验站和农技推广站虽然是通过不同的法案先后建立的，但它们是紧密结合的，这个结合点就是农学院。农学院统管全州的农业教育、农业科研和农业技术推广工作。美国没有中专层次的职业教育，高等农业职业教育由社区学院举办，另外，一些中学开设农业职业教育课程，在农村开办农业技术培训班。

在欧盟国家，除高等农业教育外，其突出的特点是大力发展中等农业职业技术教育。如法国，早在 1848 年就建立了第一所农业技术学校。1960 年以后，法国对农业教育体系进行了调整和优化，形成了由高等农业教育、中等农业教育和农民在职培训三个层次构成的完善的农业教育体系。

日本的农业教育也有层次分明的特色。农林水产省设立的农业大学以培养现代农业经营者和地区人才为主要目标，招收具有高中学历和 1 年以上农业实践经验者，学制 3 年。都道府县设立的农业大学主要开展从事现代农业所需要的知识和技术的研修教育，招收具有高中学历、准备将来从事农业的农村青少年，学制 2 年。农业高中是培养农业劳动力的主要基地，主要培养自营农业人员和农业关联产业技术工人。另外，在九年义务教育阶段，要求学生学习初步的农业知识。日本在农业教育上还比较重视引进国外先进经验，将务农青年到国外学习和研修视为农业教育的重要手段。

我国的农业教育产生于近代。最早发展起来的是实业学堂，如 1898 年建成的杭州蚕学馆是我国近代农业实业学堂的佼佼者，对当时我国实业发展的作用很大。我国的高等农业教育始于京师大学堂农科（5 年制，2 年预科，3 年本科），1905 年开始筹备，1910 年开始招生。最早招收 4 年制本科的农科大学是 1914 年成立的金陵大学农科。中华人民共和国成立以来，特别是改革开放以来，我国农业教育获得了长足发展，初步建成了由高等农业教育、中等农业教育和农民培训三个层次构成的农业教育体系。但是，我国目前的农业教育体系还不能完全适应现代农业发展的需要，存在的突出问题是：高等农业教育和中等农业教育的结构不合理，中等农业教育不够重视（近年来很多农业职业学校与其他院校合并或升级为高等职业院校）；社会轻视农业现象突出，高等农业教育和中等农业教育招生困难（由此又带来许多农科学校不顾及自身特点，追求开设社会"热门"专业，逐渐失去了农科学校的特点）；农民职业技能培训受益面不广，主要集中在新型农业经营主体；学科设置、教育内容与发展现代农业的要求有差距。借鉴国际经验，探索和建立符合我国国情的高效率农业教育体系，促进农业教育、农业研究和农技推广的有机结合，是实施科教兴农战略的关键。

我国农业教育培训体系的完善与发展，一是完善高等农业教育的学科结构。在加强传统基础学科建设的同时，根据现代农业发展的需要，调整学科和专业结构，特别要重视和加强新兴学科、交叉学科和综合学科的建设，如农业生物技术、信息技术、农业资源环境、农产品储运加工、食品科学以及农业系统工程等，逐步形成与国际接轨、学科结构合理的农业高等教育体系和知识创新体系。二是大力发展中等职业教育。按照教育部、农业部等九部门2011年发布的《关于加快发展面向农村的职业教育的意见》和教育部办公厅、农业部办公厅2014年印发的《中等职业学校新型职业农民培养方案试行》等文件的精神，加快建立农民职业教育制度，大力培养新型职业农民。三是加大农村实用人才培训力度。以提高科技素质、职业技能、经营能力为核心，加大各类农村人才培养计划实施力度。加快培养村干部、农民专业合作社负责人、到村任职大学生等农村发展带头人，农民植保员、防疫员、水利员、信息员等农村技能服务型人才，种养大户、农机大户、经纪人等农村生产经营型人才。大力培育新型职业农民，对未升学的农村高初中毕业生免费提供农业技能培训，对符合条件的农村青年务农创业和农民工返乡创业给予财政金融支持。

5. 加大政府对农业科技的投入

科技进步离不开科技投入。由于农业科技成果大多具有公共产品性质，因此，政府负有农业科技投入的主要责任。政府财政科技投入属于“绿箱”政策，不受WTO限制。但目前我国财政对农业科技的投入太少，我国农业科研投入强度（农业科研投入占农业增加值的比重）仅为0.77%[①]。据联合国粮农组织1982年《粮食及农业状况》报告，20世纪80年代中期世界各国农业科研投入强度的平均值约为1%，发达国家一般为2%，美国等国家高达3%。一般认为，只有当农业科研投入强度达到2%左右时，才能使一个国家农业的持续稳定增长获得可靠的科技支撑。而我国目前的农业科研投入强度与上述要求相去甚远。科研基础条件不能适应新时期农业科技创新任务的需要，农业科研和推广经费特别是农技推广经费严重不足。今后除了要继续鼓励社会力量投资农业科技外，财政应大幅度增加对农业科技的投入。

本章小结

科学是关于自然、社会和思维发展规律的知识体系，技术泛指根据生产实践经验和自然科学原理而发展形成的各种工艺（农艺）操作方法、生产技能以及相应的生产工具和物质装备。科学与技术在内涵、目的任务、结果表现、经济作用等方面存在区别，但

① 万宝瑞. 科技创新：中国农业的根本出路[J]. 求是，2012（17）：35-37.

二者有紧密的联系，科学研究是技术发明的理论基础，技术对科学的发展具有促进作用。

农业科技进步的内容包括科学技术物化为各种先进的生产资料、科学技术转化为各种新的农艺制度和农艺方法、科学管理理论和管理方法的创新与应用以及农业生产经营者素质的提高等方面。科技进步的过程包括科技成果的生产(创新)、科技成果的产业化、科技成果的扩散与推广应用三个阶段。农业科技进步的特点主要是：研究开发具有公共性，研究开发周期长、风险大，研究开发需要多学科合作，科技成果具有区域适应性，新技术的应用效果具有不确定性。农业科技进步对农业具有重要作用：提供先进的农业物质技术装备，提高动植物的生产性能，提高农产品质量，扩大资源供给和提高资源利用效率，提高农业的经济效益，改变农村面貌和实现农村现代化。

技术创新是与新技术的研究开发、生产及商业化有关的技术经济活动。农业技术创新的理论主要有希克斯-速水-拉坦的要素稀缺诱导的技术创新理论和格里克斯-施莫克勒的市场需求诱导的技术创新理论。根据技术在生产中所能起的主要作用，农业技术可分为劳动节约型技术、资源节约型技术和中性技术三种类型。美国、日本、西欧、发展中国家的农业技术进步模式有所不同。

我国农业科技的方针是自主创新，加速转化，提升产业，率先跨越。农业科技创新的方向包括：高产、优质、高抗动植物新品种繁育技术，作物栽培技术和畜禽水产饲养技术，农业机械和设施农业装备技术，化肥和农药的生产与使用技术，农产品质量控制和检测技术，农产品精深加工和储运技术，资源利用和环境保护技术，农业精准作业和信息化技术。我国农业科技进步的战略途径包括：构筑农业科技创新体系，加快农业科技成果产业化，完善和发展农业技术推广体系，完善和发展农业教育培训体系，加大政府对农业科技的投入。

概念与术语

科学　技术　农业科技进步　技术创新　劳动节约型技术　资源节约型技术
中性技术　科技创新体系　科技成果产业化　农业技术推广　农业技术推广体系

学习思考

1. 科学与技术有什么区别和联系?
2. 农业科技进步的内容包括哪些方面?
3. 农业科技进步包含哪些环节？有什么特点?
4. 科技进步对农业的作用主要体现在哪些方面?
5. 希克斯-速水-拉坦的要素稀缺诱导技术创新理论的要点是什么?
6. 格里克斯-施莫克勒的市场需求诱导技术创新理论的要点是什么?
7. 国际上农业技术进步的模式有哪几种?
8. 我国农业科技工作的指导方针是什么？我国农业科技创新的主要方向有哪些?
9. 国际上农业技术推广体系有哪些类型?
10. 如何推进我国农业的技术进步?

市 场 篇

第十三章

农产品需求与供给

【本章学习目标】

1. 理解农产品需求和供给的含义，了解农产品需求和供给的表达形式；

2. 理解农产品需求量变动和农产品需求变动的区别，了解影响农产品需求变动的因素，掌握农产品需求弹性的计算方法，了解影响农产品需求弹性大小的因素；

3. 理解农产品供给量变动和农产品供给变动的区别，了解影响农产品供给变动的因素，掌握农产品供给弹性的计算方法，了解影响农产品供给弹性大小的因素；

4. 理解农产品市场均衡的原理，掌握分析农产品价格支持、农业生产补贴等政策效果的方法，理解丰收悖论、农产品市场波动的原因。

第一节 农产品需求

一、农产品需求原理

1. 农产品需求的含义

农产品需求是消费者在某一时期内，在各种价格水平上愿意购买并且能够购买的某种农产品的数量。农产品需求必须同时具备两个条件：一是消费者有购买的愿望；二是消费者有购买的能力。因此，如果消费者对某种农产品有购买愿望，但没有货币支付能力，就形不成需求；相反，如果消费者有购买能力，但没有购买愿望，也不能算作需求。

2. 农产品需求的表达形式

农产品需求可以用需求函数、需求表和需求曲线来描述。

（1）农产品需求函数。农产品的需求取决于多种因素。如果把农产品需求量作为因变量，把影响农产品需求量的因素作为自变量，则可以用函数关系来表示农产品需求量与各个影响因素之间的关系。如 D 表示某种农产品的需求量，用 a，b，c，d，e，… 表示影响农产品需求量的因素，那么，农产品的需求函数可表示为

$$D=(a, b, c, d, e, \cdots)$$

假定其他影响因素保持不变，只考虑农产品需求量与其价格（P）的关系，那么，需求函数的公式就可简化为

$$D=f(P)$$

（2）农产品需求表。农产品需求函数所表现出来的农产品需求量与其价格的对应关系也可以用表格的形式来表示。表 13.1 描述了某种农产品的需求量与其价格的关系，这个表就是需求表。可以看出，农产品的需求量随着价格的提高而减少。

表 13.1　某农产品的需求表

价格-数量组合	价格/元	需求量/千克
a	1	100
b	2	80
c	3	60
d	4	40
e	5	20
f	6	0

（3）农产品需求曲线。如果以横轴表示农产品的需求量，纵轴表示农产品的价格，就可以形象地表示农产品需求量与其价格的关系。把表 13.1 中列出的农产品价格与需求量的组合，在图 13.1 中用一个点表示，并且把这些点连接起来，便形成了农产品需求曲线，它是一条从左上方向右下方倾斜的曲线，表明农产品需求量与其价格呈反方向变动关系。

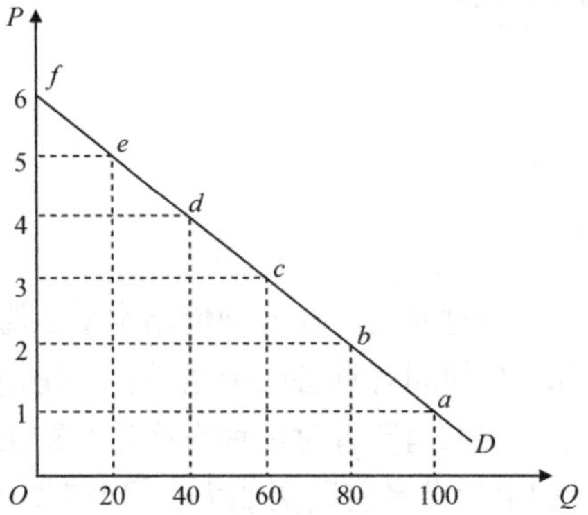

图 13.1　需求曲线

3. 农产品需求定理

农产品需求定理揭示农产品需求量与农产品价格之间的关系，其基本内容是：在其他条件不变的情况下，农产品需求量与其价格水平呈反方向变化，即价格上升，需求量

减少；价格下降，需求量增加。需求定理的前提是“其他条件不变”。也就是说，如果其他条件发生了变化，需求定理就不一定成立。

农产品需求定理可用替代效应和收入效应来解释。

替代效应是指消费者在实际收入不变的情况下，某种农产品价格的变化对其需求量的影响。例如，某种农产品的价格上涨了，而效用相同的其他农产品的价格未变，那就意味着其他农产品的相对价格下降了，消费者就会用其他农产品来替代这种农产品，从而减少这种农产品的需求量。

收入效应是指消费者在货币收入不变，但实际收入水平发生变化的情况下，改变农产品的购买量。例如，如果某种农产品的价格下降，虽然消费者的货币收入并未变化，但消费者的实际收入（实际购买力）增加了，从而将增加这种农产品的需求量。

因此，当一种农产品的价格发生变化时，会对消费者产生两种影响：一是使农产品的相对价格发生变化；二是使消费者的实际收入水平发生变化。这两种变化都会改变消费者对该农产品的需求量。其中，替代效应强调了一种农产品价格变动对其他农产品相对价格水平的影响，收入效应强调了一种农产品价格变动对实际收入水平的影响。需求定理所表明的农产品价格与其需求量呈反方向变动的关系，正是这两种效应共同作用的结果。

当然，需求定理也有例外。例如，炫耀性农产品和吉芬农产品情况就不同。炫耀性农产品是用来显示消费者社会身份的农产品。这种农产品的高价格显示了消费者的特殊身份和社会地位，常常在价格下降时需求量反而减少，消费者转而去购买价格更高的农产品，如鲨鱼翅等稀有珍贵的农产品。吉芬农产品是一种特殊的低档农产品，其价格上升时需求量反而增加。例如，当农产品价格普遍上涨时，农产品消费者为了维持生活不得不压低生活标准，就增加低档农产品如土豆的需求。这种价格上升需求量反而增加的现象，被人们称为“吉芬之谜”，产生这种现象的商品被称作“吉芬商品”。

4. 农产品需求量与需求变动

在经济学中，需求量变动和需求变动是有严格区别的。

需求量变动是指在其他条件不变的情况下，由于商品自身价格的变动所引起的需求量变动。在图形中，需求量变动表现为同一条需求曲线上商品价格与需求量组合点的移动。如图 13.2 所示。

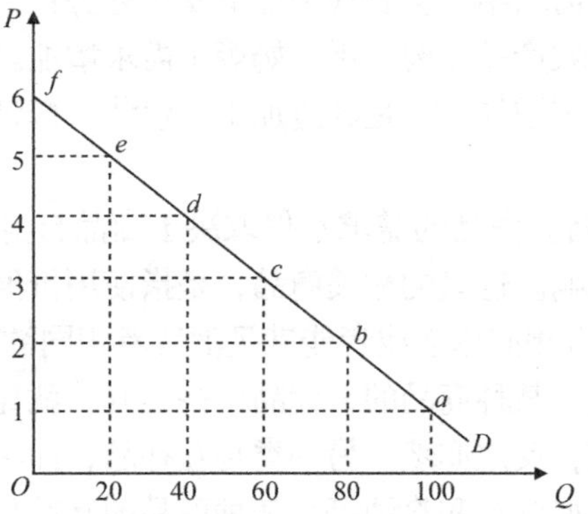

图 13.2　需求量变动

在图 13.2 中，当价格由 2 元上升到 3 元时，需求量从 80 千克减少到 60 千克，即在需求曲线上由 b 点移动到 c 点。这种变动是在同一条需求曲线上点的移动。

需求变动是指在商品自身价格不变的情况下，由其他因素的变化所引起的需求量变动。在图形中，需求变动表现为需求曲线的平行移动。如图 13.3 所示。

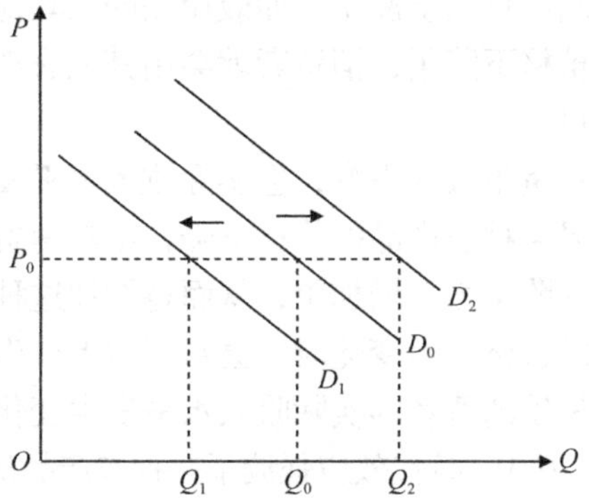

图 13.3　需求变动

在图 13.3 中，价格 P_0 不变，其他因素（如消费者的收入水平）发生了变化，导致商品需求量发生变化。如消费者收入减少，需求量由 Q_0 减少到 Q_1，表现为需求曲线由 D_0 向左平行移动到 D_1；如消费者收入增加，需求量由 Q_0 增加到 Q_2，表现为需求曲线由 D_0 向右平行移动到 D_2。

5. 农产品需求的影响因素

影响农产品需求的因素很多。归纳起来，主要有以下因素。

（1）消费者的收入水平。消费者的收入是形成购买力的基本因素之一。消费者收入决定着需求的数量、质量和结构。一般来说，消费者收入水平越高，农产品的需求量越大；但也存在相反的情况，即随着消费者收入水平的提高，某些农产品的需求量反而减少。根据收入变化后消费者消费数量的变动情况，农产品可以分为两大类：一类是正常商品，消费者收入水平的变化会引起商品需求的同方向变化；另一类是低档商品，消费者收入水平的变化引起商品需求的反方向变化。在现实中，随着经济的发展，人们收入水平的提高，农产品的需求结构会表现出如下变化趋势：一是一般大路货的农产品需求减少，营养丰富的鲜活农产品（肉、蛋、奶等）需求增加。二是低质量的农产品需求减少，高质量的农产品需求增加。三是经过加工、包装，携带和食用方便、容易储存的农产品需求增加。

（2）相关商品的价格。商品的需求不仅取决于商品自身的价格，在相当程度上还受其他相关商品价格的影响。这里的相关商品，是指使用价值密切相关的产品，包括两类：一类是替代品，即具有相同用途或者能满足消费者相同欲望的产品，如猪肉与牛肉、咖啡与茶叶等。一般来说，某种商品的替代品价格上升，就显得这种商品相对便宜，因而这种商品的需求会增加；反之亦然。另一类是互补品，即必须配套使用、互相补充才能满足某种需要的物品，如汽车和汽油等。某种商品的互补品价格上升，该商品的需求会减少；反之亦然。但农产品中几乎没有互补品。

（3）消费者的偏好。消费者偏好是指消费者对某种商品的喜好程度。消费者总是根据各自的偏好来选择商品的，即所谓“萝卜青菜各有所爱”。如果消费者偏好某种农产品，对该农产品的需求就较大；如果消费者不偏好某种农产品，对该农产品的需求就较小甚至没有需求。消费者的偏好可以是一个国家或民族的历史形成的，也可以是一时兴起的社会风尚。就个人来说，消费者的偏好不是固定不变的，它会随着消费者的社会地位、收入水平、个人素质、消费观念等的变化而变化。在现代社会中，广告和媒体的宣传对消费者偏好的形成与改变具有重要作用。

（4）消费者的预期。消费者的预期主要有两方面：一是价格预期；二是收入预期。就价格来说，当消费者预期某种农产品价格不久将会上涨，现在对这种农产品的需求就会增加；相反，当消费者预期某种农产品价格不久将会下降，现在对这种农产品的需求就会减少。就收入来说，如果某种农产品对消费者来说是正常商品，那么当消费者预期其未来收入增加时，对该农产品的需求就会增加；当消费者预期其未来收入减少时，对该农产品的需求就会减少。相反，如果某种农产品对消费者来说是低档商品，那么当消费者预期其未来收入增加时，对该农产品的需求就会减少；当消费者预期其未来收入减少时，对该农产品的需求就会增加。

（5）人口数量与结构。农产品的市场需求是市场上所有个人需求加总而成的，因而人口数量的增减，必然会直接影响农产品的需求。农产品需求的增加与人口数量的增长成正比。此外，人口结构的变动也会影响农产品的需求，主要表现在农产品需求构成的变化上。例如，城乡人口结构对农产品需求的影响很大，因为城镇居民的收入水平一般比农村居民的收入水平高，因而随着城镇化的推进，肉、蛋、奶等农产品的需求会增加；人口的年龄结构对农产品需求也有影响，婴幼儿对牛奶、食糖的消费特别高，而脑力劳动者对蛋白质含量高的农产品的需求量较大。

（6）中间需求的变化。农产品中间需求是指农产品加工业、以农产品为原料的轻工业以及相关产业对农产品的需求。随着经济的发展，用作饲料、食品、纺织、化工等的农产品日益增加，成为农产品市场需求的重要组成部分。因此，农产品加工业的发展规模越大，对初级农产品的需求也越多；轻工业的发展规模越大，对棉花、粮食及葡萄等农产品的需求量也就越多。

（7）政府的消费政策。如果政府实行农产品低价政策或对农产品进行不同程度的补贴，则会相应增加对其的需求量。

总之，影响农产品需求的因素多种多样，既有经济因素，又有非经济因素，这些因素共同作用决定了农产品的需求。

二、农产品需求弹性

1. 农产品需求价格弹性

农产品需求价格弹性，简称农产品需求弹性，反映农产品的需求量对其价格变化反应的灵敏程度，用农产品需求量的变化率与其价格的变化率之比来衡量。农产品需求弹性的计算公式是

$$E_d = \frac{\Delta Q / Q}{\Delta P / P} = \frac{\Delta Q}{\Delta P} \cdot \frac{P}{Q}$$

式中，E_d为需求弹性；ΔQ为需求量的变动量；Q为初始需求量；ΔP为价格的变动量；P为初始价格。

根据需求定理，农产品的需求量与其价格呈反方向变化，所以E_d一般是负数。在衡量需求弹性大小时，往往采用绝对值$|E_d|$。

根据$|E_d|$值的大小，农产品需求价格弹性可以分为五种类型。

（1）缺乏弹性：$0<|E_d|<1$，表示价格的变动会引起需求量较小程度的变动，即需求量变动的幅度小于价格变动的幅度。如果某种农产品需求缺乏弹性，其需求曲线的形状比较陡峭，如图 13.4（a）所示。

（2）富有弹性：$1<|E_d|<\infty$，表示价格的变动会引起需求量较大程度的变动，即需求量变动的幅度大于价格变动的幅度。如果某种农产品需求富有弹性，其需求曲线的形状比较平坦，如图 13.4（b）所示。

（3）单位弹性：$|E_d|=1$，表示价格的变动会引起需求量同等程度的变动，即需求量变动的幅度与价格变动的幅度相同。具有单位弹性的农产品需求曲线的形状为一条双曲线，如图 13.4（c）所示。

（4）完全弹性：$|E_d|=\infty$，表示价格的微小变动会引起需求量的无限变动，又称无限弹性。这类商品很特殊，在某一既定的价格水平上需求量无限大，如果价格稍微提高一点，需求会立即减少至零。如果某种农产品需求具有完全弹性，其需求曲线就是一条水平线，如图 13.4（d）所示。

（5）完全无弹性：$|E_d|=0$，表示不管价格如何变动，需求量固定不变，又称为完全缺乏弹性。如果某种农产品需求完全无弹性，其需求曲线就是一条垂直线，如图 13.4（e）所示。

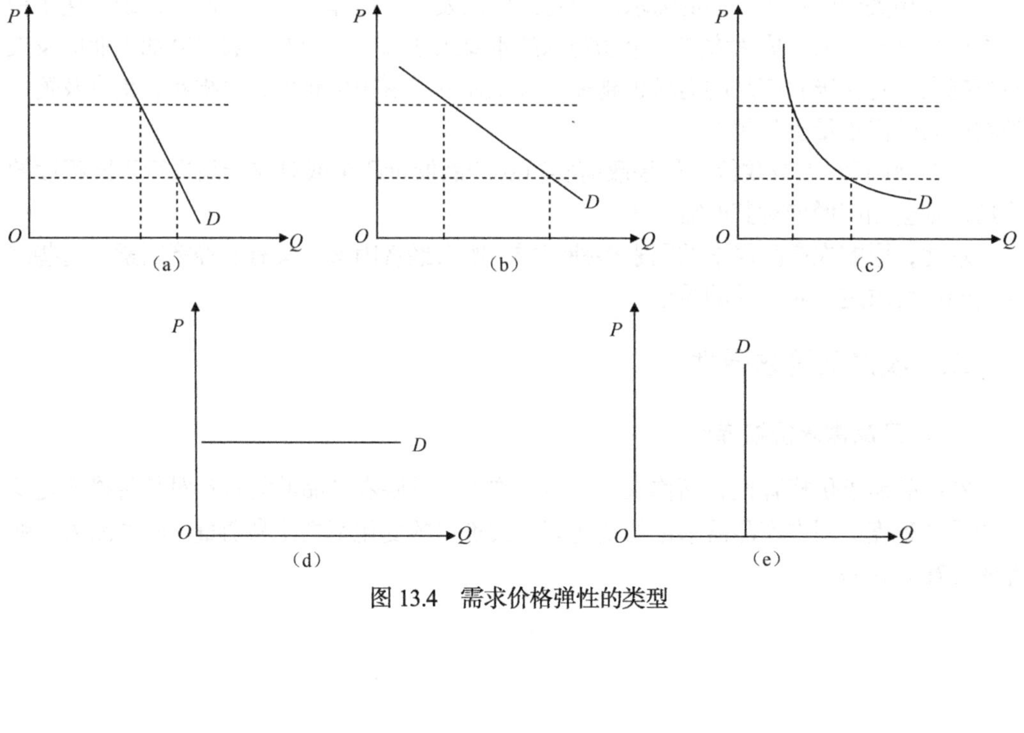

图 13.4　需求价格弹性的类型

2. 农产品需求收入弹性

农产品需求收入弹性，反映某种农产品的需求量对消费者收入变化反应的灵敏程度，用农产品需求量的变化率与消费者收入的变化率之比来衡量。农产品需求收入弹性系数的计算公式为

$$E_m=\frac{\Delta Q/Q}{\Delta M/M}=\frac{\Delta Q}{\Delta M}\cdot\frac{M}{Q}$$

式中，E_m为需求收入弹性；ΔQ为需求量的变动量；Q为初始需求量；ΔM为收入的变动量；M为初始收入。

E_m不取绝对值，其符号及其大小反映了商品的不同性质。

根据E_m值的大小，农产品需求收入弹性可以分为三种类型。

（1）$E_m>0$，表示农产品的需求量与消费者收入呈同方向变化，即当消费者收入增加时，该农产品的需求量增加；消费者收入减少时，该农产品的需求量减少。其中，$0<E_m<1$，表示农产品为生活必需品，收入变动所引起的需求量的变化幅度小于收入的变化幅度；$E_m>1$，表示农产品为高档商品，收入变动所引起的需求量的变化幅度大于收入的变化幅度。

（2）$E_m<0$，表示农产品的需求量与消费者收入呈反方向变化，即当消费者收入增加时，该农产品的需求量减少；消费者收入减少时，对该农产品的需求增加。这类农产品为低档农产品。

（3）若$E_m=0$，表示消费者的收入变化后，农产品的消费量完全没有变化。这意味着消费者对这类商品的需求量是基本固定的。

农产品的需求收入弹性对农产品市场的开发具有重要指导意义。一般来说，收入弹性越大的农产品，人们对其消费越远离饱和，因而市场开发的潜力越大；收入弹性越小的农产品，人们对其消费越接近饱和，因而市场开发的潜力越小，甚至没有市场前途。

同时，在农产品市场开发的实践中，还要注意随着消费者收入水平的提高和消费量的变化，同一种农产品的需求收入弹性也会发生变化。其变化的一般规律是：人们的收入水平越低，对农产品的消费离饱和点越远，农产品的需求收入弹性越大；随着人们收入水平的提高，对农产品的消费越来越接近饱和点，农产品的需求收入弹性就越小；当人们对农产品的消费达到饱和时，需求收入弹性等于 0；过了饱和点后，对于低档农产品来说，其需求收入弹性就变为负值，随着人们收入水平的提高，这类农产品的需求量会绝对减少。

3. 农产品需求弹性的影响因素

总体上说，农产品需求弹性的大小取决于当农产品价格上升或消费者收入减少时，消费者放弃这种农产品的意愿以及放弃的难易程度。具体来说，影响农产品需求弹性的因素主要有以下几种。

（1）农产品的必需程度。生活必需品如粮食等的需求量相对稳定，受价格、收入等因素的影响较小，所以需求弹性比较小甚至无弹性。相反，一些非必需的农产品如

高档水果、高档水产品等的需求弹性比较大，这些商品的需求常随价格和收入的变化而变化。

（2）农产品的可替代性。一种农产品的替代品越多，可替代性越大，其需求受价格的影响就越大；一种农产品的替代品越少，可替代性越小，其需求受价格的影响就越小。例如，如果猪肉涨价，人们就会转而消费牛肉、羊肉、鸡肉等其他肉类，因此猪肉的需求价格弹性就比较大。而不易被其他商品所替代的商品，则缺乏弹性，即使价格上涨，消费者也只好购买，如粮食。

（3）农产品在消费者预算支出中的比重。如果一种农产品在消费者的总开支中只占很小的份额，那么消费者对该商品的价格变化不会很敏感，因此需求弹性小。如果该农产品对消费者来说是一项较大的开支，那么价格变化后，消费者会重新考虑其需求量，因而需求弹性大。

（4）农产品用途的广泛程度。多用途的农产品的需求弹性大，专用性的农产品的需求弹性小。

（5）以农产品为原料的工业对农产品的依赖程度。如果以农产品为原料的工业对某种农产品的依赖程度很大，其价格的变动不会对此类农产品的需求产生很大影响，其需求弹性就小。相反，依赖程度小，其需求弹性就大。

第二节　农产品供给

一、农产品供给原理

1. 农产品供给的含义

农产品供给是指生产经营者在一定时间内在各个价格水平上愿意并且能够提供的农产品数量。农产品供给必须同时具备两个条件：一是农产品生产经营者有出售农产品的意愿；二是农产品生产经营者有供给的能力。如果生产经营者对一种农产品虽然有供给意愿，但没有供给能力，就不能形成供给；相反，如果生产经营者有供给能力，但没有供给意愿，也不能算作供给。

农产品供给来自农产品生产，但供给量不等于生产量，因为如果生产出来的农产品不到市场上销售而只是储藏在仓库里，或只是作为生产者的自给性消费，这些农产品就不形成市场供给。此外，在一定时期内，农产品的供给量除本期生产的产品外，还应包括以前的存货。

2. 农产品供给的表达形式

农产品供给可以用供给函数、供给表和供给曲线来描述。

（1）农产品供给函数。农产品的供给取决于多种因素。如果把农产品供给量作为因变量，把影响农产品供给量的因素作为自变量，则可以用函数关系来表示农产品供给量与其影响因素之间的关系。如 S 表示某种农产品的供给量，用 a，b，c，d，e，…表示影响农产品供给量的因素，那么，农产品的供给函数可表示为

$$S=f(a,\ b,\ c,\ d,\ e,\ \cdots)$$

假定其他影响因素保持不变，只考虑农产品供给量与其价格（P）的关系，那么，供给函数的公式就简化为

$$S=f(P)$$

（2）农产品供给表。农产品供给函数所表现出来的农产品供给量与其价格的对应关系也可以用表格的形式来表示。表 13.2 描述了某种农产品的供给量与其价格的关系，这个表就是供给表。可以看出，农产品的供给量随着价格的提高而增加。

表 13.2 某农产品的供给表

价格-数量组合	价格/元	供给量/千克
a	1	10
b	2	30
c	3	50
d	4	70
e	5	90
f	6	110

（3）农产品供给曲线。如果以横轴表示农产品的供给量，纵轴表示农产品的价格，可以形象地表示农产品供给量与其价格的关系。把表 13.2 中列出的农产品价格与供给量的组合，在图 13.5 中用一个点表示，并且把这些点连接起来，便形成了农产品供给曲线，它是一条从左下方向右上方倾斜的曲线，表明农产品供给量与其价格呈同方向变动关系。

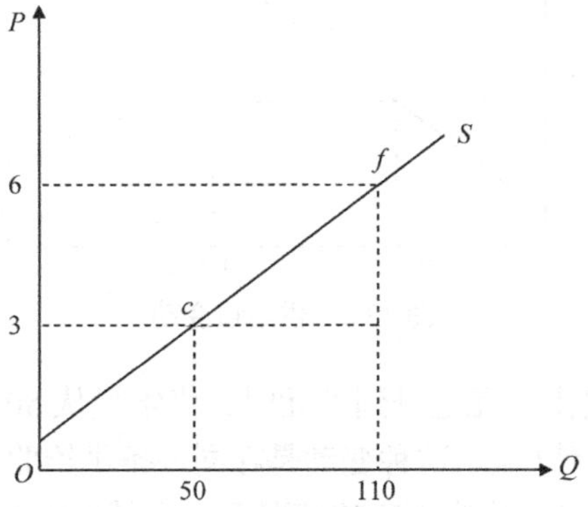

图 13.5 供给曲线

3. 农产品供给定理

农产品供给定理揭示农产品供给量与农产品价格之间的关系，其基本内容是：在其他条件不变的情况下，农产品供给量与其价格水平呈同方向变化，即价格上升，供给量

增加；价格下降，供给量减少。供给定理的前提是“其他条件不变”。也就是说，如果其他条件发生了变化，供给定理不一定成立。

农产品供给量与价格之所以呈同方向变化，主要是因为：当农产品价格上升时，将带来新的生产者，即在原来的价格水平下不愿意生产的人变成了实际的生产者，生产者人数增多，从而使生产和出售的农产品数量增加。同时，原来的生产者由于产品价格上升，盈利空间增大，也会增加生产量，从而使农产品的供给量增加。相反，当农产品价格下降时，生产者会减少产量甚至停止生产，从而使农产品供给量减少。因此，价格和供给数量的同方向变化，决定了农产品供给曲线从左下方向右上方延伸。

但农产品供给定理也有例外，即当农产品价格下降时，其供给量反而增加；当农产品价格上升时，其供给量反而减少。产生这种现象的原因是：①农业资源的专用性较强，生产用途范围狭窄，不能顺利地进行转移。当农产品的价格下降时，生产者为了维持正常的收入水平，反而会努力增加产量。②生产者对未来价格预期的变化。当生产者预期未来价格会上升时，为了将来得到更多的收入，即使当前价格较高，他也会减少当前的供给量；相反，当预期未来价格下降，为了避免损失，生产者会把农产品抛售出去，从而增加现时的供给量。

4. 农产品供给量与供给变动

供给量变动是指在其他条件不变的情况下，由于商品自身价格的变动所引起的供给量变动。在图形上，供给量变动表现为同一条供给曲线上价格与供给量组合点的移动，如图 13.6 所示。

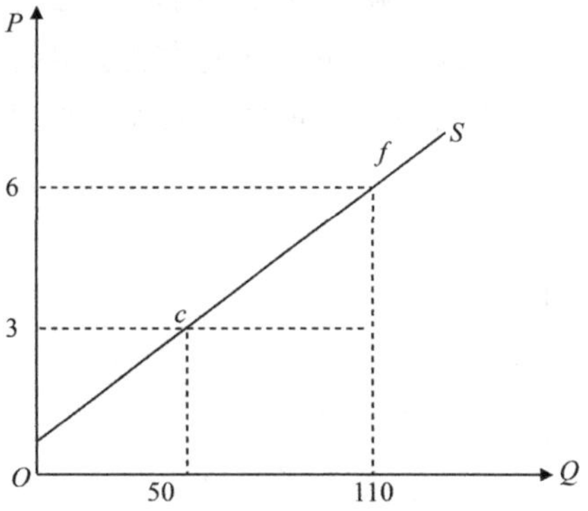

图 13.6 供给量变动

在图 13.6 中，当价格由 3 元上升到 6 元时，供给量从 50 千克增加到 110 千克，即在供给曲线上由 c 点移动到 f 点。这种变动是在同一条供给曲线上点的移动。

供给变动是指在商品自身价格不变的情况下，由其他因素的变化所引起的供给量变动。在图形上，供给变动表现为供给曲线的平行移动，如图 13.7 所示。

在图 13.7 中，价格 P_0 不变，其他因素（如生产要素价格）发生了变化，导致农产品的供给量发生变化。如生产要素价格下降，供给量由 Q_0 增加到 Q_2，表现为供给曲线由 S_0 向右平行移动到 S_2；如生产要素价格上升，供给量由 Q_0 减少到 Q_1，表现为供给曲线由 S_0 向左平行移动到 S_1。

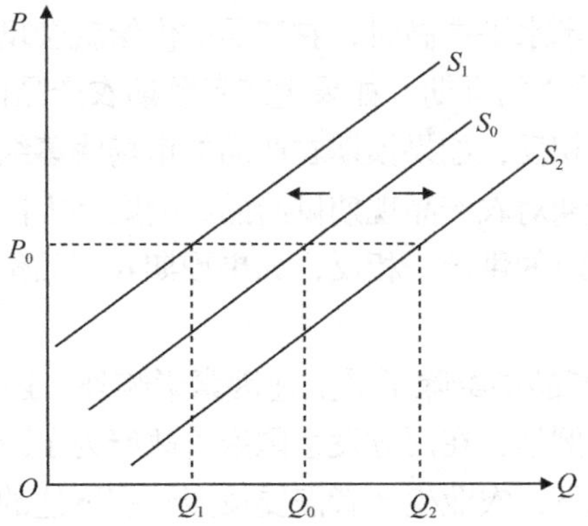

图 13.7　供给变动

5. 农产品供给的影响因素

农产品供给受多种因素影响，其中主要的影响因素有以下几个。

（1）农业生产者数量。农业生产者数量是影响农产品供给的基本因素。一般来说，农业生产者数量与农产品供给量呈正向关系。在其他条件不变的情况下，生产者数量越多，农产品的供给量也越多；生产者数量越少，农产品的供给量也越少。生产者数量对农产品供给的影响不但表现在农产品供给的绝对数量上，而且表现在农产品供给的相对数量上。例如，由于可用于种植的农地数量在短期内是固定的，因此小麦生产者数量的增加可能会造成玉米生产者数量的减少，从而使农产品总体供给中小麦的供给增加而玉米的供给减少。从这个意义上说，农产品的生产结构决定了农产品的供给结构，进而决定了各种农产品的供给数量。

（2）相关农产品的价格。相关农产品主要有两类：第一类是竞争性农产品，即在资源的利用上相互竞争的农产品。在资源数量一定的情况下，对于两种竞争性农产品，当其中一种农产品的价格不变，而另一种农产品的价格变化，就会使前一种农产品的供给量发生相反方向的变化。第二类是连带性农产品，即在生产一种农产品的同时，也生产出另一种农产品。当两种农产品中的一种农产品的价格不变，而另一种农产品的价格变化，就会使前一种农产品的供给量发生相同方向的变化。如羊肉和羊皮是连带性农产品，当羊皮价格上升时，人们会多养羊，从而会增加羊肉的供给量。

（3）生产要素价格。生产要素的价格越低，农产品供给量越大。这是因为，一方面，在农产品价格不变的情况下，生产要素的价格降低，单位农产品的利润就会增加，生产经营者愿意提供的农产品数量也会增加，原先因农产品价格低而暂时不生产的生产经营者也会重新投入生产；另一方面，同量的经营资本可以购买到更多的生产要素，从而能增加产量。相反，生产要素价格越高，供给量就越少。因此，降低农业生产要素的价格是增加农产品供给的重要途径。

（4）自然资源条件。农业生产以自然再生产为基础，对自然条件的依赖性很大。农业自然资源的状况在很大程度上决定了农业的生产能力，从而也影响农产品的供给。

（5）生产的技术水平。生产技术可以简单地定义为用既定的资源能够生产的产品数量。因此，当生产的技术水平提高时，农产品的供给就会增加。

（6）生产者对未来价格的预期。如果生产者预期农产品市场前景好，价格会上升，就会增加农产品的生产；相反，如果预期农产品的市场将萎缩，价格会下降，就会减少农产品的生产。但价格预期对农产品现期供给的影响则是方向相反的，即预期农产品价格上涨，生产者会减少现时的供给；相反，如果预期农产品价格将要下降，生产者会增加现时的供给。

（7）其他因素。农产品供给除了受上述因素影响外，还会受到其他因素的影响，如政府的宏观调控政策。例如，在西方发达国家，政府为了减少农产品过剩而采取限制生产的政策。在限产政策下，农业生产者需要按照政府下达的产量配额进行生产，使农产品供给相应减少。

6. 农产品供给的特殊性

由于农业生产的特殊性，农产品的供给也有特殊性。农产品供给的特殊性主要表现在以下几个方面。

（1）农产品供给的有限性。由于土地是农产品生产不可替代的稀缺生产资料，所以在一定的地域和技术水平下，农产品的生产和供给总量是有限的，不会随着农产品价格的提高呈无限增加趋势。农产品价格的提高只能在一定范围内增加农产品的供给，而且这个范围十分有限。

（2）农产品供给的周期性。农产品生产以自然再生产为基础，其生产具有季节性和周期性，农产品的生产周期比一般工业产品的生产周期长，而且生产时间不能人为地缩短，因此，在短期内农产品的供给总量是一定的，它不会随着农产品价格的提高而增加。

（3）受自然环境的影响很大。农业生产受自然条件的影响很大，而在当前的生产力水平下，自然条件特别是气候条件还不能人工控制。气候变化的不确定性，会造成农产品产量和供给的波动。

（4）政府调控的程度比较大。由于农产品的供给关系到国计民生，因此政府对农产品的稳定供给高度重视，几乎所有国家的政府都对农产品的供给和价格进行调控。

二、农产品供给弹性

1. 农产品供给弹性的含义

农产品供给弹性是农产品供给价格弹性的简称，反映农产品的供给量对其价格变化的反应程度。农产品供给价格弹性用农产品供给量的变化率与其价格的变化率之比来衡量，用公式可表示为

$$E_S=\frac{\Delta Q/Q}{\Delta P/P}=\frac{\Delta Q}{\Delta P}\cdot\frac{P}{Q}$$

式中，E_S为供给弹性；Q 为初始供给量；ΔQ 为供给量的变动量；P 为初始价格；ΔP 为价格的变动量。

E_S的值一般是正数，因为供给定理表明，农产品的供给量与其价格呈同方向变化。

2. 农产品供给弹性类型

根据E_S的数值大小，农产品供给弹性可以分为五种类型。

（1）完全无弹性：$E_S=0$。无论价格怎样变动，农产品的供给量始终不变。对应的供给曲线为一垂直线，如图 13.8 中的S_1所示。

（2）缺乏弹性：$0<E_S<1$。农产品供给量的变动幅度小于价格的变动幅度。对应的供给曲线为一条与横轴相交于原点右边的曲线，如图 13.8 中的S_2所示。

（3）单位弹性：$E_S=1$。农产品供给量的变动幅度与价格的变动幅度相同。对应的供给曲线为一条过原点的直线，如图 13.8 中的S_3所示。

（4）富有弹性：$1<E_S<\infty$。农产品供给量的变动幅度大于价格的变动幅度。对应的供给曲线为一条与横轴相交于原点左边的曲线，如图 13.8 中的S_4所示。

（5）完全弹性：$E_S=\infty$。农产品价格既定，供给量无穷大。对应的供给曲线为一水平线，如图 13.8 中的S_5所示。

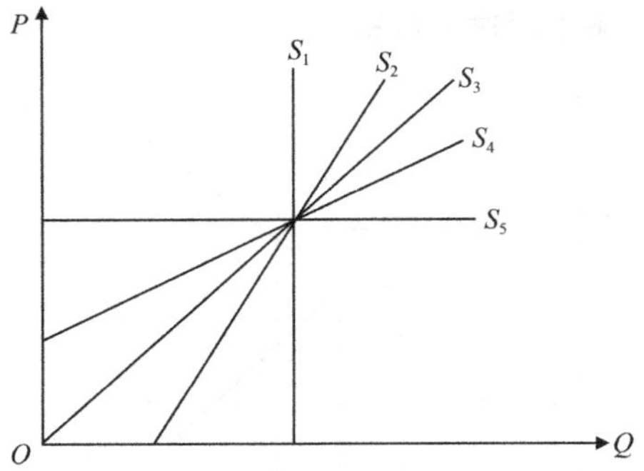

图 13.8　不同弹性的供给曲线

3. 农产品供给弹性的影响因素

总体上说，农产品供给弹性的大小取决于生产者改变产量的难易程度。具体来说，影响农产品供给弹性大小的因素主要有以下几种。

（1）农产品生产周期的长短。若农产品生产周期长，价格在生产周期内的变动不会对农产品的供给量产生影响，因而供给弹性小。因为在生产周期内生产者不能调整生产规模，改变农产品的供给量。若农产品生产周期短，在价格变动的影响周期内，生产者有足够的时间调整生产规模，改变农产品的供给量，则供给弹性较大。

（2）农产品生产规模变化的难易程度。若农产品的生产规模容易改变，则供给弹性大，反之则小。一般来说，资金密集型或技术密集型农产品，其生产规模变动的难度较大，供给弹性小；劳动密集型农产品的生产规模变动容易，供给弹性大。

（3）农产品价格变动的影响期长短。若农产品价格变动的影响期长，生产者能做出生产调整，改变供给量，则供给弹性大；若农产品价格变动的影响期短，生产者来不及对生产做出调整，则供给弹性小。

（4）农产品生产成本增加的程度。如果农产品产量增加的幅度大于成本增加的幅度，则供给弹性大；反之，则供给弹性小。一般来说，因为土地报酬递减规律的作用，随着农产品产量的增加，其生产成本增加得较快，因此，与工业产品相比，农产品供给弹性较小。

总之，农产品供给由于受自然条件的影响，生产周期一般较长，而且多为鲜活产品，不易储存，加之受到土地面积的限制，不可能迅速或无限扩大生产，因此农产品供给弹性一般较小。

第三节　农产品供求均衡

一、农产品市场的供求均衡

农产品需求表明了农产品价格与农产品需求量的关系，农产品供给表明了农产品价格与农产品供给量的关系。农产品的市场价格是农产品需求和农产品供给两种力量共同作用的结果。可用图 13.9 来说明这一过程。

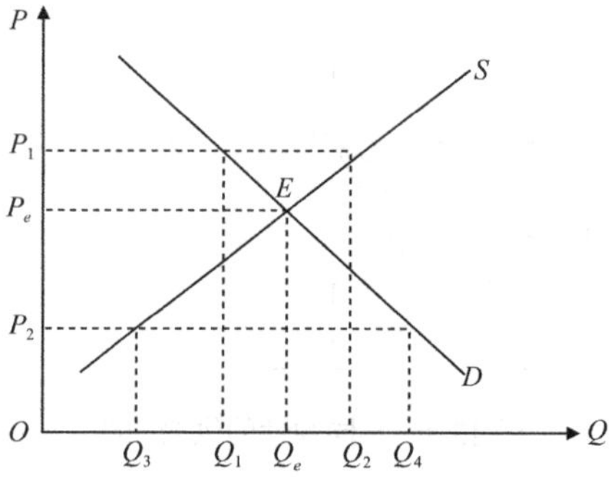

图 13.9　农产品供求均衡模型

在图 13.9 中，农产品的供给曲线 S 和需求曲线 D 在 E 点相交，表明在 P_e 的价格水平下供给量和需求量都是 Q_e，即市场供求相等，市场处于均衡状态。这时的价格 P_e 为均衡价格，供给量或需求量 Q_e 为均衡数量。这是市场机制作用的结果。假如开始时的价格处于 P_1，这时消费者的需求量为 Q_1，生产经营者的供应量为 Q_2，农产品供大于求，此时生产经营者就会以降价出售的形式展开竞争。随着价格的下降，消费者的需求量增加，生产经营者的供给量减少。只要农产品仍然供大于求，价格就会继续下降，直到价格下降至 P_e 水平时，供给量与需求量相等，价格不再下降。相反，如果开始时的价格处于 P_2，消费者的需求量为 Q_4，生产经营者的供给量为 Q_3，农产品供不应求，此时消费者之间的竞争会使价格上升。随着价格的上升，供给量也会增加，而需求量减少。当市场价格上升到 P_e 时，市场需求量和供给量都为 Q_e，供给量和需求量相等，价格就不再上升。

上述对农产品均衡的分析，是以农产品的需求和供给既定为前提的。然而，影响农产品需求和供给的因素会发生变化，因此农产品的需求或供给也会发生变化。如果农产品的需求或供给任意一方发生变动，原有的均衡将被打破，新的均衡又会形成，从而均衡价格和均衡数量也将发生变动。

如前所述，即使农产品本身价格不变，消费者收入、相关商品的价格、消费者偏好或预期等发生变化，农产品的需求会发生变动，即引起需求曲线的移动。这样，农产品市场的均衡状况会发生相应的变化，如图 13.10 所示。

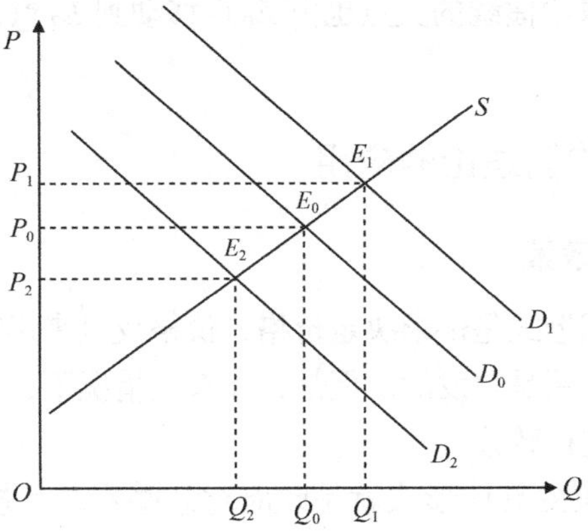

图 13.10　需求变动对均衡的影响

在图 13.10 中，需求曲线 D_0 和供给曲线 S 决定的市场均衡处于 E_0 点时，均衡价格和均衡数量分别为 P_0 和 Q_0。假定其他条件都不变，由于广告宣传的作用，人们对某种农产品的偏好增强了。这一变化反映在图中，就是供给曲线不变，需求曲线从原来的 D_0 向右移动到 D_1，需求曲线与供给曲线的交点也从 E_0 点移动到 E_1 点。此时均衡价格由 P_0 上升到 P_1，均衡数量由 Q_0 增加到 Q_1。再假定其他条件都不变，由于媒体对某种农产品的负面报道，人们对该农产品的消费偏好减弱了，这时需求曲线就会由 D_0 向左移动到 D_2，需求曲线与供给曲线的交点也由 E_0 点移动到 E_2 点，均衡价格和均衡数量分别降为 P_2 和 Q_2。

类似地，在农产品价格不变的情况下，相关产品价格、生产要素价格、生产技术水平、生产者预期等因素发生变化会导致农产品供给的变动，即引起供给曲线的移动。这样，农产品市场的均衡状况也会发生变化，如图 13.11 所示。

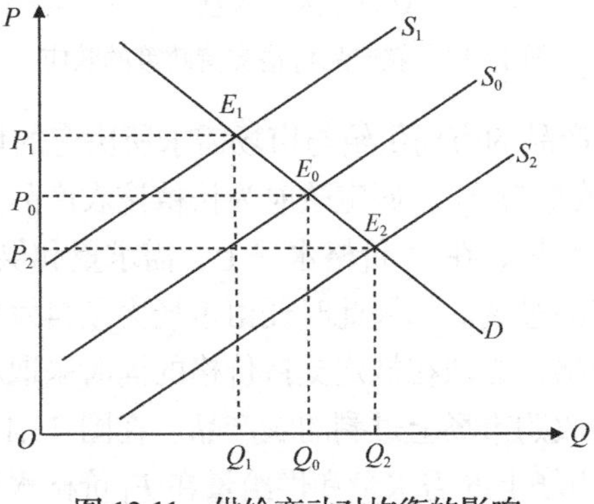

图 13.11　供给变动对均衡的影响

在图 13.11 中，需求曲线 D 和供给曲线 S_0 决定的供求均衡处于 E_0 点时，均衡价格和均衡数量分别为 P_0 和 Q_0。假定其他条件不变，但生产农产品的生产要素涨价了，这一变化反映在图中，就是需求曲线不变，供给曲线会从 S_0 向左移动到 S_1，需求曲线与供给曲线的交点也由 E_0 点移动到 E_1 点。此时均衡价格由 P_0 上升到 P_1，均衡数量由 Q_0 降为 Q_1。再假定其他条件都不变，但农业生产技术进步了，这时供给曲线就会由 S_0 向右移动到 S_2，需求曲线与供给曲线的交点也由 E_0 点移动到 E_2 点，均衡价格将下降到 P_2，而均衡数量则增加到 Q_2。

二、农产品供求均衡理论的应用

1. 农产品价格支持政策

市场机制的重要作用形式是供求决定价格，价格反过来影响供求，使市场供求达到平衡。市场机制的这种作用是自发的。但是，在有些情况下，为了达到特定的目的，政府可能采取农产品价格支持政策。

农产品价格支持政策的具体形式就是政府对某些农产品规定一个高于市场均衡价格的最低限价。许多国家都对农产品实行价格支持政策。因为农产品特别是粮食、棉花等是人民的基本生活必需品，但由于农业的产业特点，其经济效益往往偏低。如果农产品价格完全由市场来调节，农业就不能吸引优质生产要素，从而达不到社会所需要的产量。农产品价格支持政策的效应可以用图 13.12 来说明。

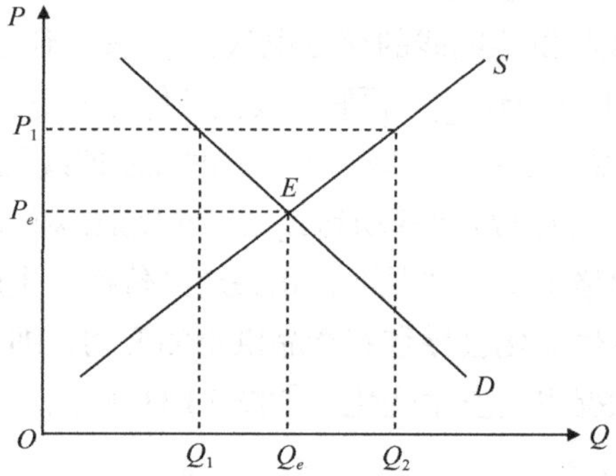

图 13.12　农产品价格支持政策的效应

图 13.12 中，某种农产品的市场供给与市场需求所决定的均衡状态由 E 点表示，此时均衡价格为 P_e，均衡数量为 Q_e。假定政府为扶植该农产品生产而规定的支持价格为 P_1，它高于均衡价格 P_e。结果，在 P_1 价格水平上，需求量和供给量分别为 Q_1 和 Q_2，显然供给大于需求，出现产品过剩。如果此时任由市场力量自发调节，价格必然下降。因此，政府为了维持支持价格，必须在规定支持价格的同时采取相应的措施使市场供求平衡，通常的做法是由政府收购市场上过剩的农产品。在图 13.12 中，当政府收购了过剩部分 Q_1Q_2 的农产品后，市场上的需求量和供给量在 P_1 价格水平上恰好相等，支持价格 P_1 就能维持。通常政府将收购来的过剩农产品用于储备、出口或对别国的援助。

2. 农业生产补贴政策

政府为了鼓励某种农产品的生产，可以对农产品生产者进行补贴。例如，假定政府规定向某种农产品的生产者给予每单位农产品 t 元的补贴。向生产者补贴实际上降低了农产品的生产成本，因此补贴增加了每个价格时的供给量。换句话说，生产者供给任何一种既定的农产品数量，农产品价格现在可以降低 t 元。因此，农产品的供给曲线向下移动，移动的距离就是 t 元。这项政策不影响农产品的需求，所以需求曲线不变，如图 13.13 所示。

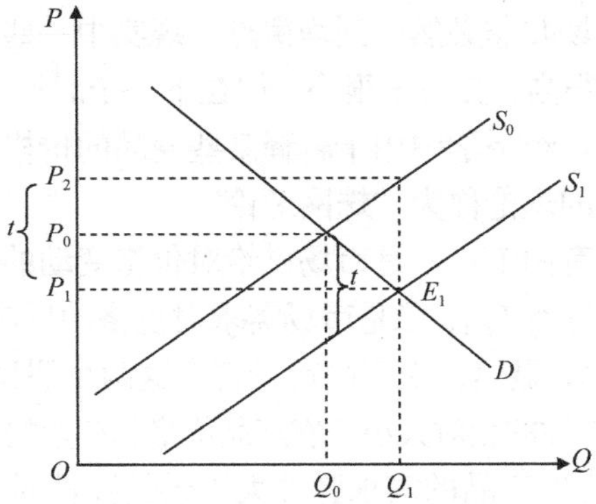

图 13.13　农业生产补贴政策的效应

从图 13.13 中可以看到，补贴前，该农产品的均衡价格为 P_0，均衡数量为 Q_0；补贴后，该农产品的均衡价格下降为 P_1，均衡数量增加到 Q_1。

可以进一步分析补贴的归宿问题：谁享受了补贴？从图 13.13 中可见，引入补贴后，该农产品价格从 P_0 下降为 P_1，消费者购买一单位产品比没有贴补时少支付 P_0P_1，这是消费者从补贴中得到的好处。而生产者虽然每生产一单位农产品少收入 P_0P_1，但可以从政府那里得到数量为 t 元的补贴，实际得到的价格为 P_2，每单位农产品多收入 P_0P_2。可见，这项补贴虽然是直接给予生产者的，但实际上生产者和消费者共同享受了补贴。

3. 丰收悖论的解释

所谓丰收悖论，是指农业的“增产不增收”甚至“增产减收”的现象。在现实生活中经常会出现这样的情况：农业丰收了，如粮食增产了，农民的收入反而减少了，农业的好消息却变成了农民的坏消息。造成这种现象的根本原因是粮食是生活必需品，它的需求价格弹性很小。当粮食丰收后，供给增加导致价格大幅下降，从而使得农民因增产而增加的收入少于因价格下降而减少的收入，造成总收入减少。这种情况可以用图 13.14 来说明。

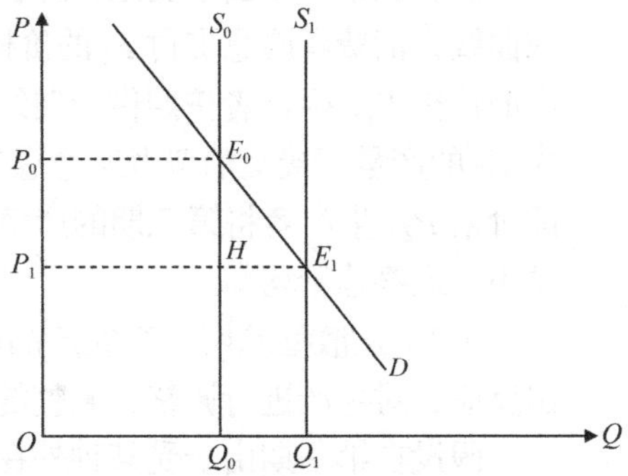

图 13.14　丰收悖论的经济分析

图 13.14 中，上一年的粮食产量为 Q_0，对应的均衡价格为 P_0。本年度粮食增产后，供给曲线从

S_0右移至S_1，由于粮食需求缺乏弹性，因此粮食的均衡价格大幅下降至P_1。从图中看，由粮食增产而增加的收入为四边形$Q_0Q_1E_1H$的面积，由粮价下降而减少的收入为四边形$P_0P_1HE_0$的面积。显然，如果粮食增产导致价格大幅度下降，粮食增产就可能导致农民收入减少。

4. 农产品产量与价格波动

一般来说，商品的均衡价格和均衡数量总是存在的。但有时候，当市场偏离均衡时，依靠市场机制的作用，市场并非必然回到均衡点。现实中一些农产品市场经常出现这样的现象：一个时期的价格很高，交易量很小；但在下一个时期，价格暴跌，交易量激增；并且这样的周期循环往复。经济学中用于解释某些商品的价格与产量变动相互影响，引起规律性的循环变动现象的理论称为“蛛网理论”。

蛛网理论的基本假设有两个：一是市场供给对价格变动的反应是滞后的，即t期的供给量S_t取决于t–1期的价格P_{t-1}；二是市场需求对价格的反应是瞬时的，即t期的需求量D_t取决于同期的价格P_t。显然，农产品市场符合这两个假设。

根据供给弹性和需求弹性的相对大小，农产品价格和产量的波动有以下三种类型。

（1）收敛型蛛网。当农产品的需求弹性大于供给弹性时，生产者对市场的变化做出反应，对生产进行调整，调整的路线呈收敛状的蛛网，如图13.15所示。

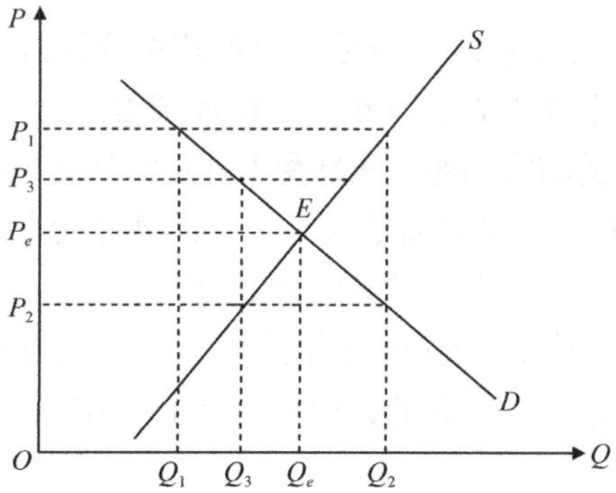

图13.15 收敛型蛛网

假设在第一期由于受某种外在因素的干扰，产量由均衡产量Q_e减少为Q_1。根据需求曲线，消费者愿意支付P_1的价格购买Q_1的产量，于是价格上升至P_1。根据第一期较高的价格P_1，生产者按照供给曲线将第二期的产量增加至Q_2。在第二期，生产者为了出售Q_2的产量，接受消费者所愿意支付的价格P_2，于是价格下降至P_2。根据第二期较低的价格P_2，生产者将第三期的产量减少至Q_3……如此反复，价格与产量的波动幅度越来越小，最终趋于均衡。

（2）发散型蛛网。当农产品的需求弹性小于供给弹性时，生产者对市场的变化做出反应，对生产进行调整，调整的路线呈发散状的蛛网，如图13.16所示。

假设在第一期由于受某种外在因素的干扰，产量由均衡水平Q_e减少为Q_1。根据需求曲线，消费者为了购买Q_1的产量愿意支付较高的价格P_1，于是价格上升至P_1。根据第一期较高的价格P_1，生产者按照供给曲线将第二期的产量增加至Q_2。在第二期，生产者为了出售全部产量 Q_2，接受消费者愿意支付的价格 P_2，于是价格下降为 P_2。根据第二期较低的价格 P_2，生产者将第三期的产量减少至 Q_3……如此反复，每一时期的价格和产量都是越来越偏离均衡价格与均衡数量。

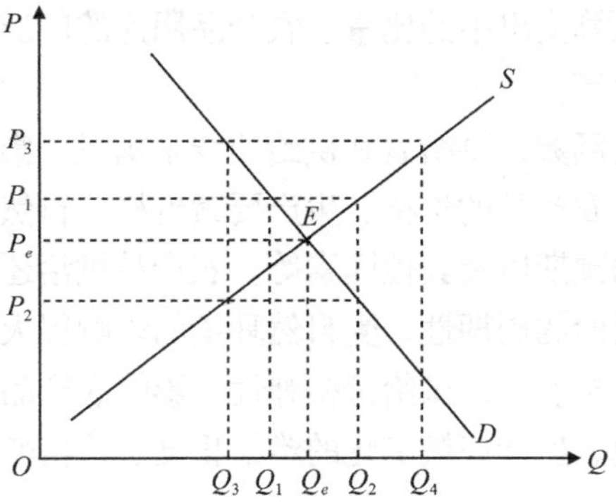

图 13.16　发散型蛛网

（3）封闭型蛛网。当农产品的需求弹性等于供给弹性时，生产者对市场的变化做出反应，对生产进行调整，调整的路线呈封闭状的蛛网，如图 13.17 所示。

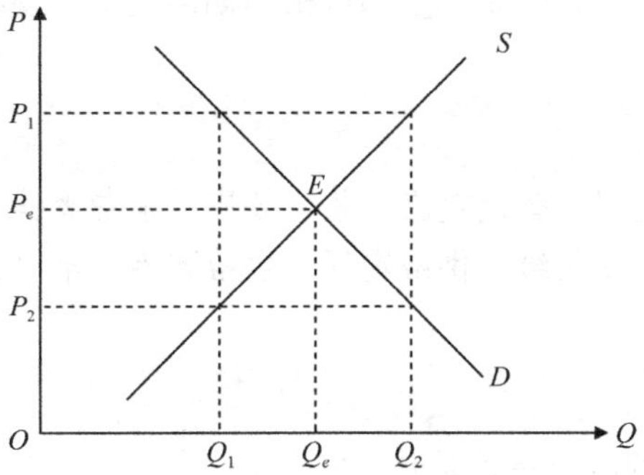

图 13.17　封闭型蛛网

假设在第一期由于受某种外在因素的干扰，产量由均衡水平 Q_e 减少为 Q_1。根据需求曲线，消费者为了购买 Q_1 的产量愿意支付较高的价格 P_1，于是价格上升至 P_1。根据第一期较高的价格 P_1，生产者按照供给曲线将第二期的产量增加至 Q_2。在第二期，生产者为了出售全部产量 Q_2，接受消费者愿意支付的价格 P_2，于是价格下降为 P_2。根据第二期较低的价格水平 P_2，生产者将第三期的产量又减少至 Q_1……如此反复，每一时期的价格和产量都与隔一时期的价格和产量相等，价格与均衡价格及产量与均衡数量的偏离程度始终相等。

本章小结

农产品需求可用需求函数、需求表和需求曲线来描述。影响农产品需求的因素主要是消费者的收入水平、相关商品的价格、消费者的偏好、消费者的预期、人口数量与结构、中间需求的变化以及政府的消费政策等。农产品需求弹性主要有需求价格弹性和需求收入弹性。影响农产品需求弹性大小的因素主要是农产品的必需程度、农产品的可替代性、农产品在消费者预算支出中的比重、农产品用途的广泛程度、以农产品为原料的工业对农产品的依赖程度等。

农产品供给可用供给函数、供给表和供给曲线来描述。影响农产品供给的因素主要是农业生产者数量、相关农产品的价格、生产要素价格、自然资源条件、生产的技术水平、生产者对未来价格的预期以及其他因素等。农产品供给还有一些特殊性，如农产品供给的有限性、农产品供给的周期性、受自然环境的影响很大、政府调控的程度比较大等。农产品供给弹性一般指农产品供给价格弹性。影响农产品供给弹性大小的因素主要是农产品生产周期的长短、生产规模变化的难易程度、价格变动的影响期长短、生产成本增加的程度等。

农产品的市场均衡由农产品需求和供给共同决定。影响农产品需求或供给的因素发生变化，农产品的需求或供给就会发生变化，农产品的均衡价格和均衡数量也会发生变动。农产品市场均衡理论可以用于分析农产品价格支持、农业生产补贴等政策的效果，也可以用来解释丰收悖论、农产品产量和价格周期性波动等现象产生的原因。

概念与术语

农产品需求　需求定理　替代效应　收入效应　消费者偏好　需求价格弹性
需求收入弹性　农产品供给　供给定理　供给弹性　丰收悖论　蛛网理论

学习思考

1. 形成农产品需求的必要条件是什么？
2. 农产品需求变动与需求量变动有什么区别？影响农产品需求的因素有哪些？
3. 农产品需求价格弹性的种类有哪些？影响农产品需求价格弹性的因素是什么？
4. 农产品需求收入弹性的变化有什么规律？对农产品市场的开发具有什么意义？
5. 形成农产品供给的必要条件是什么？
6. 农产品供给变动与供给量变动有什么区别？影响农产品供给的因素有哪些？
7. 农产品供给价格弹性的种类有哪些？影响农产品供给价格弹性的因素是什么？
8. 农产品供给有什么特殊性？
9. 农产品市场的均衡价格和均衡数量是如何形成与变动的？
10. 农产品价格支持政策和补贴政策是如何影响农产品供求关系的？
11. 为什么会出现“丰收悖论”的现象？
12. 蛛网理论分析的前提假定是什么？蛛网形产量和价格波动有哪几种情况？

第十四章

农产品流通与市场

【本章学习目标】

1. 理解流通的含义，了解农产品流通的特点；
2. 理解市场的含义，了解农产品市场体系；
3. 了解农产品批发市场的类型、功能和作用，理解我国农产品批发市场的发展状况；
4. 了解农产品零售市场的特点，理解农产品超市、农产品直销、农产品电子商务的主要模式；
5. 了解农产品期货交易的特点、功能和作用，理解农产品期货交易的套期保值原理，了解我国农产品期货交易的发展状况。

第一节 流通与市场概述

一、流通与农产品流通

1. 流通的含义

流通是指商品从生产领域向消费领域的转移过程。在市场经济中，流通表现为以货币为媒介的商品交换，是连接商品生产与消费之间的必需环节。

流通是商品经济发展到一定阶段的产物。在自给自足的自然经济条件下，生产者只限于生产满足自己消费的物品，消费者也只限于消费自己生产的物品，这时不存在商品流通。后来，随着社会分工的发展，出现了商品交换的现象，但在商品经济的初期，没有货币，商品交换仅限于直接的物物交换形式，那时也不存在商品流通。随着商品经济的进一步发展，商品交换的种类、数量增多，交换的地域范围扩大，物物交换的局限性导致货币的产生，从而出现了以货币为媒介的商品交换，即商品流通。

商品的流通过程由商流、资金流、物流、信息流组成。所谓商流，是指商品买卖过程中商品所有权的转移，即商品所有权从卖主手中转移到买主手中。这一过程往往伴随资金流，即货币所有权从买主手中转移到卖主手中。因此，商流和资金流的结合是商品价值形态变化与商品价值实现的过程。所谓物流，是指商品实体的空间位置移动以及相关活动，包括包装、运输、仓储等业务内容，使商品实体从卖者手中转移到买者手中。所谓信息流，是指与交易有关的各种信息的收集、处理和传递的过程以及相关活动。在商流、资金流、物流、信息流四者之间，商流是资金流和物流的前提，一般说，没有商流就不可能发生资金流和物流；物流是商流的手段，没有物流也就达不到商流的目的；而信息流是商流、资金流和物流的支撑，没有及时的信息传递和交换，就不可能实现顺畅的商流、物流和资金流。商流、资金流、物流、信息流相辅相成、互相促进，共同完成商品流通过程。

2. 农产品流通的特点

农产品流通除了具有一般商品流通的共性外，还有其自身的特点。

（1）农业生产季节性和农产品消费常年性的矛盾，使得农产品在流通领域停留的时间较长。农业生产是以自然再生产为基础的经济再生产过程，具有明显的、严格的季节性。农业生产的季节性决定了农产品上市供应也有一定的季节性。而农产品的消费是常年性的。不管是人们的日常消费还是工业生产消费，都不可能因农产品生产和供应具有季节性而在旺季多消费，在淡季少消费，更不可能不消费。这就导致农产品的生产与消费在时间上产生矛盾。这种矛盾客观上要求必须建立必要的农产品储备，以平衡和满足农产品的常年消费。

（2）农业生产地域性和农产品需求普遍性的矛盾，要求农产品具有高效的流通渠道。农业生产不仅受农时季节的制约，而且受地理环境条件的影响。不同地区的地理环境特点，形成了不同的农业生产区域优势，使农产品的生产呈现出明显的地域特性。而农产品的消费却是普遍性的。某一地区的人并不因为本地不生产某种农产品而放弃对这种农产品的消费，有时甚至会对该种农产品产生更强烈的消费欲望。这就要求在农产品的产区与非产区之间建立起高效的流通渠道，以满足非产区消费者对农产品的需求，进而促进各地生产优势的发挥。

（3）农产品的生物学特点使农产品流通具有较强的技术性。农产品是生物产品，特别是鲜活农产品（包括畜产品和水产品）易腐败变质，在包装、运输、储藏、销售等环节上具有一定的技术要求。农产品的这一特点，要求在农产品流通中采用相应的包装、储运保质技术和手段（如冷链物流），并尽可能减少运输过程中的在途时间，以避免农产品在运销过程中腐败变质的风险。

（4）小生产与大市场的矛盾比较突出。农产品往往是由分散的农户生产的，这种小规模的生产比较适合近距离的销售。但随着商品经济的发展，市场范围日益扩大，农产品需要远距离销售。这种小生产与大市场的矛盾需要通过建立适当的流通渠道来解决，因此，农产品流通的渠道往往是多样的。

3. 农产品流通的渠道

流通渠道是指商品从生产领域到达消费领域所经过的通道，包括商品流通的途径、环节、形式等。根据商品的销售形式，通常将流通渠道分为直接流通渠道和间接流通渠道。直接流通渠道是指产品由生产者直接销售给消费者，中间不经过其他交易环节。间接流通渠道是指生产者生产的产品经过批发和零售等中间环节到达消费者手中。

间接流通渠道是随着社会分工和商品经济的发展而出现的。现代农产品流通主要采用间接流通渠道。间接流通渠道一般包括批发和零售两个环节。

（1）批发。批发是商品大批量交易的流通环节，位于流通渠道的始端和中间部位。从事商品批发的主要是生产者所设的销售部、批发商、代理商、经纪人、批发市场等。批发的功能是把生产者生产的产品输入流通过程，并完成商品在流通过程中间阶段移动的任务。农产品在流通过程中，可能经过多次批发环节。

（2）零售。零售是直接向消费者提供商品的环节，位于流通渠道的终端。从事商品零售的主要是生产者所设的门市部、零售商、个体商贩等。零售的功能是把商品送到消费者手中。

二、市场与市场体系

1. 市场的含义

市场属于商品经济的范畴，是商品经济的产物，是连接生产和消费的桥梁与纽带。市场有广义和狭义之分。广义的市场是指商品交换关系的总和，主要指买卖双方、卖方之间、买方之间、买卖双方各自与中间商之间、中间商与中间商之间，在进行商品交换时发生的关系。狭义的市场是指商品的交易场所和商品的销售范围。

就狭义的市场而言，在现代社会，市场已超出了传统意义上的时间和空间限制。在传统社会，产品的交易是在产品生产过程结束之后进行的，但在现代社会，当产品还在生产过程之中甚至在产品生产开始之前，生产者就已经开始寻找和落实买者，商品的交易活动在产品生产过程中或生产开始前就开始了。还有，随着电子商务的发展，产品的交易不再需要有形的场所，市场的空间概念扩大了或者说模糊不清了。

2. 市场的构成要素

这里的市场构成要素是从广义的市场概念而言的。在广义的市场概念上，市场是由市场主体、市场客体、市场组织、市场规则以及调控体系等要素构成的综合体。

（1）市场主体。市场主体就是进入市场进行交易的当事人，主要是商品的生产者、消费者和中间商，也包括调节者。市场主体无论是个人还是企业，都是独立的、平等的经济主体，它们自主地做出交易决策，并承担决策的一切后果。政府作为商品供求关系的调节者，也是以平等的经济主体出现的。

（2）市场客体。市场客体就是市场主体进行交易的对象，即各种商品。作为市场交易的客体，首先必须有使用价值，同时还必须合法并符合质量、包装等技术要求。

（3）市场组织。市场组织是指为保证商品交换顺利进行而建立的管理和服务机构，包括：负责市场活动管理的政府机构，如市场监督管理、税务、计量、质检、环保等机构；为交易主体提供服务的中介服务机构，如期货交易所、结算中心、银行等；负责维护市场主体利益的民间机构，如行业协会、消费者协会等。

（4）市场规则。市场规则是为保证市场有序运行而制定的各种规章制度，主要包括：①市场进出规则。市场进出规则是市场主体和市场客体进入或退出市场的规范。市场主体进出市场的规范包括市场主体的资格、市场主体的性质、市场主体退出市场的条件等；市场客体进出市场的规范包括商品的合法性，商品的质量、包装要求等。②市场交易规则。市场交易规则是市场主体在交易活动中必须遵守的规范，主要包括市场交易方式的规范、市场交易行为的规范等。③市场竞争规则。市场竞争规则是市场主体之间地位平等、机会均等、公平竞争的规范，主要包括禁止不正当竞争行为、禁止垄断行为等。④市场仲裁规则。市场仲裁规则是市场仲裁机构在对市场主体之间出现的经济纠纷进行仲裁时必须遵守的规范。

（5）调控体系。调控体系是政府对市场进行宏观调控的制度和手段。一般来说，市场机制能自发地调节商品的供求并能实现供求平衡，但由于市场调节是事后调节，完全依靠市场机制的自发调节会引起商品供求与价格的大幅度波动，不利于生产者和消费者。特别是农产品，一方面由于农业生产以自然再生产为基础，农产品的供给弹性较小；另一方面农产品又是基本生活必需品，其需求弹性也不大。如果农产品的供求完全由市场机制自发调节，往往会造成农产品产量和价格的大幅度波动，政府对农产品市场的宏观调控尤为必要。

3. 市场体系

市场体系是相互联系的各类市场的有机统一体。所谓的各类市场是根据不同标准而划分的市场类别。从不同的角度，按不同的标准，市场可以分为各种类别。常见的市场分类有以下几种。

（1）按交易对象的用途，市场可分为产品市场和要素市场。产品市场可分为工业品市场、农产品市场等。农产品市场还可进一步划分为粮油市场、蔬菜市场、水果市场等。要素市场包括土地市场、劳动力市场、资金市场、技术市场、信息市场等。

（2）按商品交易的方式，市场可分为现货市场和期货市场。现货交易是指根据买卖双方达成的价格，在成交后即时交割，是一种“当面成交，银货两清”的交易形式。期货交易是一种集中交易标准化远期合约的交易形式，即交易双方预先签订农产品买卖合同，而货物的交割在约定的时间内进行的一种交易形式。期货交易必须在期货市场（商品交易所）内进行，有严格的标准化的交易程序。

（3）按商品流通的环节，市场可分为批发市场和零售市场。批发市场是进行批量交易的市场，买卖双方都是商家（也有集团消费者），每笔交易的数量都比较大，购买者在批发市场上购买农产品不是为了消费，而是用来转销。零售市场是进行小批量交易的场所，购买者一般是普通消费者。

（4）按交易对象的内容，市场可分为专业市场和综合市场。专业市场中交易的商品种类比较单一，综合市场中交易的主营品种在三类以上。

第二节　农产品批发市场

一、农产品批发市场的类型

农产品批发市场可做不同的分类。按市场的城乡区位分布，农产品批发市场可分为产地批发市场、销地批发市场和中转地市场三种，如图 14.1 所示。

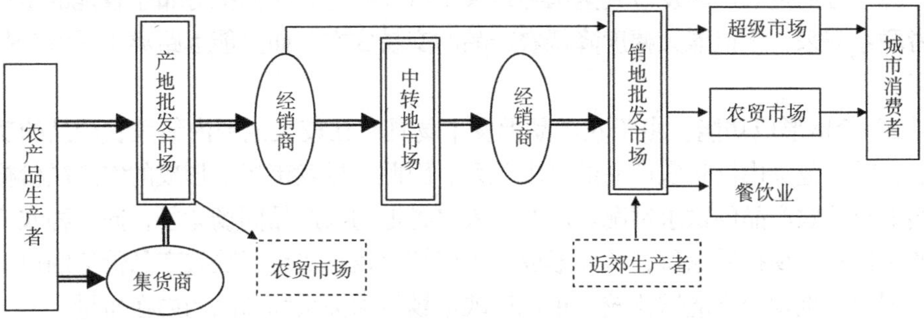

图 14.1　农产品批发市场的类型

1. 产地批发市场

产地批发市场位于农产品集中生产的地域，是农产品生产者销售产品的窗口，对农业生产具有直接的带动作用。在产地批发市场上，卖主主要是农户、家庭农场、合作社等农产品生产者和产地集货商。产地集货商从分散的农户手中收购农产品，然后集中销售到农产品批发市场，对农户销售农产品的作用很大。买主是向外地发货的经销商。经销商又称运销商，他们将产地批发市场上的农产品运到消费地批发市场销售，从价差中获取利润。我国的农产品经销商大多是个体经营者，规模较大的叫经销大户。一些农业公司也参与农产品运销，它们大多是集农产品生产、加工、销售于一体的企业。

2. 销地批发市场

销地批发市场一般位于大中城市郊区，主要为城市中的农贸市场、超市、集团消费者等提供货源。销地批发市场设施比较完善，综合功能较强，经营品种多样，能满足城市居民对农产品的多样化需求。销地批发市场中的经营主体较为复杂。卖主有来自产地和中转地的经销商、近郊产地的家庭农场和合作社等，买主有超市供货商、城区农贸市场零售商、餐饮店、单位食堂等。

3. 中转地市场

有些批发市场位于远距离运销的中间地带，在地理位置上具有中转地的特点，因而被称为中转地市场或集散地市场。在中转地市场上，买主和卖主都是农产品的经销商，卖主出售的产品是从产地批发市场批发来的，买主购买后又运往销地批发市场销售。

二、农产品批发市场的功能与作用

1. 农产品批发市场的功能

（1）商品集散功能。农产品的生产往往是分散的，在我国，大多数农产品是一家一户生产出来的。农产品的消费往往也是分散的，主要以家庭为单位。如果分散的生产者直接与分散的消费者交易，不但交易次数多、交易批量小、交易效率低、交易成本高，更重要的是农产品的销售距离受到限制。农产品批发市场一方面汇集四面八方生产的农产品，另一方面把农产品发散到全国各地甚至世界各地，从而把分布于各地的生产者与消费者联系起来，不但能大幅度降低农产品的交易成本，而且能远距离扩展农产品的销售市场。

（2）价格形成功能。由于农产品批发市场具有在较大范围内集散农产品的功能，因而能在较大范围内反映农产品的供求关系。因此，批发市场上形成的农产品价格能比较真实地反映农产品的供求情况。同时，来自各地的农产品同场竞争，同一种农产品就可以通过比较实现按质论价，从而形成一种能够比较真实地反映农产品价值的市场均衡价格。因此，批发价格能够比较公正地反映市场供求关系和商品的内在质量。

（3）供求调节功能。这是由农产品批发市场的价格形成功能决定的。供求决定价格，价格调节供求，这是价格机制的基本作用形式。农产品批发市场的交易批量大、集散距离远，因此它能在更大的范围内对农产品供求起调节作用。

（4）信息中心功能。农产品批发市场连接着产需两头，信息来源广泛，加之批发市场拥有多样化和现代化的信息处理与传递手段，因而是农产品生产、流通、消费信息的收集、整理、发布场所。市场每天形成的交易价格就像晴雨表一样，反映着供求关系的变化，对农产品的生产和消费起到引导作用。

2. 农产品批发市场的作用

农产品批发市场具有以下作用。

（1）促进农产品大流通格局的形成。农产品批发市场实现了农产品的远距离销售，扩大了农产品的销售范围。我国4500多家农产品批发市场覆盖了所有大中小城市和农产品集中产区。全国70%以上的鲜活农产品通过批发市场流向消费终端，农贸市场 80%的货源、超市60%的货源来自农产品批发市场。大型集散地农产品批发市场发挥了远距离集货和中转批发作用，有力地推动了农产品大流通格局的形成。

（2）促进农业生产的区域化、标准化、集约化。农产品大流通是实现农业生产区域专业化的前提。农产品批发市场的发展，使农产品的远距离销售成为可能，从而能促进农业生产的区域专业化，进而发挥各地区的区域比较优势。农产品批发市场也能促进农业生产的标准化。因为随着批发市场交易管理的规范化，进入交易的农产品有了明确的质量要求，这就必然推动生产者按标准化进行生产。集约化主要体现为农产品流通链条上功能的整合。批发市场将农产品加工、包装、配送、信息等多个环节整合在一起，改变了原先单个商户“各自为战”的局面，能降低农产品的流通成本，提高农业生产的整体效益。

（3）保障城市农产品稳定供应。农产品批发市场承担着城区居民蔬菜、水果、肉禽蛋等农产品的供应保障任务，完善的批发市场网络，稳定了城市农产品的供应，对保障城镇居民的“菜篮子”和“果盘子”、提高城镇居民的生活水平发挥了重要作用。

三、我国农产品批发市场发展现况

改革开放以来，我国农产品批发市场发展迅速。特别是20世纪90年代，农产品批发市场数量增加很快。21世纪以来，我国农产品批发市场进入市场布局调整、经营品种结构调整和市场基础设施改造升级、市场管理向规范化迈进的新阶段。

10多年来，我国农产品批发市场的发展呈现出以下趋势。

（1）市场数量基本稳定。经历了20世纪90年代快速发展后，农产品批发市场数量趋于稳定，目前基本稳定在4500个左右。但销售额过亿的市场数量持续增长，从2000年的1142个增长到2016年的1671个。

（2）交易规模不断扩大。从亿元以上农产品批发市场的总成交额看，2000年为3665亿元，2017年增长到5.2万亿元（交易量9.9亿吨）；平均每个市场的成交额从2000年的3.2亿元增长到2017年的23亿元。

（3）市场结构显著优化。在亿元以上的批发市场中，综合批发市场的数量减少，而专业批发市场的数量由2000年的300多个增加到1000多个。近年来，农业部（现为农业农村部）通过部省共建，先后启动浙江舟山水产等10多个国家级农产品专业市场，一定程度上优化了批发市场的结构。

（4）集团化经营开始显现。农产品批发市场品牌化、集团化发展的趋势已越来越明显，批发市场已开始创建企业品牌，走集团化连锁经营的道路。

四、我国农产品批发市场的发展思路

我国农产品批发已达到相当大的规模，但还存在一些问题，需要进一步发展和提升。

（1）完善农产品批发市场布局。我国虽然有4500多个农产品批发市场，但结构上并不完全合理。在区域分布方面，百强批发市场东部地区占了60.4%，中部地区和西部地区分别只占18.8%和20.8%[①]。在市场规模方面，大型和超大型市场较少，绝大部分市场占地面积在100亩以下。另外，大型市场主要是销地市场，大型产地市场相对缺乏。因此，在国家层面，政府应加强对不同地区农产品批发市场的统筹调控，根据中东西部地区的区位优势，统筹规划农产品批发市场的布局、规模及数量，重点加强东部与西部地区、农产品产地与主要消费地的有效对接。

① 来源：《中国农产品批发市场年鉴（2017）》。

（2）提升农产品批发市场的现代化水平。我国的农产品批发市场近年来在硬件设施、配套服务、管理水平等方面有了较大进步。但总体来看，农产品批发市场的硬件建设和管理水平存在较大差异，既有与国际接轨的现代交易市场，也有相当部分为设施简陋的传统市场，甚至还有 1/3 的市场进行露天交易，市场的服务功能也多以提供交易场地为主。大部分批发市场没有初加工、包装、冷藏等增值业务；在配送方面，只有部分批发市场建立了配送中心，但都仅限于提供车辆，且多由第三方承包经营。今后应进一步改善市场的硬件设施，改进交易服务手段，增加交易服务功能，提升市场的现代化水平。特别是要推进电子结算、信息处理、检验检测等设施建设，发展鲜活农产品配送物流中心，建立一体化冷链物流体系。

（3）增强农产品批发市场的公益性功能。农产品批发市场具有公益性，但我国的农产品批发市场都以企业化方式运作，大部分市场由民营企业投资或村集体所有，有追求利润的内在动力，即便是国资控股的批发市场也都将盈利作为考核标准。为保证农产品批发市场的公益性职能与其“利润最大化”目标的平衡，需要政府承担起对公益性职能的支持责任。2012 年以来国家和一些地方政府出台了相关政策，加大了财政扶持力度，稳步推进公益性农产品批发市场建设。今后要继续加大支持力度，尽快建立起覆盖全国农产品的重要流通节点，以跨区域公益性农产品批发市场为龙头、区域公益性农产品批发市场为骨干、公益性农产品零售市场和田头市场为基础的全国公益性农产品市场体系，形成公益性农产品市场与其他市场相互促进、有序竞争、协调发展的农产品流通新格局。

第三节　农产品零售市场

一、农产品零售市场的特点

农产品零售市场位于流通的最终环节，其职能是将农产品以零售的方式销售给广大消费者，最终实现商品的使用价值。

农产品零售市场的特点是：市场上的卖者是零售商，买者是消费者，农产品到达消费者手中后不再继续流通；零售市场数量多且分散于居民区；零售市场农产品种类多，交易频率高、数量少。

农产品零售市场主要有农贸市场和超市两类。农贸市场是我国目前城乡农产品零售市场的主要形式，农产品超市在大中城市发展较快，正在逐渐成为城市中重要的农产品零售市场。近年来，随着新型农业经营主体的发展壮大，农产品直销形式也占了一席之地。

二、农产品集贸市场

农产品集贸市场简称农贸市场，是进行农副产品及日用工业品交易的场所。

农贸市场为个体工商户和消费者提供了交易的平台。在农贸市场上，农产品的销售者以个体工商户为主。个体工商户主要是个体经营者和郊区农民。他们经营的农产品主要有两个货源：一是批发市场；二是自产自销。一般而言，小城镇和乡村农贸市场上农民自产自销农产品的比例大，大中城市农贸市场的农产品大多从批发市场进货。

农贸市场由于方便消费者购买，且产品价格往往相对低廉，因此深受广大消费者欢迎，目前仍是城乡农产品零售市场的主要形式，但农贸市场的购物环境相对较差，产品质量也不一定能得到保证，已不能满足部分城市居民的需要。

三、农产品超级市场

农产品超级市场简称超市，是指以消费者自选方式经营食品、日用品为主的大型综合性零售商场。超级市场有两个重要特征：一是顾客自助服务，可以随意挑选商品（所以又称自选商场）；二是通常实行连锁经营。

从组织形式看，超市的经营模式可分为直营连锁、特许连锁和自愿连锁。

1. 直营连锁

直营连锁的特征是所有权与经营权相统一，即所有成员店都属于同一所有者。这种经营方式的优点是能获取批量采购和多店铺销售的规模效益。其缺点主要是：前期的投资较大；在经营上不利于成员店个体独立性的发挥，缺乏灵活性。

2. 特许连锁

特许连锁的特征是主导企业与加盟者（连锁分店）都是独立法人，主导企业与加盟者之间签订加盟合同。在实践中，一般将主导企业视为总部，而将加盟者视为特许分店或加盟店。总部向加盟店提供独特的商业特权，如商号、标识、专有技术等，并向加盟店提供员工培训、商品供应、经营管理等方面的服务；加盟店享有总部赋予的权利，同时也要付出相应的回报（加盟费）并遵守总部的规定，特别是产品质量、服务和价格标准。特许连锁的优势是主导企业投资少、扩张快，而加盟店则可以分享主导企业的品牌资源，降低经营风险。

3. 自愿连锁

自愿连锁也称自由连锁，是指一批具有独立所有权的商店，自愿归属于一个管理服务中心。连锁店与中心没有隶属关系，只在经营活动上存在协调和服务关系。中心统一制定销售策略，统一广告宣传，统一订货送货。各店铺独立核算、自负盈亏、人事自主，但要向中心缴纳服务费。这种方式的优点是：可以获取批量采购的规模效益，降低各连锁店的经营成本；各个商店的自主权大，主动性强。缺点是连锁店的统一性差。

四、农产品直销

农产品直销就是生产者不经过中间商把农产品直接销售给消费者的销售模式。这里所说的农产品直销不包括传统小农户偶尔把农产品直接卖给消费者的情形，而是指规模较大的家庭农场、农民专业合作社、农业企业等新型农业生产经营主体通过专门的物流通道把农产品直接卖给消费者的情形。其主要有社区周末市场、社区销售站、网络销售配送等模式。

（1）社区周末市场。农产品生产者在周末时间直接把农产品运输到城镇居民社区，在居民社区临设摊向社区居民销售农产品。

（2）社区销售站。农产品生产者在社区设立固定的销售站，长期定点向社区居民销售农产品。规模大的生产者往往会在同一城市的不同区域设立多个销售站，实行连锁销售。

（3）网络销售配送。农产品生产者开设订货网站或销售服务电话，城镇居民通过网站或电话向生产者提交订单，生产者通过物流中心直接向城镇居民配送农产品。这种方式一般根据居民家庭人口的多少或季节，每周提供一次或两次送货上门服务。

五、农产品电子商务

1. 农产品电子商务的概念

电子商务是随着网络技术的发展而产生的一种商业业态。电子商务有狭义和广义之分。狭义的电子商务（electronic commerce）是指借助互联网在网络平台上进行商品交易的活动，包括在网上实现商品展示、销售、查询、订货、结算等活动；广义的电子商务（electronic business）除了商品的交易环节，还包括通过互联网进行其他各种商务活动，既包括企业与外部的商务活动，也包括企业内部的业务管理活动。

农产品电子商务是电子商务的一个类别。一般来说，农产品电子商务是狭义的电子商务，即通过互联网实现农产品交易的活动和过程。

农产品电子商务是对传统农产品销售模式的创新。它基于产销对接理念，实现供需双方在网上的直接交易，开辟了一种新的农产品销售渠道。农产品生产者、供货方在电商平台上发布信息、销售产品，农产品消费者、需求方在电商平台上查找信息、选购产品，线上完成交易、支付，线下完成产品配送（图 14.2）。其最大特点是：买卖双方在信息公开的电商平台上直接对接，不经过中间商等中介环节，利用电商自有物流或借助第三方物流实现商品快速配送，大大节省了交易成本，提高了交易效率。

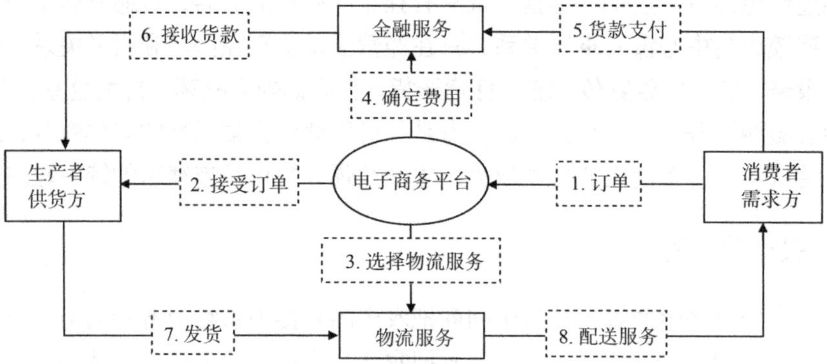

图 14.2　农产品电子商务模式

2. 农产品电子商务的模式

农产品电子商务模式是指构成农产品电子商务的诸要素的不同组合形式及其运作方式。按照从事农产品交易的主体，农产品电子商务主要有以下几种模式。

（1）B2C（business to consumer，企业对个人）。农产品 B2C 模式是指农产品生产、加工或销售企业通过自有或第三方电子商务平台直接向城乡居民销售农产品或服务。在 B2C 模式下，农产品供应商和消费者借助电商平台完成与农产品交易相关的所有环节。这种模式的特点是：市场空间广阔，消费者人数众多，交易频率比较高，交易批量比较小，对物流配送的要求比较高。

（2）C2C（consumer to consumer，个人对个人）。农产品 C2C 模式是指个体的农产品生产者或销售者与城乡居民通过电子商务平台开展农产品交易。这种交易一般借助第三方电商平台进行。电商平台为买卖双方提供在线交易平台并提供货款结算等服务，卖方在电商平台上发布销售的产品信息，买方在电商平台上选购产品。这种模式的特点是：买方和卖方数量多，交易的商品种类多，交易频率高，单次交易额小，价格机制灵活。

（3）O2O（online to offline，线上与线下）。农产品 O2O 模式是线上购买和线下消费相结合的农产品交易模式。在这种模式下，销售方或第三方提供网络购买平台，消费者在线上购买服务或产品，然后到线下实体店享受服务或接收商品。开展 O2O 电子商务的销售方都有线下实体店，且线上网店与线下实体店的服务或商品的品类和价格相同。这种模式主要在农业观光、体验消费、特色餐饮等领域发展。

（4）B2B（business to business，企业对企业）。农产品 B2B 模式是指农产品生产企业、加工企业、销售企业通过电子商务平台，相互之间进行产品买卖，具体又可分为卖方为主模式、买方为主模式和第三方交易市场模式。卖方为主模式是提供产品的企业占主导地位，卖方企业在平台上发布产品销售信息，等待买方企业上网交易。买方为主模式是需要采购产品的企业占主导地位，买方企业在平台上发布产品需求信息，等待卖方企业上网交易。第三方交易市场模式是由第三方企业提供网上交易平台，买方企业与卖方企业在交易平台上实现产品交易。这种模式的特点是：参与主体是涉农企业，交易批量和交易金额比较大。所以，B2B 电子商务不是零售交易，而是批发交易。

3. 我国农产品电子商务的发展前景

近年来，我国农产品电子商务发展很快。据农业部统计，2016 年我国农产品网络零售交易总额达 2200 亿元，比 2015 年增长 46%。据阿里研究院发布的《农产品电子商务白皮书》，2016 年阿里平台农产品卖家数量达 103.5 万家，较 2015 年增长 15%；农产品销售额达 938.9 亿元，较 2015 年增长 35%。

我国农产品电子商务快速发展的原因是：对消费者来说，网上购买农产品选择面广，购买便利，价格实惠。对农产品生产者或供应商来说，网络销售农产品可以把产品销售到更远的消费地，可以及时掌握消费者的消费偏好，可以省去许多中间环节，提高销售效率，节省销售成本。对整个农业的发展来说，农产品电子商务有利于提高农产品的流通效率，解决农产品供需脱节的问题，有利于推进农产品的标准化和品牌化。

我国农产品电子商务具有良好的发展前景。但也必须看到，农产品的电子商务与工业品的电子商务有很大的不同。农产品种类繁多，标准化程度低，单位产品价值不高，生鲜农产品对仓储、运输等设施设备有特殊要求，物流成本较高，并且消费者十分关注农产品的质量和安全性，重视商家的服务和信誉。因此，对于企业或生产者来说，开展农产品电子商务的机遇和挑战并存，必须根据自身情况做出合理选择。大型农业龙头企业可以自建电子商务网站或在大型第三方电商平台开设专卖店销售产品；中小农产品经营企业、农民专业合作社、家庭农场等可利用第三方电商平台开设网店销售产品，也可以通过网店主在电商平台上开设的网店销售产品。为促进农产品电子商务的发展，政府应完善电子商务规章制度，加大对农产品电子商务的支持力度，包括加快生鲜农产品冷链物流体系、农产品质量安全监管体系建设，支持农产品电商服务商的发展，为农产品电子商务健康发展提供保障。

第四节　农产品期货市场

一、期货交易的概念和特点

期货交易相对于现货交易，是商品交换的一种特殊方式。它是一种集中交易标准化远期合约的交易形式，即交易双方在期货交易所买卖期货合约，并根据合约规定的条款在未来某一时间和地点进行货物的交割。期货交易属于信用交易范畴。

我国自 1993 年首家农产品期货市场——郑州商品交易所正式开业始，农产品期货交易已有 20 多年的发展历史。1998 年国家将全国 14 个期货交易所撤并为上海期货交易所、郑州商品交易所、大连商品交易所 3 家（2006 年新成立了中国金融期货交易所，但它不从事农产品期货交易）。目前，我国已上市 21 个农产品期货品种，覆盖了粮、棉、油、糖、林木、禽蛋等主要大宗农产品领域，在谷物、油脂油料等领域形成了较为完整的品种序列。

与现货交易相比，期货交易表现出许多方面的特殊性。

（1）期货交易的对象是标准化的期货合约。在期货交易中，买卖双方交易的并不是现货，而是标准化的期货合约。所谓标准化期货合约，是指商品的数量、质量、交货时间和地点都由交易所统一规定，买卖双方能决定的唯一变量就是价格。实物商品不直接进出期货市场。

（2）期货交易一般不需要实物交割。在现货交易包括远期交易中，履约的方式是实物交收。而期货交易有实物交割和对冲平仓两种履约方式。期货交易人通常是在期货合约到期前将交易冲销或平仓，只有在合约到期而没有将原合约对冲的情况下，才需要交割实物。

（3）期货交易的农产品必须具备特殊条件。所有农产品都可进入现货市场，而进入期货市场的农产品必须具备以下条件：一是品质等级易于标准化，以满足期货合约中品质等级标准化的需要。二是能够长期储藏而且适于运输，以适应期货合约中交割日期标准化的需要。三是现货市场接近完全竞争，这是农产品期货市场发挥价格发现功能、风险规避功能和风险投资功能的重要前提。

（4）期货交易的目的是套期保值或投机获利。现货市场交易的目的是进行实物交割，实现产品所有权的转移。期货市场交易的目的是转嫁现货市场价格波动的风险，或者是获得风险投资的利益。因此，根据交易目的的不同，可将期货市场中的交易者分为两类，即套期保值者和期货投机者。

（5）期货交易一般需要委托交易。期货交易必须在期货交易所内进行。同时，期货交易的买卖双方必须委托经纪人，由经纪人在交易所办理买卖和结算手续，买卖双方不直接接触。按照有关规定，能够进入交易所进行直接交易的人，可以是交易所的会员，也可以是持有执照的经纪人，买卖双方只能委托会员或经纪人代买或代卖。

二、农产品期货交易的功能

农产品期货市场主要有以下三个方面的功能。

（1）价格发现功能。价格发现是指通过公开、公平、竞争的期货交易机制形成具有权威性、连续性、超前性的价格。期货交易所聚集了众多的买方和卖方，通过场内代表,交易者把自己所掌握的对某种商品的供求关系及其变动趋势的信息集中到交易所内。同时，所有期货合约的买卖都是在交易所内通过公开竞价的方式进行的，这就使得所有买方和卖方都能获得平等的买卖机会，从而使期货市场成为一个公开、公平的自由竞争的市场。这样，期货交易就能把众多的影响商品价格的供求因素集中反映到期货市场内，形成的期货价格能够比较准确地反映真实的供求状况及其变动趋势。

（2）风险规避功能。风险规避是指生产经营者在期货市场上通过套期保值业务，规避、转移或分散现货市场上的价格波动风险。套期保值的做法是，在现货市场和期货市场对同一种商品同时进行数量相等但方向相反的买卖，即在买进或卖出现货的同时，在期货市场上卖出或买进同等数量的期货，经过一段时间，当价格变动使现货买卖出现亏损时，从期货交易的盈利中得到弥补。从而在“现”与“期”之间建立对冲机制，以使价格风险降到最低限度。

（3）风险投资功能。风险投资功能是与风险规避功能相伴而生的，它是针对期货投机者来说的。投机者参加期货交易的目的是利用期货商品的价格波动来赚取利润。期货交易一般是以 5%～10%的保证金作为担保进行交易的，因此具有以小博大的杠杆作用。如果投机者对价格波动的方向判断正确，就能获得高额回报；但如果判断失误，也会遭受巨大损失。

三、期货交易套期保值原理

期货交易的套期保值原理可以用一个简单例子来说明。

1. 卖出套期保值

假设：7月，大豆的现货价格为每吨2010元，某农场对此价格比较满意，但要到9月才能出售100吨大豆。预测9月大豆价格可能下降。为避免价格下跌的风险，该农场决定在期货交易所进行套期保值交易。交易情况如下：

	现货市场	期货市场
7月	大豆价格2010元/吨	卖出9月大豆合约，价格2050元/吨
9月	卖出大豆，价格1980元/吨	买入9月大豆合约，价格2020元/吨
套利结果	亏损30元/吨	盈利30元/吨
最终结果	净获利100×30–100×30=0元	

通过期货交易，该农场成功地挽回了在现货市场由大豆价格下跌造成的损失，即通过期货市场的套期保值操作规避了大豆价格下跌的风险。

2. 买入套期保值

假设：9月，某油厂预计11月需要100吨大豆作为原料。当时大豆的现货价格为每吨2010元，该油厂对此价格比较满意。预测11月大豆价格可能上涨。为避免价格上涨导致原料成本上升的风险，该油厂决定在期货交易所进行套期保值交易。交易情况如下：

	现货市场	期货市场
9月	大豆价格2010元/吨	买入11月大豆合约，价格2090元/吨
11月	买入大豆，价格2050元/吨	卖出11月大豆合约，价格2130元/吨
套利结果	亏损40元/吨	盈利40元/吨
最终结果	净获利40×100–40×100=0元	

通过期货交易，该油厂成功地挽回了在现货市场由大豆价格上涨造成的损失，即通过期货市场的套期保值操作规避了大豆价格上涨的风险。

四、农产品期货交易的作用

由期货市场的三个功能决定，农产品期货市场具有以下四个方面的作用。

（1）调节农产品供求，减缓价格波动。农产品期货价格反映了供需双方根据各自对将来某一时点市场供求状况的预测，因而也能对未来各个时间的供给和需求进行超前调节。如某种农产品期货价格上升，就会鼓励生产者增加产量。随着供给量的增加，供求关系又会出现变化，期货价格会逐渐下降。同理，期货市场价格下跌，会造成生产者减少产量。随着生产的逐渐收缩，供给趋于减少，期货价格会逐步回升。因此，农产品期货交易，有利于防止市场价格过度波动，防止生产的盲目性，避免社会资源的浪费。

（2）锁定经营成本或利润，稳定企业效益。农业的自然再生产与经济再生产相交织的特点，决定了农产品的生产者和经营者（如农产品加工企业）必然面临农产品价格波动的风险。但是，农产品的生产者和经营者可以通过期货市场的套期保值操作来锁定农产品的价格，降低农产品现货价格波动的风险，从而稳定地从农产品的生产中获得收益或从农产品的经营中获得利润。

（3）有助于政府实行宏观调控。期货市场波动与现货市场既有密切联系又有很大区别。从某种意义上讲，期货市场的波动是对商品供求形势的一种预示。政府利用这种预示可以及早地采取措施，从而避免现货市场中出现的不利影响。农产品事关国计民生，各国政府对参与期货交易的农产品都保留有一定数量的国家储备。政府作为期货市场的潜在交易者，其储备量的变化会影响期货交易者对未来供求的预测，从而改变期货市场价格波动的方向和幅度，使其符合国家宏观经济发展的需要。

（4）有利于促进农业国际化。20 世纪 80 年代以来，期货交易跨越了国界。从交易人员看，发达国家的交易所一般都不限制境外会员。从交易所之间的联系看，跨国界、跨地区的联网已经实现。从交易对象看，标准化的期货合约为全球性的无差别交易提供了条件。从交易规则看，期货交易所具有的公开性特点使得期货市场能汇集世界各地的供求信息，同时又将有关信息反馈到世界各地。因此，农产品期货市场对农业的国际化具有重要意义。

五、我国农产品期货市场的发展

我国的农产品期货交易发展很快，但期货市场服务实体经济还不到位，其作用没有得到充分发挥，需要进一步发展。

目前我国农产品期货市场主要存在以下几方面问题。

（1）农产品期货市场总量还比较小。从持仓合约规模来看，目前我国农产品期货品种单边持仓规模仅为美国的 9%。美国玉米期货单边持仓量占美国玉米现货产量的比例，近 10 年来一直稳定在 50%左右，而我国仅有 6%左右。这反映了我国农产品期货市场风险管理规模总量与成熟市场相比仍有较大差距。

（2）农产品品种体系还比较单一。虽然我国已上市 21 个农产品期货品种，但现货市场规模较大的生猪、活牛、马铃薯、棉纱、奶粉等农产品尚未开展期货交易。全球市场已上市 60 多种农产品期权，而我国农产品期权还处于试点阶段。

（3）产业企业参与不足。目前，进入农产品期货市场的产业企业总体数量仍不多，特别是部分国有企业和许多小微涉农企业，受各种因素的制约，尚未进入期货市场，只能被动承受农产品价格波动的风险。

基于上述问题，今后一段时间我国农产品期货市场的发展思路如下。

（1）推出合适的农产品期货品种。要保证期货市场有较大的发展，必须有相应数量的适合期货交易的大品种。如果期货品种的产销量比较小，交易者有限，就无法在较大范围内发挥套期保值及发现价格的功能。目前我国有一些现货市场规模大的农产品（如生猪、活牛、马铃薯、棉纱、奶粉等农产品）还没有开展期货交易。同时，要健全大宗农产品期货交易品种体系。目前，国内已上市交易的农产品期货品种中，只有谷物、油脂油料等形成了比较完善的品种体系，其他期货品种体系尚待完善，阻碍了相关企业对期货市场的充分利用。此外，要加快推出农产品期权交易，为现金流不充裕的小微企业提供规避价格波动风险的渠道。

（2）培育期货市场的投资群体。适度投机是期货市场正常运行必不可少的条件，期货市场中的投机者承担了套期保值者力图规避的价格波动风险，但过度的投机也会阻碍农产品期货市场的健康发展。目前，我国农产品期货市场总体上看套期保值者不足，投机者有余。因此，积极培育套期保值队伍，特别是加快农业生产经营者进入期货市场的步伐，对农产品期货市场的发展具有重要意义。因为没有农业生产经营者的参与，农产品期货市场就没有牢固的根基，农产品期货市场就会变成一个纯粹的投机市场。应通过农民专业合作社、农业产业化经营中的龙头企业等组织将千家万户的农民引入期货市场进行套期保值。同时，推行实物交割制，加强期货市场与现货市场的沟通和联系。

（3）加强农产品期货市场监管。从 2007 年 3 月起，国务院和证监会陆续颁布或修订了《期货交易管理条例》《期货交易所管理办法》《期货公司监督管理办法》《期货投资者保障基金管理办法》《期货公司风险监管指标管理 2013 年修订办法》《期货公司董事、监事和高级管理人员任职资格管理办法》《期货从业人员管理办法》等条例和办法，为我国期货市场的稳健发展提供了必要的制度环境。现在的任务是严格执行这些规章和制度，加强能切实保护投资者利益和维护市场秩序的市场监管。在监管中体现对期货行业机构和从业人员并重、外部监管和内部行业自律并重的原则。充分发挥期货交易所的一线监管和期货行业协会的自律作用，通过多层次的监管体系使期货监管工作走上规范化、法治化的轨道。

本章小结

商品的流通过程由商流、资金流、物流、信息流组成。农产品流通具有流通的时间较长、需要有高效的流通渠道、具有较强的技术性、小生产与大市场的矛盾比较突出等特点。

根据商品流通的环节，农产品市场可分为批发市场和零售市场。农产品批发市场有产地批发市场、销地批发市场和中转地市场之分，具有商品集散、价格形成、供求调节、信息中心等功能，可以促进农产品大流通格局形成，促进农业生产区域化、标准化、集约化，保障城市农产品稳定供应。近年来，我国农产品批发市场数量基本稳定，交易规模不断扩大，市场结构显著优化，集团化经营开始显现。我国农产品批发市场的发展思路是完善市场布局，提升市场现代化水平，增强市场的公益性功能。

农产品零售市场主要有农贸市场和超市两类。超市的经营模式可分为直营连锁、特许连锁和自愿连锁等。农产品直销是近年来发展起来的新模式，有社区周末市场、社区销售站、网络销售配送等形式。农产品电子商务是对传统农产品销售模式的创新，主要有 B2C、C2C、O2O、B2B 等模式。

按商品交易的方式，农产品市场可分为现货市场和期货市场。期货交易具有特殊性：期货交易的对象是标准化的期货合约，期货交易一般不需要实物交割，期货交易的农产品必须易于标准化、适于运输且现货市场接近完全竞争，期货交易的目的是套期保值或投机获利，期货交易一般需要委托交易。农产品期货市场具有价格发现、风险规避、风险投资等功能，有助于调节农产品供求，减缓价格波动，锁定经营成本或利润，稳定企业效益，实行政府宏观调控，促进农业国际化。目前我国农产品期货市场还存在总量较小、产品品种较单一、企业参与不足等问题，今后要增加农产品期货品种，培育期货市场的投资群体，加强农产品期货市场监管。

概念与术语

流通　市场　农产品批发市场　农产品集贸市场　农产品超级市场
农产品直销　农产品电子商务　期货交易　套期保值

学习思考

1. 农产品流通有什么特点？
2. 农产品批发市场有什么功能和作用？
3. 农产品超市的经营模式有哪些？
4. 农产品直销有哪些形式？
5. 农产品电子商务的模式有哪些？各有什么特点？
6. 农产品期货交易有什么特点？
7. 期货交易的套期保值功能是如何实现的？
8. 农产品期货交易有什么功能和作用？

第十五章

农业开放与国际化

【本章学习目标】

1. 理解国际分工的原理以及各个理论之间的相互关系；
2. 掌握衡量产业或产品国际竞争力的方法；
3. 了解 WTO 的基本原则、WTO《农业协议》的主要内容；
4. 了解我国农产品国际贸易的状况，以及我国农业国际化面临的机遇与挑战。

第一节　国际分工原理

一、国际分工理论

国际贸易是世界各国或地区之间进行的商品、服务和技术的交换活动，它是社会分工和商品经济发展的结果。当商品、服务和技术的交换范围突破国界，就出现了国际贸易。对于国际分工和贸易的利益，古典经济学和现代经济学都进行了深入的研究，提出了许多理论。

1. 绝对成本学说

古典经济学派的奠基人亚当·斯密用绝对成本差异阐述了国际分工的利益，斯密因此成为国际贸易理论的创始者。在斯密所处的时代，英国的产业革命逐渐展开，经济实力不断增强。新兴的资产阶级为了从海外市场获得更多的廉价原料并销售其产品，迫切要求扩大对外贸易，而重商主义①的贸易保护政策却严重束缚了对外贸易，阻碍了资本主义大工业的发展。在这个背景下，斯密在 1776 年出版了《国民财富的性质和原因的研

① 重商主义的核心观点是：一国积累的金银越多就越富强。政府应发展对外贸易垄断，通过高关税税率及其他贸易限制来保护国内市场，并利用殖民地为国内制造业提供原料和市场。

究》，对重商主义思想进行了批判，创立了“自由放任”的经济理论，其中在国际贸易方面，提出了绝对成本学说，对国际分工产生的原因及其效用进行了研究。

斯密认为，商品的价格是由价值决定的，各国的劳动生产率不同，因而商品的价格也不同。某些商品的价格国内比国外低，就可以出口卖高价，换回外国价格比本国价格低的商品。这样，通过国际贸易，双方都可以获得更多和更便宜的商品。同时，贸易使两国的资本和劳动力从生产率低的行业转移到生产率高的行业，从而优化了资源配置，提高了社会生产率。

绝对成本学说可以用一个简单的例子来说明。假设两个国家（英国和法国）生产两种产品（毛呢和葡萄酒），这两种产品只用一种生产要素（劳动），两国各有150单位生产要素。另假定两国生产每单位产品的成本如表15.1所示。

表15.1　产品生产成本

国别	葡萄酒		毛呢	
	产量/吨	所需劳动日	产量/吨	所需劳动日
英　国	1	100	1	50
法　国	1	50	1	100

英国生产一吨葡萄酒需100个劳动日，比法国多50个劳动日；生产一吨毛呢需50个劳动日，比法国少50个劳动日。英国在毛呢生产上具有绝对成本优势，而法国在葡萄酒生产上具有绝对成本优势。因此，两国应实行分工专业化生产，由英国来生产毛呢，而由法国来生产葡萄酒。

分工后，英法两国投入的劳动总量未变，仍然是300个劳动日，但两种产品的产量却增加了。在分工前，两国共生产2吨毛呢和2吨葡萄酒，分工后两国共生产了3吨毛呢和3吨葡萄酒，毛呢和葡萄酒各增加了1吨。这就是分工所带来的利益，如表15.2所示。

表15.2　分工后的产量

国别	葡萄酒		毛　呢	
	产量/吨	所费劳动日	产量/吨	所费劳动日
英　国			3	150
法　国	3	150		

在分工专业化生产的前提下，英法两国进行商品交换。英国用1.5吨毛呢交换法国的1.5吨葡萄酒。这种交换是公平的，因为英国生产1吨毛呢和法国生产1吨葡萄酒的成本都是50个劳动日。这种交换对两国都有利，因为两国进行交换后，得到的商品都比过去多：英国得到了1.5吨毛呢和1.5吨葡萄酒，毛呢和葡萄酒都比分工前多得0.5吨；法国也得到了1.5吨葡萄酒和1.5吨毛呢，也都比分工前多得0.5吨。因此，分工和开展国际贸易后，两国的产品数量和消费水平都提高了。交换后的结果如表15.3所示。

表 15.3　交换后的结果

国别	葡萄酒/吨	毛呢/吨
英国	1.5	1.5
法国	1.5	1.5

斯密的绝对成本学说表明，分工能使资源得到更有效的利用，使贸易双方都能获得利益。但是，绝对成本学说暗示着一个前提，即贸易双方至少各拥有一种低成本的商品。实际上这只是国际贸易中的一种特殊情形。在现实中，某一国家的劳动生产率特别低，每种商品的生产成本都比别国高，却同样可能与其他国家开展国际贸易，并从中得到利益。显然，绝对成本学说无法回答这一现实问题，需要其他理论进行解释。

2. 比较成本学说

英国古典经济学家大卫·李嘉图在 1817 年出版的《政治经济学与赋税原理》一书中发展了斯密的观点，提出了比较成本学说。李嘉图认为，各国不一定要专门生产成本绝对低的产品，而只要专门生产成本相对低的产品，就可以从分工专业化生产和国际贸易中获得利益。

比较成本学说也可以用一个简单的例子来说明。假设英国和葡萄牙两国在进行贸易之前同时生产葡萄酒和毛呢，各自的生产成本如表 15.4 所示。

表 15.4　产品生产成本

国别	葡萄酒		毛呢	
	产量/吨	所需劳动日	产量/吨	所需劳动日
英国	1	120	1	100
葡萄牙	1	80	1	90

葡萄牙在葡萄酒和毛呢这两种产品的生产上都具有绝对成本优势：葡萄牙生产每吨葡萄酒需要 80 个劳动日，而英国则需要 120 个劳动日；葡萄牙生产每吨毛呢需要 90 个劳动日，而英国则需要 100 个劳动日。但是，葡萄牙在两种产品的生产上所具有的优势程度并不相同：葡萄牙生产的毛呢成本为英国的 90%，生产葡萄酒的成本为英国的 67%。相对而言，葡萄牙生产葡萄酒的成本更低，优势更大。因此，葡萄牙应该专门生产葡萄酒，用葡萄酒来交换英国的毛呢。而英国生产这两种产品的成本都处于绝对劣势，但生产毛呢的劣势相对小一些。因此，英国应专门生产毛呢，用毛呢来交换葡萄牙的葡萄酒。

两国分工后，英国生产毛呢，葡萄牙生产葡萄酒，劳动总量没有增加，产品总量却增加了。葡萄牙把 170 个劳动日全部用于生产葡萄酒，生产出 2.1 吨葡萄酒；英国则把 220 个劳动日全部用于生产毛呢，生产出 2.2 吨毛呢。葡萄酒和毛呢的产量分别比以前多 0.1 吨和 0.2 吨，如表 15.5 所示。

在分工专业化生产的前提下，两国进行国际贸易。如果英国用 1 吨毛呢与葡萄牙的

1 吨葡萄酒相交换（表面上看，这样的交换是英国用 100 个劳动日交换葡萄牙的 80 个劳动日，对英国不利），结果是：英国换得 1 吨葡萄酒后还有 1.2 吨的毛呢，比分工前多得 0.2 吨的毛呢；葡萄牙换得 1 吨毛呢后还有 1.1 吨葡萄酒，比分工前多得 0.1 吨葡萄酒，如表 15.6 所示。

表 15.5　分工后的产量

国别	葡萄酒		毛呢	
	产量/吨	所费劳动日	产量/吨	所费劳动日
英国			2.2	220
葡萄牙	2.1	170		

表 15.6　交换后的结果

国别	葡萄酒/吨	毛呢/吨
英国	1.0	1.2
葡萄牙	1.1	1.0

比较成本学说为国际贸易奠定了理论基础。它的意义在于：一个国家无论经济实力强弱，都可以发挥自己的相对优势，根据相对优势进行生产和开展贸易，由此从分工专业化生产和贸易中获得利益。

3. 要素禀赋学说

比较成本学说在 20 世纪初得到了深化和发展。1919 年，瑞典经济学家伊利·赫克歇尔（Eil Filip Heckscher）提出了区域贸易理论。1933 年，他的学生伯尔蒂尔·俄林（Beltil Gotthard Ohlin）出版了《区域贸易与国际贸易》一书，发展并完善了赫克歇尔的学说。这一理论被称为赫克歇尔-俄林定理或要素禀赋学说。

赫克歇尔-俄林定理的核心观点是：国与国之间互利贸易的基础在于要素禀赋的差异；由于各种原因，一国的要素禀赋中某些要素丰裕，另一些要素稀缺；国际贸易中一国应出口那些较多使用本国丰裕要素生产出来的商品，进口那些较多使用本国稀缺要素生产出来的商品。

要素禀赋学说的逻辑可以简单地归纳如下：国与国之间同一种商品的价格差异是导致国际贸易的直接原因，商品价格差异的原因是商品的生产成本不同，而成本不同又是由要素价格差异引起的；要素价格差异源于要素供给的不同，而要素供给的不同实际上意味着要素禀赋的不同。俄林认为，在特定时间里，一国要素和商品的价格是由它们各自的供求关系决定的，影响需求的消费者个人收入、消费偏好以及影响供给的要素禀赋、物质条件这四种因素共同决定了一个国家所有要素和商品的价格。如果一国某些要素的供给相对较多，则这些要素的价格必然比较低，从而密集使用这些丰裕要素生产的商品成本也必然较低；供给相对较少的要素必然比较昂贵，从而密集使用这些稀缺要素生产的商品也相对昂贵。因此，一国应出口那些密集使用本国较丰裕的要素生产的商品，进口那些密集使用本国较缺乏的要素生产的商品。例如，一个劳动力丰裕但资本稀缺的国家应当出口劳动密集型产品，进口资本密集型产品；而资本丰裕但劳动力稀缺的国家则相反，应当出口资本密集型产品，进口劳动密集型产品。

要素禀赋学说的政策含义是：一国应实行自由贸易，按要素禀赋条件进行国际分工和专业化生产。通过这种生产和贸易，各国的福利水平都能得以提高。可见，要素禀赋学说与比较成本学说在本质上是一致的，只不过要素禀赋学说进一步揭示了产生比较成本差异的原因。

二、国家竞争优势理论

在国际分工和贸易的背景下，各国产业的竞争在世界范围内展开。不同国家产业的国际竞争力有强有弱，其影响因素是多种多样的。许多学者对此进行了研究，并提出了相应的理论。目前，在这方面最有影响的是美国哈佛大学商学院教授迈克尔·波特（Michael Porter）1990 年在《国家竞争优势》一书中提出的国家竞争优势理论。波特认为，决定一个国家产业竞争优势的宏观因素有生产要素、需求状况、相关产业和支持性产业、企业战略和市场结构、机遇、政府六个方面。其中前四个为基本影响因素，后两个为辅助因素。波特的国家竞争优势理论被称为“国家钻石”模型，如图 15.1 所示。

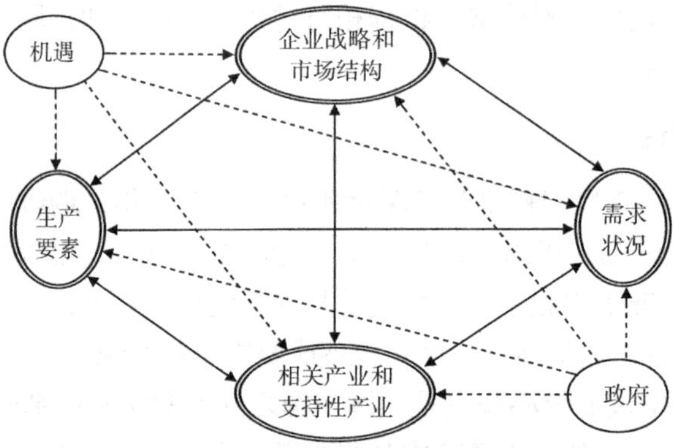

图 15.1　波特的“国家钻石”模型

1. 生产要素

生产要素可分为初级要素和高级要素。初级要素是指一个国家先天拥有的自然资源、地理位置、非熟练劳动力等。高级要素是指通过投资和发展创造出来的要素，如现代交通、通信网络、专业人才、熟练劳动力等。除了采掘业和农业以外，初级要素对产业竞争优势的作用变得越来越小，而高级要素对竞争优势的作用越来越大。因此，不断创造出新的高级要素，才能长期保持产业的国际竞争力。

2. 需求状况

国内需求状况对产业国际竞争优势的影响主要通过三个方面表现出来：一是国内需求的规模，如果国内市场的需求规模大，则有利于本国厂商实现规模经济，从而有利于建立产业的国际竞争优势。二是成熟和挑剔的消费者，因为这样的消费者会对厂商产生压力，迫使厂商提高产品质量和服务质量，从而有利于建立产业的国际竞争优势。三是超前性的需求，因为国内需求的超前性，那么为国内消费者服务的厂商也就相应地走在了别国厂商的前面。

3. 相关产业和支持性产业

对某一产业的竞争优势具有重要影响的相关产业包括与之共享某些活动的产业（如共享技术开发、制造、配送系统、营销和服务等），或者是生产互补产品的产业。显然，上游产业具有国际竞争力，有助于增加下游产业的竞争优势。当然，为使某一产业具有国际竞争力，没有必要要求所有上游产业都具有国际竞争优势，那些对创新和产业发展没有重要影响的投入品可以从国外进口。

4. 企业战略和市场结构

企业战略和市场结构的核心思想有两个：一是各类企业有不同的规模、组织形式、产权结构、发展战略、管理模式等特征，这些特征的形态影响产业的国际竞争力，但这些特征的形态受制于各国环境，没有普遍适用的形态。能够适应本国环境的形态，有利于增强产业的国际竞争力。二是国内的市场结构决定行业竞争程度，同业竞争会影响产业的国际竞争优势。竞争给企业带来压力，迫使企业进行创新，提升质量，降低成本，通过投资提升高级生产要素，这一切都有助于产生具有世界竞争力的企业。

5. 机遇

一些偶然事件和机会也会对产业竞争优势产生影响，其中特别重要的有：纯粹的发明活动、重大技术的非连续性突破（如生物技术、微电子技术等）、投入要素的非连续性冲击（如石油价格的大幅度波动）、世界金融市场和汇率的重大变化、世界或地区需求的高涨、外国政府的政治决策、战争等。其原因是这些事件会打破原先的竞争优势格局，从而为能够适应新形势的国家和企业提供获得竞争优势的机会。当然，各国能否抓住机遇而获得国际竞争优势，还取决于各种其他因素。同样的机遇，在不同的国家可能产生不同的结果。

6. 政府

政府的政策可以增加或削弱竞争优势。但波特认为，政策的作用是从属性的，它只有在决定竞争优势的根本因素业已存在的情况下才能有效，政策本身缺少创造优势的力量。

波特的“国家钻石”模型在理论界得到了广泛认同，有人称之为当代的“国富论”。在实际应用中，该模型也被学者们作为“经济分析范式”而运用于不同产业的国际竞争力分析。

三、国际竞争力的衡量

衡量国际竞争力的方法很多。在实践中，常用显性比较优势指数和贸易竞争力指数来衡量一国某产业或产品在国际市场上的竞争力。

1. 显性比较优势指数

显性比较优势指数（revealed comparative advantage index，RCA）是一个国家某种或某类商品的出口值占该国所有出口商品总值的份额，与世界该种或该类商品的出口值占世界所有商品出口总值的份额的比例。即

$$\mathrm{RCA}_{ij}=\frac{X_{ij}/X_{it}}{X_{wj}/X_{wt}}$$

式中，RCA_{ij}为i国j产品的显性比较优势指数；X_{ij}为i国j产品的出口值；X_{it}为i国的出口总值；X_{wj}为世界j产品的出口值；X_{wt}为世界的出口总值。按照日本贸易振兴机构（Japan External Trade Organization，JETRO）提出的标准，RCA数值大于2.50时具有极强比较优势，1.25～2.50具有次强比较优势，0.80～1.25具有中等比较优势，0.80以下处于比较劣势。

显性比较优势指数的优点是：不直接分析比较优势的决定因素，而是从商品出口贸易的结果来间接地测定比较优势，因而在经验分析中简便易行。但显性比较优势指数也有局限性：当一个产业的产业内贸易（intra-industry trade，指一个国家或地区同一产业部门的产品既进口又出口的现象）规模较大时，这一指数所衡量的产业比较优势不具有客观性。

2. 贸易竞争力指数

贸易竞争力指数（trade competitiveness index，TC）是一个国家某种或某类商品进出口贸易差额占该种或该类商品进出口贸易总额的比重。即

$$\mathrm{TC}_{ij}=\frac{X_{ij}-M_{ij}}{X_{ij}+M_{ij}}$$

式中，TC_{ij}为i国j产品的贸易竞争力指数；X_{ij}为i国j产品的出口量；M_{ij}为i国j产品的进口量。该指数的数值介于−1和＋1之间，指数越接近0表示该产品竞争力越接近平均水平；指数为−1时表示该产品只进口不出口，指数越接近−1表示该产品竞争力越弱；指数为＋1时表示该产品只出口不进口，指数越接近＋1则表示该产品竞争力越强。

第二节　WTO农产品贸易规则

一、WTO的性质

开展国际贸易需要遵守一定的规则，并要有相应的组织来制定规则并监督规则的实施。WTO就是这样的组织。

WTO的前身是关税与贸易总协定（General Agreement on Tariffs and Trade，GATT）。

关税与贸易总协定是一项规定国际贸易准则的多边条约。第二次世界大战结束后，国际经济关系面临三大问题：一是国际货币问题，即如何促进国际货币合作，稳定各国货币之间的汇率；二是投资问题，即如何促进国际资金合作，解决经济恢复和发展所需的资金来源问题；三是国际贸易问题，即如何减少和消除国际贸易中的障碍，促进国际贸易的发展。在这一背景下，1944年7月在美国的布雷顿森林召开了国际货币与金融会议，会议设想在成立世界银行和国际货币基金组织的同时，成立一个国际性贸易组织。1947年11月联合国贸易及就业会议签署的《国际贸易组织宪章》(《哈瓦那宪章》）同意成立WTO，但由于一些国家未予批准，WTO未能成立。

1947年4月至10月，美、英、法、中等23个国家在日内瓦举行的贸易谈判中就关税减让达成了100多项协议。这些谈判成果与《哈瓦那宪章》中有关贸易的条款后来被汇编成“关税与贸易总协定”。协定于1948年1月1日正式生效。在之后的48年中，关税与贸易总协定在促进国际贸易方面发挥了重要作用。通过八轮多边谈判，大大削减了国际贸易中的不合理障碍。尤其是第八轮乌拉圭回合谈判（从1986年9月谈判启动到1994年4月最终协议签署历时8年）在规范多边贸易秩序等方面取得了重要进展，并直接导致1995年1月1日WTO的诞生。

2001年11月9～13日，第四届WTO部长级会议在卡塔尔首都多哈（Doha）审议，会议通过了中国加入WTO的议定书。2001年12月11日，中国正式成为WTO成员。中国加入WTO之后，农产品进出口以及与进出口有关的国内农业生产经营活动都必须严格遵守WTO的相关规则。

二、WTO的基本原则

WTO的主要任务是促进世界各国之间开展平等和自由的贸易，目标是建立一个完整的包括货物、服务、与贸易有关的投资及知识产权等更具活力、更持久的多边贸易体系。WTO倡导的基本原则有以下四个。

1. 非歧视原则

非歧视原则要求成员方在实施某种优惠和限制措施时，不能对任何另一方实施歧视。非歧视原则是通过最惠国待遇（most-favored-nation treatment）和国民待遇（national treatment）原则来体现的。最惠国待遇是指在货物贸易、服务贸易和知识产权领域给予任何其他国家（无论是否为WTO成员）的优惠待遇，立即和无条件地给予其他各成员方。国民待遇是指成员方在征收国内税费和实施国内法规时，对其他成员方的产品、服务或服务提供者、知识产权所有者和持有者，与本国同类产品、服务或服务提供者及知识产权所有者和持有者一视同仁，使其享有同等的待遇。非歧视原则的实质是保证市场竞争机会均等。

2. 透明度原则

透明度原则是指成员方应公布所制定和实施的贸易措施及其变化情况（如修改、增补或废除等），在实施前必须公布，同时还应将这些贸易措施及其变化情况通知 WTO。成员方所参加的有关影响国际贸易政策的国际协议，也在公布和通知之列。透明度原则的目的是保证国际贸易竞争的公开。

3. 自由贸易原则

自由贸易原则是指通过实质性地削减关税和减少其他贸易壁垒，扩大成员方之间的贸易。WTO 倡导并致力于推动贸易自由化，要求成员方尽可能地取消不必要的贸易障碍，开放市场，为货物和服务在国家间的流动提供方便。

4. 公平竞争原则

公平竞争原则是指成员方应避免采取扭曲市场竞争的措施，纠正不公平的贸易行为，在货物贸易、服务贸易和与贸易有关的投资及知识产权领域，创造公平的市场竞争环境。

三、WTO《农业协议》的主要内容

在关税与贸易总协定时期，农业是非常特殊的产业。乌拉圭回合谈判之前，农产品贸易一直游离于国际贸易规则的约束之外。1986 年乌拉圭回合谈判开始时，农业贸易问题被确定为该轮谈判的中心议题。农业贸易谈判主要在美国、欧共体、凯恩斯集团①三大利益集团之间展开。经过多轮谈判，谈判各方终于在 1993 年 12 月 15 日签署了《乌拉圭回合农业协议》（WTO《农业协议》）。1995 年 WTO 成立时，WTO《农业协议》作为国际农产品贸易公约正式生效。该协议的目标和任务是，消除国际农产品贸易中的扭曲现象，实现农产品贸易自由化，保障农产品贸易在公正和公平竞争的国际市场环境中运行。

WTO《农业协议》规定了 WTO 成员的权利和义务、农产品贸易规则，主要内容涉及市场准入、出口补贴、国内支持和动植物卫生检疫四个领域。WTO《农业协议》于 1995 年 1 月 1 日开始生效。对协议中要求的义务，发达国家承诺到 2000 年的 6 年内完成，发展中国家承诺到 2004 年的 10 年内完成。

1. 削减农产品市场准入壁垒

WTO《农业协议》实施以前，各国（地区）对农产品进口的限制主要通过关税和非关税壁垒措施。其中，非关税壁垒措施主要是进口配额和进口许可证制度。因此，WTO《农业协议》要求各方将非关税壁垒关税化，同时削减关税，增加市场准入机会。其具体规定主要包括以下三个方面。

（1）取消非关税壁垒。WTO《农业协议》规定各成员方必须取消全部非关税措施，

---

① 凯恩斯集团于 1986 年 8 月在澳大利亚凯恩斯成立；由澳大利亚、阿根廷、巴西、智利、哥伦比亚、匈牙利、印度尼西亚、马来西亚、菲律宾、新西兰、泰国、乌拉圭、斐济和加拿大 14 个出口农产品的国家组成，其农产品出口量占世界出口总量的 25%；因生产效率低和资金缺乏而深受欧美国家出口补贴之苦，强烈要求纠正在农产品贸易上的扭曲现象；现有 19 个成员国。

并将这些非关税措施以1986～1988年为基期，按一定公式转化为“等量关税”，再加上正常关税构成混合关税税率。非关税壁垒措施关税化的目的是降低市场准入门槛。然而非关税措施关税化后，一些农产品进口国（地区）的混合关税税率却很高，使进口变得更难了。因此，非关税壁垒措施关税化后还要削减关税。

（2）削减进口关税。WTO《农业协议》对于混合关税的削减做了如下规定：以1986～1988年为基期，发达国家在协议实施期的6年内（1995～2000年）平均削减36%的关税，每项至少削减15%；发展中国家在10年内（1995～2004年）平均削减24%的关税，每项至少削减10%；最不发达国家不承担削减义务。

（3）保证最低市场准入。鉴于一些国家和地区在非关税措施关税化方面存在操作性困难，WTO《农业协议》允许一些进口国（地区）采取保证最低市场准入的方式。协议规定，保证关税化后市场准入量不低于基期（1986～1988年）国内（地区）消费量的3%，在削减期结束时应扩大到5%。如某种农产品在基期的进口量已超过国内（地区）消费量的5%，协议要求维持基期已经存在的市场准入机会。最低市场准入的实施通过关税配额管理进行，各方应保证承诺的最低准入进口量能享受较低的关税税率（配额内税率）。

2. 削减农产品出口补贴

出口补贴是一项对贸易产生严重扭曲的政策。WTO《农业协议》不禁止成员方对农产品出口实行补贴，但要逐渐削减出口补贴。协议要求成员方不仅削减用于补贴的资金金额，而且要削减享受补贴的农产品出口数量。协议规定，发达国家在6年内削减出口补贴额的36%，有补贴的农产品出口数量减少21%；发展中国家在10年内削减出口补贴额的24%，有补贴的农产品出口数量减少14%；最不发达国家无须削减。对在基期没有出口补贴的农产品，禁止对该农产品实施出口补贴。

3. 规范农业国内支持政策

为消除农业国内支持政策对农产品贸易产生的不利影响，WTO《农业协议》将农业国内支持政策分为“绿箱”政策、“黄箱”政策和“蓝箱”政策三类，并对不同的政策进行分类处理。

（1）“绿箱”政策对农业生产、价格和贸易不会产生扭曲影响，或仅有微小的影响。对于“绿箱”政策，成员方无须承担约束和削减义务。

（2）“黄箱”政策会引起农产品贸易扭曲，因此，成员方须承担约束和削减义务。WTO《农业协议》规定，发达国家在6年内削减20%的综合支持量，发展中国家10年内削减13%的综合支持量；对具体农产品（或所有农产品）的支持，发达国家只要其综合支持量不超过其生产总值的5%，发展中国家不超过10%，则无须削减。

（3）“蓝箱”政策是根据农产品限产计划，按固定面积和产量对生产者的直接补贴。这些补贴与农产品限产计划有关，成员方不需承担削减义务。

4. 规范卫生及动植物检疫

为防止一些国家（地区）利用动植物卫生检疫措施设置非关税壁垒，在乌拉圭回合谈判中，动植物卫生检疫措施谈判一直与农产品贸易谈判联系在一起，最终达成《实施动植物卫生检疫措施的协议》(*Agreement on the Application of Sanitary and Phytosanitary Measures*，SPS 协议)，作为 WTO《农业协议》的组成部分。SPS 规定，各成员方有权采取保护人类、动植物生命或健康所必需的检疫措施，但所采取的措施只能限于保护人类、动植物生命或健康的范围。在运用这些措施时，不得在条件相同或相似的成员方之间造成歧视，或对国际贸易构成变相的限制。对进口农产品的卫生检疫，应以国际标准、准则和建议为基础。各国（地区）可以实施高于国际标准、准则和建议的措施，但这些措施必须以科学原理为依据。协议还对卫生与动植物检疫措施的等同待遇、非疫区和低度流行区的概念、检疫规定的透明度、控制检验和批准程序等做了规定，其目的是尽可能减少动植物卫生检疫措施对贸易的阻碍作用，避免一些成员将其作为技术壁垒来限制国际贸易。

乌拉圭回合谈判达成的 WTO《农业协议》规定了各成员方农产品贸易的基本规则，WTO 各成员方以此为依据来调整农业支持和保护政策，以实现国际贸易中的最大利益以及本国（地区）农业的长期发展。

第三节　我国农业的国际化

一、农产品贸易的规模与结构

1. 农产品国际贸易的规模

我国是世界上最大的农产品生产国和消费国，也是第二大农产品贸易国。加入 WTO 以来，中国农产品贸易表现出以下特点。

（1）农产品贸易增长速度快。20 世纪 90 年代末，我国农产品贸易额基本上在 250 亿美元左右，出口额约为 150 亿美元，进口额约为 100 亿美元。加入 WTO 以来，我国农产品贸易快速增长。2001～2017 年，农产品贸易额由 279 亿美元增加到 2013.9 亿美元，年均增长 13.15%；出口额由 161 亿美元增加到 755.3 亿美元，年均增长 10.14%；进口额由 119 亿美元增加到 1258.6 亿美元，年均增长 15.88%。

（2）在世界农产品贸易中的地位不断提升。由于我国农产品贸易增长速度远远快于世界水平，我国农产品贸易总额占世界农产品贸易总额的比重不断上升，现已成为世界第二大农产品贸易国，第一大农产品进口国（10.2%），第五大农产品出口国（4.6%）。

（3）农产品贸易逆差不断扩大。2003 年前，我国农产品国际贸易一直保持顺差状态，2004 年首次出现贸易逆差，以后呈扩大的趋势。2004 年，我国农产品贸易逆差为 46.4 亿美元，2008 年和 2010 年农产品贸易逆差先后超过 100 亿美元和 200 亿美元，2011

年扩大到341.1亿美元，2014年达到了505.8亿美元（2015年462.0亿美元，2016年385.8亿美元，2017年503.3亿美元）。

2. 农产品国际贸易的产品结构

农产品出口结构：我国出口的主要农产品为果蔬类、水产类、畜产类。出口集中度有所提高，2017年水产品、蔬菜、水果三种产品出口额占农产品出口总额的比重为57.9%。

农产品进口结构：我国进口的主要农产品为谷物类、油籽和植物油、纤维类、食糖、畜产类、水产类。进口集中度显著提高，2017年谷物、油籽、棉花三种产品进口额占农产品进口总额的比重达到41.2%。

2017年中国主要农产品进出口情况如表15.7所示。

表15.7　2017年中国主要农产品进出口情况

产　品	单位	出口	进口	净出口
谷物	万吨	161.6	2 560.1	−2 398.5
其中：小麦	万吨	18.3	442.2	−423.9
玉米	万吨	8.6	282.7	−274.1
大米	万吨	119.7	402.6	−282.9
大麦	万吨	93.5	886.3	−792.8
高粱	万吨	4.1	505.7	−501.6
棉花	万吨	2.9	136.3	−133.4
（棉纱）			198.3	−198.3
食用油籽	万吨	110.0	10 000.0	−9 890.0
其中：大豆	万吨		9 552.6	−9 552.6
油菜籽	万吨		474.8	−474.8
食用植物油	万吨	20.2	742.8	−722.6
食糖	万吨		229.0	−229.0
蔬菜	亿美元	155.2	5.5	149.7
水果	亿美元	70.8	62.6	8.2
畜产品	亿美元	63.6	256.2	−192.6
水产品	亿美元	211.5	113.5	98.0

资料来源：农业部国际合作司.《2017年1-12月我国农产品进出口数据》，农业部网站

3. 农产品国际贸易的地区结构

农产品的主要出口市场：过去，我国农产品出口市场主要集中在日本、韩国、我国香港地区等周边国家和地区以及欧洲、美国等发达地区，其中日本市场占1/3强。近年来，我国与新兴市场经济体和发展中国家建立了多个贸易促进平台，农产品出口市场逐渐多元化。但总体看，出口市场的集中度仍较高，2017年前十大出口市场出口额占比仍高达65.6%。

农产品的主要进口市场：我国进口的农产品来自北美洲、南美洲、亚洲、欧洲、大

洋洲。进口市场的集中度比较高，2017 年前十大进口来源国进口额占比 71.5%。

二、农业国际化对我国农业的影响

加入 WTO 后，我国农业走向了国际化。农业国际化对我国农业既有积极的影响，也有不利的影响。

1. 农业国际化对我国农业的积极影响

（1）有利于拓宽我国农业的发展空间。我国自然资源短缺，人均耕地面积少，以耕地为主的资源密集型农产品（小麦、玉米、棉花、油料等）在国际竞争中处于劣势，而丰富的劳动力资源又使我国在劳动密集型产品（水果、蔬菜、花卉、水产等）上具有比较优势。长期以来，这种优势因我国农业不能充分参与国际分工而受到限制，阻碍了我国农业的发展。农业国际化，有利于我国扩大农产品对外贸易和参与国际分工，有利于我国优势农产品的发展。

（2）有利于促进我国农业结构的优化。首先，农业国际化会带来更大规模的出口，必然会促进我国优势农产品的发展。其次，随着国内农产品市场的对外开放，过去靠政府保护生存的农产品竞争压力加大，因而总量调减，品种品质优化的调整步伐也将迈得更快。最后，竞争范围的扩大，竞争对手的示范作用，将提升我国调整农业结构的主动性、积极性。

（3）有利于加快我国农业的体制改革。首先，为适应 WTO《农业协议》的要求，我国必然要加快农业管理体制改革，如农产品贸易体制、农产品贸易政策、国内农业支持政策等方面的调整。其次，为提高我国农业的国际竞争力，必然会加速农业微观经济组织制度的完善，如加快新型农业经营主体的培育、加快农业产业化的进程。

（4）有利于推进我国农业的现代化。在 WTO 框架下，我国要按照国际规则开放市场，为外国投资者创造更宽松、更稳定的投资环境。这不仅有利于吸收外资，解决我国农业发展资金投入不足的问题，更有利于吸收其他国家农业发展的先进技术和管理经验。同时，农业国际化有利于开阔人们的眼界，摆脱小生产观念，形成现代生产意识，从而为农业现代化提供观念上的支持。

2. 农业国际化对我国农业的不利影响

（1）土地密集型大宗农产品会面临进口冲击。特别是我国的小麦、玉米、棉花、大豆、植物油、食糖、畜产品等面临进口农产品的冲击。近年来，我国粮食的自给率已不到 90%，大豆进口量占国内消费量的 3/4，棉花仅仅能够自足自给（进口量占国内加工量的 1/3），食用油的自给率只有 1/3，食糖的自给率也只有 3/4。

（2）出口农产品将面临较高的市场壁垒。乌拉圭回合谈判后，虽然农产品的进口关税有了大幅度削减，但我国农产品的主要出口地日本、韩国和欧盟却仍然保持着较高的关税。更为严重的是，发达国家利用技术优势，纷纷采用隐蔽性强、透明度低、不易预测的技术性贸易壁垒措施，使我国的农产品出口遇到了巨大的障碍。目前，我国已成为世界上遭遇技术性贸易壁垒最多的国家之一，我国被拒绝的进口产品中，农产品所占的比例最大（2014 年我国农食产品类出口企业遭受直接损失 52.7 亿美元，占当年出口总额的 7.4%，较 2013 年增加 20.9%。2015 年以来，美国不断在我国宠物食品的检测标准问题上制造事端，致使对美出口量大幅减少。欧盟、日本还纷纷提高我国茶叶农残检测标准，对我国出口造成很大障碍。美国对我国禽肉熟制品出口迟迟不开关）。

（3）农民增收难度加大。一方面，随着农产品市场的开放，进口农产品将挤占我国农产品的一部分市场，特别是一些高端农产品市场，将被外国产品占领。另一方面，国内农产品的价格将受到国际市场的制约。这些因素将使我国农民的就业和收入受到一定影响（目前，我国粮食等主要农产品的国内价格比关税配额内的进口价格高 30%～45%。关税配额内的关税税率不到 1%，而关税配额外的关税税率为 65%）。世界银行 2005 年 10 月发布的《全球农业贸易与发展中国家》研究报告认为，如果贸易完全自由化，全球经济收益将高达 3000 亿美元，但我国农业和农民遭受的损失将是世界各国中最多的——我国农业总就业将减少 6.6%，农民收入将下降 3.1%。

（4）政府宏观调控难度加大。WTO 是协调政府行为的国际经贸组织，规则和条款绝大多数是针对政府的。我国过去一直对农产品进出口实行严格控制，加入 WTO 后，政府在农产品进出口贸易中的调控方式和手段受到了限制。首先，政府利用关税、配额等手段控制农产品进出口贸易的空间变小，利用技术壁垒限制进口的空间也很有限。其次，农产品进出口贸易将受市场机制调节。一方面，国有外贸企业已成为自负盈亏的经济实体，它们在经营中必然会考虑自身的经济利益。另一方面，根据我国同美国达成的中美农业合作协议，每年进口粮食配额中将有一部分分配给私营企业使用，并且要逐年增加，这部分进口配额国家无法调控。最后，美国等许多国家把我国视为非市场经济国家，在谈判中加上了很多附加条款。在 WTO 成员中，关税配额执行率并不高，一般也不追究。而对我国在关税配额管理中增加了再分配、发放时间限定和惩罚性措施等限制条款。WTO《农业协议》规定，我国每年 9 月要向 WTO 报告关税配额的执行情况，如当年不能完成，则要纳入下年关税配额指标。

三、农业国际化的应对策略

为适应农业国际化后的新形势，我们需要采取一些有效的应对策略。

（1）深化农业管理体制改革，提高农业宏观管理能力。我国现行的农业管理体制与农业的国际化还有距离，表现在：农产品产加销之间、内外贸之间相互脱节，地区封锁、行业分割、部门垄断、交易行为不规范等现象还在一定程度上存在着，这使政府很难对农产品的生产和进出口进行灵活有效的调控与管理。为此，我国应借鉴发达国家的经验，调整农业管理部门的职责范围，加强相关管理部门之间的协调。农业主管部门应有农产品进出口决策的协调权，拥有必要的调控手段，真正能对产前、产中和产后各个环节实施有效的管理与调控。

（2）调整农业保护的政策思路，提高政策的有效性。根据 WTO《农业协议》的内容及国际农产品贸易规则的发展趋势，今后我国的农业保护政策应从边境措施向国内支持转变。至于如何调整完善农业保护政策，已在“农业支持与保护”一章中做过讨论，这里不再赘述。

（3）优化农业产业结构和布局，发挥各地区域优势。从满足国内国外两个市场、利用国内国外两种资源的全局观念出发，发挥我国农业的比较优势，充分参与国际分工，调整优化农业产业结构和布局。至于如何调整优化我国的农业产业结构和布局，已在“农业产业结构与布局”一章做过讨论，这里也不再赘述。

（4）加快推进农业标准化，强化农产品质量安全。农业的国际化要求我国的农产品按国际市场的需求和标准来生产，提高农产品的国际市场竞争力。但目前我国农产品的国际竞争力还有待加强。一是农产品的品种、质量与国际市场的需求不相适应。发达国家对农产品的质量要求非常高，而我国大部分农民还习惯于追求农产品的产量，忽视农产品的质量。二是农产品生产过程中超量使用生长剂、抗生素、农药等。激素和农药残留已成为我国农产品出口的重要制约因素。为此，我们必须采取积极的应对措施：一是培育和引进适应国际市场需求的农产品新品种，积极发展无公害农产品、绿色农产品、有机农产品，加强农产品生产基地的认定和产品标识管理工作，提高农产品的品质。二是加快推进农业标准化，加强农产品卫生质量安全体系建设，确保农产品质量。

（5）培育新型农业经营主体，发展农业行业协会。我国农业国际化后，还存在没有合适的市场主体来参与国际市场竞争的问题。我国农业实行的是家庭经营体制，这与国外农业的经营体制是一样的，但我国农业的经营主体是广大分散的小农户，农户的经营规模非常小，更重要的是农民没有全国性或区域性组织。按照WTO协议的有关规定，反倾销、反补贴诉讼申请应当得到国内同类产品总产量25%以上的生产者的支持。但我国农民的组织化程度低，当进口产品冲击国内市场，需要运用反倾销、反补贴和保障措施等手段来保护国内生产者的利益时，将会出现缺乏合格诉讼主体的局面。为此，要在积极发展农民专业合作社的基础上，积极发展农业行业协会等组织，提高农民的组织化程度。

本章小结

古典经济学和现代经济学对国际分工与贸易现象提出了许多理论。斯密用绝对成本差异来说明国际分工的好处，李嘉图用相对成本差异来说明国际分工的原因，赫克歇尔和俄林认为国与国之间互利贸易的基础在于要素禀赋的差异。波特认为，决定一个国家产业竞争优势的宏观因素有生产要素、需求状况、相关产业和支持性产业、企业战略和市场结构、机遇、政府。衡量一国某产业或产品国际竞争力的常用指标是显性比较优势指数和贸易竞争力指数。

WTO 的主要任务是促进世界各国之间开展平等和自由的贸易，目标是建立一个完整的包括货物、服务、投资及知识产权等在内的多边贸易体系。WTO倡导非歧视原则、透明度原则、自由贸易原则和公平竞争原则。WTO《农业协议》规定了农产品贸易规则，主要内容涉及削减农产品市场准入壁垒、削减农产品出口补贴、规范农业国内支持政策和规范卫生及动植物检疫。

加入 WTO 以来，我国农产品贸易量快速增长，在世界农产品贸易中的地位不断提升，同时农产品贸易逆差不断扩大。我国出口的主要农产品为果蔬类、水产类、畜产类，进口的主要农产品为谷物类、油籽和植物油、纤维类、食糖、畜产类、水产类；出口市场过去主要是日本、韩国以及欧洲、美国等，进口农产品主要来自北美洲、南美洲、亚洲、欧洲、大洋洲的国家。

农业国际化对我国农业的积极影响是：有利于拓宽农业发展空间，有利于促进农业结构优化，有利于加快农业体制改革，有利于推进农业现代化。不利影响主要是：土地密集型大宗农产品会面临进口冲击，出口农产品将面临较高的市场壁垒，农民增收难度加大，政府宏观调控难度加大。为此，我国须深化农业管理体制改革，提高农业宏观管理能力；调整农业保护的政策思路，提高政策的有效性；优化农业产业结构和布局，发挥各地区域优势；加快推进农业标准化，强化农产品质量安全；培育新型农业经营主体，发展农业行业协会。

概念与术语

国际贸易　产业内贸易　显性比较优势指数　贸易竞争力指数　最惠国待遇　国民待遇

学习思考

1. 绝对成本学说与比较成本学说有什么区别？
2. 要素禀赋学说的核心观点和逻辑是什么？与比较成本学说有什么关系？
3. 国家竞争优势理论的分析框架是什么？
4. WTO 倡导的基本原则是什么？
5. WTO《农业协议》的主要内容是什么？
6. 农业国际化对中国农业有什么影响？中国应如何应对？

主要参考文献

安德森 K，速水佑次郎. 1996. 农业保护的政治经济学[M]. 蔡昉，杜志雄，等译. 天津：天津人民出版社.

陈锡文. 2018. 读懂中国农业农村农民[M]. 北京：外文出版社.

冯开文，李军. 2008. 中国农业经济史纲要[M]. 北京：中国农业大学出版社.

傅新红. 2016. 农业经济学[M]. 北京：高等教育出版社.

郭超坤. 2008. 我国农业合作组织发展研究[D]. 天津：天津大学.

哈尔克劳 H G. 1987. 美国农业经济学[M]. 周诚，林莉，徐更生，等译. 北京：农业出版社.

何秀荣. 2010. 比较农业经济学[M]. 北京：中国农业大学出版社.

胡霞. 2015. 现代农业经济学[M]. 北京：中国人民大学出版社.

加塔克 S，英格森特 K. 1987. 农业与经济发展[M]. 吴伟东，韩俊，李发荣，译. 北京：华夏出版社.

孔祥智，等. 2014. 农业经济学[M]. 北京：中国人民大学出版社.

库兹涅茨 S. 1985. 各国的经济增长：总产值和生产结构[M]. 常勋，等译. 北京：商务印书馆.

李秉龙，薛兴利. 2015. 农业经济学[M]. 第 3 版. 北京：中国农业大学出版社.

李宗正，姚开建，于同申. 1996. 西方农业经济思想[M]. 北京：中国物资出版社.

林毅夫. 1994. 制度、技术与中国农业发展[M]. 上海：格致出版社.

罗必良. 2005. 新制度经济学[M]. 太原：山西经济出版社.

梅尔 J. 1988. 农业经济发展学[M]. 何宝玉，张进选，王华，译. 北京：农村读物出版社.

秋野正胜. 1981. 现代农业经济学[M]. 肖鸿麟，刘宗鹤，译. 北京：农业出版社.

尚杰. 2015. 农业经济学[M]. 北京：科学出版社.

舒尔茨 T W. 1999. 改造传统农业[M]. 梁小民，译. 北京：商务印书馆.

速水佑次郎，拉坦 V. 2000. 农业发展的国际分析[M]. 郭熙保，张进铭，等译. 北京：中国社会科学出版社.

速水佑次郎，神门善久. 2003. 农业经济论[M]. 沈金虎，周应恒，张玉林，等译. 北京：中国农业出版社.

孙林蓍. 2001. 新中国农业经济思想史[M]. 上海：上海财经大学出版社.

王雅鹏. 2015. 现代农业经济学[M]. 第 3 版. 北京：中国农业出版社.

约翰逊 D G. 2004. 经济发展中的农业、农村、农民问题[M]. 林毅夫，赵耀辉，译. 北京：商务印书馆.

钟甫宁. 2011. 农业经济学[M]. 第 5 版. 北京：中国农业出版社.

朱道华. 2000. 农业经济学[M]. 第 4 版. 北京：中国农业出版社.